O9-AHV-768

EL
ARTE
TOLTECA
de
LA VIDA *y*
LA MUERTE

El
ARTE
TOLTECA
de
LA VIDA *y*
LA MUERTE

DON MIGUEL RUIZ
y BARBARA EMRYS

HarperCollins *Español*

1499

EL ARTE TOLTECA DE LA VIDA Y LA MUERTE
© 2015 por Miguel Ruiz y Barbara Emrys
Publicado por HarperCollins Español® en Nashville, Tennessee,
Estados Unidos de América.

HarperCollins Español es una marca registrada
de HarperCollins Christian Publishing.

Título en inglés: *The Toltec Art of Life and Death: A Story of Discovery*
© 2015 por Miguel Ruiz y Barbara Emrys
Publicado por HarperCollins Publishers.

Todos los derechos reservados. Ninguna porción de este libro podrá ser
reproducida, almacenada en algún sistema de recuperación, o transmitida
en cualquier forma o por cualquier medio —mecánicos, fotocopias,
grabación u otro— excepto por citas breves en revistas impresas,
sin la autorización previa por escrito de la editorial.

Editora en Jefe: *Graciela Lelli*
Traducción: *Carlos Ramos*
Diseño: *Ralph Fowler*
Adaptación del diseño al español: *MT Color & Diseño*

ISBN 978-0-71807-651-1
Impreso en Estados Unidos de América

15 16 17 18 19 DCI 9 8 7 6 5 4 3 2 1

Dedico este libro con todo mi amor y agradecimiento a la jovencita que abandonó su cuerpo físico en octubre de 2010 y me donó su corazón. Gracias a su generosidad y a la generosidad de su familia, fui capaz de viajar a ciudades de todo el mundo, de transmitir mi mensaje de amor, de conocimiento y de alegría a mucha gente. Gracias a ella también pude crear este libro junto a Barbara Emrys, cuya imaginación y arte hacen que la historia de don Miguel Ruiz cobre vida en estas páginas.

A todo el personal del hospital que me trató desde mi ataque al corazón, durante el trasplante posterior y hasta la actualidad, le ofrezco mi más profundo agradecimiento.

También dedico esta maravillosa historia a mis hijos, a mis nueras y a toda mi familia, a quienes amo mucho. Esto también es para mis lectores, cuya conciencia creciente a lo largo de los últimos quince años me animó a dar mi mensaje de formas creativas y emocionantes. A mí me resulta evidente que su amor por esta sabiduría hizo del mundo un lugar más feliz donde vivir.

Prefacio

Este libro relata los acontecimientos de mi vida. A diferencia de mis escritos anteriores, combina el poder de la imaginación con las enseñanzas de la sabiduría tolteca. Cuenta la historia de un sueño místico que experimenté hace varios años, durante las nueve semanas de coma médicamente inducido que siguieron a mi ataque al corazón.

En el momento de nuestra muerte, se dice que toda una vida de recuerdos pasará ante nuestros ojos, algo similar me sucedió a mí mientras mi cuerpo luchaba desesperadamente por mantenerse con vida y mi mente se expandía hacia el infinito.

Podría decirse que, durante esas largas semanas, soñé con mi legado. Un legado personal es la compilación de todas las experiencias de nuestra vida. Es la suma de todas nuestras acciones, de todas nuestras reacciones, de todas nuestras emociones y de nuestros sentimientos. Es lo que damos a quienes se quedan después de que abandonemos nuestro cuerpo físico. Un legado es todo lo que somos, la totalidad de nosotros mismos. Mediante los recuerdos que otros tienen de nosotros se determina nuestro legado... y, cuanto más auténticos seamos, más brillante será ese legado.

Me sentí inspirado para crear este libro como regalo para mis hijos, para mis estudiantes y para todos aquellos cuyo amor me ayudó a regresar a la vida. A mis hijos, a mi familia, a mis amigos y amantes entrego mis recuerdos y mi amor incondicional. A aquellos que deseen aprender de mis palabras, les ofrezco la experiencia de mi vida. Mi amor duradero hacia el mundo es mi regalo a este precioso planeta. La autenticidad de mi conciencia es mi regalo a la humanidad.

Las vidas que llevamos, igual que nuestros sueños al dormir, son obras de arte. Este libro es una obra artística de narración sobre las auténticas interacciones entre mi madre y yo. Mi madre, doña Sarita, una respetada curandera de San Diego, además de mi maestra y mi guía durante gran parte de mi vida. Desde el momento de mi ataque al corazón, el 28 de febrero de 2002, ella hizo todo lo que pudo por evitar que mi cuerpo muriera. Empleando todo el poder de su fe, reunió a sus hijos y a sus aprendices para realizar una serie de ceremonias en mi nombre. Trabajó incansablemente, día y noche, por devolverme la salud y la conciencia. Estaba decidida a que yo regresara a mi cuerpo y volviera a darle vida. En muchas ocasiones entró en trance, o meditó, con la intención de meterse en mi sueño y exigirme que rechazara a la muerte.

Aquellas incursiones en mi sueño son la base de este libro. Cuando mi madre se enfrenta a mí allí, la envío a hablar con el personaje principal de mi historia, que es mi propio conocimiento. En esta fantasía, el conocimiento aparece como una criatura misteriosa llamada Lala. Podría decirse que es la personificación de todo aquello en lo que creo y todo lo que da forma a mi historia; al igual que su conocimiento les ayuda a ustedes a crear la historia de su vida.

Muchos personajes maravillosos dan vida y energía a esta historia. Cada uno es un reflejo de mí y cada uno contribuye a mi curación de manera especial. Aunque algunos de sus nombres y algunos de sus diálogos conmigo sean ficción, todos estos personajes representan a amigos, estudiantes y familiares reales. Algunos murieron y otros aún viven y se ríen conmigo, pero todos enriquecieron mi mundo. Mi amor hacia cada uno de ellos es fuerte y mi gratitud por el papel que representaron en mi vida y en mi recuperación es infinita.

Podría parecer que nuestras experiencias —las suyas y las mías— son muy diferentes. El personaje principal de ustedes es distinto al mío, y sus personajes secundarios probablemente no se parezcan a los personajes de mi historia. Aunque podamos parecer diferentes, ustedes forman parte esencial del sueño de la humanidad, igual que yo. Buscaron la verdad mediante símbolos, igual que yo. Ustedes son conocimiento que busca redimirse, igual que lo fui yo. Son sus propios salvadores, auténtico potencial en acción. Dios representa la verdad de ustedes, y la verdad les hará libres.

Espero que este libro los ayude a comprender estas cosas. Escuchen, vean, atrévanse a cambiar su propio mundo, un mundo hecho de pensamientos y de respuestas automáticas. Permitan que los acontecimientos de mi vida les inspiren nuevas percepciones sobre su propio sueño y sus desafíos actuales. Un buen estudiante aprovecha al máximo cualquier información que está disponible y, como demuestra mi historia, la vida proporciona toda la información que necesitamos.

Con todo mi amor y respeto,

—Miguel Ángel Ruiz

Glosario

Alma: La fuerza de la vida que mantiene unido un universo (materia); por ejemplo, el universo del cuerpo humano. Cada componente se reconoce a sí mismo como parte de ese universo.

Amor: El aspecto de la energía que se manifiesta como la totalidad de todas las vibraciones, moviendo la materia y convirtiendo la información en materia. La materia lo percibe y lo refleja, y reacciona con la gama completa de emociones.

Chamán: En todas las culturas, un hombre o una mujer de la medicina.

Cielo: Una historia de nuestra mente que acaba en felicidad.

Conciencia: La habilidad de ver las cosas tal y cómo son.

Conocimiento: Acuerdos a los que llegan los humanos sobre la naturaleza de la realidad. El conocimiento se comunica mediante símbolos, como palabras y números, frases y fórmulas.

Dios: El eterno poder supremo, lo único que realmente existe.

Energía: El eterno poder supremo, lo único que realmente existe.

Fe: Creer al cien por cien, sin dudar.

Historia: La explicación de un sueño.

Hombre/mujer nagual: Una persona que se conoce a sí misma como la fuerza que mueve la materia; un inmortal.

Infierno: Una historia de nuestra mente que acaba en drama.

Luz: El mensajero de la vida, y su primera manifestación.

Magia: El aspecto creativo de la energía.

Mal: El resultado de creer en las mentiras. Las acciones malignas se intensifican en función de lo distorsionada que esté la mentira y de lo elevado que sea el nivel de fanatismo.

Materia: La manifestación finita de la vida infinita.

Mente: Una realidad virtual, creada por el reflejo (en el cerebro) de todo lo que el cerebro percibe.

Mentiras: Distorsiones de la verdad dentro de la mente humana.

Mitote: La conversación regular en nuestra cabeza, que suena como si mil personas estuvieran hablando a la vez y nadie escuchara.

Muerte: Materia; la ausencia de vida.

Nagual: La palabra náhuatl que se refiere a la fuerza que mueve la materia.

Náhuatl: El idioma de los aztecas.

Poder: El potencial para crear.

Intento: El mensaje de energía que guía a la luz, creando materia y desintegrando materia. El intento viaja en el centro de la luz, con quantos girando a su alrededor. El intento es la vida misma.

Sabiduría: La habilidad para reaccionar correctamente ante cualquier evento; sentido común.

El sueño del planeta: La realidad colectiva de la especie humana.

Un sueño: El reflejo de la mente de nuestra propia percepción.

Teotihuacan (Teo): Una antigua ciudad de México, que floreció entre el 200 a.c. y el 500 a.d. Los templos y las pirámides que se desenterraron están localizados a unos cincuenta kilómetros al noreste de Ciudad de México.

Tolteca: Una palabra náhuatl que significa artista.

Tonal: Materia.

Trickster: Una mezcla de embaucador, bromista y burlón.

Verdad: Aquello que es real, otra palabra para Dios y energía. La verdad existía mucho antes que la humanidad y existirá mucho después de la humanidad.

Vida: La fuerza creadora de Dios, o de la energía, que se manifiesta en materia.

Personajes

Don Miguel Ruiz: personaje principal de esta historia

Madre Sarita: madre y maestra de don Miguel

Lala: conocimiento

José Luis: padre de don Miguel y marido de Sarita

Don Leonardo: abuelo de don Miguel y padre de Sarita

Don Eziquio: bisabuelo de don Miguel y padre de don Leonardo

Gándara: amigo de don Eziquio

Memín: hermano de don Miguel

Jaime: hermano de don Miguel, el más cercano en edad

María: esposa de don Miguel y madre de sus hijos

Dhara: aprendiz de don Miguel y compañera romántica

Emma: aprendiz de don Miguel y compañera romántica

Miguel, Jr. (Mike, Miguelito): hijo mayor de don Miguel

José: segundo hijo de don Miguel

Leo: hijo menor de don Miguel

El
ARTE
TOLTECA
de
LA VIDA
Y LA MUERTE

Prólogo

TIRO DE LAS SÁBANAS, ENREDADAS AHORA EN MIS tobillos. Alcanzo el teléfono, marco a ciegas y alguien empieza a hablarme. Una mujer me pregunta quién soy, dónde estoy. Me parece improbable que recuerde la respuesta a cualquiera de esas preguntas antes de perder el habla para siempre. Trato de incorporarme, pero en su lugar ruedo sobre la maraña de sábanas y caigo al suelo. El dolor disminuye con piedad para regresar con puñaladas furiosas. Oigo a mi madre llamándome, gritando mi nombre. Oigo voces desconocidas y el grito de las sirenas mientras la conciencia se cuela entre los graves y los agudos de unos sonidos incongruentes. Habrá despedidas dulces a medida que un nuevo sueño comienza a alzarse para reemplazar al anterior, pero lo único que yo reconozco en este momento son los sollozos distantes de las mujeres.

Muchas mujeres están llorando. Lloran por un hijo, por un amante, por un padre y por un guía. Lloran por mí, por ellas mismas y por las promesas que nunca se hicieron. Como todos los humanos, lloran por la redención de una palabra. Lloran por Amor, por el ángel caído, cuando solo tienen que mirar, escuchar y sentir su fuerza emanando como música de sus cuerpos maravillosos.

Hoy me desperté antes de que llegara la luz del día porque recibí una invitación de la Muerte. Igual que mis antepasados aztecas, le doy la bienvenida con la gratitud de un guerrero que luchó bien y desea regresar a casa a salvo... y un merecido descanso. En algún horizonte lejano siento el brillo del amanecer que se acerca. Mi piel se calienta. Mis ojos se elevan para ver cómo la niebla se convierte en fuego, y sé que pronto encontraré el camino a casa, abandonaré esta noche oscura. Mis adversarios llegaron y se fueron, derrotados por el amor. Lucharon implacablemente por los pasillos de la mente humana, ese asombroso campo de batalla. Habrá otros como yo, ansiosos por levantar sus espadas contra un millón de mentiras, pero la guerra acabó para Miguel Ruiz.

Momentos antes, dormía y soñaba, tuve una visión en la que aparecía otro guerrero, un joven de un tiempo pasado, de pie entre las laderas de una montaña sagrada y contemplando su amado valle. Se alzaba bajo la luz tenue de las estrellas, mirando el lago que envolvía y protegía a Tenochtitlan, el hogar de su gente y de la mía. En el sueño, el gran valle estaba cubierto de niebla. Lentamente, en la penumbra, los fuegos que preceden al amanecer comenzaban a crepitar a medida que su pueblo despertaba gradualmente. El corazón del joven latía con fuerza, igual que el mío ahora. Sus fosas nasales probaban el aire nocturno y su piel se estremecía en respuesta a los cambios del viento. Se arrodilló con cuidado, levantó la frente y la mantuvo así. Los dedos de su mano derecha acariciaban las plumas de una flecha bendecida por el humo de un fuego sagrado. No decepcionaría a su gente cuando se produjera el ataque. No decepcionaría a su familia, ni la memoria de la antigua gente tolteca. No se decepcionaría a sí mismo.

Era aquel el momento más peligroso, la hora en la que la mañana aún no se había imaginado a sí misma y el bien luchaba contra el mal en el brillo previo al amanecer. El joven guerrero parpadeó una vez, después otra, y dejó quieto el brazo. Mientras yo soñaba con él, parecía que podía sentir los guijarros bajo su sandalia, o clavándose en la piel de su rodilla. Sentía la niebla aferrada a sus tobillos, envolviendo con su abrazo gélido sus brazos y sus muslos desnudos. La sentía lamiéndole la nuca y la frente pintada. Juntos, miramos hacia el cielo. El mundo sobre su cabeza —un despliegue de estrellas dentro del campo del misterio— reflejaba su cuerpo perfecto. Al ver aquello, susurró una oración y respiró profundamente. Su cuerpo se relajó. Centró su atención de nuevo en el valle de más abajo, donde la niebla había comenzado a dispersarse y las aguas de su lago ancestral acariciaban colinas oscuras como los dedos enjoyados de una diosa. Afianzó el arco. La pluma de águila de su pelo se agitaba con elegancia debido al viento. Tenía la espalda recta y el vientre relajado. Su piel morena resplandecía con un bronce radiante bañada por los inminentes rayos de sol.

Ahora su gente le estaría agradecida. Se imaginó a algunos de ellos asomados a sus puertas, intuyendo la amenaza que se escondía más allá de la niebla. Miró hacia el pueblo, situado a orillas del lago, como si pudiera ver a su padre devolviéndole la mirada, allí arrodillado y solo; un soldado valiente ayudado por la fuerza de esa montaña feroz. Sintió el orgullo de su padre, y el orgullo de los antepasados. Había mucho que sentir en aquel momento vacío entre el comienzo y el final de las cosas. La luz pronto asomaría por encima de la cresta de las montañas orientales y el destino se alzaría gritando tras ella. Había victorias que yacían a la espera. Revelaciones que aguardaban más allá de aquella incertidumbre presente. Con el aliento de sus antepasados en la mejilla, con la caricia de sus manos en la espalda, el guerrero se recompuso de nuevo, clavó una sandalia en las rocas y centró la mirada en la punta de su flecha de guerrero. Estaba preparado...

Y ahora, mientras el sobresalto del dolor me saca del sueño, me doy cuenta de que llegó el momento de reunirme con los guerreros de la antigüedad. Al igual que cuando aceché a la verdad, ahora la eternidad me acecha a mí. Los rayos de sol estallan por encima de la cresta oriental y el destino les pisa los talones. Con el aliento de mis antepasados en la mejilla, con la caricia de sus manos en mi espalda, espero el saludo de la Muerte con una sonrisa de bienvenida.

Yo también estoy preparado.

1

L A ANCIANA MURMURÓ PARA SUS ADENTROS MIEN-
tras arrastraba los pies por la superficie del terreno seco
y agrietado. Sus zapatillas arañaban la tierra, levantando
nubes sedosas de polvo por el aire. Sujetaba una enorme bolsa
en una mano y se agarraba el chal sobre los hombros con la
otra. El ritmo de sus pasos trabajosos era el único sonido, un
sonido lento y pesado, que nunca vacilaba. Siguió caminando.
No existía un sendero como tal, pero ella no lo necesitaba.
Sabía dónde iba. Seguía las huellas de algo que le era invisible,
pero inconfundible. Seguía los instintos de una madre en busca
de su hijo.

Durante semanas había sentido el miedo gélido que experimenta una madre ante la posibilidad de perder a su hijo. En
algún lugar del mundo que ella acababa de dejar, su décimo
tercer hijo estaba esfumándose; no de su vista, pues sabía que
yacía pálido y en silencio en la cama de un hospital. Estaba

esfumándose sin cesar de sus sentidos. Ya no podía sentir el flujo de su vida. Ya no podía hablarle con aquel lenguaje sin palabras que habían compartido durante casi cincuenta años. A medida que la fuerza de la vida se debilitaba en él, también lo hacían sus vínculos con el mundo de la materia y del pensamiento. Quedaba muy poco tiempo, ella lo sabía. El corazón de su hijo había fallado, su cuerpo se moría y los médicos parecían dispuestos a darse por vencidos. ¿Qué otra cosa podía hacer ella si no viajar a aquel lugar sin tiempo donde había ido su presencia y a buscarlo? Encontraría a su hijo pequeño, al alma de su alma, y lo llevaría de vuelta a casa.

Más allá de su figura frágil se extendía un vasto paisaje de arena y roca y toda clase de cosas sin vida. No había color, salvo por los grupos de nubes azul pizarra que se movían sobre su cabeza sin emitir sonido alguno. Los rayos quemaban los cielos sin fondo, cegando sus ojos por momentos... pero aquella tormenta estaba hecha de sueños. Era aquella una tormenta nacida del sentimiento y del asombro, y esas cosas no detendrían sus pasos.

Sarita continuó, el sonido de su respiración reverberaba en el silencio. Se le aceleró el pulso y se le cansó el pecho, como si sus esfuerzos fueran reales. Quizá lo fueran. Nunca antes había intentado emprender semejante viaje. No había sabido qué esperar, ni qué precio habría de pagar su cuerpo. Siguió caminando, se obligó a relajarse. No sucumbiría al miedo. Era vieja, eso era cierto. Recientemente había celebrado su nonagésimo segundo cumpleaños, pero no estaba preparada para abandonar el mundo de la materia y del sentido. No estaba preparada y, por lo tanto, él no estaba preparado. No permitiría que su hijo muriera mientras a ella le quedase fuerza para luchar por él. Tomó aliento y dejó que una sonrisa borrara la tensión de sus rasgos. Sí, tenía la fuerza. En aquel lugar especial entre el aquí y el allá, triunfaría su amor. Animada, dejó su bolsa en el suelo un instante, estiró los hombros y ató los extremos de su chal con un nudo suelto a la altura del cuello. Llevaba un camisón fino de algodón. El frío sin viento se colaba con facilidad, helándole la piel. No importa, pensó. Ya no había vuelta atrás. Quizá sus sentidos no lograran reconocerlo, pero su corazón lo conseguiría. Revisó el paisaje una vez más, levantó de nuevo la pesada bolsa con la otra mano y siguió avanzando con decisión.

Era una bolsa de la compra de nailon, de las que se habría llevado al mercado en aquellas mañanas frías en Guadalajara, los días previos al nacimiento de su hijo pequeño. Por fuera tenía un retrato de la Virgen, impreso en colores vivos, y dentro llevaba muchos objetos bendecidos por sus propias oraciones e intento. Agitó suavemente la bolsa, como para asegurarse de su misión, y pensó en aquellos días de antaño, antes del nacimiento de su décimo tercer hijo, cuando toda la vida le parecía reconfortante. Había sido una época dulce: ella tenía cuarenta y tres años, aún era hermosa y estaba casada con un joven guapo a quien ya había dado tres hijos. Se había casado con ella al terminar los estudios, a pesar de su edad y de sus nueve hijos de un matrimonio anterior. Se había casado con ella en contra de los deseos de su familia. Algunos decían que se había casado con ella porque obraba su magia perversa con él. Bueno, siempre habría quienes se mostraran escépticos. Se habían casado por amor, simple y llanamente. Y de ese amor nacieron cuatro hijos saludables.

La anciana aminoró la marcha, después se detuvo. La tormenta aún destellaba a su alrededor, pero su silencio escalofriante había cesado. Ahora, más allá de los sonidos amortiguados de su respiración, había algo más en el aire. Donde debería haber habido truenos, había música, creciendo a lo lejos como el bramido del viento. Pensó que su hijo debía de estar cerca. Permaneció de pie donde estaba, escuchando, hasta que quedó claro que sonaba una canción en particular, alzándose desde el horizonte para encontrarse con la furia del cielo. Era una música que ella recordaba de otra época lejana. Oía a su hijo cantar con una música así cuando era pequeño, con sus deditos acariciando las cuerdas de una guitarra imaginaria mientras murmuraba sílabas sin sentido y agitaba todo su cuerpo con el ritmo, como había visto hacer a sus hermanos mayores. ¿Cómo había llamado a aquel sonido? ¿Cómo...? Ah, sí.

—¡Es rock and roll, mamá! —recordó que gritaba—. ¡La música de la vida!

Sí, una canción de rock and roll sonaba en la cabeza de su hijo en aquel momento. Ese era el sonido que estallaba junto a los relámpagos en el cielo negro y se enredaba como un viento huracanado en su pelo gris, aunque el resto a su alrededor estuviese tranquilo. Sus sentidos no la habían abandonado. Podía sentir la mente de su hijo, y oír su corazón, inmenso y eterno, latiendo de alegría. Estaba cerca.

Dejó de nuevo la bolsa de la compra, se apretó con más fuerza el chal sobre los hombros. Iba vestida para irse a la cama, usando lo mismo que llevaba cuando todos se habían presentado en la casa para realizar la ceremonia con ella. En algún rincón lejano de su conciencia, oía a esos invitados también —sus hijos, sus nietos, sus estudiantes y sus amigos. Habían venido por petición suya— por la razón evidente por la que ningún niño o nieto, ningún aprendiz o ayudante, le decía nunca que no a la Madre Sarita. Habían venido resignados —habían traído guaje y tambores, habían encendido velas y habían quemado salvia—. Habían venido a cantar, a rezar, a implorar. Habían venido a llevarlo a él de vuelta, al décimo tercer hijo de una mujer a la que no podían ignorar. Habían venido igual que vendrían los antepasados, para realizar el trabajo de los guerreros espirituales.

Aquella noche, con tantas cosas en juego, Sarita se había transportado desde el círculo de los fieles de su salón a un mundo que existía solo en la imaginación. Había irrumpido en la mente de otro. Estaba dispuesta a pagar el precio por eso en algún otro momento, pero por ahora debía seguir avanzando. Por ahora debía entrar sin disculpa en el sueño de su hijo, y debía traerlo de vuelta —arrastrarlo de una oreja insolente, si fuese necesario—. Sin duda lo había hecho ya muchas veces antes.

Sacudió la cabeza al recordar al niño que había sido. Recordó aquellos ojos negros llenos de humor y travesuras, y las manitas que acariciaban su cara con amor cuando estaba cansada o invadida por la tristeza. Nada —ni siquiera la Muerte— la mantendría alejada de él. No existía ninguna lógica que pudiera borrar lo mucho que lo necesitaba, ni siquiera la lógica de él. En sus noventa y dos años, Sarita había experimentado todas las alegrías y las penas de ser madre trece veces. Había sobrevivido a la muerte de dos de sus hijos antes de aquello. Había perdido a maridos, a hermanas, a hermanos, pero le quedaba todavía vida suficiente para luchar una última vez por lo que amaba. Levantó de nuevo su bolsa, sacudió un poco de polvo etéreo de la imagen de la Virgen de Guadalupe y escudriñó el paisaje. Olfateó el aire en busca de alguna señal, vaciló y entonces se dio la vuelta. Algo había captado su atención, algo que todavía no podía verse. Cambiaría el rumbo. Debía hacer caso a su intuición —y a la música—.

La música iba ganando en intensidad a cada paso concienzudo que daba. Parecía vibrar desde el suelo y desde el cielo a la vez, adquiriendo un ritmo fuerte... tal vez el ritmo de los tambores de su salón. Dio gracias a Dios en silencio por los hijos obedientes y siguió caminando, arrastrando pesadamente los pies a través de un denso rocío de polvo iluminado. Más allá del horizonte cercano, vio la Tierra alzarse por el extremo de aquel sueño vacío, brillando con una luz animada. Aguantó la respiración. En el cielo oscuro, tormentoso y cálido, vio una silueta frente al brillo de la Tierra. ¡Un árbol se cernía en la distancia! Sus ramas pesadas parecían ondular con un placer erótico, haciendo que las hojas verdes se agitaran y brillaran. Sarita se maravilló al ver algo tan lleno y tan fértil en una tierra tan vacía.

Miguel... susurró. En cualquier sueño en el que hubiera color y vida, estaría su hijo. Solía decir que la diversión lo seguía a todas partes. Bueno, aquello era divertido. Aquello era mágico. Estuviera donde estuviera, habría una celebración, de eso estaba segura. Siguió caminando hacia el árbol, la música sonaba cada vez con más fuerza. Tal vez el camino durase una vida entera, o un minuto, o nada de tiempo. Solo era consciente de que su corazón latía a un ritmo alegre mientras caminaba. Debía de haber recorrido un largo camino, fuera cual fuese su duración, pues el inmenso árbol se extendía ahora ante sus ojos, alto, ancho y elegante. Sus ramas se estiraban en todas direcciones, como si quisieran darle al universo un abrazo fuerte y benévolo. Sarita vaciló junto a una raíz que emergía del barro y levantó la vista hacia lo que parecía ser una galaxia de fruta suspendida que centelleaba con esa luz inocente. Al mirar con asombro, sus ojos repararon en aquel a quien había ido a buscar. En la rama más baja del árbol gigante, casi escondido entre las sombras y las miles de hojas resplandecientes, estaba sentado su hijo.

Miguel Ruiz estaba apoyado en el tronco del árbol con la bata del hospital, masticando una manzana. Al verla, sus ojos se iluminaron y le hizo gestos con entusiasmo para que se acercara. Su madre se acercó al árbol, eligiendo sus pasos con cuidado entre el amasijo de raíces enormes, hasta encontrarse frente a la rama en la que él estaba sentado. Se extendía paralela al suelo, de manera que podía mirarlo directamente a los ojos.

—¡Sarita! —exclamó él, y se limpió el jugo de la manzana de los labios con la punta del pulgar—. ¡Tú también viniste!

¡Bien! —cuando ella estaba a punto de hablar, Miguel giró todo su cuerpo hacia el horizonte—. ¿Ves lo que yo veo, mamá? —Miguel señaló con entusiasmo la imagen de la Tierra con todos sus exquisitos colores. Sarita atisbó el trasero desnudo de su hijo cuando se le abrió la parte trasera de la bata. Estuvo tentada de darle un azote, adulto como era, pero él intentaba llamar su atención ansiosamente—. ¡Sarita, mira!

Desde donde estaba, pudo ver al planeta flotando más allá de las ramas retorcidas del enorme árbol. Brillaba con claridad contra el cielo de la medianoche, dando vueltas lentamente justo en el límite de la fantasía que ellos ocupaban.

—La tierra —dijo ella con un suspiro—. El lugar al que pertenecemos ambos. Ya es hora de poner fin a esta idiotez.

—¿Las ves? —preguntó Miguel con urgencia—. ¿Todas las luces en movimiento?

La anciana frunció el ceño y volvió a mirar a través de las ramas. Aquella no era la Tierra como ella la recordaba. A medida que el planeta giraba lentamente, vio oleadas de luz que ardían con fuerza, después se elevaban y se evaporaban en el espacio. Las luces ardían en unos lugares aislados, y en otros no. Pero, un momento... no. Algunas luces recorrían todo el globo. Y, mientras las chispas saltaban y se disolvían, seguían cayendo oleadas de luz sobre la Tierra, como sueños líquidos.

—¡Sí! ¡Sueños! —exclamó su hijo, como si le hubiera leído el pensamiento—. Esos son los sueños de hombres y mujeres que cambian la humanidad. Pequeños, grandes y duraderos. Sueños que empiezan y terminan, viven y después mueren.

—Si mueren, ¿dónde van? —preguntó ella, perpleja con el subir y bajar de la luz, igual que las oleadas de sonido que aparecían en el estéreo de su nieto—. ¿Y dónde empiezan?

—¡Desde la creación y de vuelta a la creación! —dijo él con una carcajada antes de dar otro mordisco a la manzana—. ¿Ves ese brillante de ahí? —preguntó con asombro—. ¡Maravilloso! Se parece a George, cuyo mensaje aún se recuerda. Qué sueño tan amable... ¿lo ves?

—George... ah, sí. Era estudiante tuyo. ¿El bajito?

—No, era uno de los Beatles, Sarita. Y mucho más alto que yo.

Ah, sí. Ahora se acordaba. *Los Beatles*. El sonido que la había atraído hasta aquel lugar era su sonido, su música. Ya empezaba a recuperarse del ruido palpitante de su cabeza.

—¿Ves mi sueño, Sarita? —preguntó gritando Miguel—. ¡Ahí! ¡Brilla por aquella zona de allí! ¡Y mira! Sus hilos se mueven, se vuelven más brillantes... ¡por todas partes! ¡Ahí! ¡Uno dorado, no, *rojizo!* ¡Espera!

Sarita dejó caer la bolsa de entre sus manos y lo agarró del hombro. Miguel se volvió para mirarla, su rostro aún brillaba de alegría.

—Tu mensaje está vivo y crece, sí —le dijo—. Ahí está. Lo vemos.

—¿No es magnífico? —tras decir aquello, Miguel abandonó su manzana tirándola a un lado. Al abandonar su mano se esfumó. Se movió para observar más de cerca la imagen de una humanidad que sueña, pero las palabras de su madre lo distrajeron, pues sonaban severas y tristes.

—Necesitamos a Miguel para que mantenga vivo el sueño. Ahora regresarás conmigo —dijo Sarita con una voz más fuerte de lo que su hijo le había oído jamás—. No te toca morir.

—Ya estoy muerto —respondió su décimo tercer hijo con una sonrisa.

—No lo estás. Los médicos están cuidando de ti. Nosotros rezamos por ti. Los antepasados están removiendo el cielo y la Tierra por ti.

Miguel torció el gesto con desesperación burlona, pero sus ojos aún brillaban.

—Madre, los antepasados no, por favor.

—Tu corazón ya se arregló, m'ijo. Solo tienes que tomar aire y regresar con nosotros. ¡Regresa!

—Hablas de un corazón que no tiene remedio posible, Sarita. Mis pulmones fallaron y mi cuerpo se derrumba sin mí —la miró con ternura—. Yo también soy doctor, recuerda.

—¡Eres cobarde además! ¡Regresa y termina lo que empezaste!

—Sabes que di todo lo que pude.

—*¿De verdad?*

—¡Ah! ¡Deja que te cuente el sueño que tuve antes de llegar aquí!

—Miguel.

—Yo era uno de los guerreros que protegían Tenochtitlan y el lago sagrado. Yo era, bueno, claro que no lo era, pero en cierto modo sigo siéndolo, ese guerrero. Sentía el miedo y la urgencia del momento, la rendición completa y entonces fue como si todo se convirtiese en luz de estrellas y en espacio.

—¡Para, Miguel! Tu mundo es algo más que luz de estrellas y espacio. Tienes un hogar y gente que te quiere. Más que eso, me tienes a mí. Eres mi hijo, ¡y debes regresar junto a mí!

—Todo es luz de estrellas y espacio. Este mundo, ese mundo, esta madre y este hijo.

—Tú no eres luz de estrellas y espacio. Tú eres...

—¡Soy *justamente* eso! ¡Mírame! —sin más, desapareció entre las esferas titilantes que bailaban ante sus ojos. Ya solo eran estrellas, y el espacio que quedaba entre medio.

—¡Regresa! —gritó.

—Imposible —respondió él, riéndose, y lo vio de nuevo en el árbol, que parecía ir y venir, sentado a horcajadas sobre otra rama, con las piernas colgando desnudas mientras la saludaba—. Quédate conmigo, mamá.

El miedo de su madre explotó en furia y, en ese momento, Miguel la vio transformada. La anciana frágil que había ido a buscarlo, envuelta en un chal y temblando de frío, ya no era anciana. Ante él, bajo el sol ardiente de un momento eterno, se alzaba una joven hermosa, desnuda salvo por el chal que caía sobre sus pechos y sus hombros. Lo miró con el ceño fruncido y el pelo revuelto por el viento que se había levantado con su rabia. Sobre ella brillaba una luz feroz que acariciaba su pelo y su piel como el fuego de un dragón.

—¡Eres mío! —gritó enfurecida—. ¡Cómo te atreves a marcharte! ¡Cómo te atreves!

—No te abandoné, querida —respondió él con ternura, observándola con gran interés—. Pero el sueño de Miguel terminó. Se acabó el juego.

—¡No se terminó! ¡No se acabó! —gritó ella—. Puedes hacer mucho más, ¡y harás mucho más! —volvió su mirada furiosa de nuevo hacia el planeta y señaló sus luces titilantes—. ¿No te importa ver cómo tu sueño se desvanece, aquí, justo delante de tus ojos?

Miguel, al reconocer aquella voz, respondió con una sonrisa.

—No puedes moverme, mi amor. Mi viaje no tiene fin, pero mi pobre cuerpo no caminará un kilómetro más.

—El cuerpo hará lo que le digas. ¡Siempre lo hizo! Márchate de este lugar y vuelve conmigo... ¡con nosotros! —en la distancia se alzaron los sonidos de su familia, hermanos e hijos, sus esposas y sus retoños, mientras cantaban en círculo, pidiendo su regreso al mundo físico. Él sabía que pretendían ayudarlo. Sabía que hacían la voluntad de su madre.

—No puedo —dijo sin más.

—¡Eres mío! —gritó ella.

—Nunca lo fui.

Miguel miró a los ojos a su amada y vio su belleza, su pena y su valía. Oyó las súplicas de su madre, pero solo comprendía el llanto desesperado de esta, que había recibido muchos nombres en las narraciones humanas. Representaba a la humanidad en sí misma, un milagro vibrante atrapado dentro de su propio hechizo. Era ella quien había perdido la memoria del paraíso. Era ella quien había proyectado la sombra sobre la luz sublime. Al mirarla, recordando a muchas otras que habían dicho que lo amaban mientras luchaban contra ellas mismas, suavizó la voz y estiró los brazos hacia ella.

—Tus tentaciones son fuertes, más fuertes incluso que tu necesidad de mí —el roce de su mano sobre su brazo desnudo enfrió el fuego de sus ojos, y comenzó a ver a su madre, anciana de nuevo, temblando por un frío imperceptible. Ella lo miraba con ojos suaves, suplicantes.

—No te preocupes, Sarita —le dijo—. Ahora soy todo.

—¿Y qué pasa conmigo? —preguntó ella como una niña mientras se estremecía bajo el camisón, mirándolo con ojos muy abiertos y llenos de miedo—. No me dejes —le rogó—. No me abandones en un mundo que no te incluye a ti.

—Miguel no puede regresar. Murió.

—¡A veces los viejos les devuelven la vida a los muertos! —sus ojos se encendieron, después agachó la mirada tímidamente—. Se lo preguntaré. Ellos lo sabrán, m'ijo —murmuró.

—No traerían de vuelta a Miguel, tu hijo, incluso aunque él estuviera de acuerdo. Será un sueño perdido, intentando sobrevivir dentro de un cuerpo moribundo.

—¡Podría lograrse! —exclamó su madre. El fuego brillaba de nuevo en sus ojos y él sintió la tentación ardiendo con fuerza detrás.

—Sarita, no pidas eso.

—¡Te recuperaré! Lo lograré, o...

—¿O qué? ¿Morirás? ¡Hazlo ahora! ¡Ven a casa conmigo!

—¡No estoy lista para darme por vencida!

—Madre, no me escuchas.

—Entonces regresa y haz que te escuche —gritó—. Regresa y enséñame lo que no quiero aprender.

Miguel suspiró. Su madre estaba empleando las palabras para confundirlo, como siempre hacía. Nunca había sido fácil ganar una discusión con ella. Sarita había sido su profesora, su paciente maestra, y ahora le resultaba difícil a él responder como estudiante. Se apoyó pesadamente sobre el tronco del árbol y devolvió su atención a la enorme esfera resplandeciente que flotaba sobre el horizonte, acogiendo ciertos sueños y abandonando otros.

—Tu sueño ya está desvaneciéndose —insistió Sarita, siguiendo su mirada—. Es una tragedia. Tus hijos no son lo suficientemente fuertes sin ti; tus aprendices son débiles y egoístas.

—No importa, Sarita. Son más felices que antes. El mundo es más feliz —se volvió de nuevo hacia ella con una mirada de alegría.

—¿Quién te trajo al mundo? —preguntó ella—. ¿Quién te enseñó y te formó y te preparó para seducir a la propia madre Tierra?

—Tú, mamá —respondió él, tranquilo. Sabía lo que se avecinaba. Sería difícil decirle que no, igual que había sido difícil decirles que no a quienes eran como ella. Su madre contaba con eso.

—Obedece a tu madre. El tiempo se acaba y no regresaré sin ti.

—Y yo te pido que te quedes conmigo, Sarita. A ti no te queda nada más que el sufrimiento físico. Yo te libraría de eso.

—¡No me describas como a una víctima!

Miguel la contempló pensativamente. No era una víctima. Era una mujer que aborrecía los estragos de la edad y no se enfrentaría sola al final por voluntad propia. Habían colaborado ya durante cincuenta años, como dos niños inventando juegos; juegos, en este caso, que cambiaban los sueños de los seres humanos. En su ausencia, no quedaría nadie como ella en el mundo... pero ¿entendía el precio que pagaría su cuerpo por regresar? ¿Podría imaginar hasta dónde alcanzaría su dolor físico? Algo se agitó en su interior y sintió como la fuerza de su amor comenzaba a alterar el sueño. Miró a su madre a los ojos y le habló, eligiendo cuidadosamente sus palabras.

—Si este cuerpo vive, madre, necesitará mi presencia; pero también necesitará algo de la vieja estructura.

—¿No fui yo quien te lo enseñó todo sobre la *forma* humana?

—No queda forma, ni sistema de creencias.

—¡Esas cosas pueden recuperarse!

—¿Quién era Miguel, Sarita? ¿Cómo puede recuperarse si no hay respuesta a esa pregunta? Solo quedan recuerdos que señalen el camino. Los recuerdos mienten, y las mentiras cambian cada vez que se cuentan. Puede que los recuerdos señalen el rumbo, pero nunca la verdad.

—¡A *ti* te devolverán junto a mí!

Miguel miró a su madre, una imagen de humores cambiantes y frases recordadas. Parecía real, cálida y tan dulcemente modesta con su camisón y sus zapatillas que estuvo tentado de desviar la conversación hacia temas más mundanos. Deseaba volver a bromear con ella, hacerla reír como hacía antes. Deseaba oírla llamándolo para desayunar, o chismorreando sobre gente que él no conocía. Deseaba sentir las yemas de sus dedos en la frente, sobre su corazón, cuando le daba su bendición de cada mañana. Sin embargo, aquel no era un encuentro normal. Lo había encontrado en algún lugar entre la vida y la muerte. Lo había encontrado porque la vida le había mostrado un camino... y ahora, en vez de ceder a aquel sueño frágil, estaba intentando controlarlo.

¿Qué podía ofrecerle él como consuelo por un hijo perdido? ¿Cómo podría calmar sus miedos como hacía antes? Estaba luchando con él y parecía que no se detendría. Parecía hecha para la batalla, a pesar de tambalearse ante él, una anciana en camisón de algodón y zapatillas. Sería ella la guerrera, frágil como era, hasta que fuese evidente que no había más batallas que librar. Miguel no sabía qué esperaba ganar ella, pero estaba decidida.

Miguel le ofreció una sonrisa.

—Veo que llevas una bolsa de la compra. ¿Tu intención era meterme dentro?

—¡Puede ser!

—Parece que ya está llena.

—¡Mira! —exclamó con la voz áspera de tanto hablar. Él advirtió su renovado entusiasmo y dejó que hablara—. ¡He traído las herramientas habituales de nuestro oficio! Quizá podamos celebrar juntos la ceremonia... como hacíamos antes. Prepárate, m'ijo. Purifícate y convoca a las fuerzas de la vida en nuestra misión.

Miguel no hizo nada. Observó pacientemente a su madre mientras ella se inclinaba sobre su bolsa de tesoros, con una mano apoyada en su rodilla. La miraba con un brillo de curiosidad en los ojos. Él había sido chamán en otra época y sabía lo que venía después. Ya no era momento para trucos, pero ¿cómo podría decirle eso? El sueño había acabado para Miguel, el personaje principal de su historia, pero ella no le hacía caso. Insistiría en recuperar a su hijo, aunque él fuera una copia muy borrosa de la verdad, viviendo dentro de una forma muy tenue.

Sarita comenzó a sacar objetos de su bolsa de la compra con orgullo y renovado entusiasmo. ¿Sería posible que su viejo compañero de juegos y ella fuesen a inventar otro nuevo juego más? ¿Podría la suerte estar de su parte otra vez? Sintió la cercanía de sus antepasados y sonrió. De la pesada bolsa sacó un pequeño tambor y lo dejó en el suelo, después colocó con cuidado encima del tambor un palo envuelto con cinta roja ceremonial. De una bolsita sacó una colección de esquirlas aztecas y las alineó ordenadamente sobre la piel del tambor; añadió al conjunto una gloriosa pluma de águila. Una vez hecho eso, apiló tres guajes junto a la base del tambor, así como un tarro con carbón e incienso. Satisfecha tras preparar lo necesario para lo que vendría después, rebuscó en la bolsa sus valiosos iconos y, uno por uno, fue colocándolos en una de las ramas del árbol.

—¡Ya! ¡Comenzaremos con el hijo de la Virgen, por supuesto! —colocó en equilibrio sobre la rama del árbol una pequeña figurita de Jesús. Era una figura de arcilla delicadamente tallada que mostraba al Señor sujetando un cordero. Después sacó a la Virgen María, con los brazos abiertos en una postura de ascensión—. Ya está. Madre e hijo unidos —dijo Sarita con satisfacción, después murmuró una oración.

Miguel la observó en silencio mientras ella terminaba su oración y vacilaba, como si no estuviese segura de qué hacer después. Apretó los labios y volvió a inclinarse sobre la bolsa. Transcurridos unos segundos rebuscando ruidosamente en su interior, se incorporó sujetando con ambas manos una estatuilla de latón de Buda. Miró a su hijo como si esperase un desafío.

—¿Y por qué no? —preguntó—. ¿Tan orgulloso como para no acudir a ayudar a otra maestra como él?

—No es orgulloso, aunque tiene razones para serlo —dijo Miguel con calma, señalando con la cabeza hacia las luces que titilaban sobre él—. Su mensaje aún mueve el sueño de la humanidad.

—¡Justamente por eso! —la anciana llevó la estatuilla hacia el árbol y la aseguró donde se unían dos de sus ramas. Cerró los ojos y murmuró otra oración, probablemente al mismísimo bodhisattva. Con otro suspiro de satisfacción, metió las manos otra vez en la bolsa. En esa ocasión encontró una estatuilla más delicada, envuelta en un pañuelo de seda. Era una diosa china representada hermosamente con un jade pálido. Tras meditarlo unos segundos, la colocó junto a la Virgen.

—Una madre oye los llantos de sus hijos. Ella responderá —Sarita miró a ambas mujeres, llenas de gracia bajo la luz del mundo de los vivos, y sonrió—. Sí, una madre responde.

Después le tocó el turno a otra figura de latón; esta era una versión muy elaborada de la diosa de la guerra Kali. Miguel se preguntó cuántas casas habría saqueado su madre para llenar su bolsa de fetiches. Era improbable que conociera el nombre de aquellas diosas, y mucho menos su significado.

—¿Qué te parece? —preguntó Sarita—. Parece una luchadora, pero no quiero que piense que nuestro objetivo es la muerte.

—Verás que hay cosas más importantes por las que luchar que la muerte.

Sarita miró a su hijo como si buscara su comprensión. Él le devolvió la mirada y ella sintió más confusión que consuelo. Apartó la mirada velozmente, alcanzó la bolsa de nailon y la agitó. Quedaba algo más en el fondo. Lo agarró y lo sacó con un suspiro encogiéndose de hombros. Era su muñeco de plástico de Popeye, de cuando era pequeño, con la pipa en la boca y marcando ambos bíceps. Eso lo había encontrado en el cajón de su cómoda.

—¡Ahora podemos empezar a hablar! —exclamó su hijo entre risas—. ¡Soy lo que soy!

Sarita sonrió satisfecha. No entendía el significado de aquel objeto tan absurdo, pero había hecho bien en sospechar que a su hijo le gustaría. Apartó sus manos arrugadas y tiró de su camisón de algodón nerviosamente. ¿Qué más? Se palpó un bolsillo y sacó un collar: una cadena de plata con una estrella de David. Aquello lo colgó de una ramita llena de hojas y lo hizo girar. Después se quitó del cuello el crucifijo de oro y lo colgó de la misma ramita. Ambos amuletos giraron y brillaron bajo la luz irreal, lanzando pequeñas chispas de fuego hacia las ramas superiores del árbol.

—Dioses viejos, dioses jóvenes. ¿En qué se diferencian?

—¿Por qué meter a los dioses en esto? —preguntó su hijo—. ¿Por qué invocar a los santos y a los antepasados? ¿Por qué invitarlos a una reunión entre madre e hijo?

—Porque necesitamos ayuda.

—Tú necesitas fe, pero no en ellos.

—Entonces... ¿en qué?

—¿De verdad estás preguntándome esto?

—Yo tengo mucha fe en ti, mi corderito.

—En mí no. Fe en ti. Es lo que te trajo aquí, lo que te guio hasta mí. La fe es la vida en sí misma, respira a través de la materia y nos mueve a los dos.

—Tú no estás moviéndote.

—¿No? ¿No me he movido ya? —le dirigió a su madre una mirada de resignación y negó con la cabeza. ¿Qué más podría decirle?

—M'ijo —dijo su madre suavemente y con claridad—. Te llevaré de vuelta conmigo, o moriré intentándolo.

Sí, ya lo veo, pensó él. Ahora, sin embargo, estaba viva. La vida aún circulaba por sus venas, fortaleciendo un cuerpo anciano con una voluntad inconfundible. Si quería revitalizarlo a él, necesitaría que esa voluntad se volviese más fuerte, pues ya se encontraba fuera del alcance de sus emociones. Necesitaría fe absoluta, cosa que conseguiría con una conciencia que ahora se le escapaba. Sí, incluso a Madre Sarita, sabia y curandera, le esperaban algunas revelaciones... y un viaje que había pospuesto durante demasiado tiempo.

—No morirás hoy, Sarita —dijo él al fin—. Y, al parecer, yo tampoco.

Debía aprovechar aquella oportunidad para atenderla. Su madre siempre había estado dispuesta a luchar por él. Siempre había defendido su derecho a ser quien era y a lograr lo que deseara. Esta vez estaba defendiendo su derecho a vivir. Al ver la luz regresar a la cara de su madre, la cara que, durante años, le había regalado miles de expresiones de amor y de orgullo, su imaginación se encendió. Le daría a Sarita una misión, si creía necesitar una, y le daría a la guerrera una última batalla que librar. Mientras pudiera, la enviaría en un viaje mucho más importante que el destino en sí.

—¿Dices que harás cualquier cosa? —preguntó su hijo.

—¡Sí!

—¿Aunque eso signifique recibir órdenes?

Sarita notó que se le aceleraba el corazón.

—Mi ángel, en este mundo tan particular, tú eres el maestro —dijo—. Cumpliré tus órdenes gustosamente.

Bien, ahora ¿quién estaba tomándole el pelo a quién?, se preguntó Miguel con ironía. Hasta un moribundo tenía que reírse. Y él sin duda estaba muriéndose... el proceso había comenzado. Veía que Sarita había acudido a él como una apasionada fuerza de vida; y en un sueño hecho de recuerdos y de deseos efímeros, solo la vida podía detener ese proceso.

—Mis órdenes no, madre —dijo él con una sonrisa cargada de amor—. En mi mundo particular, el resultado no cambia nada. En el mundo de otra persona lo es todo —miró por encima de su hombro hacia algo situado en la distancia.

—¿Qué estás...? —comenzó ella—. ¿Otra persona?

Sarita siguió la dirección de su mirada hasta un lugar en el horizonte.

—¿Qué es eso? —preguntó—. ¿Otro árbol?

Lejos de aquel lugar resplandeciente que ellos ocupaban, en otra colina situada en un paisaje similar, se alzaba un árbol enorme. No se había fijado en él hasta aquel momento. En todos los sentidos era el mismo árbol, el que sujetaba a su hijo sobre sus nobles ramas. Era...

—Una copia —le informó él.

—¿Y quién está sentado allí? ¿Una copia de mi hijo?

—Un impostor de otro tipo. El que vive en aquel árbol conoce la ciencia de la ilusión. Habla con ese, madre.

Sarita miró a través de la desolación hacia el árbol situado a lo lejos. Estaba en sombra, pero lleno de color, como este. Sin embargo nada se movía. Sus hojas no se agitaban y nada brillaba. Las sombras no jugaban con los rayos caprichosos de la luz. No parecía haber ninguna criatura viva entre sus ramas. Se quedó asombrada. Necesitó un acto deliberado de voluntad para apartar la mirada y devolver la atención a su hijo, en su Árbol de la Vida, sentado frente a los colores brillantes de la Tierra.

—Lo que deseo no son más ilusiones. Deseo a Miguel.

—Tu viaje comienza aquí, Sarita —le dijo Miguel, y dirigió otra mirada al árbol en la distancia. Todo lo que se veía era un reflejo, un espejismo. Ahora su madre tendría la oportunidad de tomar sus decisiones basándose en aquella conciencia—. Si quieres saber cómo recuperar a tu hijo, ahí se encuentra tu primera orden. Como siempre, no creas nada de lo que oigas, pero escucha.

Arrancó otra manzana de la rama situada sobre su cabeza y comenzó a frotarla con el dobladillo de su bata de hospital. Dio un mordisco y, cuando comenzó a masticar, con el jugo corriendo por su barbilla, levantó la mirada hacia el cielo negro y sonrió con gran placer al ver un planeta lleno de sueños resplandecientes. No le cabía duda de que su madre demostraría ser una experta. Su conciencia aumentaría con cada desafío. Utilizaría su enorme sabiduría y consultaría con los antepasados, como siempre había hecho. Se enfrentaría con aquel que gobierna el mundo de los reflejos —un mundo que él había dejado atrás— y, al menos durante un rato, se olvidaría del dolor que surge del miedo intolerable de una madre. Le guiñó alegremente un ojo y se preparó para seguir a la vida, le llevase donde le llevase.

Sarita le sonrió, segura de sí misma al sentir que el poder de su intento hacía avanzar el tiempo y las circunstancias. Debía permanecer en el sueño de su hijo, pasara lo que pasara. Allí podría persuadirlo. Allí él sentiría la fuerza de su voluntad. En su mente, había planteado bien su caso y, por el momento, él parecía ceder. Estaba señalándole el camino hacia una solución, por dudosa que le pareciera a ella; y aquello era un progreso. Le obedecería, por supuesto. Trataría hacer las cosas a su manera... hasta que su manera se convirtiera en la de ella.

Sarita fijó la mirada en el horizonte. Nadie más que ella podría enfrentarse a lo que yacía ante sus ojos, por muchas horas que pasara su familia cantando y rezando. Le dio la espalda a Miguel sin decir una palabra más, recogió su bolsa vacía y comenzó a caminar de nuevo, esta vez hacia lo que fuera que merodeara en la sombra de aquel gran árbol lejano.

No había viento. En aquel paisaje quieto, cubierto por un cielo que amenazaba tormenta, no había sonido. Se preguntó por qué ya no podría oír el incansable rock and roll que parecía sonar constantemente en la cabeza de su hijo. ¿Roll and rock? ¿Rock and roll? Fuera lo que fuera, se había esfumado. Estaba sola, por el momento. Balanceó ligeramente su bolsa de nailon en un gesto desafiante contra la duda. Pronto habría acabado aquella aventura tan extraña. Pronto volvería a tener a su hijo —vivo, entre sus brazos—.

2

C ON MI MADRE ALEJÁNDOSE, PUEDO DESCANSAR de nuevo, sentir la luz infinita y escuchar la música. Oigo las canciones de mi juventud incluso ahora, incluso a través de la niebla de este sueño. Oigo su ritmo, que exige mi atención absoluta. Oigo sus letras, los mensajes que describen el dolor y la solución al dolor al mismo tiempo. Oigo la verdad deslizándose sobre la melodía y en algún lugar por debajo de las palabras, siempre discreta, pero siempre presente. Pertenezco a la música y a la vida que palpita en su interior.

Fue un largo viaje a través de la existencia, un viaje que comenzó en algún momento antes de que pudiera apreciar la música —de hecho, antes de que el oído me conectara con el mundo físico— y antes de que fuera consciente de las luchas de hombres y mujeres. Comenzó antes de saber nada sobre la materia. Mis recuerdos reales tal vez comenzaran al nacer mi cuerpo, mis intentos iniciales por respirar, y los sonidos de los gritos angustiados de mi madre. Desde ahí se produjo el paso significativo de la infancia a la madurez, pasar de ser estudiante a ser maestro. Viajé desde el puro potencial hasta la emoción del ser físico, hasta su final. Fui desde las noches infinitas haciendo el amor hasta esta noche tranquila, con la muerte susurrándome por dentro y a mi alrededor. Fue una buena vida, una vida dando y recibiendo amor sin condiciones y más allá de toda justificación.

El amor no necesita justificación; no es más que lo que somos. Los hombres y las mujeres rara vez se permiten sentir su fuerza. Conocen el amor solo como un símbolo caído, un símbolo hecho para representar la vida, pero que fue corrompido por las distorsiones diversas de su significado. Con la corrupción de esa única palabra, todos los símbolos se vuelven confusos. Los símbolos se convierten en creencias, y las creencias se convierten en tiranas mezquinas que exigen el sufrimiento humano. Todo esto comenzó con la corrupción de esa primera palabra: amor.

Hubo muchos amores en mi vida, por supuesto. Siempre hubo mujeres dispuestas a recibir caricias, ansiosas por amar y ser amadas. Siempre hubo mujeres que buscaban ver la verdad de sí mismas en mis ojos. En mi vida, las amé a todas. Tenían caras distintas, nombres distintos, pero para mí había solo una —solo la que cayó y quedó atrapada en una red de distorsiones, que busca encontrar el camino de vuelta hacia la verdad—. Busca un sendero de vuelta al cielo incluso ahora, creyéndose mientras tanto las mentiras que la mantienen en el infierno.

Por supuesto, ella es todos nosotros. Ella es el conocimiento; y puedo decir ahora, sin avergonzarme, que hubo un tiempo en el que ella era Miguel. Tuve una buena relación con el conocimiento desde el principio. Desde mi primer aliento estuve dispuesto a aprender cómo funcionaban los sonidos, los símbolos y las líneas garabateadas sobre el papel. Como cualquier niño sano, veía y oía todo. Sentía cosas que los adultos a mi alrededor se habían olvidado de sentir. Las sensaciones me invadían día y noche, pero obviamente esas sensaciones necesitaban a alguien que pudiera dar testimonio de sus maravillas. Según lo que observé del mundo adulto a mi alrededor, las sensaciones necesitaban un narrador.

Al sentir la excitación que acompañó a mi primera palabra, y el entusiasmo de ver la felicidad que producía en mis padres y en nuestros amigos, quedé enganchado. ¡Enseguida me volví devoto de las palabras! Tardé poco en utilizar palabras para crear la caricatura de un niño pequeño. Resultaba también asombroso cómo las palabras se convertían en el homenaje infinito que es el pensamiento. En muy poco tiempo crecí igual que aquellos narradores que poblaban mi mundo de niño pequeño. Recolectaba alegremente suposiciones y opiniones, y la recompensa a mis esfuerzos era una identidad indiscutible. Me conocía bien a mí mismo. Y también todos los demás que me conocían, los que me conocían bien, o eso creía.

Me encantaban las palabras y los universos que las palabras creaban para mí. Me encantaba el poder que me daban para convencer a otras mentes y cambiar puntos de vista. Me encantaba que las palabras me facilitaran el cortejo de las chicas y persuadir a otros chicos hambrientos de conocimiento como yo. Me encantaba la ventaja que las palabras me daban en la escuela, tanto con mis compañeros como con mis maestros y después profesores. Siempre fui un buen estudiante. No tardaba en memorizar ni me costaba recordar hechos. Quiero decir que era rápido hasta que entré en la escuela de medicina. Allí parecía que no tenía ninguna ventaja. Daba igual lo mucho que estudiara, lo bien que memorizara, pues apenas lograba aprobar un examen. Mis notas eran malas, estaba de mal humor y la

seguridad en mí mismo caía en picada. Deseaba tremenda-
mente seguir los pasos de mis hermanos, pero, tras mi primer
semestre en la escuela de medicina, las perspectivas de tener
una carrera como médico no pintaban bien. La situación em-
peoró tanto que mi profesor de fisiología me abordó en privado
y me preguntó por qué mis notas no lograban reflejar la inteligencia y el entusiasmo que mostraba en clase. Yo no tenía una
buena respuesta. Le dije lo mucho que estaba tratando y la
cantidad de energía que invertía en memorizar el material. Ahí
él me detuvo.

—No memorices —me dijo—. Usa la imaginación.

Puede que aquella fuese la primera vez que oía las palabras
utilizadas así; para invitar, en vez de para convencer. Aquel
profesor estaba invitándome a salir de la estructura y a soñar
mi vida. Estaba dándome permiso para *experimentar la verdad,*
no solo para *observar los hechos.* Mis notas mejoraron drástica-
mente después de aquello, pero, lo más importante, cambió el
mundo tal como lo conocía. Aquel era el primero de muchos
pasos para alejarme del conocimiento, de esa voz imperiosa de
mi cabeza. Fue un paso pequeño, claro, porque estaba fuertemente unido a las leyes del conocimiento y, a esa edad, era el
mayor defensor del conocimiento. Creía que el conocimiento
podía curar toda enfermedad, resolver todo problema. Me
definía. Yo era el conocimiento, en toda su expresión juvenil y
en su agresividad incansable. Sin el yo que había nacido de las
palabras y de las ideas, no podía existir, o eso creía.

Viendo a mi madre caminando hacia el horizonte, hacia su
destino, me siento tranquilo. Viendo el árbol lejano desde mi
refugio presente entre las ramas del Árbol de la Vida, solo
siento amor. Aquel árbol, que refleja el mío, es el símbolo del
conocimiento, solo eso, y los símbolos no tienen influencia
sobre mí. *Ahora* no la tienen, pero hubo una época de mi existencia en la que habría dado cualquier cosa por liberarme de las

garras del conocimiento. Diría «poder», pero el conocimiento representa un falso poder, nacido en aquellos excitantes momentos de la infancia en los que el lenguaje se percibe como único camino hacia el paraíso. Desde aquella primera seducción, solo parece haber un camino hacia delante. Esto no es más que el destino humano, por supuesto. A través de una luz infinita llegamos al ser físico, nos encontramos con la oscura perplejidad y nos desafían a encontrar el camino de vuelta. No hay nada que diga que debemos arder con la misma frecuencia de luz que nos trajo hasta aquí, pero ¿tan imposible sería? Arrojar luz sobre la oscuridad provocada por las palabras es una elección complicada que determina el camino de un buscador.

Mi profesor me había pedido que soñara el mundo desde un punto de vista académico, pero pronto descubrí que soñar es lo único que hacemos. Imaginamos y entonces nos convertimos. Aquellos que son artistas del sueño, sea este cual sea, son artistas de la vida. Soñar significa construir la realidad con los medios que estén disponibles. Un perro sueña el sueño de un perro. Un árbol se sueña a sí mismo de formas que solo el árbol conoce. Conoce su cuerpo, cada hoja y cada partícula que lo convierten en un universo. Conoce los poderes rejuvenecedores de la luz del sol, de la lluvia y de la tierra que lo alimenta. Se percibe a sí mismo en relación con todas las formas de vida y cambia con la luz, igual que hacen los cuerpos humanos. El sueño humano, por otra parte, se adapta al conocimiento cambiante. Cuando el cerebro humano convierte la luz en lenguaje, aprende a soñar mediante las palabras. Tenemos un don más allá de nuestro entendimiento. Nuestras palabras describen nuestra realidad. Siempre estamos soñando, siempre redefiniendo realidades. En nuestras horas de sueño, las palabras son solo los ecos débiles de un sueño en la vigilia, pero aun así el sueño continúa. Como todas las criaturas, soñamos todo el tiempo. Soñamos con la idea de quiénes somos en relación con todo lo demás. Cuando otras mentes se ponen de acuerdo con nosotros, nos aventuramos a llamar a nuestro sueño «verdad». Dependiendo de cómo usemos el conocimiento, podemos ser víctimas o podemos ser maestros responsables de nuestro sueño personal.

Igual que disfrutaba del conocimiento hace tantos años, llegó un momento en el que tuve que rechazar su autoridad. Por entonces no tenía una familia que me apoyara y no había ninguna comunidad de humanos que me enseñara cómo hacerlo. Estaba solo, con el único consuelo de la sabiduría ancestral. Estaba solo, igual que Sarita ahora. Su viaje para encontrarme comenzará de verdad en el mundo representado por ese árbol. Cualquiera puede recopilar las piezas de un sueño antiguo, construido por el conocimiento antiguo. Hace falta un maestro para seleccionar la valiosa materia prima capaz de crear un sueño nuevo y estimulante. Ese será su desafío. Puede que fracase o puede que lo consiga. En cualquier caso, Miguel no regresará. Está en casa, aquí, en brazos de la eternidad.

En su vida como hombre, Miguel fue consciente de la verdad de sí mismo. Centímetro a centímetro, se alejó de las tentaciones del conocimiento. Gramo a gramo convirtió su corazón en algo sin peso, vaciándolo de miles de mentiras. Las frecuencias en su interior cambiaron y se intensificaron, hasta que la materia ya no pudo contenerlo. Revive el cuerpo, si quieres, madre. Recopila los recuerdos, júntalos con fe y deja que la ciencia médica haga el resto. Con los ojos bien abiertos por la emoción, contempla el conocimiento como si fuera la primera vez. Aprende a medida que avances. Sé mi corazón en esta búsqueda y vuélvete más ligera con cada paso que des. Haz lo que debas hacer. Intenta lo que quieras... pero Miguel no regresará.

Madre Sarita se encontraba al pie del segundo árbol, sintiendo que su corazón aleteaba contra su pecho mientras trataba de tomar aliento. Le había parecido que el árbol estaba lejos y, sin embargo, el camino se le había hecho interminable. Al mirar hacia atrás, distinguió la silueta del árbol de Miguel dibujado contra el cielo. Se alzaba bajo la luz. Este, en cambio, no. Siendo una mujer sabia, reconocía la oscuridad cuando la veía. No había mal allí, solo la ausencia de algo. No, no era ausencia: más bien escasez. La luz estaba en todas partes, y existía en todas las cosas, pero la luz no era bien recibida en aquel lugar. El brillo etéreo que inundaba el paisaje a su alrededor se encontraba allí con una resistencia. ¿Qué le había dicho su hijo? Había dicho que debía poner su confianza en una impostora. No tenía opinión sobre los impostores. Tenía un trabajo que hacer y aceptaría cualquier ayuda, en cualquier forma.

Tomó aliento con dolor y sintió que el corazón le latía más despacio. Había vaciado su bolsa de contenido, pero sentía el esfuerzo físico de todos modos. Era curioso que aquella ilusión pesara tanto sobre los sentidos físicos. Estaba segura de que, en el salón de su casa, su corazón estaría latiendo de igual forma. Tal vez sus hijos estuvieran preocupados por ella, y que aquel estado de trance estuviera asustando a sus nietos, pero no podía parar ahora. Debía seguir avanzando. Tomó aliento de nuevo e intentó relajar los músculos de la cara, con la esperanza de que una expresión de calma lograra tranquilizar a sus familiares mientras la observaban en casa y se maravillaban.

Al no ver nada en las ramas de aquel árbol salvo sombras y engaños, se sentó sobre una enorme raíz que sobresalía del suelo en un punto y se arqueó como un gato que espera la caricia humana. Justo al sentarse, notó un movimiento a lo largo de las ramas del árbol. Se quedó quieta, sacó un pañuelo de su bolsillo y se secó la cara con precisión. Suspiró audiblemente y esperó.

—Bienvenida.

La voz era sedosa y suave, pero sorprendente al mismo tiempo. Resultaba amable y cautelosa. Invitaba y, aun así, penetraba sus pensamientos. Su tono era dulce, pero su mensaje inflexible. Con una palabra, abría otros mundos. Se parecía a la voz de su hijo.

—¿Miguel? —preguntó con indecisión y voz temblorosa. ¿Estaría en dos lugares al mismo tiempo? ¿En qué consistía aquel juego, aquel sueño de reflejos? Le preocupaba que a los antepasados no les pareciera bien, y los necesitaría antes de que acabara aquel viaje. Sarita se quedó donde estaba, sin saber dónde buscar a su interlocutor, ya que la voz parecía proceder de todas partes.

—Te pusiste cómoda —declaró la voz.

—Estoy bastante incómoda, como cualquiera podría imaginar —dijo la anciana doblando su pañuelo húmedo—. Dudo que pudiera estar *menos* cómoda, pero eso no importa, pues pronto me habré marchado de aquí —por el rabillo del ojo vio algo deslizarse suavemente por detrás del tronco del árbol, a no más de dos metros de donde ella se encontraba sentada.

—Ah —dijo la voz con interés—. ¿Dónde vas?

—Me dijeron que *tú* sabes mejor que yo dónde voy —Sarita tenía la desagradable sensación de estar perdiendo el control sobre aquel trance. Había entrado por la fuerza en los sueños febriles de su hijo como último recurso y ahora sentía el peligro. Fueran cuales fuesen los riesgos a los que tuviera que enfrentarse, sabía que podría llegar hasta él. Sabía que él respondería. Sabía muchas cosas, pero no sabía a qué se enfrentaba en aquel momento—. ¿Es cierto que tú sabes... bueno, que sabes...? —dejó la pregunta a medias, sin saber cómo terminar.

—Lo sé todo —respondió la voz con amabilidad—. Sí, lo sé *todo*.

Sarita se vio invadida por la sensación de que aquel ya no era el sueño de su hijo, tampoco el de ella. Aquel era un sueño muy antiguo, reprimido desde hacía mucho tiempo en el recuerdo humano. Aquello se parecía a un sueño ancestral, uno en el que una serpiente se acercaba y susurraba suavemente. Aún podía ver aquel planeta tan familiar en el cielo, fuertemente iluminado, inhalando y exhalando sueños en su corazón de fuego... pero había poco allí que tuviera vida. El árbol se alzaba amenazante junto a ella, pero no parecía respirar. Aquel era un tipo de sueño más oscuro.

Sarita se guardó en el bolsillo el pañuelo doblado, decidida a controlar aquella visión. Se levantaría y se enfrentaría a lo que había ido a enfrentarse. Su cuerpo obedeció y se puso en pie en un instante, con expresión sombría y con el corazón más desbocado que nunca. Lo que vio fue algo totalmente inesperado. Allí, frente a ella, acechando a la sombra de aquel árbol, se encontraba una hermosa joven ataviada con un sencillo vestido.

—¡Ah! —exclamó Sarita sin ocultar su alivio—. Bien. Dado que sabes tanto, tal vez puedas decirme cómo devolver a mi hijo pequeño al mundo de los vivos.

—¿Murió? —preguntó la mujer, que parecía sorprendida y compasiva al mismo tiempo.

—No. Sigue en aquel árbol de allá, soñando con la eternidad —Sarita se volvió y señaló hacia el símbolo de la vida, que se alzaba solemnemente en el horizonte lejano—. No le permitiré morir hasta... hasta que haya terminado.

Se giró de nuevo hacia su nueva amiga y descubrió que la joven había salido de entre las sombras rápidamente y en silencio y ahora contemplaba fascinada el otro árbol. Su pecho subía y bajaba con la emoción, y su melena roja flotaba a sus espaldas, como movida por un viento súbito. Sarita se dio cuenta alarmada de que no se trataba de cualquier mujer. Era una criatura mágica, llena de poder. Se parecía a la mujer que Sarita había sido en otra época, pero apenas se acordaba —una hechicera que tenía la vida en la palma de su mano y la muerte serenamente a sus pies. Antes de que Sarita comprendiera lo que estaba viendo, la joven se había vuelto hacia ella y la miraba directamente a los ojos.

—¿Terminado? —preguntó bruscamente—. ¿Dices que aún no terminó?

—¿Qué? —Sarita tartamudeó confusa. ¿Cómo iba a ayudarla aquella criatura a recuperar a su hijo? ¿Qué podría saber de él?—. No —respondió, conteniendo su asombro—. No terminó. No completó su trabajo.

—¿Qué trabajo es ese?

¡Menuda tontería! A Sarita le asombraba la ignorancia de aquella criatura, pero experimentó una satisfacción creciente al darse cuenta de que había recuperado la ventaja. Miguel debía seguir viajando, conversando y fusionándose con la Tierra. Eso era evidente. Era un mensajero. Estaba destinado a hacer esa y muchas otras cosas. Su sueño crecía, se expandía y no debía parar ahora.

—No terminó aún su trabajo con la Madre de todos nosotros —declaró Sarita.

—Ella no es mi madre —dijo la mujer distraídamente.

—No terminó de compartir su sabiduría, de dar con generosidad...

—¿Dar a quién? ¿A ti?

—¡Al mundo! No terminó de ser el mensajero que estaba destinado a...

—No terminó de ser tu atento hijo, quieres decir.

—No terminó de ser... ¡lo que es!

La visión se acercó a ella sin hacer ruido y acarició con su aliento frío el rostro de la anciana.

—¿Acaso no es lo que es al cien por cien?

—¿Puedes ayudarme o no? —preguntó Sarita, exasperada—. Lo llevaré de vuelta conmigo al mundo.

La adorable criatura tomó aliento, se inclinó hacia la anciana y la inspeccionó cuidadosamente.

—¿Necesitas mi ayuda? —fue lo único que dijo.

—Deseo tu conocimiento.

Otro aliento. En esa ocasión su sonido se mezcló con el resplandor de los rayos del cielo. Sus ojos brillaron con una luz roja, después se volvieron azules al reír, mientras su pelo bailaba con aquel extraño viento de sentimiento que solo ella parecía levantar.

—Y pensar —susurró de nuevo— que, al verte, una podría anticipar problemas. No representas ningún problema. Eres de la familia, *vieja*. Eres como yo, mi hermana, y aquí eres bien recibida. Si conocimiento es lo que deseas, ¡te zambulliré en él!

—Puedes llamarme Madre Sarita, pues soy mayor que tú. ¿Tienes nombre?

—Yo también soy vieja. Más vieja que tú, Sara... Sara —pronunció la criatura con cuidado, disfrutando de su sonido; un nombre ancestral con raíces sagradas. Se detuvo a estudiar el rostro de la anciana—. Sara —dijo de nuevo—. Un nombre impresionante, y bien merecido. Para esta ocasión, adoptaré un nombre que me describa bien.

Sarita aguardó, pensando en todas las cosas que la humanidad había llamado a aquella criatura a lo largo de los milenios; nombres sagrados y también obscenos.

—¿Cómo llamarme? —reflexionó la hermosa mujer en voz alta—. ¿Y en qué delicioso idioma? ¿En el tuyo? —su cara adquirió una mirada de preocupación, después de sorpresa y finalmente de determinación—. Llámame La Vida —miró fugazmente hacia el árbol del horizonte y se transformó al sonreír.

—Ah, sí —susurró la anciana—. Vida —parecía que la criatura tenía ambiciones más allá de su alcance.

—O puede que eso no. Creo que prefiero La Luz.

¿La Luz? Aquello le parecía algo ilusorio también. Había muy poca luz en aquel rincón. Pero Sarita asintió amablemente—. Por supuesto.

—No —se corrigió a sí misma la mujer—. La Verdad. Llámame así.

—Como quieras —Sarita sacudió la cabeza mientras se disponía a recuperar su bolsa.

—¡Espera! —la visión giró sobre sí misma y el dobladillo de su vestido levantó un remolino de ceniza donde se hallaba—. ¡El nombre ha de ser grandioso! ¡Romántico! ¡Llámame La Diosa!

Sí, por supuesto, pensó Sarita. ¿Por qué no proclamarte diosa cuando te encuentras en tu propio mundo de espejismos? Recordó que una vez le hablaron de un famoso club nocturno de Guadalajara que tenía ese nombre, donde las mujeres se avergonzaban a sí mismas bailando sobre el escenario medio desnudas. La imagen le divirtió.

—Me mareas —dijo Sarita con un suspiro—. La esto. La lo otro. La, la, la —al imaginarse a las mujeres desnudas en el club de *striptease*, sintió el impulso de jugar con aquella criatura arrogante—. ¿No podrías ser simplemente Lala? Tiene brillo —la pelirroja se giró para mirarla. Sarita vaciló, temiendo haberla ofendido—. Quiero decir que habla de vida y de luz —se explicó.

—Soy La Diosa —declaró la mujer con determinación, después se obligó a sonreír—. Ya que somos hermanas en esta causa, supongo que podría permitir que me llamaras... algo alegre.

—Bien. Entonces, ¿por dónde empezamos, Lala? ¿Debo prepararme?

—Quédate como estás, querida —le ordenó—. ¡Pidámosle al recuerdo, ese príncipe de la verdad, que nos muestre un camino!

—Pero el recuerdo...

—Yo lo sé todo —la interrumpió Lala—. No lo olvides. Si dudas de mí, no tendremos nada, nada salvo luz y movimiento y... y brotes frágiles en un árbol sin nombre.

Sarita intentó recordar exactamente qué había dicho Miguel sobre el recuerdo, pero no pudo. Antes de tener tiempo de pensar qué tendrían de malo los brotes en un árbol, su compañera había avanzado hacia ella, veloz, sin hacer ruido, y volvía a mirarla fijamente a los ojos.

—La resurrección de un sueño —declaró con solemnidad.

—El regreso de mi hijo —le corrigió Sarita.

—Esto es muy afortunado —murmuró la mujer—. La solución se encuentra en la órbita del entendimiento —le dirigió una mirada penetrante—. Hiciste bien en venir a buscarme.

—Bueno, resulta que... —comenzó Sarita, pero Lala seguía hablando, seguía mirando.

—Asegúrate de ser respetuosa.

—¿Sí?

—Sé consciente de mis habilidades únicas, de mis maneras y de mis normas. Escúchame.

Escucha, pero no creas, se recordó Sarita.

—Escucha y obedece —añadió Lala.

Sarita estaba decidida a permanecer en aquel terreno remoto, sin importarle la compañía. Debía quedarse allí hasta poder persuadir a su hijo.

—Por supuesto —respondió con timidez—. ¿Cómo empezamos?

La criatura se alegró al oír la pregunta.

—Cómo. Sí —sonrió—. Cómo, qué y por qué. No hay progreso sin esas cosas —se alejó de Sarita, aparentemente pensando. Sarita la observó y esperó.

—Comenzamos con el primer recuerdo —anunció Lala de pronto—, y avanzaremos desde ahí —miró a la anciana—.

Trajiste una bolsa de la compra —dijo—. Probablemente anticipaste esto.

Sarita miró la bolsa, perpleja. Entonces, ¿contendría recuerdos? ¿Sería aquella una de sus órdenes misteriosas? Quiso reírse, pero guardó silencio.

—Con los recuerdos suficientes, tendremos un sueño, una fotografía viviente que representa todo lo que es cierto en un hombre. Yo te guiaré a través de las escenas recordadas, a través de cada pedazo crucial de conocimiento, y con el tiempo habremos recopilado todas las piezas necesarias para resolver el rompecabezas llamado... Miguel —la voz de Lala acarició la última sílaba de su nombre igual que el arco de un violín se desliza sobre las cuerdas, dejando que el sonido se desvanezca con lentitud, melódicamente, hasta hacerse el silencio. *Miguel*: esa palabra parecía invocar imágenes de algo familiar, algo que se echaba tristemente de menos. El aire a su alrededor se agitó levemente y trajo consigo algo de calidez y de sonido.

—Tenemos muy poco tiempo, señora —dijo Sarita con énfasis para romper el hechizo del momento.

—El tiempo es mi creación —fue la respuesta de Lala—. Tenemos todo lo que yo quiera —sin más, agarró a la anciana de la mano y la ayudó amablemente a sentarse de nuevo sobre la enorme raíz.

A Sarita, agarrada aún de la mano de Lala, le pareció oír el golpeteo lejano de la lluvia, pero el cielo no había cambiado. Las nubes aún fluían y danzaban, los rayos aún brillaban a lo lejos, su fuerza recorría todo su cuerpo, pero no se producía trueno alguno. Sintió que la mujer le apretaba la mano. Lala se quedó de pie, muy quieta, junto a ella, con la mirada fija en algún punto lejano.

Sarita vio que estaba mirando hacia el Árbol de la Vida, y en su cara se dibujaba una expresión curiosa. Una expresión de rabia feroz y de profundo anhelo. Sin duda era las dos cosas, aunque Sarita sabía que tales sentimientos no existían juntos en el mundo natural. La anciana miró hacia el lugar en el que había visto a su hijo por última vez y se preguntó si debería haber respetado sus deseos en esa ocasión y haberlo dejado en paz. Aquello era algo que rara vez había hecho, pero ahora...

De pronto Lala le soltó la mano. Cuando Sarita la miró sorprendida, la oscuridad cayó sobre ambas, perforada solo por una luz suave. Era la luz de una vela.

Sarita ya no estaba sentada bajo un árbol en mitad de un paisaje vasto y desolador. Estaba sentada en una silla de madera regular situada en el rincón de una pequeña habitación, viendo a un hombre y a una mujer hacer el amor a la luz de una única vela colocada en un frasco de fruta.

M I CONCEPCIÓN ERA UN ACONTECIMIENTO DEL QUE Sarita hablaba a menudo. Mi nacimiento fue un poco raro, y las cosas se volvieron aún más extrañas a partir de aquel momento.

Nací en una familia poco común, cuyos ancestros llegaban hasta el linaje de los Caballeros Águila de los antiguos aztecas. Aquellos destinados a ser Caballeros Águila eran respetados y considerados hombres sabios y consejeros para sus comunidades. Al igual que nuestras comunidades hoy en día, las suyas estaban compuestas por políticos, soldados, granjeros y artesanos. Cuando empleo la palabra «artesano» en relación con esa gente ancestral, también me refiero a artistas de la vida, o *toltecas*, como los llamamos al contar nuestra historia. Su forma de arte era una realidad basada en palabras pronunciadas sabiamente y en creencias elegidas alegremente. Entre los más sabios, había individuos que luchaban contra el miedo venenoso que con frecuencia se destila del pensamiento humano.

Cuando habitaba este cuerpo humano, no siempre supe en qué me convertiría, o en qué podría convertirme. Es cierto que existían guerreros espirituales incluso en mi familia inmediata. En el momento de mi nacimiento, mi madre ya era una curandera conocida, y en sus prácticas de curación empleaba muchos de los rituales sagrados que había aprendido de mi abuelo, don Leonardo. Su padre, mi bisabuelo, se llamaba Eziquio. Aunque la palabra *trickster* solía usarse con frecuencia para describirlo, tanto con humor como con un poco de miedo, a don Eziquio los adultos a su alrededor lo veían como una leyenda viva. Para los niños como yo, él era la sombra, el espectro y el ojo que todo lo ve. No estábamos seguros de qué travesura habría cometido en su vida, o qué clase de brujería sería capaz de hacer todavía, pero los niños hablábamos de él entre susurros cautelosos, por si acaso. Su nombre, como los nombres de todos los antiguos chamanes, se pronunciaba con asombro y veneración.

Ni siquiera de joven pude haber imaginado que algún día palabras como «chamán» y *trickster* pudieran aplicarse a mí. Deseaba llevar una vida respetable como profesional de la medicina, contribuir como pudiera a la salud general de la humanidad. Jamás imaginé que me convertiría en lo que mi madre había predicho que sería, ni que serviría a la humanidad del modo en que ella había descrito.

Como todas sus historias sobre mí, la historia de mi concepción siempre la contaba en términos mitológicos. Casi todos sus relatos sonaban así: las historias que contaba sobre nuestros ancestros eran tan reverenciales como las que se contaban sobre los santos y los ángeles. Yo nunca llegué a creerme realmente mi propia historia tal y como ella se la contaba a todo el mundo, pero, con el tiempo, fui consciente de que la veía como su historia. Mi concepción y mi nacimiento, mi inmersión en el sueño del mundo, y mi regreso a ella, a las creencias y prácticas ancestrales —todo eso trataba de ella—. Y, en aspectos muy importantes, tenía razón. Trataba de ella. Sus historias eran expresiones de fe —fe en sí misma—. Para mí, ver cómo vivía su vida con esa clase de fe fue la mayor lección de todas. Parecía honrar a Dios el Padre y ceder a la voluntad de la Virgen. Parecía que siempre estuviera rogando a los santos para que apoyaran su causa. Parecía todas esas cosas porque era necesario parecerlas, pero su poder sobre la gente, y sobre los acontecimientos de su propio sueño, venía directamente de su fe en sí misma. Esa fe daba vida a su historia. Esa fe daba vida a los enfermos. Y fue esa fe la que me dio vida a mí.

Sarita reconoció a la pareja de inmediato. La mujer inmersa en el éxtasis del sexo era ella misma de joven, antes de que naciera Miguel. Aquella mujer estaba desnuda y en plena pasión. Esta versión de Sarita estaba sentada sobre el regazo de su marido, gimiendo de placer. Sus cuerpos brillaban con el sudor del ejercicio sexual. La anciana los observó mientras los ojos se le inundaban de lágrimas al murmurar el nombre de su marido y sonreír recordando.

—José Luis —dijo en voz alta—. Mi amor... mi cariño.

De pie junto a la cama se encontraba la misteriosa Lala, con la misma apariencia que junto al árbol. Se mantuvo, silenciosa, en la linde de la luz que proyectaba la vela durante unos segundos, contemplando a la pareja sin emoción. De hecho, apenas mostraba interés por lo que estaba viendo, de modo que, cuando se dirigió a la anciana sentada en el rincón, sonó más bien como una guía turística en el jardín botánico, señalando la flora común.

—Posee un buen cuerpo para tener cincuenta años —declaró Lala sin expresividad.

—Cuarenta y dos —le corrigió Sarita—. ¡Y míralo a él! Había olvidado...

—suspiró y apartó la mirada cuando la visión se volvió incómoda.

—Era un crío —dijo la mujer.

—Tenía veintimuchos años —respondió Sarita a la defensiva.

—¿Y cuándo te casaste con él?

—Era un adolescente. A punto de dejar de serlo.

—Y tú una mujer madura, madre de nueve hijos. Nueve.

—Estaba tan enamorado...

—Estaba enamorado de una idea, como ambas sabemos —dijo Lala, y miró a Sarita a los ojos por encima de la pareja que yacía en la cama—. Estaba hechizado. El pobre muchacho no tenía oportunidad.

—Las ideas lo son todo —murmuró Sarita con voz tranquila.

—Me alegra que estés de acuerdo —una sonrisa sedosa se asomó a los labios carnosos de Lala. Aquel viaje, tan súbito y tan sospechoso, ya parecía echársele encima. Por lo general odiaba participar en asuntos como aquel. La escena que tenía ante sus ojos era desagradable —primaria, pegajosa con la promesa de la vida—, pero era la introducción necesaria a un sueño que algún día poseería y controlaría.

El joven que estaba haciendo el amor gimió súbitamente de placer y, al hacerlo, su esposa gritó, arqueó la espalda y estiró los brazos hacia el techo. Volvió a gritar.

—¿Qué? —gritó su marido—. ¿Qué hice?

—¡La luz! ¿Viste la luz? ¡Salió de la nada y me apuñaló en el vientre! ¡Mi cuerpo arde! —Sara, la versión joven de Madre Sarita, bajó las manos y abrazó con fuerza al hombre contra su pecho.

—Mi amor, no hay que temer a la luz —susurró él.

—Dios me tocó. Tendré un bebé.

José Luis, riéndose, agarró a su esposa por las nalgas y volvió a tumbarla sobre la cama.

—No necesitamos una luz celestial para saber eso.

—Sí, habrá otro, y será...

—¿El décimo tercero? —conjeturó él, burlándose de ella. Ya habían añadido tres hijos a la vasta descendencia de Sara.

—¡Sí, sí! Será el décimo tercero. No te rías, ¡aquí interviene el poder divino! ¡Trece! —enfatizó—. ¡Deja de reírte!

Sarita escuchó hablar a la pareja, oyó como crujía suavemente la cama y recordó.

—Sí, este fue el comienzo para Miguel —dijo, casi para sí misma—, pero antes sucedieron muchas más cosas.

—Estamos aquí para recordar los acontecimientos de la vida de tu hijo, no la vida de la mujer llamada Sara —respondió la otra mujer sin mucho afán. Su rostro no mostraba ninguna expresión mientras contemplaba a la pareja sobre la cama.

—¡No debemos recordar esto! —exclamó Sarita, y se levantó para acercarse a la única ventanita de la habitación, abierta para dejar entrar el aire frío. En el exterior, la noche envolvía al mundo entre sus enormes brazos. Algunas estrellas desperdigadas pinchaban la negrura y el ladrido de un perro rompió el silencio, una vez, dos veces y de nuevo silencio. Sarita se permitió sentir la soledad del silencio. El amor que José Luis le había ofrecido era atrevido, comprometido y constante. Deseaba volver a oír su sonido, las inmensas sensaciones que le provocaba. Recordaba la generosidad con que la había amado, pero no recordaba haber dado amor del mismo modo. Con demasiada frecuencia había recompensado su devoción con condescendencia. Era un marido respetuoso y un compañero, en su trabajo y en la cría de sus hijos, pero ¿qué había sido ella para él?

Lala asintió con aprobación.

—Eso es, mira hacia otra parte. Aquí suceden cosas que desafían al conocimiento, convirtiendo en asqueroso este momento. Teníamos que regresar al comienzo y supongo que este es un tipo de comienzo —miró a Sarita con placer en los ojos—. Pero, por mi parte —agregó—, ¡yo prefiero comienzos como *este*!

Sarita giró hacia la habitación y le sorprendió ver que allí ya no había una cama, una vela y dos amantes. Ahora era una cocina inundada por los rayos del sol de la mañana. Y allí estaba ella, de pie junto a la cocina de leña, de nuevo más joven. No estaba embarazada, lo que le sorprendió. ¿Cuándo había sucedido aquello entonces?

Sonaba música en la radio y ella estaba cantando mientras preparaba la comida del día. Los gritos y las risas de los niños se oían procedentes del pequeño patio situado frente a la puerta de la cocina. El estruendo del tráfico llegaba desde la calle mientras la vieja Sarita contemplaba la escena con la boca abierta de asombro. Un niño pequeño jugaba junto a los pies de su madre, a veces se quedaba sentado con sus soldaditos de plomo y a veces se levantaba, hacía equilibrios y daba unos pocos pasos hacia los fuegos. Su madre les gritó algo a los demás niños a través de la ventana abierta y después se volvió para dirigirle una sonrisa orgullosa al niño, que era poco más que un bebé.

—Mi niño bonito —canturreó—. ¡Qué listo eres! ¡Qué fuerte y qué guapo y qué listo!

Alentado por el tono de sus palabras, el niño dio otro paso, después otro. Un niño de cinco o seis años entró corriendo en la casa y tiró una silla al robar una tortilla de la mesa.

—¡Eh! —gritó sin dejar de correr—. ¡El monito está caminando otra vez! —con esas palabras, en el patio empezaron a jalear. El niño pequeño reconoció ese sonido y se entusiasmó. Eran los mismos sonidos maravillosos de la risa que se alzaba cada vez que él se ponía de pie, cada vez que se caía y cada vez que balbuceaba de manera incoherente. Cuando su familia se reía, él se reía. Una vida de risas no sería suficiente para él. Con esa clase de recompensa a la vista, se enderezó, levantó los bracitos y llegó hasta su madre con dos pasos más. Una vez allí, se aferró a sus piernas fuertes con satisfacción y casi sin aliento, y hundió la cara en los pliegues de su falda.

—¡Es un campeón! —gritó su madre, y fuera todos aplaudieron. Ella se rio, el niño se rio y el universo se estremeció de placer.

—¿Lo ves? —dijo su madre acariciándole la cara—. Fuerte, guapo y listo. ¡Todo el mundo lo sabe!

Mientras contemplaba la escena, Sarita habló con cariño.

—Sí, esta es la época en la que Miguelito empezó a caminar. Estaba dejando atrás la infancia y comenzando su vida como un niño —dejó escapar un largo suspiro—. Igual que sus hermanos, que disfrutaban mucho atormentándolo, desarrolló un talento especial para meterse en problemas —sonrió al recordarlo y la luz de la estancia comenzó a parpadear.

—¡Para! —exclamó Lala, e interrumpió su recuerdo—. Querida, no es el comienzo de la tediosa niñez lo que estamos presenciando. ¡Escucha!

Volvieron a mirar a la madre y al niño, mientras el pequeño Miguel acercaba una mano al fuego y después la apartaba al notar el calor. Al sentir el peligro, desencajó los ojos con gran sorpresa.

—¡Ay, no! —oyó que gritaba su madre—. ¡No! ¡No, no, no!

Mirando a su madre, el niño repitió ese sonido.

—¡No! —exclamó con seriedad y precisión.

—¡No! —la respuesta de su madre fue inmediata y exagerada. Lo estrechó entre sus brazos y salió corriendo de la casa, gritándole a todos que el pequeño genio había dicho su primera palabra.

—¡Eso! ¿Lo oíste? —preguntó Lala con vivacidad—. ¡Ese es el comienzo!

—¿De qué? —preguntó Sarita—. ¿Sí, no? ¿Calor, frío? ¿Mamá, papá? ¿Quieres decir el comienzo de las palabras?

—La Palabra —declaró Lala de modo casi reverencial—. ¿Ves cómo funciona? Una palabra lleva a otra, después a otra, hasta que construyes un universo de percepción —miró a la anciana a los ojos y dijo—. Este momento es el comienzo del conocimiento y del universo que eso creará. Este es el momento de mi nacimiento —añadió con melancolía.

¿Su nacimiento? Sarita se quedó extrañada. ¿La criatura del otro árbol responde a las leyes del nacimiento y de la muerte como el resto de nosotros? En cualquier idioma resulta sencillo darse cuenta de que una cocina encendida provoca dolor. ¡No! es esencial para la educación de un bebé. Miró a la otra mujer con interés y advirtió el orgullo en su expresión. ¿Quién era para estar orgullosa del hijo de otra mujer?

—No lo olvides nunca —recitó Lala mientras se sentaba a la mesa—. Si deseas recuperar a tu querido hijo, sigue las palabras.

—¡Tonterías! —exclamó una voz desde la puerta. Ambas mujeres levantaron la mirada, sobresaltadas, y vieron a un anciano fuera, de pie bajo la luz del sol. No era alto, pero se erguía con una dignidad que le proporcionaba el aspecto de un hombre mucho más alto. Su pelo era de un blanco delicado, pero nada más en él parecía delicado. Era delgado, fibroso y bastante guapo, con un traje color crema que parecía sacado de otra época.

—¡Papá! —exclamó Sarita.

—¿Papá? —repitió el caballero sorprendido—. ¿Cómo voy a ser el padre de esta honorable abuela? —preguntó quitándose el sombrero con elegancia.

—Sí, es cierto que ahora soy abuela y bisabuela —dijo Sarita acercándose a él—, ¡y que tú hace tiempo que estás muerto y enterrado! Aun así, ¡se trata de un encuentro alegre! —lo abrazó y lo hizo entrar a la habitación.

—¿En qué mundo me metí —preguntó él con cariño— en el que mis hijos son bisabuelos y los recuerdos marchitos cobran vida de nuevo?

Sarita era incapaz de responder. Al ver su confusión, él creyó conveniente hacerse cargo. Guio a Sarita hasta la mesa de madera y se sentó junto a ella.

—¿A quién debemos recuperar?

—Al pequeño. ¿Te acuerdas de Miguel? —preguntó su hija, colocando una mano débil sobre la suya—. Se nos va. Sufrió un infarto, algo que podría parecerle fatal a cualquiera cuyos talentos fueran menores que los nuestros.

—Si esto es cierto, no serán las palabras las que lo traigan de vuelta. Será la irrefutable fuerza de la vida —miró a su acompañante, que se había sentado suntuosamente a la cabecera de la mesa. Dio por hecho que la persona sería un caballero como él y asintió con deferencia antes de volverse hacia Sarita. Entonces dio un respingo y volvió a mirar. No, la persona que estaba con Sarita no se parecía en nada a él. De hecho era una mujer —increíblemente hermosa, con ojos como carbones encendidos. Ella le sonrió y sus ojos se iluminaron más.

—Esta es Lala —dijo su hija.

—La Diosa —le corrigió la mujer. Sabía que no podía ejercer poder sobre los muertos. Ellos estaban más allá de la tentación, más allá de su alcance; pero con aquel, igual que con todos, había habido una época en la que...

—Hermosa, como siempre, señora —dijo don Leonardo con una reverencia. Entonces se dio cuenta lentamente. ¿Sería posible que su hija no fuera plenamente consciente de la naturaleza de aquel asunto? Hasta no estar seguro, jugaría a aquel juego con sinceridad—. ¿Empezaron ustedes por el comienzo, señoras? —preguntó.

—Bueno —Sarita se encogió de hombros—. Fue una especie de comienzo. Empezamos antes de que Miguel naciera, en su concepción, de hecho, pero la escena nos resultó desagradable.

—Y poco reveladora —añadió su acompañante.

—¡Muéstrenmelo! —dijo el hombre y, al decirlo, la luz de la mañana se extinguió.

Sin previo aviso, los tres estaban de pie junto a la cama de antes, en la pequeña habitación con una única ventana donde dos amantes reían y suspiraban.

—Si no les importa —murmuró Lala retirándose a un rincón oscuro de la habitación—. No presenciaré de nuevo esta vulgaridad.

—Don Leonardo —objetó su hija, jadeando del esfuerzo—, ya vimos esto antes.

—¿De verdad? —preguntó él—. ¿Lo vieron de verdad?

La mujer desnuda estaba sentada a horcajadas sobre su marido, disfrutando del placer de su unión. De pronto, gritó extasiada como había hecho antes, con los brazos levantados y la cabeza echada hacia atrás.

—Eso. ¿Viste eso? —preguntó el anciano.

—Sí —respondió ella, y se apartó para mirar por la ventana abierta—. Y lo sentí. Recuerdo bien el momento.

—¿Y?

—Y... sentí la luz abrasadora cuando Miguel comenzó a existir —una estrella brillaba en la oscuridad y Sarita se distrajo—. Es asombroso —susurró, aferrada al marco de la ventana mientras inclinaba la cara hacia el aire frío de la noche.

—¡Sí! Tu cuerpo sintió cómo ocurría. Se entregó un mensaje y comenzó en ti la creación. ¡Otra vez! El pequeño Miguel ganó la carrera. Era uno entre diez millones de espermatozoides. ¡Y él lo logró!

—¿Viniste para hacer chistes de mal gusto? No tengo ni tiempo ni...

—¡Estamos presenciando la creación de un alma!

A pesar de todo, Sarita se giró hacia la habitación.

—¿Un alma? ¿El alma pobre y pecaminosa?

—¡En absoluto! Un alma es el pegamento que mantiene unido el universo; es una cuestión de física básica —proclamó—. ¡Aquí puedes ver cómo nace un universo de la división desencadenante de dos células! —se detuvo a tomar aliento, satisfecho consigo mismo.

—Comienza el cuerpo de un niño —musitó Sarita.

—Un cuerpo que madurará. El alma se encargará de eso.

—¿Y qué me dices de Dios?

—Sí —dijo Lala desde la penumbra—. Cuéntanos qué sabes de Dios.

—Todo es Dios —respondió Leonardo mirando hacia las sombras. Señaló dramáticamente hacia la cama—. ¿No se trata de Dios en acción?

—No, háblame —dijo Lala por encima de los gemidos de los dos amantes—. Háblame de Dios.

—Ya dimos nuestro paseo, señora. No tengo nada más que decir sobre Dios. Estoy viendo a Dios.

—¿Nos llevamos este recuerdo con nosotros? —preguntó Sarita, impaciente por marcharse.

—No —respondió Lala.

—¡Sí, por supuesto que sí! —exclamó el hombre—. Que sea el primero de muchos acontecimientos similares. ¡Acontecimientos que describan la vida de mi nieto!

—¿Y el próximo acontecimiento? —insistió la anciana agarrando su bolsa.

—Tengo una idea —dijo Leonardo con un brillo de inspiración en los ojos. Por encima de los gruñidos de protesta de Lala, la habitación pareció dar vueltas, encendiéndose y apagándose con cada giro. Continuó el sonido de una mujer gimiendo, se volvía cada vez más agudo y más urgente a medida que se iluminaba otra habitación, esta con lámparas fluorescentes y objetos metálicos y brillantes.

—¿Un hospital? —murmuró Sarita, apoyándose en una pared reluciente—. Necesito sentarme otra vez —cuando su padre le acercó un taburete de metal, cesaron los gemidos. Contemplaron la escena que tenían delante. No era la muerte de su hijo lo que estaba presenciando ahora, sino el momento de su llegada.

—¿Por qué tanto silencio? —preguntó Leonardo—. ¿Ya salió? ¿Nació?

—Así es —respondió Sarita, recordando. La conversación en la sala había cesado con el último empujón de la madre. Lo único que quedaba eran algunos susurros ansiosos mientras una enfermera examinaba al recién nacido e intentaba hacerlo respirar. El doctor estaba con Sara, que yacía muy quieta sobre la cama, pálida como la muerte y demasiado exhausta para escuchar los sonidos de su bebé.

—Pensaban que ambos moriríamos aquella mañana —recordó la anciana.

Se palpaba la tragedia en la habitación. Las necesidades de la madre se habían vuelto urgentes, de modo que pidieron a la enfermera que sujetaba al bebé que se acercara a ayudar. Dejó el pequeño cuerpo sin vida sobre la mesa de metal, como una ofrenda al destino.

—Huelo el miedo —observó Lala—. Mucho miedo —se apartó de la pared y se situó en el centro de la habitación, olfateando el aire con su elegante nariz—. Sí, miedo... mezclado con sangre —retrocedió espantada.

—¿No es de tu gusto? —bromeó el anciano.

Lala lo ignoró y observó la estancia con desaprobación. Había sangre por todas partes. Manchaba las sábanas de la cama, a la madre inerte, al doctor ansioso. Había salpicado el suelo de baldosas blancas y la superficie metálica donde yacía el cuerpo del niño, frío y silencioso. Olía, sí. Olía a minas de cobre y estiércol. Olía a cosas fértiles; cosas secretas, sin descubrir. Olía a vida.

—No es de mi gusto, no —admitió ella—. Prefiero mi mundo de cosas con nombre antes que el mundo de las cosas rezumantes y retorcidas.

—El tuyo no es mundo en absoluto, querida.

—Es exactamente el mismo mundo que tú ocupaste en otra época, pero sin el asqueroso caos.

Se quedaron mirándose mutuamente con desconfianza y el silencio de la habitación se hizo más pesado.

—Padre —exclamó Sarita—. ¡No puedo soportar de nuevo el horror! ¡No respira!

—Espera, hija —dijo el anciano—. Ya llega...

Don Leonardo estiró la mano derecha hacia el niño sin vida, con la palma abierta, y se produjo un movimiento, después los síntomas inconfundibles de la lucha mientras los débiles pulmones del bebé se hinchaban y se contraían, absorbiendo el aire. Con el siguiente aliento llegó la sorpresa y después el sonido cuando el niño anunció su existencia con un grito vigoroso. Medio consciente, su madre soltó un grito y se precipitó hacia el sonido, aunque estuvo a punto de caerse de la cama. La enfermera dejó caer la bandeja con toallas sucias y gritó asustada.

—Ah, no. ¡No iba a marcharse tan fácilmente! —exclamó Leonardo con una carcajada—. Y hoy tampoco lo hará, hija mía.

—Esto es una pérdida de tiempo, que es valioso —dijo Lala con la voz levantada como muestra de autoridad—. Y yo estoy al mando de este viaje, ¿o no?

—Por favor, sí —respondió Sarita. Recogió su bolsa de nailon y se levantó para reunirse con la mujer en el centro de la abarrotada habitación, donde los médicos y las enfermeras celebraban la milagrosa resurrección de madre e hijo. Sarita tenía una misión y muy poco tiempo. Si aquella misteriosa mujer tenía las respuestas, entonces debía obedecerla.

Asintió mirando a su padre y los tres invitados espectrales abandonaron la habitación, con la anciana a la cabeza. Leonardo contempló la sala de operaciones por encima del hombro y se quedó maravillado con aquel milagro tan caótico. Le pareció ver a alguien conocido de pie junto a la pared, pero, antes de que pudiera volver a mirar, fue expulsado de un empujón fuera de la habitación. Lala lo siguió. Ella también vaciló junto a la puerta y se dio la vuelta.

Podía verse a Miguel Ruiz con claridad, de pie a la derecha de una de las lámparas de operaciones. Era un hombre adulto, radiante, aunque vestido con una bata de hospital, igual que la última vez que Sarita lo había visto —un hombre cuyo reciente ataque al corazón lo había sacado del juego humano y le había hecho entrar en un mundo situado entre dos mundos. En su bata se veían manchas de sangre, la sangre de su propio nacimiento. Llevaba las manchas de la humanidad que Lala tanto aborrecía. Sospechaba que él había ido allí para sentir la invitación. Había ido para recordar la emoción y el desafío valiente que experimenta un recién nacido al lanzarse de cabeza al sueño humano, tomando aliento y gritando de júbilo delirante. Había ido para observar, y para imaginar.

Miguel y Lala se miraron sin decir palabra. Se reconocieron, como se reconocería cualquier persona a sí misma en el espejo, pero hubo algo más en su manera de mirarse. En los ojos de Miguel brillaba la plena expresión del amor, sin miedo ni duda. En los ojos de ella se veía la sospecha y la previsión de la pérdida.

Habría resultado difícil saber en aquel momento si alguno de ellos lo veía como una oportunidad de unirse, de reírse o de someterse al deseo. Resultaba difícil imaginar cuántas direcciones podría tomar aquel viaje. Lala parecía tan caprichosa como cualquier mujer, e igual de ansiosa por guiar a su favor los acontecimientos del sueño. Al oír la llamada de Sarita, le ofreció a Miguel la más efímera de las sonrisas y después desapareció. Miguel se quedó donde estaba, viendo como las puertas del hospital se cerraban tras ella, y dejó que su imaginación lo llevara a otro sueño... un sueño de épocas olvidadas y de sentimientos cambiados.

4

M E CONSUELA VER A SARITA AHORA... CON SU
adorado padre otra vez, y tan presente en mi recuerdo.
Cuando yo era pequeño, mi madre era la única mujer
a quien conocía realmente. Tenía hermanas mayores, pero ellas
ya estaban casadas y no formaban parte de mi vida diaria. Yo
adoraba a mi madre y la respetaba por encima de todo lo demás.
Era hermosa, sabia y pura. Era la Virgen, como todas las mujeres en mi joven imaginación; y, a medida que maduraba, some-
tía a todas las chicas a los mismos criterios.

Al crecer, veía cómo actuaban mis hermanos mayores con
sus novias, y envidiaba su tranquilidad, su don con el sexo
opuesto. Me asombraba su aparente seguridad en sí mismos
—parecía como si tuvieran talentos especiales y pudieran entrar en la mente de las mujeres, y yo apenas albergaba la esperanza de alcanzar aquel éxito en mi vida amorosa—. Bueno,
la esperanza es una tramposa. Alimenta de ilusiones a los

corazones hambrientos, igual que hacía mi bisabuelo Eziquio. Seduce a la mente con promesas que no puede cumplir. Pero resultó que no fue la esperanza la que me hizo lograr el éxito con las mujeres; fue la acción.

Mi vida amorosa comenzó a los seis años, cuando le pedí espontáneamente a una guapa compañera de clase que fuera mi novia. Su respuesta inmediata fue reírse en mi cara. Pasados algunos días, cuando reconsideró mi ofrecimiento, fui yo quien se rio. La rechacé. Sí, ya había aprendido a corresponder con el dolor, una estratagema típica para la supervivencia emocional.

Pareció transcurrir una eternidad hasta que volví a reunir el valor para probar suerte de nuevo con el sexo opuesto. Sin embargo, antes de que yo cumpliera los doce años, mis hermanos ya habían experimentado suficiente dolor como para empatizar conmigo. Jaime, el más cercano en edad a mí, insistió en que volviera a intentarlo. Una mañana me dio una charla motivadora en la que me explicó que seguro que conseguiría a *una* chica si era lo suficientemente valiente para pedírselo a diez o doce. La que me dijese que sí no sería la más deseable, claro, pero recuperaría la confianza en mí mismo. De modo que, con un coraje prestado, le pedí a una amiguita tímida de la escuela que fuera mi novia. Ella dijo que sí de inmediato. Yo me quedé perplejo. Durante el camino de vuelta a casa, aún delirante por la emoción, se lo pedí a otra chica. También respondió que sí. Al finalizar la semana, tenía ocho novias y ni idea de qué hacer con ninguna de ellas. Todas parecían contentas con la situación, igual que yo. Mi confianza en mí mismo, que acababa de descubrir, pronto se convirtió en pericia. Hasta Jaime estaba asombrado, aunque al resto de mis hermanos simplemente les hacía gracia. Seguían burlándose de mí, pero, por primera vez, sus bromas llevaban implícitos cierto orgullo y aprobación masculinos.

Yo era un niño pequeño, pero lentamente me convertí en una estrella del rock en el terreno de los chicos asustados y de las chicas risueñas, ansiosas todas por tener historias románticas que contar. No tardé en convertirme en favorito entre las chicas mayores. Las palabras dulces fluían de mis labios como zumo de guayaba, haciéndoles reír y sonrojarse y abrirse a mis besos de niño pequeño. Yo era guapo y divertido, y ellas se decían a sí mismas que era demasiado joven para ser peligroso. El sexo es algo bastante sencillo cuando el miedo no interfiere y, en un maravilloso momento de éxito, perdí felizmente la inocencia. Nunca más volvería a tener hambre de amor. Tras una breve vida de pobreza, parecía que iba camino de convertirme en multimillonario sexual.

Digo todo esto para explicar algo sobre la seducción. La seducción es una habilidad evidente para todos los seres vivos, y algo vital para la vida. Igual que sucede en el mundo natural, funciona también en el universo del pensamiento. Una idea que se expresa sin temor provoca un contagio de asentimiento. Una invitación que se hace con dulzura borra cualquier sensación de miedo. La sugerencia provoca a la imaginación y la imaginación construye la realidad. Cuando podemos ver las cosas con claridad, también podemos ver más allá de las palabras y de las sugerencias, distinguir al mensajero. Cualquier mensajero utiliza el conocimiento para tener acceso a un sueño. «¿Qué es lo que sabes? Yo también lo sé», es una manera de empezar. O «¿Qué te gusta? A mí también me gusta». Cuando lo invitamos, el mensajero puede empezar a cambiar la forma de ese sueño. Es poco común el mensajero que utiliza las seducciones de la mente para beneficiar a otro ser humano. Es icónico el mensajero que emplea esta habilidad para beneficiar a la humanidad como a un todo.

La criatura que mi madre conoció en su visita al Árbol del Conocimiento es y siempre fue una mensajera habilidosa. Estuvo moviendo y cambiando la historia de la humanidad desde que dicha historia comenzó a contarse. Me refiero a ella como a una mujer, no por la razón por la que lo hace el mundo, con su peculiar desconfianza hacia la perspicacia femenina, sino porque enseguida me di cuenta de que, como casi todos los hombres, nací para amar y mimar a las mujeres. Cuando saboreé el amor, ya nunca dejé de desearlo. De joven estaba también desapasionado por el conocimiento. Igual que una mujer lista, una mujer de gran poder, el conocimiento me cautivaba. Supongo que estuve hechizado y obsesionado durante muchos años, pero cuando vi el conocimiento como lo que era, utilicé todo mi talento para romper el hechizo. Sentía el deseo de redimir al conocimiento, de guiarla hacia la conciencia y vivir en paz con ella. Utilicé el talento que me resultaba más natural —mi talento para el romance—. Al ver el conocimiento como a una mujer que deseaba por encima de todo ser conocida y oída, podría empezar a escuchar y liberarla de su furia. Al reconocer su necesidad de ser amada, acariciada y saboreada, podría transformarla.

Después de convertirme en chamán, me di cuenta al fin de que aquella era la revelación que mi abuelo, don Leonardo, más deseaba que tuviera. Al fin entendí sus palabras, siempre sencillas y libres de engaños. No eran como las demás palabras sabias, adornadas con bonitas artimañas. Esas artimañas forman el carácter del conocimiento, convirtiéndolo en un mensajero listo, pero no en un mensajero de la verdad. Mi abuelo era un hombre que había oído la voz del conocimiento en su propia cabeza, y después la silenció. En ese silencio, conoció finalmente la vida. En ese silencio conoció su propia autenticidad. La sabiduría que pudo compartir conmigo fue la sabiduría que había adquirido seduciendo a la seductora. El conocimiento es lo que hace que los hombres y las mujeres piensen y se comporten como lo hacen. Su autoridad comienza con nuestros intentos iniciales por hablar; entonces, cuando dominamos el lenguaje, evoluciona hacia el pensamiento. Se convierte en la voz que más escuchamos, el informador en quien más confiamos. El conocimiento adquiere poder con cada creencia que adoptamos, sin importar el impacto que esa creencia pueda tener sobre el ser humano.

Dominamos a la muerte cuando finalmente nos conocemos como vida; cuando podemos vernos desde la perspectiva de la vida, no solo el conocimiento. Cada uno de nosotros es el personaje principal de nuestra historia, y al personaje principal le da miedo no saber y no ser conocido. La muerte representa la mayor amenaza para el saber y, por lo tanto, adquirió una importancia terrorífica en el sueño humano. La muerte para un individuo significa el fin del cuerpo físico y la conclusión del pensamiento. Sin embargo, la muerte no significa el fin de la vida como un todo, y tampoco el fin de la humanidad.

Cuando el conocimiento alimenta nuestros miedos, puede hacer que los sensatos parezcan satánicos y los satánicos sensatos. Y aun así el conocimiento, la mayor perversión de la humanidad, puede ser también su salvador. De cada uno de nosotros depende reconocer el conocimiento como la voz en nuestra propia cabeza —la voz en la que confiamos y a la que obedecemos. De cada uno de nosotros depende modificar esa voz y transformar al tirano. Pues, en el proceso de dominio del conocimiento, nos convertimos en conocimiento. Nos convertimos en el tirano, en la tentación, dando pie al miedo con cada oportunidad. Al redimir al conocimiento, nos redimimos a nosotros mismos.

Tengo la sensación de que debería estar en otra parte —dijo don Leonardo mientras caminaba de un lado a otro de la pequeña aula. Caminaba entre filas de pupitres, mirando sin mucha atención a los alumnos de primer curso mientras garabateaban símbolos sobre el papel.

—Te necesito aquí conmigo —le recordó Sarita. Estaba sentada en uno de los pupitres, con el cuerpo atrapado entre el banco y la mesa mientras contemplaba a la maestra en acción.

—Shh. Escucha a la maestra —la reprendió Lala, con su pelo rojo recogido en lo alto de la cabeza como dictaba la moda—. Lo que dice es importante.

Aun así, Lala miraba a la joven maestra con desaprobación.

—¿Por qué tiene un aspecto tan desaliñado? —les preguntó a sus compañeros de viaje—. Enseñar es el oficio más importante que existe, ¡y aun así ella no lo hace con estilo! No lleva tacones, ni brillo de labios. Aprender debería excitarnos, ¿no es cierto?

—No es el tipo de excitación con el que estoy familiarizado —dijo el anciano, estirándose la corbata mientras estudiaba a la maestra, que llevaba una chaqueta de punto y una falda sencilla—. Si me la imagino sin ropa, bueno, entonces...

—¡Papá, los niños!

—Es prácticamente una bestia —murmuró la otra mujer con voz sedosa y despectiva.

—¡Ya es suficiente! —exclamó Sarita—. ¡El hecho de que estemos entre alumnos de primer curso no significa que debamos comportarnos como niños! —escudriñó la sala—. ¿Dónde está el Miguel de seis años?

—Ahí, junto a la ventana, soñando despierto —respondió Lala—. Pero él no es lo importante. Escucha la música del conocimiento, tocando una canción de poder y de posibilidades.

—Bienvenidos a su primer día de escuela —cantó la maestra con el rostro iluminado—. Yo soy la señorita Trujillo, y sé que están ustedes nerviosos. Puede que algunos tengan miedo y otros estén emocionados, pero están todos aquí, como sus padres y sus hermanos y hermanas antes que ustedes, para aprender a ser personas en esta gran sociedad.

—¿A ser personas...? —susurró Leonardo.

—Porque no son más que bestias —repitió la pelirroja.

—Y espero que todos ustedes trabajen duramente —continuó la señorita Trujillo—. Si trabajan muy duramente, alcanzarán la perfección, y la perfección es lo que todos deseamos.

Leonardo se quedó parado, dio la vuelta sobre sus talones y observó a los veinte chicos y chicas.

—¿Y cómo no van a ser perfectos? —preguntó, moviendo la mano para abarcar las cabezas perfectas de los niños— ¿Cómo van a ser considerados imperfectos estos ángeles?

—¡Aún no han aprendido nada! —explicó Lala—. Apenas saben cómo pensar, cómo juzgar. Tardan en hacer suposiciones y se apresuran a ignorar las creencias sagradas.

—¿Ahora eres defensora de la iglesia?

—Siempre fui amiga de la religión —respondió ella altivamente—, y apoyo plenamente el juicio riguroso de Dios.

—Amén —dijo Sarita santiguándose. Consideraba que era una buena costumbre estar de acuerdo con cualquier cosa que se expresara con devoción. Al besarse el pulgar, se dio cuenta de que desaparecía el sol de la mañana y se encontró a sí misma sentada en un banco dentro de una capilla nublada por el humo—. ¿Ahora estamos en la iglesia? —preguntó, desorientada.

—¡Ah! —gritó don Leonardo—. ¡Vas demasiado lejos, señora!

Lala lo miró con rabia y fuego en los ojos. Sarita se quedó mirándolos a ambos sorprendida.

—¿Qué están haciendo ustedes dos? —se fijó después en los bancos—. Este lugar no tiene nada que ver con mi hijo, ni con sus recuerdos.

—Desde luego que sí —respondió Lala, feliz por poder apartar la atención de don Leonardo. Justo entonces, vieron a un cura caminando hacia la parte delantera de la capilla. Pasó junto a ellos, sin verlos, y continuó hasta el primer banco, donde Sara, joven madre y esposa, estaba sentada en silencio.

Cerca, cuatro chicos se movían de banco en banco jugando al pilla-pilla sin hacer ruido.

—¡Ah! —exclamó Sarita—. ¡Ahí estoy yo con mis hijos!

—¿Lo recuerdas? —preguntó Lala—. Cuando el cura te dijo que tu décimo tercer hijo cambiaría el mundo.

—Sí. Sí que lo recuerdo. Dijo que Miguel sería un importante mensajero.

—¿Eso fue antes o después de considerarlo un pecador? —preguntó Leonardo.

La pelirroja lo ignoró y se inclinó hacia Sarita.

—¿Y qué es un mensajero, si no el sirviente del conocimiento?

—Un humano auténtico —respondió don Leonardo rotundamente—. Ese sí que es un gran mensajero.

La mujer le dirigió otra mirada ofendida, pero Sarita estaba hablando, al parecer recordando, y ambos centraron su atención en ella.

—Recuerdo cuando creció lo suficiente para sentir su propio poder —estaba diciendo—, un poder que para mí ya era evidente. Por entonces él tenía diez años, más de los que tiene aquí. Yo había estado hablando con él un día sobre la codicia y el egoísmo, sobre cómo nos hacemos daño a nosotros mismos cuando no respetamos a los demás. Cuando terminé de hablar, él me miró con toda la seriedad de un ratón preocupado y me preguntó: «¿Me piensas egoísta, *mamá*?». ¿Qué podía hacer yo más que reírme? «Sí, cariño», bromeé. «Eres tan egoísta como generosa es tu madre». Fue un chiste apresurado, lo admito, pero no prestó atención. Estaba absorto en sus pensamientos, distinguiendo la verdad de la mentira sutil.

Don Leonardo se sentó a su lado y le estrechó la mano con la esperanza de estimular sus recuerdos.

—Él me sonrió —continuó Sarita—, y fue una sonrisa amable, una sonrisa consciente y cuidadosa. Yo tuve el impulso de acariciar a Miguel para protegerlo, pero aquella sonrisa en particular me dijo que no lo hiciera. Me dijo que ya era lo suficientemente mayor para captar la verdad con sus propias manos. Si era egoísta, encontraría el remedio. Me recordó a algo que siempre había sabido, incluso sin el consejo del cura: que la humanidad algún día anhelaría sus palabras, la caricia de sus ojos, sus manos y su sonrisa irresistible. La sonrisa que me dirigió aquel día me dijo que estaba convirtiéndome en una extraña para él. El dulce vínculo que nos unía empezaba a debilitarse.

—Por entonces era fuerte, hija mía —le aseguró su padre—, como lo es ahora.

Lala se dio la vuelta con impaciencia y deseó que el cura hablase con la joven Sara, que le dijese algo sobre la excelencia de las mentes, no este sinsentido sobre los vínculos emocionales. ¿Cuál era el sentido de aquel recuerdo en particular, salvo recordarles el poder de las palabras?

—El caso es que... —comenzó a decir, dirigiéndose de nuevo al padre y a la hija.

—Ella sabe cuál es el caso, señora —declaró Leonardo.

—Mi amor lo traerá de vuelta —dijo Sarita con suavidad—. Nuestro vínculo, que no puede romperse, ha de respetarse ahora. Su legado debe ser...

Lala aprovechó la oportunidad.

—¡Su legado existe en la mente de todos aquellos a los que tocó! Él es el recuerdo. Él es el pensamiento y sus palabras resonarán durante siglos.

Don Leonardo oyó como la voz de Lala ascendía hacia la cúpula de la capilla y se abstuvo de decir nada. Le apretó la mano a Sarita para apoyarla antes de ponerse en pie. Resistirse a la persuasión de aquella voz era el desafío de Sarita, no el de él.

—Desde luego —masculló el anciano con voz lo suficientemente alta para que lo oyeran—, hay otro lugar en el que debería estar. Adiós, señoras —dijo sonriente—, hasta la próxima —se quitó el sombrero y se alejó por el pasillo, en dirección a la luz que brillaba al otro lado de las puertas de la capilla.

—¡Papá!

Y desapareció.

Sarita miró hacia atrás, confusa.

—¿Ahora qué? Necesito su ayuda.

—Me necesitas a mí —dijo Lala—. Eso ya quedó claro. Seguiremos el mismo sendero del conocimiento esotérico que siguió tu hijo. Seguiremos sus pensamientos más importantes, y de esa forma...

—Miguel diría que el pensamiento es conocimiento —la interrumpió Sarita—. Diría que el recuerdo es conocimiento —miró a la otra mujer, tan hermosa y tan segura, iluminada por la luz de cien velas de oración—. La religión es conocimiento, diría mi hijo.

—¡Y mira lo maravilloso que es eso! —respondió su acompañante, señalando hacia la capilla, ahora llena de fieles arrodillados, muchos de los cuales lloraban en silencio.

—Nada de eso es la verdad, diría mi hijo.

—Tu hijo regresará junto a ti pronto y podrá hablar por él mismo. Ven, vieja, y encontraremos el día exacto en que sus palabras le enseñaron a ser un líder.

Sarita se puso en pie, volvió a santiguarse y siguió a la hermosa mujer hacia una suave nube de incienso.

Don Leonardo estaba ahora justo donde se suponía que debía estar. Estaba observando a uno de sus nietos recorrer el camino hacia su casa. Era un chico guapo de veinte años —no era el más joven de sus nietos, pero sí el hijo más joven de

Sara, y eso bastó para que Leonardo sonriera—. Quería a su hija y siempre había visto cosas excepcionales en ella. Podría haber sucumbido a la monotonía de la vida humana y de las viejas costumbres, pero había mantenido su singular autoridad. Pronto su familia y su comunidad la reconocerían como una mujer poderosa.

Aquel muchacho tampoco se parecía a los demás. Leonardo lo sabía, pero aún no podía decir por qué. Todos los hijos de Sara eran rápidos, brillantes y estaban llenos de ambición por triunfar. Recordó la mañana del nacimiento de Miguel y se preguntó si la respuesta a aquella cualidad única yacía allí, pero se concedía demasiada importancia a las historias familiares como esa —se esperaba demasiado de las señales de la fortuna y del alineamiento de las estrellas—. La respuesta estaba en cada momento presente, como aquel. En aquel momento, Leonardo estaba viendo a su nieto llegar y lo percibía todo. Advirtió los pasos del chico, su porte decidido, la luz de sus ojos. Sí, los ojos decían mucho. Y la sonrisa. ¡Qué sonrisa! Parecía invitar al mundo a jugar. Entren en mi mundo, decía, y prepárense para divertirse.

Aquel chico era diferente, sin duda. Era hora de que Leonardo viera si aquella diferencia podía traducirse en una práctica excepcional. Era hora de sacar a aquel chico de la calidez aletargada de sus convicciones y exponerlo al aire gélido de la conciencia.

Don Leonardo bajó del porche y abrió los brazos para abrazar a Miguel, el último de los trece hijos de Sarita.

Recuerdo aquella preciosa tarde de otoño durante mi primer año en la universidad, cuando corrí a casa de mi abuelo para hacerle una visita. Aquel día llevaba el corazón lleno de amor y la cabeza llena de nuevas ideas. Por entonces él tenía noventa y tantos años, era el mayor de nuestra familia. Todo aquel que lo conocía lo respetaba y yo sentía un tremendo orgullo de tenerlo como abuelo. También sentía un tremendo orgullo de poder ir a verlo, hablar con él y compartir mi conocimiento. Deseaba que me considerase sabio para mi edad. Deseaba que quedara impresionado por mi penetrante intelecto.

Desde entonces aprendí a no mostrar gratitud a un gran maestro ofreciéndole conocimiento. Ofrécele cualquier otra cosa, pero no esa. Si tienes un poco de sentido común, le ofrecerás tu silencio. Él es un maestro por la sencilla razón de que el conocimiento no es una distracción para él. ¡Tú eres estudiante porque para ti sí lo es! En mi vida como chamán, no sabría contar las veces ni las formas en que mis estudiantes intentaron impresionarme, igual que yo intenté impresionar a don Leonardo aquel día de otoño. Muchos aprendices con potencial para la sabiduría profunda se quedarían cortos al decidir, en cambio, acribillarme con datos, opiniones y referencias filosóficas. Podrían haber preguntado: «¿Cómo puedo asombrarlo? ¿Qué sé yo que a usted no se le haya ocurrido? ¡Míreme! ¡Escúcheme! ¡Deje que yo le enseñe algo!». ¿Nos sentamos a los pies de un maestro para celebrar nuestra propia importancia, o nos sentamos con un maestro para escuchar y aprender?

Bueno, yo no visité a don Leonardo aquel día para escuchar. Comencé a hablar en cuanto nos sentamos juntos en el jardín, y parecía como si no pudiese parar. Le hablé de todas las actividades políticas de mi escuela, de todo lo que había aprendido sobre los gobiernos y la política, sobre la injusticia y el sufrimiento humano. Hablé con rabia y con indignación moral. Hablé en contra de la humanidad por sus muchos males... y fue más o menos entonces cuando la sonrisa de mi abuelo se convirtió en una risita. No tenía nada de divertido lo que yo estaba diciendo, así que pareció evidente que estaba burlándose de mí. ¡Burlándose de mí! ¿Había envejecido tanto que ya no podía distinguir la brillantez de mi lógica? ¿No se daba cuenta de lo perspicaz que me había vuelto? Dejé de hablar y sentí que la vergüenza crecía en mi interior.

—Miguel —dijo amablemente con una sonrisa dulce—, todas las cosas que aprendiste en la escuela, todo lo que crees entender sobre la vida, proviene del conocimiento. No es *verdad*.

¿No se daba cuenta de que yo ya era un hombre? Estaba hablando de mí como si fuera un niño. Sentí calor en la cara del enfado que me comenzaron a causar sus palabras.

—No te ofendas, hijo mío —continuó—. Es el error que cometen todos. La gente deposita su fe en las opiniones y en los rumores, y con eso construyen un mundo, creyendo que el mundo que construyeron es el mundo real. No saben si lo que creen es verdad o no. Ni siquiera saben si lo que creen *sobre sí mismos* es verdad. ¿Tú sabes lo que es verdad, o lo que eres?

—¡Sí, sé lo que soy! —insistí yo—. ¿Cómo no voy a conocerme a mí mismo? ¡Estuve conmigo mismo desde que nací!

—M'ijo, tú no sabes lo que eres —dijo él con calma—, pero sabes lo que no eres. Estuviste practicando lo que no eres por tanto tiempo que te lo creíste. Crees en una imagen de ti, una imagen basada en muchas cosas que no son verdad.

No supe qué decir después. Había imaginado que me alabaría, o que al menos discutiría mi punto de vista. Habría estado encantado de participar en una pelea intelectual con mi abuelo. En mi opinión, tenía suficiente información para debatir con el maestro, y para ganar. En su lugar, lo que me dio fue un fuerte puñetazo en el ego. Todo lo que yo pensaba sobre Miguel, mi abuelo lo descalificó con unas pocas frases. Todo lo que sabía sobre el mundo estaba ahora en duda. ¡En duda!

Es difícil exagerar la importancia de la duda cuando estamos derribando la casa intelectual que construimos. Aprendemos palabras, creemos en su significado y practicamos esas creencias hasta que nuestra pequeña casa es sólida y fuerte. La duda es el temblor que la derriba cuando llega el momento. La duda puede hacer que una fortaleza de creencias se tambalee; y esa clase de temblor es necesario si deseamos ver más allá de nuestras ilusiones íntimas. Un terremoto es necesario. Yo miré a mi abuelo y él me sonrió como si acabáramos de compartir un feliz secreto. ¿Se daría cuenta de que mi autoestima había quedado hecha pedazos?

—Sé lo que soy y sé... cosas —tartamudeé. Me sentía desafiante, como si el desafío fuese a librarme de la vergüenza—. Sé del mundo en el que vivo, y sé que el bien siempre debe luchar contra el mal.

—¡Ah! —dijo él con un brillo de emoción—. ¡El bien contra el mal, sí! ¡El milenario conflicto humano! ¿Ves este conflicto en el resto del universo? ¿Ves el bien y el mal luchando en los bosques y en los huertos? ¿Los árboles están ansiosos por los males del mundo? ¿Y los animales? ¿Los peces? ¿Los pájaros? ¿Las criaturas de la Tierra se preocupan por las cuestiones del bien y del mal?

—Por supuesto que no.

—¿Por supuesto que no? Entonces, ¿dónde existe ese conflicto?

¿Se trataba de un truco? ¿Estaba decidido a hacerme quedar como un tonto?

—En la especie humana —respondí con desconfianza.

—¡En la mente humana!

—Bueno, sí... y no hay nada más noble que la mente de los hombres —añadí pretencioso—. Si los animales...

—Si los animales pudieran pensar, ¿estarían tan preocupados por el mal como lo estamos nosotros? ¡Espero que no, por su propio bien!

Ambos nos reímos y después nos quedamos callados durante un tiempo.

—Miguel —dijo él cuando notó que se debilitaban mis defensas—, el conflicto del que hablas existe en la mente humana y en realidad no es un conflicto entre el bien y el mal; es un conflicto entre la verdad y las mentiras. Cuando creemos en la verdad, nos sentimos bien y nuestra vida es buena. Cuando creemos en las cosas que no son verdad, cosas que dan alas al miedo y al odio en nuestro interior, el resultado es el fanatismo. El resultado es lo que la gente reconoce como el mal, las malas palabras, malas intenciones, malas acciones. Toda la violencia y el sufrimiento del mundo son resultado directo de muchas mentiras que nos contamos a nosotros mismos.

De pronto recordé las palabras de un gran filósofo: *Los hombres están atormentados por sus opiniones de las cosas, no por las cosas en sí mismas.* No recordaba dónde había leído aquella cita, ni quién la había dicho. Un alemán, tal vez. No, un francés.

—Miguel, para —dijo don Leonardo con severidad, y me sacó de mi obsesión—. Para, por favor —repitió, más paciente esta vez—. Los grandes pensamientos deberían aplicarse, no catalogarse. El privilegio del conocimiento es servir al mensaje de la vida. El conocimiento por sí solo no es ningún mensaje. Si estuviera al mando, nos volvería locos.

Yo notaba que tenía razón. Tras unos segundos, se lo dije, él se recostó en su tumbona y me miró durante largo rato, reflexionando. Yo pensaba que la conversación había terminado, y que me dejaría libre al estar de acuerdo con él. Podría ir a buscar una empanada a la cocina, despedirme y volver a la ciudad, donde la gente me apreciaba por mi inteligencia y mi ingenio.

—Miguel —dijo él con expresión tan seria que supe que no iba a ir a ninguna parte—, veo que estás intentando impresionarme por todos los medios, demostrar que eres lo suficientemente bueno para mí, y lo entiendo. Necesitas hacer eso porque aún no eres lo suficientemente bueno para ti mismo.

Sentí las lágrimas formándose en mis ojos. Me di cuenta de inmediato de que mis esfuerzos decididos por parecer seguro de mí mismo eran una pérdida de tiempo. Todas mis opiniones y aseveraciones ocultaban el miedo a no ser lo suficientemente sabio o listo. Don Leonardo veía más de lo que veía yo, y sabía más de mí mismo de lo que yo estaba dispuesto a descubrir. Aparté la mirada, incapaz de afrontar la verdad de sus ojos penetrantes. Aparté la mirada, sí, pero me quedé donde estaba. Me quedé con él a escuchar.

Aquella tarde me contó muchas cosas, y tardé toda una vida en digerir nuestra conversación. Lo que cada uno de nosotros desea por encima de todo es la verdad, y no puede contarse con palabras. Igual que todos, igual que todo, la verdad es un misterio disfrazado de respuesta. Las letras que aprendí en la escuela apuntan hacia revelaciones que, a su vez, apuntan de nuevo hacia el misterio. La verdad existía antes que las palabras, antes que la humanidad y antes que este universo conocido. La verdad siempre existirá y el lenguaje se creó para ser su sirviente. Las palabras son las herramientas de nuestro arte, nos ayudan a pintar imágenes de la verdad sobre un lienzo mental. ¿Qué clase de artistas somos? ¿Qué clase de artistas deseamos ser? ¿Y estamos dispuestos a renunciar a las cosas sin sentido en las que creemos para convertirnos en esos artistas?

Mi abuelo me dijo que mi mayor poder era la fe. Dependía de mí dirigir ese poder sabiamente. El mundo estaba lleno de gente ansiosa por depositar su fe en una idea, en una opinión, en las opiniones de otra gente. Me instó a no invertir mi fe en el conocimiento, sino en mí mismo. Aunque no me di cuenta entonces, nuestra conversación de aquella tarde me situó en un camino que jamás abandonaría. Desde ese momento, quise encontrarles sentido a las cosas. Quise entenderme a mí mismo y descubrir cómo había empezado a creer en las mentiras. Buscar respuestas era parte de mi naturaleza. Está en la naturaleza de todos encontrar la verdad, y la buscaremos ansiosos en cualquier parte, salvo en nosotros mismos.

Después de aquel día, solo deseaba la verdad, y lo único que me servía como guía al principio eran los recuerdos —recuerdos basados en imágenes e historias aleatorias que me conducían a más distorsiones—. Pero aquel era solo el principio. ¡Qué rápido habrían de cambiar para mí las cosas! Qué generosa es la verdad cuando estamos dispuestos a sentirla, a aceptarla y a ser agradecidos.

Sarita, mi madre con corazón de león, está siguiendo un camino similar en esta noche larga y avivada por el sueño, guiada por los mismos recuerdos... mientras la voz del conocimiento le susurra con seriedad al oído. Por sus molestias, se llevará a casa a un farsante: la versión en carne y hueso de su hijo pequeño, que ya encontró la verdad y se disolvió alegremente con sus prodigios.

SARITA ESTABA CANSADA. HABÍA ESTADO ESCUCHANDO los discursos de más de una docena de activistas estudiantes en el campus de la universidad. Miguel había sido el penúltimo en hablar, y era digno de ver, convenciendo a la multitud sobre tal o cual causa; pero ahora estaba cansada y no sabía si aquello la ayudaría a recuperarlo. Se quitó una de las zapatillas y se frotó con suavidad el pie hinchado. Sabía que sería una noche larga, pero no podía durar para siempre. Sus nietos ya estarían dormidos, sus padres seguirían tocando el tambor a la luz de las velas, seguirían viendo a la Madre Sarita mientras ella estaba en trance y continuaba con aquel viaje tan especial. Aquello era duro también para ellos.

—Sé que era un buen orador en la universidad, Lala —le comentó a la mujer que guiaba su expedición—, pero este no es un día tan especial en su vida... y mi hijo tampoco lo consideraría memorable.

Sarita se movía con inquietud, se sentía incómoda en aquel entorno, recordando las cosas que hacía tiempo había olvidado. Escapar a la noche de la masacre de Tlatelolco, *eso* sí que fue memorable, pensó para sus adentros. Miguel y sus hermanos, estudiantes en la Universidad Nacional Autónoma de México, habían viajado a casa aquella semana y, por suerte, no estaban en el barrio de Tlatelolco cuando los militares abrieron fuego sobre miles de estudiantes y transeúntes durante un discurso pacífico contra las políticas del Gobierno. La matanza había continuado durante la noche y había terminado con la trágica pérdida de muchos de los amigos cercanos y profesores de sus hijos. Sí, era importante recordar a los jóvenes y vitales que habían sido asesinados, cuya promesa nunca se cumpliría; y era importante agradecer la vida de aquellos que habían evitado el horror de la masacre. Aquella no fue la única vez que la muerte había acechado a su hijo pequeño. No, la muerte y él se encontrarían cara a cara y se separarían como amigos desconfiados muchas más veces.

—Desde luego, era muy joven —convino Lala—, pero ya ves lo persuasivo que podía ser, incluso en su primer año en la escuela de medicina. Se le daba bien la palabra hablada. Tenía carisma. Como podemos ver, reunía a sus compañeros. Con una personalidad tan fuerte, podría haber influido a una nación entera.

Sarita asintió al recordar la intensidad con que los agentes del Gobierno habían intentado persuadir a su hijo en aquella época. Su hermano Carlos le había advertido de los peligros de la política, y Miguel no había tardado en comprender que entrar a formar parte de ese tipo de vida comprometería su libertad personal.

—Debo encontrar otra vez a don Leonardo —suspiró la anciana mientras se masajeaba el otro pie—. Él sabrá qué es importante en esta búsqueda.

—Los hombres saben cosas sobre hombres, supongo —murmuró la pelirroja—. Es probable que esté observando a parejas en la cama.

—¿Otra vez con eso? —exclamó Sarita. Parecía que los jóvenes estaban excesivamente orgullosos de sus encuentros sexuales, como si pensaran que ellos hubieran inventado la cosa. Se imaginó a Miguel como había sido entonces, joven y apasionado. Pensó en María, su esposa, y en sus preciosos hijos. Por supuesto, el sexo ofrecía grandes recompensas; satisfacción física y los placeres de la paternidad. Nada nos conmueve más que el matrimonio, más que el nacimiento... más que la muerte.

Sarita levantó la cabeza con la zapatilla en la mano.

—La muerte —dijo poniéndose pálida. Apartó la mirada del parque, de la gente, y vio algo en lo que no se había fijado hasta entonces. A lo lejos, un joven conducía un coche destartalado, abriéndose paso muy despacio entre la multitud de estudiantes, como si buscara a alguien.

—Memín —susurró, y le vino a la cabeza el recuerdo de otro hijo... y entonces se desmayó.

Sarita —la llamó Miguel suavemente—. Madre, ¿estás ahí? ¿Sarita?

Desde las profundidades de un sueño, Sarita fue consciente de su presencia. Con los ojos cerrados y la cabeza entrando y saliendo de diferentes mundos, lo tranquilizó en silencio. Se lo imaginó sentado en su árbol con la Tierra resplandeciente a sus espaldas; lo imaginó riéndose de ella mientras continuaba la locura. No podría traerlo de vuelta en contra de su voluntad, y tampoco podría dejar de tratarlo. Había invertido demasiado, había implicado a demasiados. Se entregó al dolor asfixiante de una madre a punto de perder a otro valioso hijo. Sabía que

Miguel estaba junto a ella, observándola. Él estaba allí y no estaba allí, igual que ella. Sentía su cercanía, su atención... pero ¡cuánto deseaba volver a abrazarlo! Movió los labios, aún sin hablar, y aun así las palabras tomaron forma y fueron oídas.

—Estoy aquí, hijo —susurró hacia lo desconocido—. Estoy contigo, en ti; y mis intenciones no se detendrán. Por vieja que sea, sigo teniendo fuerza. Por frágil que sea, venceré tu resistencia. Por valiente que seas tú, ganaré yo.

Sarita sintió un anhelo abrumador, deseó poder ver la cara de su hijo, sentir sus manos en las de ella. Sintió entonces su cercanía, porque él pareció responder a sus deseos, y se sintió más tranquila.

No siempre había sido así entre ellos, pensó mientras se adentraba más hacia el estado de ensueño. Hubo una época en la que lo único que ninguno de los dos podía soportar era estar separados. Le había parecido una época interminable y maravillosa, una época que comenzó en cuanto madre e hijo se reconocieron a sí mismos por primera vez en los ojos del otro. Desde sus primeros momentos juntos, quedaron unidos por una fuerza mayor que el amor. Mayor que el amor, sí. El amor era una palabra corrupta por el mal uso y por los deseos egoístas. Era un regalo precioso mancillado por las condiciones. Con el tiempo, el símbolo del amor fue apretando con fuerza el corazón humano, igual que una leona apretaba a su presa. Era cierto que su vínculo era mayor que el amor, y mucho mayor que el terror que en ocasiones corrió como un chacal tras el amor.

Desde el momento de la llegada de su hijo, comenzó a cantarle, y desde ese momento fueron como un solo ser. Mientras Sarita luchaba ahora por aferrarse a ese vínculo entre ellos, recordó a su hijo desnudo entre sus brazos, aún con los residuos sangrientos de su viaje desde el vientre materno. Tenía la cara apretada contra su pecho húmedo y acariciaba su pezón con la lengua mientras se relajaba con la esencia de su madre y respiraba al ritmo del corazón de ella. La sensación le produjo un gran consuelo. Se entregó al silencio primario y se maravilló al ver sus ojos inocentes. Con las yemas de los dedos recorrió la curva de su carita y el contorno de sus brazos y de sus piernas. Le acarició la piel suave y anfibia, y se maravilló al sentir la frágil calidez de su cuerpo.

—Sí —susurró en voz alta mientras soñaba—. Lloré lágrimas de felicidad al poder ver por fin al hijo que había evocado con un deseo... y que había escondido en mí como un secreto. Tú, mi joya, habías llegado, y con tu llegada me liberé de todo dolor y de toda preocupación. Desde aquel momento, disfrutamos el uno en brazos del otro y nunca dudamos de que la alegría durara siempre.

La duda llegó, por supuesto. Llegó más tarde, y vino muchas veces más a lo largo de los años, a medida que el vínculo que otrora fuera tan fuerte comenzaba a rasgarse. Vino el día que Memín murió. Era el hijo más pequeño de su primer matrimonio. Él era su tesoro, y el símbolo de heroísmo para sus hermanos pequeños. Aquel día tan doloroso precedió a muchos más y, al terminar, su hijo pequeño y ella habían cambiado para siempre. Al terminar, Miguel había empezado a ver a la humanidad como realmente era.

¡Qué pues! ¿Qué le hiciste a mi hija? —preguntó don Leonardo. El campus de la universidad había desaparecido. Sarita estaba tumbada en el césped dentro de un cementerio, con su bolsa aferrada contra el pecho y un pie descalzo expuesto al sol. Apenas estaba consciente, oía ruido, pero era incapaz de encontrarle significado.

Mientras permanecía en el umbral del sueño, los coches se detenían en la cuneta. La gente fue reuniéndose junto a un elegante olmo, todos iban vestidos de negro. Intercambiaron saludos callados y algunas lágrimas mientras se preparaban para enterrar a un ser querido.

Lala, que al parecer era ajena a la escena que acontecía a su alrededor, estaba arrodillada junto a Sarita, acariciándole su pelo cano y apretándole la mano.

—¡Yo no hice nada! —ladró con voz tensa por la preocupación. Lala estaba experimentando una extraña clase de miedo, sospechando que Sarita se había cansado demasiado para seguir con su causa. No podía permitir que eso pasara. No podían permitir que Miguel muriera. Su existencia era importante para todos ellos, pero pocos sabían lo importante que era para Lala.

—Bien, entonces —respondió el anciano—, ¿por qué yace como un águila aturdida, sin alas e insensible? —acababa de alcanzar a su hija y se reprendía a sí mismo por haberse marchado. Le preocupaba que su ausencia pudiera haber debilitado su determinación.

—¿Dónde estamos? —preguntó Lala, contemplando la multitud de dolientes—. ¿Qué acontecimiento es este?

—El funeral del hijo de Sara, Memín.

—¿Y el otro? ¿Dónde está ahora?

—Miguel está ahí, en este recuerdo en particular, de pie junto a su madre.

Lala escudriñó con la mirada entre la multitud hasta que lo divisó, un niño de once años de pie junto a su madre, mirándola a la cara mientras ella sollozaba desgarradoramente. Cuando otros parientes se acercaron a consolarla, ella se apartó de su hijo y cayó en los brazos de su marido. Al perder de vista a sus padres entre el gentío, Miguel se apartó con cuidado y observó la escena desde la sombra del olmo, donde sus hermanos mayores se habían reunido en silencio.

—Esto es malo —dijo su abuelo desde su puesto junto a Sarita—. Nadie atiende a los chicos. Sí, son casi adultos, salvo por Miguel, pero esto también es devastador para ellos. ¿Cómo es que descuidamos a los inocentes, a los no iniciados, en nuestro deseo egoísta por llorar la muerte?

—Ah, sí que están iniciados —respondió la pelirroja, frotándole ansiosa la muñeca a Sarita—. Ya memorizaron el guion de esta obra de teatro humana. Sobrevivirán, por supuesto, poniéndose sus disfraces y declamando sus diálogos bien ensayados hacia el anfiteatro, igual que todos los demás. A decir verdad, esto es lo que me genera entusiasmo sobre la raza humana. El drama consciente.

Don Leonardo la miró, asombrado.

—¿Consciente?

—Mira —dijo ella—. Se te da muy bien mirar.

Ambos se volvieron para observar al conjunto de dolientes. Todos se habían arremolinado en torno a la tumba; hombres, mujeres, niños pequeños y adolescentes desconcertados. Sara, la madre de luto, estaba en el centro. Se oía a un cura hablando, pero apenas se lo veía entre la multitud. Después, transcurridos unos minutos, hasta sus palabras dejaron de oírse, pues el grupo fue invadido por un llanto sobrecogedor e inquietante, un sonido que ahogó cualquier otro sonido. Procedente del suave gemido inicial de la pena de una mujer, se produjo un coro de gemidos que crecieron y crecieron hasta convertirse en un torrente de pena, el himno de mil madres desconsoladas. Por debajo de aquel estribillo rasgueaba el murmullo de los hombres, que intentaban consolar. El ruido se alzó hacia el cielo en círculos aleatorios, hasta que finalmente alcanzó un *crescendo* y se precipitó sobre la Tierra. Subía y bajaba, girando en espirales, precipitándose al vacío. En mitad de aquella furia, el cura gritó e invitó a los desconsolados a ofrecer regalos de despedida al finado; flores, notas, rosarios. Cuando los dolientes comenzaron con sus despedidas rituales, las voces lastimeras de fondo fueron apagándose. Los llantos se convirtieron en un gimoteo. Al fin la cacofonía dio paso al silencio, como una obra maestra musical que se pierde en las últimas ranuras del disco de un gramófono. El funeral había terminado y la multitud fue dispersándose por la ladera herbosa en pequeños hilos, cada uno avanzando hacia un coche.

A lo largo de aquella importante escena, el pequeño Miguel se había quedado junto al olmo al cual se había acercado antes para reunirse con sus hermanos. Después de que sus hermanos se acercaran al grupo que rodeaba la tumba, Miguel se quedó solo, observando y escuchando. Don Leonardo mantuvo su atención fija en el chico; siguió los patrones y las imágenes caprichosas que aparecían en la mente del joven. El niño estaba viendo el drama —la inmensa refriega de emociones que se desarrollaba ante sus ojos— sin entregarse a su hechizo. Mientras Leonardo soñaba con el chico, empezó a relajarse y a recordar, y sus labios dibujaron una sonrisa astuta que cruzó su cara y encontró refugio en sus ojos sabios.

L a muerte de mi hermano mayor fue un acontecimiento devastador para mí y para toda mi familia. Él tenía diecinueve años y ya era marido y padre. Claro, seguía siendo un niño para muchos de los adultos a su alrededor, y desde luego a los ojos de su madre. Su muerte nos pilló por sorpresa, como sucede cuando se lleva a los jóvenes. Aunque, claro, los hombres jóvenes parecen cortejar a la muerte como amantes fervorosos. Memín conducía deprisa y con placer imprudente. A los diecinueve, los jóvenes son dioses; somos inmortales porque nosotros lo decimos. Dan igual los que se preocupan por nosotros, los que darían sus vidas por nosotros. Y aun así, a los diecinueve años Memín era ya cabeza de familia. Su esposa estaba embarazada de su segundo hijo. Ya había acumulado pesadas responsabilidades, aunque corría de cabeza hacia la madurez. Sin embargo, antes de alcanzarla murió al volante de su rápido coche. Su pequeña familia iba con él, y por suerte sobrevivió. En ese sentido, él siguió viviendo a través de sus hijos, pero la luz valiente y resplandeciente que era Memín se apagó para siempre.

Para cuando yo cumplí diecinueve años, también era demasiado arrogante para escuchar, y estaba demasiado lleno de vida como para respetar la cercanía de la muerte. En aquellos años imprudentes, bebía demasiado, festejaba demasiado, y al final acorralé al destino contra un muro de cemento en mi despreocupada insolencia. Habría perseguido al peligro hasta el punto de la muerte, como mi hermano mayor, si algo no me lo hubiera impedido. Pero algo me lo impidió, y viví para convertirme en un pequeño sabio. Viví para cumplir la promesa de sabiduría que la vida hace a todos los niños.

Esa sabiduría fue una parte esencial de mí cuando era muy pequeño y aún no la había perdido con los cambios hormonales de la adolescencia. A los once años, seguía siendo considerado. Puede que incluso fuera sabio. Tenía mis sueños y mis héroes. Igual que mis otros hermanos, veía a Memín como a un héroe de acción. Sin duda siempre estaba en acción; siempre estaba moviéndose, corriendo, riendo. Perseguía planes, objetivos, chicas, y dimos por hecho que nada podría impedirle alcanzarlo todo. ¿No era más rápido que el tiempo? ¿No era más veloz que el destino y más fuerte que la duda? ¿No era el tipo más genial que habíamos conocido? Después de su muerte, tardamos mucho tiempo en darnos cuenta de que Memín —hermano y figura de acción— ya no jugaría con nosotros.

Curiosamente, el regalo más duradero que me hizo a mí —el hermano pequeño que apenas formara parte de su vida— fue su funeral. Aquel día mis pensamientos infantiles se encaminaron hacia un tipo de sabiduría. De pie entre mis parientes, sentí como si tuviera dos familias: una estaba atrapada en la escena de una de las telenovelas de mi madre, en la que todos los personajes, interpretados por actores de diverso talento, sembraban el caos en sus vidas y en las de los demás. Puede que mi otra familia no existiera en absoluto, o puede que estuviera justo allí, viviendo conmigo. Podrían haber sido mi madre, mi padre y mis hermanos, hablándome bajo el ruido de sus palabras pronunciadas al azar.

Puede que aquel día hubiera una tercera familia conmigo; podría haber notado la presencia de mis antepasados. Los ancianos habían muerto, pero no habían muerto, y todos ellos eran más sabios que yo. Fuera cual fuese esa conexión, yo sentía que tenía compañía aquella mañana en la que enterramos a Memín. La presencia inexplicable de los ancianos se quedó conmigo durante todo el día, incluso cuando abandonamos el cementerio y nos fuimos a casa... y las amargas lágrimas de la familia se convirtieron en risa sin saber por qué.

Eso es. Como si alguien hubiera cambiado el canal de nuestra pequeña televisión en blanco y negro, el ánimo del grupo se aligeró milagrosamente cuando la puerta de entrada se abrió y las mujeres entraron en la casa para colocar fuentes de comida. De pronto yo estaba viendo un espectáculo muy diferente. En este, las mujeres chismorreaban, los niños jugaban y, tras unas cuantas cervezas, los hombres se turnaban para contar historias divertidas sobre mi difunto hermano.

Yo veía como la gente ponía caras de manera arbitraria y después las quitaba, siguiendo las indicaciones de los demás. Conmovidos por la pena en un instante, solo necesitaban un poco de aliento para quitarse las máscaras de la pena y comenzar de nuevo con un chiste y una sonrisa. Se seguían el ritmo los unos a los otros, reflejando sus respuestas, arqueando las cejas y moviendo los labios al oír las palabras que otro pronunciaba. Había mucha comida en las mesas y todos comieron bien aquella tarde, pero yo me di cuenta por primera vez de que a nadie le faltaba un bocado en el bufé emocional de la vida.

Y no todo era bueno. Con cada bocado de bizcochito tomaban dos dosis de veneno; dándose un banquete con el escándalo, compartiendo la desaprobación y extendiendo rumores. Inexplicablemente una mujer amable decía algo poco amable sobre otra persona. Un hombre adulto podía mostrarse simpático y empezar a pelearse al minuto siguiente, sin ninguna otra razón que una palabra en particular que alguien había pronunciado. Una palabra, una frase, una mirada, un movimiento de hombros, ¿qué más necesitaban? Yo había pasado años aprendiendo a comportarme así, sin darme cuenta de que me había convertido en un maestro del asunto. Ya me resultaba fácil a los once años. Era algo automático, pero, al observar a todas esas personas aquel día, sentí la sorpresa retorcida que acompaña a la conciencia súbita.

Las emociones parecían estar alimentando algo que yo no podía ver. Recorrían cada cuerpo humano sin ser vistas, provocando enfermedad y frenesí, pero ¿por qué razón? La tristeza, la rabia y la alegría no tenían nada de malo. Yo recordaba una época de mi infancia en la que las emociones recorrían mi cuerpo como las hadas del río; me tocaban, me cambiaban y se esfumaban sin dejar cicatriz. Sin embargo, aquellas personas tenían cicatrices que yo no podía ver y aún sentían el dolor. Parecía extraño que alguien se entregara a la pena simplemente porque la ocasión lo merecía. ¿Y un poco más tarde se mostrara jovial simplemente porque eran las tres en punto? ¿Les aterrorizaría la noche, se sentirían decepcionados a la hora de acostarse? No parecía haber ninguna lógica en aquel drama emocional; salvo que alguien, o algo, estuviera alimentándose de su poder.

Con el tiempo se me ocurrió una idea. Mientras escuchaba, y mientras observaba, me di cuenta de que las emociones normales se volvían intensas, incluso violentas, a medida que la gente se dejaba llevar por una historia u otra. Puede que fuera algo que estuvieran oyendo, o diciendo, o pensando, pero la historia los gobernaba a todos, y los cambiaba, convirtiéndolos en cazadores sedientos de sangre de una clase concreta. Los humanos que sentían estaban transformándose en criaturas que devoraban el sentimiento humano.

Yo empecé a jugar con emociones aleatorias, sintiéndolas en las yemas de los dedos, mientras la gente se movía por la casa aquel día. Sin hablar con nadie, practiqué alterando los ánimos y las atenciones. Sentado en el suelo, guiaba el flujo sutil de las energías emocionales por aquí y por allá, entendiendo cómo se hacía. Las personas reían, después lloraban un poco. Se enfrentaban unos a otros, después callaban. La corriente cesaba, comenzaba, entonces se movía más deprisa. Se corregía, creaba un nuevo patrón y los ánimos volvían a cambiar. Nadie prestaba atención al niño pequeño con los ojos cerrados, que veía algo que no podía verse, mientras con los dedos acariciaba el aire a su alrededor y su expresión seguía siendo curiosa, aunque serena.

Míralo. ¿Ves lo que está haciendo? —preguntó Sarita, sentada en una de las sillas de respaldo alto en la casa que había compartido con su marido e hijos mucho tiempo atrás. Era interesante encontrarse de mayor allí, ocupando su lugar habitual en la cabecera de la mesa, contemplando los cuencos de salsa y las fuentes de pollo. Dio un sorbo a su infusión de hierbas y sintió que recuperaría de nuevo la fuerza.

Aquella escena, en la que docenas de parientes llenaban la casa y se desperdigaban por el porche y la calle, era de sobra conocida. Seguía apasionándole celebrar reuniones familiares en su casa; cocinar, comer e intercambiar historias. Oyó a José Luis riéndose en el porche y se sintió profundamente reconfortada. Aquellos habían sido años maravillosos para los dos, cuando las hijas mayores ya se habían casado y estaban formando sus propias familias, y cuando nacieron los primeros nietos. La vida en aquel diminuto lugar le había parecido perfecta, al menos antes del accidente. Después de eso, le había parecido menos segura y menos incuestionable.

—Sí que veo lo que hace el chico —dijo don Leonardo—, pero no entiendo por qué lo hace —siguió tomando galletas de la bandeja de postres.

—Claro que lo entiendes —dijo ella señalando al chico, que seguía sentado en la alfombra del salón—. Tú y yo lo hacemos todo el tiempo. Está viendo cómo fluye la vida por la habitación como si fuera un riachuelo.

—No es normal, *eso* sí que lo sé. Quizá antes lo fuera, pero ahora no.

—Estuvo lejos de ser un día normal.

Sarita miró a su alrededor, conmovida al ver a tantos y tan queridos miembros de su familia. Había sobrinas y sobrinos, hijos y nietos; casi todos ya mayores, algunos fallecidos. Ella era uno de los pocos que quedaban de su generación, y aquellos que recordaban los viejos tiempos, y aun así tenía que admitir que resultaba difícil reconocer a algunas de las personas de aquella habitación. ¿Ella habría cambiado tanto como ellos?

Había un anciano sentado en el diván al otro extremo de la estancia con un plato equilibrado sobre su regazo. Iba vestido detalladamente con un traje tradicional mexicano compuesto por unos pantalones negros acampanados y una chaquetilla corta, ambos adornados con tachuelas de plata. Bajo la chaqueta llevaba una camisa con volantes, otrora blanca quizá, pero ahora ya amarilleaba. Un enorme sombrero yacía junto a él en el sofá, ajado por los años, sus borlas enredadas y manchadas. La piel del anciano parecía el pellejo de un búfalo tostado al sol, pero sus ojos brillaban como si tramaran algo.

—¿Ese es...? —comenzó ella, pero entonces se detuvo—. ¿Podría ser ese don Eziquio?

Don Leonardo le dirigió una mirada llena de inocencia y se dirigió hacia el tonel lleno de cerveza fría que lo esperaba en el porche. Sarita murmuró para sus adentros, se levantó de la mesa y atravesó la habitación lentamente, sin confiar aún mucho en su equilibrio. Se aproximó al anciano arrugado y se quedó de pie frente a él mientras este devoraba su comida y tarareaba tranquilamente con placer.

—Abuelo —le dijo abruptamente—. ¿Por qué estás aquí?

Aquella cara rugosa la miró sorprendida y sonrió al reconocerla.

—¡Sara! ¡Qué vieja te volviste! —exclamó mientras engullía unos frijoles—. Es para mí un honor responder a la llamada de mi desconcertado hijo. Resulta que necesita mi consejo y mi experiencia.

—¿Mi padre te llamó? ¿Sabes por qué?

—Una cuestión de vida o muerte, me dijo —explicó alegremente mientras arrancaba el último pedazo de carne de un hueso de pollo—. Y me prometió que habría mujeres.

—Es una cuestión de muerte... y de vida —dijo Sarita suavemente—. Nos encontramos en el funeral de mi querido hijo, Memín, hace ya mucho tiempo. Pero nuestro objetivo aquí es salvar a mi hijo pequeño, a quien puede que no recuerdes.

—¡Claro que lo recuerdo! —respondió él mientras se limpiaba los labios con una servilleta manchada—. ¡Miguel Ángel! Por esa razón estoy seguro de que habrá mujeres —observó a la multitud allí reunida—. ¿Quién es él?

—Está allí, en el suelo. En esta época acababa de cumplir once años.

—¿Once? ¿Nada más? Ah —murmuró consternado sin apenas mirar al muchacho—. Entonces tendremos que esperar un año o dos para ver a las chicas dispuestas y contemplar los placeres eufóricos. Bueno, no hay problema; tengo tiempo —regresó a su plato de pollo con frijoles y levantó la mirada brevemente cuando una mujer pasó por delante... una deslumbrante mujer pelirroja con unos ojos tan azules y tan profundos como los cenotes de su patria. La miró una vez, después otra, preguntándose dónde la habría visto antes. No, nunca la había visto, y sin embargo se conocían. Sí, se conocían.

Sarita lo dejó donde estaba, sin saber si su presencia mejoraría el viaje. Bueno, un antepasado era un antepasado, de modo que no se quejaría. En cualquier caso ya estaba harta de aquel recuerdo en particular. Deseaba acabar de una vez. Aquel día triste, que había sido una experiencia horrible para ella entonces, parecía más horrible aún al recordarlo. Comenzó a caminar hacia la cocina en busca de la mujer pelirroja. Tenían que hablar. Les quedaba una pequeña cantidad de tiempo y una bolsa de la compra aún más pequeña.

Con las prisas, Sarita no pudo ver a Lala mezclándose con la multitud, planteándose su siguiente paso y rodeando al chico sentado solo en el suelo. La pelirroja ya había visto a la anciana y, aunque le aliviaba ver que había recuperado la salud, estaba cansada de las molestas preguntas de Sarita, así que se volvió invisible entre los parientes y vecinos que abarrotaban la sala principal. Le gustaba estar allí. Le gustaba cuando la gente se reunía a fumar y hablar y extender el virus. Cualquier virus era transformacional. Cualquier virus podía cambiar la manera de funcionar de un organismo, pero aquel tipo de virus cambiaba el sueño humano. Era un virus nacido de la palabra, un virus que encendía el pensamiento y producía fiebre en el cuerpo humano. Era conocimiento, algo sin lo que su mundo no existiría. Sonrió tranquila sabiendo que ella vivía en ese mundo: un mundo construido a base de sílabas, sonidos y la fuerte argamasa de las creencias.

Su mundo tenía la misma apariencia que el universo físico, aunque algunos lo llamaban reflejo. Su símbolo también era un árbol, como el Árbol de la Vida —grandioso y con unas raíces hermosas y profundas—. Las raíces de la vida se extendían hasta el infinito y sus ramas respiraban la luz eterna; pero sus raíces bebían del manantial de la narración humana, y de sus ramas colgaban sus frutos. No había pensamiento, no había realidad sin ella, pensaba. Sin ella, solo habría bestias en el campo.

Sentía al Miguel adulto en la habitación, aunque no podía verlo. No estaba allí, donde se encontraba el niño, aprendiendo a seguir las fuerzas del sentimiento humano. Sin embargo, Miguel estaba cerca, observando y esperando el momento oportuno para aparecer. Si estaba allí, pensó que estaría observando a aquel muchacho. Estaría recordando y guardando ese recuerdo en la bolsa de la compra de su madre. Sabía que él no deseaba regresar al mundo que había abandonado, pero lo haría. Lo haría porque Sarita insistía. Lo haría porque un aprendiz sabio honrará al maestro, si no a la madre.

Lala se tumbó junto al joven de once años que había sido Miguel en otra época y lo miró a la cara. Ah... ¡esa cara! Y los ojos, que ocultaban una luz deslumbrante en algún lugar de su oscuridad. Aquellos eran los ojos del hombre que algún día sería, el hombre al que ella nunca había aprendido a resistirse.

—¿Sabes lo mucho que te deseé? —le susurró al muchacho—. ¿Puedes ver nuestro pasado y nuestro futuro, mi amor? ¿Puedes ver que bailaremos juntos durante mil generaciones más?

La expresión del chico no cambió. Sus ojos negros estaban fijos en cosas que nadie más en la habitación había advertido. Nadie salvo ella, claro. Lala suspiró, apoyó la cabeza en la alfombra y cerró los ojos. Estaba recordando la primera vez que acudiera a él... no solo en visiones y pensamientos, sino con la plenitud del cuerpo y el intelecto de una mujer. Había esperado a que él se aburriera, a que se cansara de la misma comida insípida. Había esperado a que estuviera preparado para el tipo de conocimiento que hacía entrar a los hombres en un frenesí. Solo entonces le había estrechado la mano y lo había guiado hacia el sueño ancestral de los toltecas.

Igual que a todo el mundo, a Lala le sorprendió que Miguel abandonara su consulta de medicina y la seguridad de sus libros. Se preocupó cuando regresó junto a Sarita —que era hechicera, por mucho que deseara llamarse de otra forma— y le pidió aprender sus habilidades. Durante aquellos años como aprendiz de Sarita, se volvió intuitivo y dejó de temer su propio poder. Estaba perdiendo el control sobre él. Lala deseaba que entendiera que los seres humanos están conectados por palabras, solo por palabras, y que reconociera la autoridad suprema de las ideas sobre los actos humanos. Se sentía obligada a ayudarlo a elevar la narración a su máximo esplendor, y eso fue lo que hizo.

Ah... Lala sabía ya hacia dónde los llevaría después de aquel viaje, y sonrió satisfecha. Debía ir a buscar a la anciana para poder reanudar la marcha, para poder presenciar el momento en el que Miguel vio por primera vez a la mujer que había inspirado su narración. Él había tenido miedo durante el encuentro, pues la reconocía de sus sueños cuando dormía. Aquel día deseaba por encima de todo huir de ella, pero se quedó. Se quedó y se enamoró. Sí, ahí era donde irían después.

Abrió los ojos y, al hacerlo, vio que el muchacho estaba mirándola fijamente.

—Nunca antes bailé con una chica, pero creo que pronto lo haré —miró a su alrededor y después volvió a fijarse en ella. La evaluó con la mirada y se sonrojó.

—Sí, pronto —susurró ella. Aquel estudiante novato, con sus ojos tiernos e inocentes, se convertiría algún día en el maestro. Era el momento para que Lala cambiase el sueño a su antojo. Era su oportunidad para manejar la corriente del recuerdo. Se aseguró a sí misma que nada era inevitable, y aquel baile estaba lejos de terminar.

Don Eziquio iba por su tercer plato de comida cuando Miguel Ruiz se sentó a su lado en el diván, con otro plato en la mano. Aún con la bata del hospital, parecía más fuera de lugar que nunca. Sin embargo había sido arrastrado a aquel momento y aquel lugar. Había visto a sus hermanos mayores hablando con algunos de sus primos en la entrada de guijarros, y sentía curiosidad por volver a verlos de niños; pero, sentado allí en el salón abarrotado de gente, podía verse a sí mismo de pequeño. Sonrió al ver al muchacho sentado allí, solo, y recordó la extraña sensación de sorpresa que había experimentado al ver el drama humano por primera vez. De niño envidiaba a los adultos, no solo por su conocimiento, sino por la manera espectacular en la que generaban el drama. El mundo adulto le había parecido una telenovela ambientada en un sanatorio mental, y él deseaba descubrir maneras de devolverle la cordura. Había buscado soluciones toda su vida y, a los cuarenta y nueve años, sentía que estaba logrando avanzar.

Vio a Lala tirada en el suelo junto al chico, observando, guiando sus pensamientos. ¿Trataría de seducirlo con una historia? ¿Con una revelación?

Con cualquier sentimiento intuitivo se produce la tentación de contar una historia... de pensar. Mientras el chico estaba allí sentado, siguiendo los rastros tangibles de vida, ella le ofrecería una historia sobre la vida. Sus historias parecerían nuevas, no como las que él había oído antes, y resultarían atractivas para el orgullo de un muchacho. Pasarían muchos años más hasta que Miguel, el hombre, pudiera apreciar cualquiera de sus historias como lo que eran.

Miguel apartó al fin la mirada del chico y hundió el tenedor en un plato lleno de comida. Ambos hombres se quedaron allí sentados, lado a lado, disfrutando de la comida casera en silencio. Ninguno de los dos se dirigió al otro. Al mirar por la ventana, Miguel vio a don Leonardo de pie en la calle, solo, con su traje color crema, que reflejaba la luz rosa del cielo al atardecer. Su abuelo parecía un ángel de alta cuna, esperando pacientemente a ver qué revelaciones le ofrecía el momento.

Al terminarse su tercer plato de comida, don Eziquio miró por fin al hombre sentado a su lado.

—Buenos días, señor —le dijo con solemnidad—. Veo que usted también tiene hambre.

—Mmm, sí. Desde hace semanas —respondió Miguel mientras masticaba.

—Yo desde hace décadas. ¡Creo que nunca nada me supo tan bien! —Eziquio se golpeó el muslo fuertemente con una mano retorcida, lo que provocó que una nube de polvo se esparciera por el aire. El polvo se disipó deprisa al abrirse una puerta, y una nube de humo de puro ocupó con sigilo su lugar. No dijo nada durante unos segundos, en los que contempló la sala, después se volvió de nuevo hacia Miguel y lo miró fijamente—. ¿Con quién tengo el placer de hablar?

—Con su bisnieto, que en realidad no está aquí —respondió Miguel—. Igual que usted, señor, tampoco está aquí realmente.

—¡Ah! —exclamó el anciano—. Sí, pero ¿quién de entre las legiones de hombres estuvo realmente aquí, mi querido compadre?

—Tiene usted razón —dijo Miguel con una sonrisa, y volvieron a quedarse callados, viendo a la gente ir y venir, escuchando el zumbido melódico de la conversación.

—Entonces, supongo que está usted celebrando la corta vida de su hermano.

Miguel negó amablemente con la cabeza.

—Este recuerdo es para mi madre, no para mí. Solo vine a mostrar mi apoyo.

—Eso, buen hombre, no es lo único que muestra —dijo Eziquio, mirando las piernas desnudas de Miguel—. ¿Puedo preguntarle si necesita ropa?

—No, estoy bien —respondió Miguel, se alisó la bata sobre las rodillas y se limpió una gota de sangre con la servilleta—. Estoy en coma, así que vestirme no tendría ningún sentido práctico.

—Entiendo —dijo el anciano caballero—. Bueno, no tema. Si al final muriera, lo vestirán con elegancia. Míreme a mí —dijo levantando sus brazos raquíticos—. Yo me fui con un estilo muy teatral, ¿no le parece? —agarró el sombrero y se lo hundió en la cabeza huesuda, levantando otra nube de polvo.

—Muy llamativo —dijo Miguel. Volvió a mirar a su alrededor. Le pareció que los recuerdos de aquel día estaban a punto de acabar, pero las historias sobrevivirían para entretener a muchas generaciones. Al mirar de nuevo entre la gente, advirtió que el muchacho estaba solo y se preguntó dónde se habría metido Lala.

—Tantos niños, y todos crecieron de la rica tierra de mis genitales —comentó el anciano dándole un codazo a Miguel—. Ya cumplí con mi deber con la humanidad, ¿verdad? —añadió guiñándole un ojo—. ¿Quién es el pequeño?

—Ese soy yo —respondió Miguel mientras apartaba su plato del codo del anciano—. Este fue un día significativo para mí. Muy significativo.

—¿Qué? Ah, entiendo... significativo —dijo el anciano, y la comprensión recorrió su rostro ajado—. Significativo, sí —se quedó sentado en silencio un rato más, con el ceño ligeramente fruncido como si contemplara un tablero de ajedrez. Había miles de momentos memorables en la vida de un hombre, pero pocos que pudieran ser considerados significativos. Los recuerdos significativos eran los mejores cimientos para un sueño nuevo e iluminado, como ambos sabían. Miró a su biznieto con admiración—. Está usted jugando a un juego intrigante, hijo mío.

Miguel no dijo nada.

La multitud iba disminuyendo y se hizo el silencio en la habitación. La luz del día había cedido al anochecer y el paisaje ilusorio había quedado en penumbra. Eziquio, el *trickster*, levantó su mano arrugada y se frotó el lóbulo de la oreja. Miguel, el soñador, dejó su plato vacío y dirigió a su bisabuelo una mirada de afecto incondicional. Sus miradas se encontraron en un momento de entendimiento. El anciano empezó a hablar, después apretó los labios. Se rascó la barba blanca e incipiente de la barbilla con un dedo. Ladeó ligeramente la cabeza, reflexionando. No sabía cómo había llegado allí. No sabía por qué ocurrían *las cosas*, en la existencia humana o más allá de sus perímetros ruidosos. En cualquier caso, el conocimiento no influía sobre los muertos. A él no le afectaban sus severas sanciones. No seguía ninguna ley, era ciudadano de un país donde las rebeliones no tenían consecuencias. Estiró el brazo hacia el hombre sentado a su lado, un hombre cuyos ojos reflejaban el mismo brillo travieso y decidido, y colocó una mano sobre su hombro con cariño.

—Vaya tranquilo, señor —dijo don Eziquio, guiñándole astutamente un ojo a Miguel—. Ahora estoy con usted.

DÉJENME DECIR ALGO SOBRE LA PALABRA *SIGNIFICA-tivo*. Es inevitable que, durante el tiempo que estuve fuera del mundo, la Madre Sarita, con o sin la ayuda de un guía, buscara lógicamente recuerdos que la mayoría de la gente considera verdaderamente importantes; nacimientos, muertes, bodas y momentos traumáticos o triunfales. Desde el momento de mi ataque al corazón, ella supo cuál era su misión. Con la ayuda de mi hermano Jaime, reunió a la familia, dirigió los rituales, se aferró al intento que la transportó más allá de su propio sueño hasta el sueño de un hijo perdido. Recordó los nombres de sus aliados, las palabras que debía pronunciar y las oraciones que debía decir. Abandonó lo conocido para encontrarme en mi viaje hacia lo desconocido. Siguiendo el consejo de su nueva acompañante, ahora va en búsqueda de momentos memorables de una vida que ella no vivió.

Sin embargo los momentos *memorables* no son iguales que los momentos *significativos*. Sí, es bueno recordar el momento del nacimiento de un hijo, la muerte de otro, la primera palabra, un beso ardiente y un gran desamor. Aun así, entretejidos en el patrón de los acontecimientos hay muchos hilos silenciosos de certeza; puntadas aleatorias que cambian la manera de una persona de verse a sí misma y de imaginar el mundo. En otras palabras, entretejidos en ese patrón están los momentos de transformación. Esos momentos son más significativos que las graduaciones universitarias y los banquetes de boda, que se producen a su debido tiempo y tienen el efecto esperado. Aunque ese momento se produzca como un trastorno súbito o como una ligera redirección del pensamiento, verse sorprendido por la vida lo cambia todo. Los acontecimientos impredecibles cambian los eventos de maneras inapropiadas —inapropiadas porque nos obligan a salirnos del camino que nos habían marcado, incluso grabado, y nos ponen en una ruta sin un destino claro—. Con una perspectiva alterada, se abandonan las reglas; estamos entregados al misterio y sin objetivo. Nos vemos obligados a actuar y somos incapaces de ofrecer una excusa razonable que explique nuestro comportamiento.

Yo tuve muchos momentos así, y una familia maravillosa impertérrita ante los comportamientos excéntricos; pero las cosas que cambian a un hombre no pueden enunciarse, y los acontecimientos más sutiles desafían toda explicación. Mi padre y mi madre, incluso con su gran sabiduría, no podían soñar el sueño de su hijo pequeño, y tampoco podían seguir su camino imperceptible hacia la verdad. Podían aconsejar, no juzgar y después dejarlo ir. Mediante su paciencia y contención aprendí el valor de desapegarme. Apoyado por su amor, encontré la fuerza para arriesgarme y llevar mi conciencia más allá del conocimiento. Con cada revelación, mi vida se volvía más espontánea y menos predecible. Cada intento se convertía en un acto de poder. Cuando se produjo el infarto, supe que tal vez nunca podría jugar con ese tipo de poder, y aun así dejé de resistirme.

Podría decirse que tuve mucho tiempo para replantearme mi regreso a la vida mientras yacía inconsciente en una cama de hospital. Desde el punto de vista de quienes me esperan, con sus vidas detenidas, debió de parecer una eternidad. De hecho van casi nueve semanas y, durante la mayor parte de ese tiempo, el pronóstico no fue bueno. Mis seres queridos se sientan juntos en el hospital todos los días. Se preocupan, se arrepienten y a veces lloran. Rezan y ruegan. Luchan contra el destino y después dejan de resistirlo. Algunos no pueden dejar de reír.

Sí, hay algunos que emprendieron este viaje conmigo, así que se ríen. Sin entenderlo —¿quién necesita entender?— sienten mi excitación y mi euforia. Notan la sensación de libertad que estoy experimentando mientras mi cuerpo duerme y mi cerebro sueña. Saben lo suficiente para abandonar cualquier esperanza de que yo sobreviva, y aun así se ríen. La alegría los ayudó a pasar las largas semanas y lo celebramos juntos. Es difícil describir la batalla de mi pobre cuerpo mientras lucha por la vida, con un corazón débil y pulmones encharcados; pero yo disfruté del sueño que se abre ante mí. Soy lo que siempre fui, lo que todos son y siempre serán. Soy vida, consciente de mi naturaleza eterna y ajeno a las limitaciones físicas. La visión de mí mismo que disfruté durante casi cincuenta años quedó oscurecida, pero lo que queda es otro tipo de visión. Esta no es personal; es infinita.

Es la visión del potencial puro de la vida —bueno, quizá no una visión, sino más bien un sentimiento—. Sin una mente consciente que seleccione y censure, siento las posibilidades de la vida recorriendo mi cuerpo como una corriente oceánica, o el movimiento del aire alrededor de las alas de un cóndor. Yo siempre fui la propia vida, consciente de mi totalidad mientras sentía el tirón de la materia. Sin embargo, libre del sueño de la humanidad, puedo centrar mi atención en cualquier parte, como hace la vida, con posibilidades infinitas a mis pies.

Regresar significaría volver a una vida de consecuencias —y sí, habría consecuencias—. El resultado de mi fallo cardiaco y de las semanas de deterioro serían unas capacidades físicas menguadas, y un dolor continuo. Peor aún, regresaría como un inocente que no está preparado para la violencia desgarradora del sueño humano: vería la oscuridad en las mentes de aquellos a quienes amaba, donde antes solo había visto posibilidades brillantes. Habiendo olvidado casi por completo a Miguel, regresaría a un mundo donde los demás lo recordaban demasiado bien. Todos asegurarían conocerlo y anticiparían sus necesidades —todos salvo yo—. Todos tendrían alguna historia sobre él, y todas las historias sonarían distintas a mis oídos. Sí, sentiría las consecuencias del regreso. La humanidad me confundiría y me intimidaría, al menos durante un tiempo. Tendría que aprender a caminar de nuevo, a utilizar las palabras de nuevo, y a recuperar la conciencia. Anhelaría la cordura, igual que me pasaba de niño, y me encontraría con la misma locura. Siendo finito y frágil, anhelaría ser infinito de nuevo. Sin duda sentiría las consecuencias de mi regreso.

Aquí el sentimiento es bueno y la visión lo abarca todo. Mi visión es infinita, pero la de mi madre es específica y su determinación incansable. Si yo estuviese despierto y fuese capaz de explicar mi situación con palabras, tal vez las cosas fuesen diferentes. Bien empleadas, las palabras pueden domesticar una voluntad inquieta y suavizar el corazón de una mujer. Mi madre no es tan distinta a las demás mujeres, a cualquier mujer... y no es tan distinta a una mujer en particular. Lala, la dueña del conocimiento, habitó todos los sueños —dormidos y despiertos— desde que la humanidad aprendió a hablar.

Siempre estuvo disponible, ansiosa por hablar y reticente a escuchar. Puede que esté decidida a atraparme en este sueño sin tiempo donde me encuentro, donde las palabras no pueden ayudarme y la vida me envuelve en un silencio absoluto; pero cualquier encuentro demostrará ser demasiado desafiante. Al fin y al cabo, no será esta la primera vez que el conocimiento se me acerca disfrazado de una mujer decidida y hermosa.

Tenía casi cuarenta años cuando conocí a Dhara. Ya había visto su cara en mis sueños de la infancia, sin saber quién era. Cuando nos conocimos, era una mujer casada que buscaba consuelo espiritual. Yo trabajaba con mi madre en San Diego. Había dejado mi consulta de medicina y ayudaba a la gente como lo hacían nuestros antepasados, adquiriendo cada vez más habilidades a medida que desarrollaba la fe en mí mismo. Si no hubiera estado esperando a Dhara, tal vez la hubiera considerado una estudiante más. Si no la hubiera visto ya en mis sueños, me habría sobresaltado su inquietante presencia.

Estaba de pie en el pequeño templo de mi madre, con el cuerpo a contraluz frente al cegador sol del mediodía y el pelo ligeramente revuelto por la brisa veraniega. No podía verle la cara, pero sentí su poder. Nunca antes nos habíamos visto, pero yo ya sabía quién era y por qué estaba allí. Habíamos hablado muchas veces en mis visiones. Yo era joven la primera vez que vi su cara en mis sueños. Siendo joven, imaginé que sería el ángel de la muerte, que venía para advertirme de que mi vida pronto acabaría. No entendía la verdadera naturaleza de la muerte como la entiendo ahora, y me asusté. Estaba seguro de que reconocería el rostro de mi ángel si alguna vez se materializaba, y así fue.

Percibí el momento de nuestro encuentro como algo terroríficamente significativo. ¡La muerte había venido a saludarme en persona! Sabía que tenía la posibilidad de huir o de enfrentarme a aquello que temía. Pensaba que el resultado sería el mismo en cualquiera de los casos, de modo que me quedé donde estaba. Para cualquier otra persona, nada en su súbita aparición habría resultado fuera de lo común, pero para mí no era común en absoluto. Dudo incluso de que Dhara supiera la razón por la que vino a hablar conmigo aquel día. Al igual que muchas mujeres que visitaban a mi madre, ella buscaba respuestas. Deseaba que una persona iluminada le mostrase la verdad. Sentía la imperiosa necesidad de escuchar y aprender, y un impulso fuerte de transformar su vida. Más que una oración o una bendición, buscaba su mayor desafío. Quería a Madre Sarita y sentía que era de su familia, pero deseaba algo más. Me deseaba a mí. Yo sabía que eso era cierto, aunque ella no lo supiera. Al verla de pie bajo el sol, percibí todas esas cosas al mismo tiempo. Reconocí al ángel que se me había aparecido en mis sueños de la infancia, y deseaba que siguiera siendo un fantasma. Sentía que no estaba preparado para los importantes cambios que se avecinaban, cambios que veía acercándose a mí detrás de ella.

Nada de aquello importaba realmente mientras ella estaba allí, en la puerta, diciendo mi nombre. Resistirme ya no me serviría de nada. Asustado o no, preparado o no, levanté la mirada, me protegí los ojos de la luz y saludé a la Muerte.

¿Qué es esto? —preguntó Sarita, contemplando la escena que tenía delante—. ¿Por qué estamos aquí, en este lugar? ¿Qué pasa con María, la boda, los niños? —preguntó, y miró acusadoramente a la mujer pelirroja y después a su padre—. ¿Qué hay del accidente de coche?

—Eso no importa —contestó la otra mujer con voz sedosa—. Esto es cosa de la magia —a Lala le tranquilizó la visión actual. Dhara, la ilusión convertida en carne, había hecho su aparición; estaba de pie en la puerta, tapando la luz.

—Debemos emplear la disciplina —se quejó Sarita, aunque estaba conmovida por volver a ver a Dhara, tan joven y tan fuerte.

—¿Por qué te preocupas, hermana? —preguntó Lala—. ¿No querías a esta mujer?

—¡Claro que la quería! ¡Y la quiero! —respondió la anciana, indignada—. Pero este no es su momento. Ella viene más tarde.

—Viene cuando él lo dice, Sarita —intervino don Leonardo—. Esta es su historia y son sus prioridades.

—Mis prioridades —le corrigió Lala—. La odisea es mía.

—Eso dices, querida, pero esas no son más que palabras —la miró primero a ella y después a su hija, que estaba demasiado cansada para escuchar—. La presencia de Dhara cambiará las cosas rápidamente y las lecciones que vienen a continuación son de vital importancia.

—¿Más que estar al borde de la muerte? ¿Más que el divorcio o las tragedias familiares? —susurró Sarita. Negando con la cabeza, entró deliberadamente en la escena en la que Dhara estaba hablando con su hijo. Sintió la luz del sol en la piel, como si estuviera allí con ellos, y se tranquilizó. Sarita recordaba haber enviado a Dhara a verlo en una época en la que él intentaba encontrar su camino, sabiendo de manera instintiva que su unión sería el catalizador del cambio. Los miró ahora, en mitad de aquella primera e incómoda conversación, y se alegró de haber hecho caso a su instinto.

—Los demás recuerdos ya vendrán —dijo su padre desde atrás—, y cuando lo hagan, los arrancarás como capullos de rosas y los colocarás en tu cesta de reconstituyentes junto con el resto.

—Eso poco importa —murmuró la pelirroja—. ¡Mira a estos dos! Recuerda esto, y lo que viene después. Recuerda por qué la quieres. ¡Piensa!

Sarita se interpuso entre su hijo y Dhara, aquella mujer estadounidense que tanto deseaba aprender, conocer y conquistar su miedo y su confusión. Sarita miró atentamente a Miguel, se acercó tanto a él que pudo sentir su aliento. Pudo ver la comprensión en sus ojos mientras hablaba con Dhara. Fue un acto de voluntad lo que lo mantuvo allí quieto. Deseaba huir, pero en su lugar sonrió, luchando con su inglés y negándose a dejarse intimidar. Aquel era su momento para elevarse en el amor, si lo deseaba. No le interesaban la riqueza ni el prestigio. Al abandonar su futuro como médico y neurocirujano, se había ido en busca de la verdad. Había deseado encontrar lo que habían encontrado sus antepasados y Sarita lo estaba ayudando a lograrlo. Su padre y ella habían compartido con él su sabiduría, dándole un lugar donde trabajar y donde visualizar; pero él pronto necesitó más.

Y allí estaba, de pie ante él alguien con el poder de hacer que las cosas sucedieran en el sueño del mundo. Era cierto que Dhara se convertiría en una hija para ella, y en una madre para sus nietos; pero, sobre todo, era la compañera para su hijo, que tanto tiempo había esperado. Juntos descubrirían los milagros de Teotihuacan y su conocimiento silencioso. Juntos reunirían a unos estudiantes dispuestos a seguirlos. Como chamán y maestro del ensueño, Miguel supondría una gran alteración para todos aquellos que lo siguieran. Sacudiría los rígidos cimientos de su realidad, los usaría para ver más, para imaginar más. Cambiaría la manera en que se soñaban a sí mismos, y estarían a la altura de sus desafíos, Dhara más que ninguno.

—La quería porque era una aliada —declaró Sarita sin más—. Era una amiga, una conspiradora. Era el vínculo entre nuestro mundo ancestral y secreto y el mundo de las preocupaciones presentes.

—Era hija del sueño del mundo, ¿verdad? —dijo su padre.

—Como lo eran todos, sí —dijo ella—. Sin embargo ella transformaba los acontecimientos. Amaba, sufría y abrió un camino en el destino, igual que Moisés separando las aguas.

—¡Sí! —convino Lala con entusiasmo—. Igual que Moisés, ella se enfrentó a su propio sueño y lo transfiguró, pero lo hizo por el conocimiento.

—Lo hizo por mi hijo.

—Lo hizo por ella misma, como hacemos todos —dijo don Leonardo—. Pero procedamos. ¿Dónde nos lleva este momento, querida señora?

—Al momento siguiente, naturalmente —respondió la mujer con fuego en los ojos—. En esta ocasión omitiremos el sexo, si no les importa, y los vaivenes llorosos del anhelo y la separación —Lala ya empezaba a cansarse de aquel momento. Deberían entrar rápidamente en la mitología, en la invención de las mentes inteligentes—. Esta mujer admiraba a tu hijo y se ganó su respeto —dijo—, pero la clave de este recuerdo no está en ella. Ahora nos iremos al lugar de los maestros toltecas, a las pirámides de Teotihuacan, ¡y a la evocadora sabiduría de su gente!

Don Leonardo miró a Lala y no pudo evitar sonreír ante su representación. Fiel a su naturaleza, pensó mientras se deleitaba mirándola, ansiosa por ser vista, por ser admirada y por dejar su huella en las vidas de los demás. Que tuviera su momento. ¿Por qué no? Al final el amor la envolvería. Ese era su destino. Ese era también el destino de Dhara... y ese es el destino de toda la astucia humana. Los sabios toltecas ya se habían dado cuenta de aquello hacía dos mil años: al final el conocimiento cedería ante el amor.

Parecía que incluso aquel bonito recuerdo del principio del amor tenía que ceder. Mientras Lala expresaba sus intenciones, esperando invocar las maravillas de Teotihuacan, sus dos acompañantes se desvanecieron sin más, dejando un extraño vacío tras de sí, un espacio infinito y lleno de luz. Lo único que ella pudo discernir fue un brillo distante que no reflejaba nada ni revelaba nada. Lala caminó vacilante, esperando a que emergiera ante sus ojos otro paisaje. Giró lentamente sobre sus pies, con los ojos abiertos y los sentidos alerta. Deseaba gritar, pero no estaba dispuesta a admitir su confusión. Al fin y al cabo, ella estaba al mando de aquel sueño, ¿no?

La luz se atenuó, después cobró fuerza y volvió a atenuarse, dejando huellas de imágenes mientras cambiaba. Vio a la mujer, la hermosa Dhara, bañada aún por la luz del sol mientras se reía en la puerta. Vio las sombras tras ella, moviéndose tan erráticamente como niños inquietos. Más allá de las sombras había una multitud de gente que gritaba de forma incoherente, y en el tumulto reconoció algo de sí misma. Oyó su propia voz en el rugir de la conversación humana. Sintió el frenesí emocional que provocaban sus propias palabras. En cuestión de segundos, la escena que tenía ante sus ojos perdió el color y el sonido. El rugido disminuyó en cuanto las imágenes humanas desaparecieron; y, con la pérdida del ruido, todos los sentimientos se esfumaron. La melancolía de Sarita se evaporó del aire. El entusiasmo de Dhara, tan real en aquel momento, había vuelto al pasado.

Y Miguel... ¿qué pasaba con Miguel?

Lala había saboreado brevemente las emociones que había experimentado él al conocer a Dhara, y recordaba el acontecimiento con satisfacción. Una vez le había susurrado una historia en sueños, cuando era pequeño, y esa historia se había convertido en aquel momento de miedo en la vida de un hombre adulto. ¡Hasta ese punto llegaba su poder sobre la mente humana! Había sido posible agitarlo entonces, tal vez aún lo fuera. Levantó la cara para intentar sentirlo, pero sus esfuerzos fueron recompensados con una niebla impenetrable y paralizante. Ella era una criatura que crecía con el sentimiento humano... tan real, tan suculento. ¿Estaría Miguel sintiendo algo ahora? ¿Podría expresar esos sentimientos en una conversación... y podrían sus palabras volver a captar su atención? ¿Podría captarla y mantenerla?

Lala —la que se hacía llamar La Diosa— aguantó la respiración, desconcertada por el vacío a su alrededor. Segundos antes había estado jugando entre los vibrantes recuerdos de un hombre, y ahora se encontraba en mitad de la nada. Estaba perdida. Sí, alejada de las tentadoras emociones de los seres humanos y del clamor del pensamiento humano, estaba perdida. La vida se encontraba dentro de los confines de aquella luz blanca, pero no la alcanzaba. La verdad se hallaba dentro del silencio resplandeciente, pero no se atrevía a respirarla. Anhelaba los reflejos, las viejas mentiras, y descubrió que era incapaz de encontrar una sola.

Cuando su desconcierto se volvió insoportable, algo se agitó. Le pareció oír de nuevo el murmullo lejano de los pensamientos, seguido del zumbido inevitable de las palabras. El sueño estaba cambiando, redirigiéndose. Lala dejó escapar el aire, después dio una bocanada, aliviada al sentir que recuperaba la energía. La niebla se disipó ligeramente y, a través de las sombras, vio que los nuevos colores cobraban vida.

Sin previo aviso, sin haber dado ninguna orden, Sarita había sido transportada de nuevo y ahora estaba de pie, como Lala había deseado, en lo alto de una gran pirámide. Parecía que ella también estaba sola, escuchando el rugido lejano del universo en su camino hacia el infinito. Cuando el viento de primera hora de la mañana se le coló por debajo del chal, ella buscó la comodidad de un muro bajo, construido en una época lejana con miles de piedras redondas y multicolores. La superficie del muro estaba fría. El sol comenzaba a salir ahora por detrás de la cresta oriental de la montaña, prometiendo calor, aunque aún no parecía dispuesto a cumplir su promesa. Mientras el amanecer extendía su brillo tenue, Sarita se dio cuenta de que conocía aquella pirámide. A su manera, era tan asombrosa como las que habían construido los antiguos egipcios, pero a sus pies no había ningún desierto africano. A su alrededor, por todas partes, yacían las familiares colinas alcanzadas por el verde exuberante del verano. Había llovido antes del amanecer y la niebla cubría gran parte de lo que había debajo. Estaba contemplando el valle central de México, su patria. Estaba de pie en lo alto de la pirámide más grande de Teotihuacan, la ilustre civilización de sus antepasados, construida hacía más de dos mil años y conocida como la ciudad donde los humanos se convertían en Dios.

Sí, sabía dónde estaba, y su mente se relajó. Tenía frío y estaba incómoda, pero se sentía preparada para cualquier cosa que pudiera suceder. Se acurrucó allí, temblando contra el muro de piedra, hasta que la luz del sol por fin acarició sus zapatillas rosas y gastadas con sus dedos curiosos y silenciosos. Agradecida por aquel pequeño torrente de calor, la anciana dio un paso vacilante hacia delante y recibió el ataque feroz del sol. Levantó la cabeza hacia la luz y murmuró una oración de gratitud. Le maravillaba el poder revitalizante que la luz tenía sobre la piel humana y sobre todos los organismos de la Tierra. Se dio la vuelta lentamente, permitiendo que los rayos de sol se filtraran en todos los músculos de su cuerpo frágil y dolorido, disfrutando de su calor. Tal vez aquello fuese un sueño, pensó, pero las sensaciones del momento eran demasiado reales como para ignorarlas. Contenta de estar otra vez sola, esperaría en aquel dulce calor y escucharía.

Fue entonces cuando lo vio, de pie en lo alto de las escaleras ancestrales, respirando con calma, tranquilo, como si no hubiera subido hasta lo alto, como si hubiera llegado allí montado en las majestuosas alas del intento. Tenía los brazos apartados del cuerpo, con las palmas hacia arriba, y su cuerpo estaba quieto y tranquilo. Aquel era su hijo Miguel Ángel, a quien estaba intentando salvar de la muerte inminente; pero, en aquel momento mágico, provenía de otra época, con un cuerpo humano avivado por la juventud, por la masculinidad y la determinación mental. En aquella visión, irradiaba vida. Vibraba con la vida, haciendo que hilos de luz se desprendieran de su cuerpo, iluminando el mundo a sus pies y sacando a la niebla de sus santuarios escondidos.

Habían pasado muchos años desde que Sarita experimentara aquella visión en lo alto de la Pirámide del Sol. Para cuando Miguel comenzó sus muchos peregrinajes a Teotihuacan, su cuerpo estaba casi demasiado débil para subir. En incontables ocasiones ella había acudido allí a enseñar y a sanar, pero no recordaba haber estado en aquel punto concreto y de aquella manera concreta. Se preguntó por qué Miguel estaría allí, delante de ella, sin sus aprendices y sin Dhara junto a él. Lo comprendió lentamente, cuando empezó a ver las cosas con los ojos de él. Aquel era su primer encuentro con las ruinas de aquella gran civilización y con el sueño de los ancestrales maestros toltecas. Aquel momento era de él y solo de él. Aquel era el recuerdo de Miguel, un regalo que ella podía disfrutar porque él le había dado su consentimiento.

El frío la había abandonado. Ya no sentía las limitaciones de un cuerpo viejo, sino la curiosidad y el asombro. Aquellas eran las percepciones de un hombre moribundo que podría haber empezado a luchar por su propia vida. Sarita sintió lo que su hijo le pedía: que viera ahora lo que él había visto entonces, en el que quizá fuera el acontecimiento más determinante de toda su vida.

El sol, que ascendía con rapidez frente a ella, cubrió de color el horizonte. La niebla adquirió un rubor infantil mientras se deslizaba sobre las ruinas y se desvanecía por el cielo. A través de los ojos de Miguel, Sarita vio el esplendor de Teotihuacan como nunca antes lo había visto. A sus pies yacían las discretas ruinas del corazón de la ciudad; la fuente de donde nacía su vida. Más allá de la gran avenida y de todas las estructuras elaboradas que en otra época se extendían a ambos lados, habían existido innumerables y prósperas comunidades, pobladas por comerciantes, artesanos, obreros y educadores, junto a los diez mil peregrinos que acudían de aquí y de allá. En su época, Teotihuacan había sido la ciudad más grande del mundo. Ahora apenas quedaban unos surcos en el suelo, un testamento insuficiente para una civilización que había influido a casi todo el hemisferio occidental. La tierra que se extendía más allá de aquellas ruinas había regresado, en su mayor parte, a la naturaleza, a la hierba y a la vegetación, al ganado que pastaba al aire libre. Aun así, en aquel mapa de roca y hueso, quedaba mucho que ver de aquel imperio extinto.

Mientras Sarita se resistía menos al sueño de su hijo, más fácil le resultaba ver e imaginar. Desde hacía mucho tiempo, aquel entorno en ruinas había sido una visión familiar, un segundo hogar para ella. Ahora, viéndolo como lo había visto él la primera vez, estaba tan asombrada por la obra de arte que era Teotihuacan, tan sorprendida por su ambición, que parecía como si nunca hubiese visitado el lugar. Ahora lo veía como un instituto de aprendizaje elevado. *Este* era un campus universitario, tan sencillo y elegante en su estructura que la dejaba sin respiración.

No, dejaba sin respiración a Miguel. Sentía la emoción que sentía su hijo; su torrente de entusiasmo al hacer aquel descubrimiento inesperado de una manera tan inesperada. Había ido allí poco después de que Dhara y él, ambos divorciados de sus parejas, hubieran sellado su unión en una ceremonia espiritual. Vinieron como turistas de luna de miel, sin esperar nada. Habiendo crecido en México, Miguel había visto muchas ruinas, pero nunca aquella. Llevado por la curiosidad, ascendió la pirámide él solo una mañana y vio asombrado como un sueño ancestral se revelaba ante él. En ese momento, no solo veía un pedazo de la historia humana, sino un diagrama para las revelaciones humanas.

Aquel había sido un lugar donde los estudiantes ambiciosos acudían para aprender, donde algunos aprendices cuidadosamente seleccionados tenían la oportunidad de trascender la conciencia ordinaria. Puede que los jóvenes aprendices tardaran años en transformarse. Puede que tardaran una vida entera, pero ninguno cuestionaba el proceso. Llevar una vida consciente era su ambición definitiva y su mayor arte.

Arte, sí. Al fin y al cabo, *tolteca* era la palabra náhuatl para decir «artista»; y los artesanos espirituales más ambiciosos aprendían su oficio allí, en aquella consagrada universidad. Tener el control de la historia personal de uno mismo era considerado el mayor acto de poder. Debía haber sido un gran honor recibido con humildad que los grandes maestros que residían allí lo eligieran a uno como aprendiz. La impecabilidad personal exigía una práctica constante, en todo momento y en cualquier circunstancia; y un verdadero maestro podía llevar al resto de su comunidad a niveles de conciencia más elevados solo siendo impecable en su propia vida.

Mientras los rayos de sol inundaban la kilométrica llanura de templos y escaleras, Sarita advirtió el diseño emblemático de una serpiente construido en el plano de la ciudad, extendiéndose de un extremo al otro de la universidad. La serpiente de dos cabezas representaba el proceso de transformación que cada aprendiz debía completar. Sus dos caras personificaban a los dioses Quetzalcoatl y Tezcatlipoca, o Espejo Humeante. ¡Cuántos mitos se mezclaban en su mente mientras susurraba aquellos nombres! Cuántas historias diferentes habían contado e interpretado muchos que se consideraban cultos. Sin un alfabeto, la gente que había creado aquella civilización conocía solo los símbolos que la naturaleza les ofrecía en forma de criaturas vivas o con los rasgos del viento y de la lluvia, del sol y de la tierra: aquellos rasgos estaban impresos en la arquitectura y dibujados en los muros con colores y guijarros.

Los sabios comprendían las cualidades de ser una serpiente, una criatura destinada a arrastrarse entre las rocas y el polvo sobre su torso sin piernas, sin saber nada más allá de sus humildes circunstancias y ciega al mundo infinito. Reconocían tales cualidades reflejadas en la condición humana también. La trascendencia requería un cambio valiente de perspectiva. Una metamorfosis de este tipo requería la muerte y después el renacimiento. Un guerrero espiritual tendría que entrar en la boca de la serpiente y dejarse consumir, renunciando a todo lo que antes conocía o comprendía. Si lograba superar el desafío, emergería siendo un ser consciente. Habría adquirido la mayor de todas las maestrías... la maestría de la muerte.

A su izquierda, Sarita vio el lugar en el que habría comenzado aquel viaje espiritual: en la Plaza de Quetzalcoatl, donde se abría la boca de la serpiente en el extremo más alejado del campus. Quetzalcoatl, que generalmente se representaba como una serpiente emplumada, simbolizaba el mundo de la materia. La imaginación hacía las veces de alas, elevando a la humanidad por encima de su ceguera y más allá de los límites de la realidad física. La amplia avenida que salía de la plaza representaba el cuerpo, y el camino que todo aprendiz debía seguir en algún momento. Aquel sendero se llamaba Avenida de los Muertos. El dios Espejo Humeante simbolizaba el poder absoluto, la fuerza que creaba todos los mundos manifiestos. Cada viaje sagrado por la avenida terminaba con él, momento en el que los mejores guerreros eran conscientes de su propia divinidad.

A Sarita le maravillaba aquella ciudad donde convergían todos los símbolos, chocando los unos con los otros en explosiones de significado. Serpientes venenosas, serpientes de dos cabezas, serpientes emplumadas —cada símbolo representaba niveles diferentes de entendimiento, y cada uno hablaba con claridad al héroe que buscaba la verdad—. Los humanos siempre buscan la verdad, pensaba ella, utilizando los símbolos de su tiempo. Apartando el humo y la distorsión del conocimiento, son capaces de sentir el devastador mensaje de la vida. Como todos los guerreros que acuden a esta misteriosa escuela, su hijo se había elevado por encima de los símbolos, había recorrido senderos de luz y había despegado.

Miguel, el chamán, llevaba a muchos estudiantes a aquel lugar de aprendizaje elevado, creando rituales sobre la marcha; pero en aquel primer instante, visto desde esa magnífica perspectiva, el mensaje estaba claro. A los aprendices se los desafiaba a ver a través del humo y de la confusión de los símbolos. Se les pedía que experimentaran la libertad que se hallaba más allá de la muerte.

Mientras Sarita lo reflexionaba, las palabras la confundían. Creía que sabía lo que significaba estar muerto. La muerte era el final de todas las cosas, ¿verdad? La muerte señalaba el comienzo de la gloria eterna para cualquier humano que la mereciese. Para ella y para todos a su alrededor, esas cosas siempre habían estado claras; pero, mientras los vientos de la mañana se agitaban y elevaban el calor de la Tierra hacia el cielo, Sarita vio con claridad que, para su hijo, la muerte no significaba las mismas cosas.

¿QUIÉN ES USTED? —PREGUNTÓ LALA MIRANDO al anciano—. ¿Y qué estoy haciendo aquí?

—Mi nombre fue en otra época Eziquio —respondió el viejo chamán.

Lala, que tenía poca paciencia con los humanos estúpidos y sus tenaces fantasmas, se dio la vuelta para contemplar la escena que tenía a su alrededor. Los dos estaban sentados juntos en lo alto de una pirámide mientras el sol de la mañana iluminaba Teotihuacan y convertía la Avenida de los Muertos en la imagen espectral de una serpiente gigante que calentaba su enorme cuerpo en línea recta entre los templos, las rocas y las ruinas de un imperio. A lo lejos se alzaba otra pirámide, más grande.

—Usted misma invocó este lugar —continuó Eziquio señalando con la mano el espectáculo que había a sus pies—. Estamos en Teotihuacan, como puede ver, el lugar donde los hombres se convierten en dioses.

—Tonterías.

—De acuerdo —admitió el hombre, parpadeando pensativo—. El lugar donde puede que un hombre aprenda a ver. Y, cuando finalmente ve, ve que es Dios.

—Ve lo que yo le diga que vea.

—¿Eso es cierto?

—¿Dónde están los demás, viejo abuelo? —preguntó ella—. ¿Y qué es esto?

—La construcción sobre la que nos encontramos se llama Pirámide de la Luna, y nos ofrece esta arrebatadora vista de toda la avenida, así como del imponente monumento a la vida, la Pirámide del Sol —señaló con gesto teatral—. Allí.

Sin más, don Eziquio hizo una pausa para deleitarse con la actual grandeza del lugar y su majestuosidad pasada. Aunque hubiese calculado mal el momento de aquel acontecimiento, iba a aprovecharlo al máximo. ¿Qué sabía él del tiempo, al fin y al cabo? Él no era tanto un hombre como un momento infinito, una ola de potencial disfrazada de algo común. Al girar la cara hacia la ciudad ancestral, sintió la chispa de la inspiración encenderse en su interior. Se quedó perfectamente quieto y sintió la presencia de un gran soñador al borde de una revelación. Miguel estaba cerca; no en carne y hueso, sino en algún lugar entre la tierra y el aire de aquel lugar. Dirigió la mirada hacia la pirámide iluminada por el sol en la distancia y sonrió. Si realmente existía un acontecimiento significativo en la vida de un hombre, a Miguel estaría sucediéndole en aquel instante.

—Imagine la apariencia que tenía todo esto hace dos mil años —exclamó, ansioso por compartir su entusiasmo—, con los templos brillando bajo el sol, y las pirámides gigantes, que atraían a peregrinos de todos los rincones del hemisferio; ¡un faro para las almas errantes! ¡Imagine los muros pintados con colores brillantes, los murales y las puertas doradas! ¡Imagine la belleza de este lugar, la gloria que latía en su poderoso corazón, y cómo su recuerdo podría devolver a los muertos a la vida!

Don Eziquio se quitó el sombrero polvoriento y se lo llevó al corazón. El brillo de sus ojos daba fe de una pasión que sorprendía y molestaba a su acompañante.

—No necesito imaginarme esta gran ciudad, anciano. Yo estaba allí.

—Claro —respondió él mirándola—. Se ha mantenido usted mejor que estos templos, señora. La felicito.

—Soy La Diosa —le recordó ella, levantándose de donde estaba como si quisiera impresionarlo con su estatura. El viento revolvió su pelo rojo y agitó los pliegues sueltos de su vestido.

—¿Puedo preguntar en qué sueño recibe ese nombre? —sus ojos brillaban con claridad e inocencia.

—En los sueños más profundos de la humanidad —respondió ella—. Ahora váyase. No es usted de mi incumbencia.

—¿De verdad? Entonces, ¿qué es de su incumbencia, querida?

—¡Váyase! —gritó ella—. ¡Váyase, bufón! ¡Encuentre a la anciana, si sabe dónde está, y envíemela!

—Está ensoñando con él, justo allí —dijo él, y señaló de nuevo hacia la Pirámide del Sol—. Usted no.

—¿Que está qué? —preguntó Lala. Miró al extraño hombrecillo que iba vestido para su propio funeral, después apartó la mirada y se fijó en la pirámide que se alzaba a lo lejos. Era más grande y más impresionante ahora de lo que había parecido bajo la neblina del amanecer. El sol parecía haberla expandido, devolviéndole algún poder inexplicable. Cierto, no era lo que solía ser; pero era, y siempre sería, testamento de un misterio—. ¿Ella está... allí? —confusa, Lala se volvió hacia Eziquio.

—¿En qué se parece la luna al sol, señora? —preguntó él.

—En la luz. Y en el poder de iluminar —respondió ella sin

dejar de mirar hacia la pirámide más grande—. ¿Dice que la anciana está allí?

—En nada —dijo él sin más, ignorando su pregunta—. No se parecen en nada.

Don Eziquio se levantó y su figura delgada quedó empequeñecida por la altura de la mujer situada a su lado.

—Es usted un tonto —dijo ella—. Como aquellos que vinieron antes de usted y los que lo siguieron desde entonces.

—¿Está segura? —la desafió Eziquio. Esperó a que se volviera hacia él y entonces la miró con severidad. El brillo de sus ojos podría haber sugerido diversión, pero era imposible estar seguro. Cuando pareció que el mundo entero había vuelto a quedarse en silencio, siguió hablando—. Es usted un reflejo, querida —dijo casi con ternura—. Es el brillo más leve que se sueña a sí misma como si fuera el sol. Tiene un brillo falso. Es una falsificación —hizo una pausa para intentar dar peso a sus palabras—. Yo también soy un truco de la luz, un impostor. Ninguno de los dos somos más que burdas copias de una verdad eterna. Por eso estamos aquí, en el extremo más alejado de esta avenida, contemplando la creación desde la distancia, atrapados en lo alto de este pretencioso santuario a la materia y a la muerte.

Lala lo miró con desprecio, después lo ignoró y devolvió su atención a la Pirámide del Sol.

—La Madre Sarita debería estar aquí conmigo —dijo—. Ella es lo que yo soy. Somos lo mismo.

—Hoy no. Hoy ella es la percepción en sí misma.

—¡Las palabras crean la percepción! —argumentó Lala. Vaciló, como si intentara recordar algo—. Al principio, hubo...

—No hubo ningún principio —la interrumpió él, y suavizó la expresión con una sonrisa—. Nunca hubo un principio. Saca usted su significado de las páginas de un libro, de las mentes confusas de hombres y mujeres. Eziquio, este espectro que ve ante usted, pensó en otra época que tenía significado. Ah, se preocupaba mucho por el significado. En el momento en el que ahuyentó esas preocupaciones de su oscuro sueño, el sol salió y el mundo despertó dentro de él. Desde ese momento, él nunca dejó de reír.

Sin más, el anciano soltó un estruendoso grito de alegría. Comenzó a bailar, saltando de una piedra a otra como un niño feliz.

—Con cuerpo o sin él, estoy riéndome. Soy la alegría en sí misma y el sol brilla allá donde voy.

—El sol a mí no me sirve de nada —dijo Lala, ignorando sus tonterías.

—Y yo tampoco —canturreó don Eziquio levantando la cara hacia el cielo—. ¡Y obviamente la risa tampoco le sirve! —dejó escapar otro grito de alegría seguido de una carcajada profunda que hizo vibrar las piedras.

De pronto la atmósfera pareció cambiar. Aunque el sol aún brillaba, la penumbra cayó sobre aquel lugar. Se oyeron truenos a lo lejos, pero no apareció ninguna nube. Un viento fuerte recorrió los escalones de la pirámide e hizo que el anciano se tambaleara sobre sus talones. Volvió a gritar, sorprendido esta vez, y vio una docena de remolinos de viento surcar la avenida levantando el polvo a su paso. Sin parar de reír, se subió de un salto a un enorme escalón de piedra, volvió a bajarse y dio tres saltos más hasta llegar de nuevo junto a la mujer.

La melena de Lala se agitaba con el viento a sus espaldas. Tenía los ojos rojos y una mirada de determinación absoluta en la cara. La había provocado, y muy fácilmente. Ahora estaba perdida en su propia magia. Levantó los brazos y un ciclón de polvo se elevó hacia el cielo, ocultando las ruinas de más abajo. La luz del día se apagó más aún y unas sombras negras taparon el sol de la mañana y lo borraron del cielo.

Juntos en mitad de aquella súbita oscuridad, los dos se

quedaron callados. Pasados unos segundos, el anciano se carcajeó.

—Siento el olor fétido del juicio en mi cara —dijo.

—Bien.

—También siento el miedo, querida, pero es su miedo, no el mío —Eziquio volvió a reírse, suavemente, con admiración—. Su poder es sutil, poco más que un rumor. ¿Puede oírme reír, hija de los rumores?

Se produjo entonces un tenue sonido chillante que parecía provenir de todas partes. Era indudablemente humana, pero imposible de entender. Y después, procedente de los profundos rincones de los palacios en ruinas y los templos vacíos, se alzó un coro de risitas. Desde los campos abiertos y las colinas en la distancia, se oyeron las risas de satisfacción. Los sonidos reverberaban por los muros ancestrales y los parapetos, recorriendo la ciudad con su eco y golpeando la oscuridad.

Furiosa, Lala agitó un brazo con la intención de golpear al viejo *trickster* y tirarlo por los escalones para sacarlo de la existencia, pero ya no estaba a su lado. Se detuvo, escuchó atentamente y entonces lo oyó gritar como un tonto desde lo alto de su pirámide. Oía su risa sobre su cabeza, después por debajo, y más tarde procedente de todas direcciones. Parecía que nada podía callarla; nada podía ponerle fin.

Ella, que podía cambiar cualquier cosa —incluso reconstruir aquel lugar desde sus cimientos primigenios— no podía detener aquel ruido jovial. No podía ir hasta la gran pirámide y no podía llamar a Sarita. Volvió a oír las risas, que de nuevo inundaban la noche. Oyó al anciano gritar, carcajearse y golpear el suelo con las botas al ritmo de la risa que ahora recorría la ciudad.

—¡La encontraré allí donde vive, asqueroso miserable! —gritó Lala—. La encontraré en su propio terreno. ¡La encontraré y juntas proseguiremos con nuestra misión!

Sin más, Lala se esfumó de aquel lugar. La risa pronto se desvaneció y todo quedó en silencio entre las ruinas de Teotihuacan.

¿Qué? ¿Qué? ¿Ellos...? —preguntó Sarita, batiendo las pestañas al despertarse y mirar con miedo a su alrededor—. ¿Llamaron? ¿Llamaron del hospital? ¿Lo saben?

—¿Sarita? ¿Lo sabe *quién*? ¿Quién?

La anciana parpadeó lentamente y se obligó a fijarse en la habitación. Era su propio salón, y su familia seguía allí, aún agrupada en círculo, con la mirada puesta en ella. Alguien le tenía agarrados la cabeza y los hombros, porque se había desplomado en el suelo.

—Jaime —susurró ella, sin apenas oírse a sí misma—. Jaime —repitió—. Mi hijo.

—Sí, madre —respondió él con la voz quebrada por el agotamiento—. Estamos todos aquí.

—Deben saber...

—¿Saber qué, Sarita? —preguntó, y le colocó una mano en la mejilla para que volviera a centrar su atención en él—. Dinos qué deberíamos saber.

—Por el amor de Dios, diles lo que deberían saber, anciana madre —dijo una voz de mujer. Al oírla, el cuerpo inerte de Sarita dio un respingo.

Lala estaba con los demás en el círculo. Su sonrisa fingida contrastaba fuertemente con las caras de preocupación a su alrededor.

—Respóndeles —dijo—. ¡Ansían palabras y lo único que les das es esta tontería! ¡Tambores, canciones y visiones! Sin las palabras, ¡mis palabras!, no hay ceremonia y tú no tienes hijo. No hay sueño humano sin las palabras. «El décimo tercero de trece» no significa nada. «Vida» y «muerte» no significan nada. El propio Miguel no significa nada. Yo soy el principio y el fin del significado. ¡Soy la suma del conocimiento humano!

Sarita se quedó mirándola durante un minuto entero respirando entrecortadamente. Después se volvió hacia su hijo.

—Jaime, sueña conmigo otra vez —murmuró—. Este sueño no debe escapársenos. ¡Persíguelo! ¡Persíguelo!

El hermano mayor de Miguel miró al grupo.

—Manténganse juntos —ordenó—. Detengan los tambores; vacíen sus mentes. Dejen entrar la luz y liberen su amor para ayudar a Sarita. ¡Ella necesita nuestra ayuda!

—¡Ayuden a Sarita! —repitió Lala—. ¡Ayuden a Sarita! —resopló con desdén ante los tontos allí reunidos, tan solemnes y tan decididos—. ¿Acaso nadie piensa en ayudarme a mí, la que le da sentido a estas acciones inútiles?

Nadie podía oírla ya. Un día o una semana antes, su voz sería lo único que habrían oído. Esa noche, concentraban sus escasas energías por el bien de aquella curandera, aquella mujer que ahora se encontraba en algún lugar más allá del pensamiento. Esa noche todos pertenecían a Sarita... pero, después de esa noche, volverían a pertenecer a La Diosa. Eso sí lo sabía.

El súbito eclipse de sol había transformado de inmediato el día en noche. Sarita, en un intento por encontrarle sentido a aquel paisaje, sospechaba que aquello era cosa de Lala. De pie en lo alto de la pirámide, alzó la vista al cielo y, a través de las nubes de polvo que se dispersaban, vio el universo palpitando sobre su cabeza. Las estrellas titilaban y bailaban como luciérnagas en movimiento, una criatura brillante y única cada una de ellas. Fluían y giraban a millones, agrupándose y separándose con ritmos suaves. Nunca había visto aquel mundo con aquel movimiento tan vivo. Era un caos avivado por la fuerza del intento. Estiró el brazo para tocar el inmenso mosaico de estrellas y vio la mano elegante de Miguel frente a ella, marcándole el camino de la Vía Láctea. Señalaba con un dedo delgado las constelaciones, una a una, como si estuviera descubriéndolas en ese instante.

Ambos volvían a ser uno. Sarita había vuelto a su sueño, estaba en la Pirámide del Sol por primera vez, por siempre. El pasado, el presente y los futuros posibles bailaban como las estrellas. Mil historias se encontraban en su visión, pero él solo contaría una, la historia de Teotihuacan y de la sabiduría que manaba de aquellas ruinas.

—Como sucede arriba, sucede abajo —susurró él para sí mismo, y sus palabras atravesaron el cosmos como recuerdos triviales.

—Como sucede arriba —repitió Sarita. De pronto, mientras contemplaba las ruinas de la ciudad, vio la Avenida de los Muertos iluminarse con estrellas que titilaban y bailaban, igual que sucedía en los cielos. La avenida iluminada atravesaba la oscuridad con la misma exuberancia atrevida que la Vía Láctea. Las dos se reflejaban, como autopistas paralelas surcando un desierto nocturno, sin encontrarse nunca, pero siempre juntas, siempre iguales—, sucede abajo —concluyó Sarita.

Comprendió en ese momento la misión que su hijo se había fijado. Sería el mensajero y el mensaje. Como sucedía en la vida, sucedía en la materia. Como sucedía en toda la creación, sucedía con él. Cada objeto y cada criatura del universo eran una copia de la vida, el contenido vivo donde habitaba la vida. Ella no conocía ningún idioma que pudiera explicar realmente aquello, pero había enseñado a su hijo a moverse al margen de la esfera de las palabras. Las palabras estaban hechas para aumentar el misterio, pero en su lugar estaban siempre descifrando acertijos.

Las palabras no podían intentar explicar el mapa que se desplegaba ante ella. Cada plaza dentro de su mirada tenía un nombre, arrancado de la imaginación de Miguel. Cada templo vibraba con el ruido de los rituales ancestrales y él consideraba suyo cada ritual. Había un lugar para la muerte, para el entierro y para el renacimiento. Estaba el enorme mercado, o *mitote*, que simbolizaba el ruido y el frenesí de la mente humana. Más hacia el norte estaba el lugar de las mujeres y el lugar de los hombres, dos templos que se reflejaban el uno al otro por el camino hacia el entendimiento. Al principio de la avenida estaba el Palacio de los Maestros. La antigua academia parecía abrir sus secretos a Miguel, y el sueño de una civilización espiritual, callada durante tanto tiempo, comenzaba a tomar forma ante sus ojos.

Mientras Sarita se maravillaba con todo lo que Miguel estaba viendo y sintiendo, la visión de Teotihuacan cambió y se expandió. Ahora parecía más como el cuerpo de la humanidad, tumbado en un sueño profundo y peligroso. Podía imaginárselo bien —pesado, poseído y tembloroso por las infinitas pesadillas mientras las estrellas cantaban y la Tierra daba vueltas al son de su melodía—. La humanidad empezaba a agitarse después de incontables siglos y a despertarse por completo. Miguel era el flautista, ingenioso y sin vergüenza, que regresaba al fin para despertar a la humanidad con una balada alegre. Venía a cantar sobre el milagro que sucede entre la vida y la muerte. Venía a cantar sobre la conciencia, ¡y cada roca y cada piedra se unirían al coro de voces!

Lo único que quedaba de Teotihuacan eran ruinas y escombros, pero ahora cobraba vida bajo la mirada de Miguel. Se orientaba de nuevo hacia su destino, ofreciendo consuelo e inspiración a futuros peregrinos. Cada escalón del templo borraría el pasado y revelaría el eterno presente. Los muros de piedra acogerían el dolor humano y lo convertirían en revelación. En las altas praderas, las chicharras cantaban con las estrellas, liberando diminutas bendiciones con el batir de sus alas.

Sarita estaba anonadada por el espectáculo. Sentía los latidos del corazón de Miguel dentro de su propio cuerpo, sentía cómo su pulso se aceleraba. Sus ojos estaban mostrándole el universo, describiendo la vida con todas sus maravillosas sutilezas. Entonces, poco a poco, la breve noche de eclipse fue disipándose. Las estrellas se apagaron y el sol cortó sus ataduras para inundar de nuevo la ciudad de luz.

Con una fuerza casi explosiva, los rayos de sol la alcanzaron, procedentes primero de un lado, después del otro. Un rayo catalizador la alcanzó entre los hombros y la dejó sin aliento mientras proyectaba una sombra alargada ante sus ojos, donde Miguel y ella soñaban como un solo ser. La sombra recorrió los escalones de la pirámide hasta llegar a la plaza de abajo, donde adoptó la forma de su hijo, de pie en la cumbre del edificio —tenía los brazos extendidos y, con la luz brillante del sol, creaba un aura alrededor de su cabeza. Ya existía el mismo contorno en el diseño de las escaleras de la pirámide. Desde lo alto, mirando hacia abajo, se juntaban dos escaleras. Dos piernas conducían hacia el torso, y después hasta los brazos estirados. La cabeza y el aura que orbitaba a su alrededor se encontraban construidas en la plaza. ¿Qué tipo de sueño era aquel? ¿Qué antigüedad tenía aquel símbolo, que podía esculpirse en edificios tan ancestrales, tan olvidados y tan alejados del punto de origen de la humanidad? Aquella civilización orgullosa había existido quinientos años antes de Cristo, y aun así aquellos escalones, aquella pirámide, parecían repetir su historia.

Para Sarita, absorta en el recuerdo de aquel momento, la humanidad estaba soñándose de nuevo a sí misma, su pesadilla casi había acabado y su providencia había quedado clara. Sí, despertaría —no en una vida humana, pero sí con el tiempo—. Reflexionó sobre los aspectos más oscuros de la existencia humana, sobre cómo una mente, una presencia, podía cambiar la humanidad entera. Las mujeres y los hombres iluminados ya habían acudido allí antes y sin duda acudirían de nuevo para aliviar el sueño humano y desafiar a cada nuevo soñador a convertir su vida en una obra de arte. Había llegado el momento. De nuevo, había llegado el momento.

8

R ECUERDO AHORA MIS PRIMEROS MOMENTOS EN la Pirámide del Sol, reconozco el esplendor de un antiguo sueño y siento el fuerte deseo de recuperarlo. ¿Y si la visión de los antiguos maestros pudieran compartirla aquellos que buscan la sabiduría actualmente, tantos siglos después? Me parecía irrelevante que esta sabiduría naciera de la cultura tolteca durante una era olvidada. Aquello era sabiduría humana, compartida por mensajeros de todo el mundo y a lo largo de la historia.

Lo que Sarita está experimentando conmigo ahora es el comienzo de otra fase de mi vida. Abandoné la medicina para averiguar qué papel desempeña la mente en nuestro sufrimiento. Algunos años más tarde, contemplando las ruinas a mis pies, percibí la mente humana como un laberinto virtual. La gran ciudad de Teotihuacan fue diseñada para reflejar eso, y cada escalón, cada pasillo, representa las trampas, los desvíos y los logros monumentales de nuestro proceso consciente. Para los antiguos aprendices toltecas, Teotihuacan era un lugar al que podían ir para adquirir una forma más elevada de educación y descubrir la verdad de sí mismos como Dios.

En aquel primer momento de claridad, me di cuenta de que era algo fácil escapar de aquel laberinto. Al contrario que los laberintos habituales hechos de muros y arbustos, podemos salirnos del pensamiento humano en cualquier punto. Podemos vernos a nosotros mismos como creadores de símbolos y sentir la fuerza de la vida más allá de nuestras palabras. Al identificarnos a nosotros mismos como esa fuerza, podemos cambiar el curso de las historias que contamos. Podemos liberarnos de las creencias que tanto nos apartan de nuestra propia autenticidad. Podemos ser increíblemente generosos con nuestros cuerpos y con el sueño humano.

Mientras contemplaba por primera vez las maravillas de Teotihuacan, me di cuenta de que, trabajando con aprendices, podía aprender mucho más y más deprisa. Cuando me deshice de creencias y expectativas, mi conciencia se expandió. Si yo podía hacerlo, sin duda ellos también. Ahora, junto a Sarita, puedo compartir los momentos más personales de aquella experiencia —los momentos de cambio, podríamos decir, de la vida de este guerrero—. Puede que ella lo comprenda y se conmueva, o puede que se mantenga firme. En cualquier caso, este reflejo es el regalo eterno que le hago. Mientras pueda, seguiré soñando.

Entre un latido y el siguiente, un hombre puede soñar su vida entera; el mañana se abrirá ante él y el ayer caerá en el abismo del tiempo. No hay mejor lugar que la oscuridad para los recuerdos personales. Una vez vivido, el pasado tiene poco valor. Y aun así llevamos su cuerpo sin vida a todos los momentos futuros, permitiendo que nos aplaste con su peso, que nos identifique y que hable por nosotros. Incluso los adultos más capaces parecen reticentes a tomar una decisión sin consultar primero con el pasado —el cadáver— y hacer caso de sus interminables reprimendas. Un hombre sabio ignorará esos consejos y observará el mundo desde una perspectiva infinita.

Desde mi adolescencia, a mí me había resultado evidente que había una gran cantidad de información disponible en el presente, y que necesitaba una serie de cambios rápidos para moverme a la velocidad de la vida. Cuando dejé de sentirme atado al pasado, vivir ya no me costaba ningún esfuerzo. Atrás habían quedado las dosis diarias de culpabilidad y las constantes distracciones del recuerdo. La vida fluía en cada momento vacío y esos momentos se volvieron rápidos y volubles. Eso fue lo que me sucedió a mí.

Durante las semanas que llevo en coma, no sentí la llamada del pasado. Los acontecimientos de mi vida son asunto de Sarita. Para ella soy real, y también lo son esos recuerdos, pero tanto ellos como ella viven en el paisaje de la imaginación. Distante y atento a las exigencias de la vida, solo siento libertad y un amor sin medida que surge cuando el miedo se ha extinguido.

La muerte significa algo específico en mi imaginación. Significa materia. La materia se concibe y después nace. Crece, se multiplica, pero sin duda terminará. La materia requiere de una fuerza externa que la mueva y, una vez en movimiento, que la detenga. Esa fuerza es la vida.

Desde este punto de vista, tiene sentido identificar a la materia como la muerte —una sustancia que necesita de la energía de la vida para crearla y para animarla—. La vida nos permite movernos, respirar, amar, pensar y soñar. En el preciso momento en el que la materia, o el cuerpo humano, no puede soportar la fuerza de la vida —por una lesión, una enfermedad o un deterioro— comienza a descomponerse. El poder que dio vida al cuerpo posteriormente lo consume. La Muerte se somete a la vida, y no al revés.

La muerte física significa volver a casa. La luz se expande hacia la luz. La energía se prolonga sin fin, alterando la intensidad y sin pararse nunca a descansar. Siendo luz, informa a todos los universos, desde los sorprendentemente pequeños hasta los inimaginablemente grandes. Se hunde en la materia y se proyecta con una intensidad imparable. Inunda todos los objetos, así como el misterio amenazante entre esos objetos.

En el transcurso de un latido, una persona puede ver todo eso, recordarlo todo y seguir el poder del intento hasta el siguiente instante. ¿Qué es el intento? No tiene nada que ver con un proceso mental; no es lo mismo que la intención. Tenemos la intención de quedar con un amigo, de comprar un coche o de comenzar un trabajo, pero el intento es la fuerza de vida que somos. Para sentir esa fuerza, debemos primero darnos cuenta de que somos vida. Somos el poder que nos guía, que nos mantiene y que nos salva continuamente. Utilizar ese poder con conciencia es el trabajo de los auténticos videntes, aquellos que se convierten en sus propios salvadores y en un consuelo para otros que comparten su sueño.

Ver de esta forma significa tener conciencia absoluta del momento presente. Utilizar esa conciencia para controlar la historia que contamos sobre nosotros mismos es nuestro mayor acto de poder como humanos. Sarita está compartiendo ese entendimiento mientras, en estado de trance, me ve en Teotihuacan por primera vez. Ella vino a experimentar esta verdad también en su propia vida. Era una mujer intuitiva, una curandera capaz de encontrar en el cuerpo de alguien el lugar que albergaba el veneno, que causaba dolor o que necesitaba extirpar. Con frecuencia solucionaba males que la medicina no había logrado solucionar, solventaba problemas que los cirujanos no habían sido capaces de alcanzar. Tenía sus métodos, y funcionaban. Durante muchos años, yo tomé prestados sus rituales y di vida a los viejos símbolos, pero llegó un día en que las palabras al fin cedieron al intento y los símbolos se revelaron como lo que eran. Aquel día llegó, pero tardó muchos años —tuve que aprender primero a hacer buen uso del chamanismo—.

Allí, sobre la pirámide, donde el pasado lejano se mezclaba con la conciencia presente, comencé mi trabajo como chamán. Había estado preocupado durante mi viaje con Dhara, sintiendo que estaban cambiando cosas en mí y buscando la comprensión en mi interior. Al ver la ciudad en aquel momento, percibiéndola como una gran universidad diseñada para el entendimiento espiritual, anuncié sin más que comenzaría a llevar aprendices allí. Dhara se rio y contempló a nuestro alrededor el amplio valle mexicano.

—¿Quién diablos vendría hasta este lugar, tan alejado de todo? —bromeó—. ¿Quién quiere que le guíe un hombre que perdió su propio mundo, tan inestable y silencioso? —tenía razón, pero, un mes más tarde, realicé mi primer viaje oficial a aquel lugar, y dieciséis estudiantes fueron conmigo. El siguiente mes, acudió casi el doble. Comenzamos a realizar peregrinajes regulares y las enseñanzas siguieron desde ahí.

Cuando conocí a Dhara, yo ya era padre, divorciado de mi esposa. Me embarcaba en un camino diferente, un camino de descubrimiento y de desafío personal. Su camino serpenteante ahora tomaba una dirección similar. Habiendo criado a cuatro hijos, ella sentía que tenía un mensaje que dar al mundo y anhelaba la sabiduría para hacerlo bien. Nos queríamos, pero no sabíamos cómo construir un futuro juntos. Aliviamos las preocupaciones de Sarita y permitimos que nos casara en una ceremonia que ella misma diseñó, y después nos fuimos a nuestra primera aventura juntos, conduciendo a través de México. Para nosotros sería una prueba, una manera de experimentarnos mutuamente lejos de nuestra rutina diaria. Fue una especie de luna de miel, pero yo también lo vi como una oportunidad para que Dhara viera, aprendiera y dejara atrás sus respuestas automáticas.

Una relación es un *acontecimiento;* dos individuos se conocen y se llaman la atención.. Como cualquier acontecimiento, su duración y su calidad dependen de la calidad de la atención por ambas partes. Una relación romántica, como cualquier otra, puede sobrevivir indefinidamente. El respeto es la clave. Guiada por viejas costumbres y dramas emocionales, una unión fracasará, se convertirá en un monstruo insaciable que devora el amor y lo convierte en mil inversiones y miedos. Lo que comienza con dos personas y una atracción fuerte se convierte en otra cosa: una entidad al margen de ambos. «Relación» es una idea que, con demasiada rapidez, se convierte en un tirano exigente. Cuando eso ocurre, es normal preguntarse dónde fueron a parar esas dos personas felices —esos soñadores que se conocieron, se besaron y se enamoraron—. ¿Cómo pudo el amor en sí mismo convertirse en algo menos que la suma de sus inversiones?

Cuando tenía veintitantos años, me había casado con María, una chica a la que conocí en la universidad. Estaba seguro de que ella sería una buena madre y una buena compañera. Nuestros roles me parecían tradicionales: yo me ganaría la vida como médico y ella cuidaría de nuestro hogar y criaría a nuestros hijos. Mi vida profesional era plena y pasaba muy poco tiempo en casa. Al principio yo estaba ocupado estudiando, implicado en la política de la universidad y en el activismo de la comunidad. Después estuve más ocupado como interno.

Por mucho afecto que nos tuviéramos el uno al otro, a ella y a mí se nos daba muy bien el drama doméstico. Ella se ponía celosa con frecuencia, se decepcionaba y se creía una víctima. Yo me mostraba desafiante, indignado... y me creía una víctima. Y éramos como la gran mayoría de las parejas. Por esta razón, con frecuencia yo describí el matrimonio como un sacrificio humano. Se intercambian votos, se hacen promesas y ambos compañeros sufren por las expectativas fallidas. ¿Qué podemos prometerle razonablemente a otra persona? ¿Cómo vivimos, disfrutamos de la existencia y estamos a la altura de las expectativas de otro? Es difícil satisfacer las necesidades más profundas de alguien cuando ninguno puede identificarlas o entenderlas. «¡Eres mío!», solía decir María cada vez que discutíamos, como si repetir aquella frase pudiera hacer que las palabras significaran algo verdadero e irreversible. El fuego rojo que yo veía en sus ojos en esas ocasiones lo vi también en cientos de mujeres durante mi vida. Los vientos tormentosos y los truenos se desataban cada vez que ella percibía una injusticia, cada vez que los pensamientos la llevaban a la autocompasión. Lo que creemos nos posee y, por eso, con demasiada frecuencia acaba superando al amor: nuestra verdad.

Mientras María y yo discutíamos, la vida nos proveía, como siempre pasa. Yo estaba encantado y entusiasmado por el nacimiento de nuestro primer hijo, que hizo que todo el drama pareciese merecer la pena. En realidad puede que elijamos pagar un precio por los milagros de la vida, contar otra historia diferente, pero sin milagros de todas formas. Hace mucho tiempo que no me siento tentado de sufrir por mi felicidad. No pago ningún precio por el conocimiento y no permití que el drama personal apagase el amor. Veo sufrir a la humanidad en nombre del amor e intento dar un mensaje mejor. Animo a las personas a amarse a sí mismas. Les muestro cómo el respeto puede abrir puertas, mientras que el miedo solo las cierra. El respeto gobierna en el cielo, y el cielo está a nuestro alcance con cada decisión que tomamos. Nadie debería tener que ganarse el respeto. Somos reflejos de la propia vida. Podemos respetarnos mutuamente por existir; y podemos respetar otros sueños, por mucho que difieran de los nuestros. Existen muchas interpretaciones de la realidad y tienen derecho a existir. Podemos decirle sí a alguien o podemos decirle no, pero nos lastimamos a nosotros mismos cuando le negamos a alguien algo tan sencillo como el respeto.

El respeto crea una armonía natural, un equilibrio entre la generosidad y la gratitud. Recibe la vida y da las gracias creciendo y prosperando. Este proceso infunde más vida en todo. Sé generoso y la vida será generosa a cambio. El equilibrio que se produce entre dar y agradecer es la prueba del amor en acción.

Para estas cosas están claras ahora, como lo estuvieron durante muchos años. Cuando imaginaba mi futuro aquella lejana mañana en Teotihuacan, estaba inspirado por mi amor hacia el sueño humano. Incluso ahora, cuando abandono el sueño de Miguel Ruiz, siento el poder del amor creando nuevos mundos y nuevas oportunidades de conciencia. Tal vez Sarita, la maestra curandera, se dé cuenta también de esto... y renuncie.

¡La Diosa! —murmuró Sarita con desdén, reunida ya felizmente con su padre—. Así se hace llamar, aunque parece afligida por los mismos miedos y las mismas vanidades que todos los mortales.

—Desde luego, se parece a cualquier otra mujer —convino don Leonardo, que no veía a su guía por ninguna parte. Estaba contemplando una niebla impenetrable. Podría haber estado en mitad de un bosque al amanecer, donde la luz lucha por atravesar la cicuta y el sonido queda amortiguado. Escuchó atentamente, pero no oyó ninguna rama quebrarse ni animales correteando. Si se alejaba solo unos pocos metros, se arriesgaría a perder a Sarita, así que se limitó a dar vueltas de un lado a otro de donde se encontraba, rompiendo la niebla en nubes ondulantes y luminiscentes mientras caminaba tres pasos en una dirección y después otros tres de vuelta.

—¿Mujer? ¡No es una mujer! —dijo Sarita chasqueando la lengua—. ¡Qué insolencia llamar mujer a eso! —sabía que Lala no era más que una voz al azar, pero ahora la echaba de menos. ¿Dónde estaría esta vez? Juntas habían reunido muchos recuerdos importantes, pero ahora no tenía claro hacia dónde ir. Miró a su alrededor, intentando saber dónde estaba, pero lo único que veía era niebla densa. Lo único que sentía era el frío. Deseaba haberse puesto una bata de lana.

—¿Mi nieto pudo realmente silenciar esa voz? —preguntó su padre.

—Sí... —dijo ella, meditabunda—, y no. Su mente está tranquila y su paz es duradera, pero ¿cómo puede alguien evitar oír el clamor persistente de las opiniones a su alrededor? —su bolsa de nailon estaba cada vez más llena de recuerdos y tuvo que cambiársela de mano—. ¿Seguimos sin ella? —Sarita miró a su padre, que le devolvió la mirada con expresión circunspecta.

—¿Ir adónde? —preguntó—. Llegamos a un banco de niebla en los senderos imaginados del tiempo. ¿Sigues estando segura de que en esta misión existe alguna virtud?

—¿Virtud? ¡Hablas de la vida de mi hijo!

—Su vida es valiosa, sí —dijo el anciano amablemente—. Puede que su muerte sea igual de valiosa... y de reveladora. ¿De verdad sabes cuál de las dos cosas tendrá un mejor resultado?

Sarita soltó la bolsa y esta aterrizó a sus pies con un fuerte golpe.

—Padre, si no estás aquí para ayudarme, entonces tendré que hacer esto sin ti.

—¡Por supuesto que te ayudaré! —dijo él—. Simplemente deseo que tengas en cuenta tus opciones.

—¿No hay nada que pueda hacer para aumentar tu confianza? ¿Siempre seré tu niñita desconcertada? —frunció el ceño mirando a lo lejos, frustrada.

—¿Mi... qué? —preguntó él, sorprendido.

—¿Durante cuánto tiempo fui el hazmerreír de la familia?

—¿Tú, el hazmerreír?

—Puede que no fuera buena estudiante, ¡pero soy una mujer sabia! ¡Confía en mí con esto! —le costaba trabajo contener sus emociones. ¿Qué estaría sucediéndole?

—Confío. Y no eres ningún hazmerreír —le aseguró su padre.

—¿Y qué me dices de la cocina? —preguntó ella con una vehemencia sorprendente.

—¿La cocina? Bueno, supongo que hay mejores...

—¡Mis amigos! Te reías de ellos. ¡Mis maridos! Nunca dejaste de reírte.

—M'ija, me dejas sin palabras —Lala no estaba por ninguna parte y aun así a él le parecía que su hija había adoptado su espíritu.

—¡Ah, *ahora* te quedas sin palabras! ¡Pero antes no! Antes estabas siempre juzgando, cada día de mi vida. ¿Te olvidaste de cuando dejé caer al bebé?

Don Leonardo dejó de hablar, perplejo, y se echó a reír.

—Dios, eso es historia antigua. ¡Ja! ¡Eso fue increíblemente divertido!

—¿Lo ves? ¡Nunca lograré dejar atrás esa historia!

—¡Y aun así fuiste tú quien sacó el tema! —señaló él, riéndose—. Tú también eras una bebé. Una niña de quince años con un recién nacido. Le diste la espalda un minuto y ella se cayó de la cama. ¡Eso les sucede a las madres primerizas constantemente!

—¿Y ellas son ridiculizadas durante el resto de sus vidas?

—Corriste a nuestra casa llorando y gritando: «¡Mi bebé, mi bebé! ¡Se cayó! ¿Qué hago?». Cuando tu madre y yo te preguntamos dónde estaba la niña recordaste que la habías dejado en el suelo. ¡La pobre criatura seguía allí! ¡Corriste a nuestra casa incluso antes de levantarla para ver si estaba bien! ¿No puedes admitir que es divertido? —le dijo a su hija—. Triste, claro. Extraño, sí. ¡Pero aun así divertido!

—Yo era una *niña*. No sabía...

—¡Exacto! No sabías. Eras una niña teniendo hijos. Si no te hubieses apresurado a casarte con ese burro...

—¿Ves? ¡Ahí lo tienes! Soy una mujer tonta y estúpida, nada más.

—Cariño —dijo él con voz tierna mientras intentaba suavizar el mensaje y disipar la mentira—. Ahora eres la madre de trece hijos. Eres abuela y bisabuela de muchos. Eres una mujer sabia que obra milagros.

Hizo una pausa y esperó a que ella volviera a sonreír. Al final lo hizo, aunque sus ojos ardían con la emoción.

—Continuemos —agregó él—. Muéstrame cómo vas a devolver a la vida a este hombre tan admirable.

—La verdad es que me siento exactamente como esa idiota que salió corriendo y abandonó a su bebé —Sarita se secó una lágrima y se aclaró la garganta—. ¿Estoy siendo una tonta, padre? ¿Mi obsesión me hizo perder la sabiduría? No puedo perderlo.

—No lo perderás, hija. Sigamos, teniendo en cuenta que el miedo nos vuelve sordos a la verdad —se sacudió el rocío de la mañana de la solapa y se estiró la corbata—. Bueno, ¿dónde está la mujer?

—La mujer —Sarita sintió que sus emociones se desbocaban de nuevo al pensar en la pelirroja—. ¿Por qué ha de manifestarse como mujer?

—¿Por qué?

—Mujer, serpiente, sirena, culebra. ¿Las mujeres realmente se merecen esta vergüenza?

—Ah, entiendo —don Leonardo miró a su hija a los ojos y suspiró—. Merecerla no. En el sueño humano, hay hombres y hay mujeres. Existe ella y existe él. ¿Quién cuenta la historia del sueño humano? ¿Él o ella?

—Él, supongo.

—Sí, él. Con frecuencia las mujeres estuvieron privadas de conocimiento; de modo que envidiaban a los hombres por poseerlo, ¿verdad? ¿No tiene sentido que el conocimiento se manifieste en forma de mujer hermosa, para ser envidiada?

—Poco sentido.

—No es ningún secreto que los hombres siempre tuvieron un deseo insaciable de conocimiento. Por esta razón, con frecuencia el conocimiento se describe como mujer, tan deseable que ha de ser cortejada y seducida.

—Padre, en serio.

—Cuando los niños son destetados, los alimenta el conocimiento, los cría y los guía el conocimiento. ¿Es de extrañar entonces que el conocimiento aparezca como una mujer con grandes pechos, una madre o una tigresa protectora? ¡Es poético! Como cualquier chica, el conocimiento estaba destinado a perder su inocencia. Como cualquier mujer, juega al escondite con la verdad —el anciano miró a Sarita con ojos brillantes—. ¿Hace falta que continúe?

—¿Y qué me dices de la serpiente?

—¡Esa metáfora es la más poética de todas! El conocimiento no puede llevarnos hacia la auténtica visión. Las mujeres siempre fueron las guardianas de ese reino: de la sabiduría. Fueron las visionarias secretas y, como cualquier hombre sabe, la serpiente emplumada es la que realmente puede ver.

—¿Así que una mujer representa el conocimiento cobarde y la sabiduría? ¿Ambas cosas?

—Yo soy un hombre. Las mujeres representan todo lo necesario para mi existencia.

—Padre, eres un hombre que lucha con los símbolos. ¡Y estás perdiendo!

—Él es el pilar de la inteligencia —dijo otra voz—. Los símbolos son la salvación de la humanidad —la pelirroja emergió de la niebla con aspecto renovado, dispuesta a continuar con el juego.

—De modo que regresaste, La Pomposa —suspiró Sarita—. Para que lo sepas, las cosas iban muy bien sin ti.

—La Diosa, si no te importa —Lala miró a su alrededor—. Y las cosas no fueron bien. No están en ninguna parte —dijo, y se abstuvo de decir que aquello no era tan malo como su propia desolación—. Están ustedes perdidos en la niebla.

—¿Hablas simbólicamente? —preguntó Leonardo.

—Los símbolos ayudan y realzan la humanidad —declaró Lala—. Las palabras son como el agua, como el aire... y como una mujer fuerte.

—Como el agua y como el aire —dijo Leonardo—, también pueden volverse tóxicas. Como una mujer fuerte, pueden abusar de su poder.

—Por favor —intervino Sarita, ansiosa por seguir hacia delante—. Dejen a un lado sus rabietas, los dos.

Ambos miraron a Sarita y luego el uno al otro. Era de dudar que uno de ellos rompiera el impasse, por lo que juntos esperaron en un silencio incómodo. Nada cambió, nadie se movió hasta que la anciana levantó sus hombros levemente y suspiró.

Sarita recogió su bolsa y empezó a caminar arrastrando las zapatillas por la superficie rugosa de lo que parecía ser una autopista de asfalto. Sin saber cómo, por algún deseo misterioso, ya habían llegado a su próximo destino.

La niebla se elevaba de forma siniestra y había luces rojas parpadeando por todas partes. La noche estaba dando paso al amanecer en aquel tramo desierto de autopista, y el tráfico estaba cortado en una dirección para que los vehículos de emergencias pudieran llegar con más facilidad al lugar del accidente. La policía estaba allí, sus vehículos detenidos en un grupo, iluminando con los faros un coche destruido. Sarita se detuvo en seco.

—No. Esto no —el recuerdo que más temía estaba reproduciéndose ante sus ojos—. ¿Por qué tenemos que ir hacia atrás? ¿Por qué no seguimos las sencillas reglas del tiempo?

—¡Ah! —dijo Leonardo aplaudiendo—. ¿Qué reglas, mi palomita? Hay muchas maneras de ver el tiempo. Existe el «tiempo de explosión», como lo describía mi padre, donde todos los acontecimientos explotan hacia fuera desde el momento presente. También está el tiempo como se percibe normalmente: una sucesión de acontecimientos que siguen un orden predecible según la memoria de uno. Y también está...

—Solo existe el tiempo tal como la gente lo conoce —dijo Lala—. El conocimiento demuestra que es así.

—El tiempo es la herramienta desesperada de las mentes desconcertadas —Leonardo le dirigió una mirada pícara y le guiñó un ojo, pero ella se volvió hacia Sarita.

—¿Este recuerdo no estaba en tu lista? —le preguntó—. Querías acontecimientos que definieran el carácter de Miguel, y estoy segura de que este es uno de ellos. Aunque, viéndolo ahora, no sé por qué —se fijó en la escena y negó con la cabeza. El coche era un amasijo de metal, retorcido y aplastado—. ¿Cómo va a formar el carácter de un hombre estar a punto de morir?

—¿Ves, Sarita? ¡Hay alguien más tonto que tú! —exclamó Leonardo sin disimular su placer.

—Padre, ¿dónde está él? —preguntó Sarita contemplando el lugar del accidente—. Sobrevivió aquella noche, ¿por qué no está...?

—Sin duda se lo llevaron al hospital, Sarita.

—Bueno, si no está aquí, ¿qué vamos a aprender aquí?

—¿Aprender? —Lala resopló con desdén—. Para empezar, haz caso a las señales. No superar los límites de velocidad. Cumplir las normas. Respetar la palabra escrita.

—¿Normas? ¿Palabras? ¿Crees que él tuvo en cuenta esos temas en una ocasión así? —el anciano caballero estaba de pie junto a ella, esparciendo con su aliento los hilillos de niebla por el aire frío de la noche.

—Ahora te darás cuenta de que no respetó la estructura —respondió ella con tranquilidad.

—Ahora me doy cuenta de que se olvidó de respetar su vida —dijo Leonardo.

—Yo me doy cuenta de que atisbó el secreto —añadió Sarita con comprensión en la voz. Aún con frío, se cubrió el cuello con el chal y se estremeció—. Vio lo que no era —dijo—. Su verdadero objetivo comenzó aquí. Los antiguos lo trajeron hasta este momento. Puede que tardara algunos años más, pero, después de esto, encontró la manera de regresar hasta mí. Oyó la llamada de la verdad. Comenzó a preguntar, a dudar. Comenzó a flirtear con el misterio justo aquí. Todo comenzó esta noche.

Lala parpadeó con incredulidad.

—¿Flirtear? Aquí es donde pudo empezar una aventura amorosa con la sobriedad, y la relación habría prosperado.

Don Leonardo se rio.

—En el sueño de la humanidad, esa fiesta de juerguistas borrachos, él sigue siendo el sobrio —volvió a reírse y rodeó con los brazos a Sarita, que seguía contemplando el accidente. Sabiendo que no era fácil para ella presenciar la escena de otro accidente, deseaba darle calor y aliento.

Sarita recuperó parte de su fuerza con el abrazo de su padre y se irguió. Por fin empezaba a comprender la importancia de aquel viaje, más allá de sus objetivos y expectativas iniciales. No se trataba solo de salvar a su hijo moribundo. Por fin veía a su hijo como él era y como pronto sería. En él reconocía al heredero de un linaje anterior a los guerreros de los Caballeros Águila y a los ancestrales toltecas. Era un mensajero de aliento en un sueño desalentado. Llevaba una antorcha que brillaba desde antes de que ardiera el primer fuego en

México, y su llama encendería todos los momentos futuros, en todas partes.

R ecuerdo que estaba en una cena familiar poco antes del accidente de coche que estuvo a punto de matarme. Era una típica reunión familiar, con todos mis hermanos, sus esposas e hijos, mis padres, mis primos, mis tíos y tías. Siempre había mucha comida en esas ocasiones, y mucho caos, porque los niños jugaban y gritaban, y los adultos se reían de chistes estúpidos y de los interminables recuerdos de la infancia. Yo estaba pasándolo en grande, mostrándole nuestro recién nacido a la familia y tomándole el pelo alegremente a mi esposa.

Sin embargo, durante la velada, no pude dejar de pensar que aquella sería la última vez que estaríamos todos juntos. Mi familia era muy valiosa para mí, y la idea de no volver a verlos me ponía de un humor extraño. Me sentía obligado a prestar a cada uno de ellos un tipo de atención diferente —hablar con ellos de forma individual, escuchar atentamente y al mismo tiempo proteger celosamente a mi hijo, que dormía en mis brazos—. Amaba mucho a mi familia y me producía una gran tristeza la idea de que tal vez no volviera a verlos nunca.

El accidente de coche no me mató, pero su impacto alteró significativamente mi personalidad y mi percepción. Considero que fue el acontecimiento de mi vida que más me cambió, por muchas razones. En aquella época ya era marido y padre. Habíamos concebido a nuestro segundo hijo, aunque ni María ni yo lo sabíamos aún. Yo estaba en el último año en la escuela de medicina en la Ciudad de México, ansioso por tener algo de tiempo libre para divertirme siempre que fuera posible, de modo que iba a muchas fiestas. Bebía mucho en aquella época y me divertía como un hombre que no supiera que tenía responsabilidades.

Cuando oí que habría un gran baile en Cuernavaca un sábado por la noche, no me lo pensé dos veces antes de decirle a mi esposa que planeaba ir. Mi hermano Luis me prestó su coche y me fui con un par de amigos de la escuela. La carretera era una autopista de doble vía, pero estaba despejada, así que era fácil correr. Llegamos allí enseguida. La fiesta estuvo genial; lo pasamos bien y bebimos muchísimo. Bebimos y bailamos, y después bebimos y bailamos. Al acercarse la mañana, llegó el momento de volver a casa, así que los tres volvimos al coche y atravesamos algunos barrios que no conocíamos hasta encontrar la carretera que llevaba de vuelta a la ciudad.

Aún era de noche y yo iba al volante. Mis amigos hablaban y reían, recordando los momentos divertidos de la fiesta. Yo me reía con ellos hasta que me entró demasiado sueño. Debí de quedarme muy quieto, pero ellos no se dieron cuenta. No había tráfico y yo conducía deprisa. Cuando uno de mis amigos estaba a punto de terminar de contar un largo chiste, me dormí y el coche se fue contra un muro de cemento que circulaba paralelo a la carretera. No recuerdo nada más de aquella noche, ni del accidente en sí. Sin embargo, desde entonces recordé cada detalle de lo que experimenté mientras estaba inconsciente.

Cuando me desmayé, todo sucedió en cámara lenta. El tiempo se convirtió en una entidad diferente que servía a un maestro desconocido. Estaba inconsciente, pero veía mi cuerpo sentado al volante. Oía a mis amigos gritar de miedo y, aunque mi cuerpo físico no podía hacer nada, sentía el deseo apremiante de ayudarlos. Con aquel fuerte sentimiento de urgencia, también fui consciente de que abría la puerta trasera —como si el coche estuviera parado y no circulase a toda velocidad— y sacaba del coche a uno de mis amigos para llevarlo a la orilla de la carretera. Hice lo mismo con el amigo que iba en el asiento delantero. Cuando los dos estuvieron a salvo fuera del coche, abracé mi propio cuerpo para protegerlo del impacto que de algún modo esperaba. Se produjo violentamente. El coche se estrelló contra el muro a toda velocidad y quedó aplastado.

Desperté varias horas más tarde en el hospital. Una enfermera me preguntó si sabía lo que había sucedido y no pude responderle. Negué con la cabeza.

—Ah —dijo ella riéndose sarcásticamente—. ¡De modo que mataste a tus amigos y ni siquiera lo recuerdas!

Me quedé perplejo. Me entraron náuseas. En ese momento deseé morir. Y entonces, al ver mi horror, ella admitió que estaba bromeando, que mis amigos estaban bien. Ya no me creía sus palabras, así que los hizo pasar para verme. Ambos estaban ilesos. Yo estaba ileso. El coche de mi hermano, según supe, quedó destruido.

Mis dos amigos se alegraban y se sorprendían tanto de estar vivos que no podían dejar de hablar de milagros. Mientras hablaban, empecé a encontrarme cada vez peor. Tendría que enfrentarme a mi hermano, claro. Pero más miedo aún me daba enfrentarme a su esposa. No podía devolverles el dinero del coche. No podía compensar a mi familia por la preocupación que le había causado. Sobre todo, no podía darle sentido a lo que me había sucedido aquella noche. Mis amigos no se explicaban por qué no estaban en el coche en el momento del accidente. Nadie se explicaba cómo alguien sentado en el asiento del conductor podría sobrevivir a una colisión semejante. Si yo era quien se había desmayado al volante, entonces ¿quién me había protegido? Si yo no era mi cuerpo, ¿quién era entonces?

Nada en mi formación médica me había preparado para preguntas como aquellas. La mía era una mente científica que no se preocupaba por cuestiones que no podían responderse. Aquella noche seguiría atormentándome durante muchos años. Durante aquella época me puse más serio con el trabajo y con mi familia. Las cosas que entretenían a mis amigos ya no me parecían divertidas. Mi segundo hijo, José, nació aquel mismo año y, mientras crecía, sospeché que los cambios que habían tenido lugar en mí durante el accidente y después del mismo le habían afectado a él de algún modo, haciendo que nos pareciéramos más. El abrupto despertar que había experimentado parecía haberlo despertado a él del mismo modo en el vientre, donde comenzaba su propio viaje hacia la conciencia. Se convirtió en un niño inusual y después en un joven con poderes intuitivos naturales. Muchas veces soñé con él, a veces pensando que estaba recordando los acontecimientos de mi vida, pero entonces me daba cuenta de que estaban sucediéndole a él. Tenía veintidós años cuando yo sufrí el infarto, pero aún le costaba conversar cómodamente con otras personas. Yo siempre pensé que eso cambiaría, que algún día se dirigiría al mundo como un mensajero cariñoso, pero también imaginé que estaría allí para ayudarlo.

Ahora, cuando veo como los viejos recuerdos cobran vida para mi madre, empiezo a preguntarme si tal vez ella llevaba razón al decir que me quedaban cosas por hacer... aunque fuera por mis hijos. Ella me quiere, por supuesto, y rechaza la idea de enterrar a otro hijo, pero mis hijos también me quieren y cuentan con que esté ahí para ayudarlos hasta que estén preparados para soñar grandes sueños ellos solos. Siento el dolor de mi madre cuando ve los restos destrozados del coche que estrellé contra el muro aquella noche. Después del accidente, ella estuvo allí para ayudarme a encontrar sentido a lo que había sucedido y me alentó a buscar respuestas a mis preguntas persistentes. Estuvo a mi lado cuando maduré, mientras exploraba mundos más allá del entendimiento normal. Estuvo a mi lado... y sigue estándolo. ¿Estaré yo al lado de mis hijos? ¿Es eso posible?

Fue la clase de Ensueño de los domingos de Sarita la que lo cambió todo en mí después del accidente. Mi esposa y yo nos habíamos mudado a Tijuana, donde yo realicé el internado en el Hospital del Seguro Social, y eso me llevó a trabajar como neurocirujano, ayudando a mi hermano Carlos. Iba encaminado a tener mi propia consulta y una carrera como médico cuando las sesiones de Ensueño de los domingos con Sarita me impulsaron por fin hacia otro tipo de trabajo. En vez de tratar las enfermedades y neurosis, deseaba saber qué las provocaba. Aquella búsqueda acabó por alejarme de la medicina y me hizo entrar en una esfera que no me resultaba especialmente cómoda. Quizá a mí no, pero era algo de lo más natural para muchos miembros de mi familia.

Había presenciado algunas cosas maravillosas de niño. Mi abuelo —y también su padre— era un hombre curioso que hizo muchas cosas curiosas. También tenía una tía que parecía mágica. Le encantaba invitar a la familia a cenar en el patio. En una ocasión, durante una de esas reuniones, yo estaba sentado a la mesa junto a ella. A los seis o siete años, disfrutaba de las divertidas historias que ella contaba habiendo crecido con varios hermanos traviesos. En un momento dado de la historia me dio un codazo y me preguntó si quería ir a la cocina por un pequeño cuenco azul de sopa. Me levanté de un salto, corrí a la cocina y la encontré allí, lavando los platos en el fregadero. Confuso y sin aliento, me quedé de piedra, mirándola.

—¿Qué estás haciendo? —me preguntó.

—Eh... vengo por un cuenco —respondí yo.

—Pues toma —dijo ella, secó un cuenco azul con el trapo y me lo entregó. Yo agarré el cuenco, corrí de nuevo a la mesa de picnic y se lo entregué a la misma tía, que me dio las gracias con un guiño y un beso. Fue un momento memorable, pero hubo tantos momentos así durante mi infancia que me parecían normales.

Siendo un joven médico que había salido de su propio cuerpo aquella noche en la autopista, todos esos pequeños recuerdos volvieron a mí, uno por uno. Los vi como invitaciones, razones para investigar todas las cosas que no sabía sobre la vida, y todo lo que no comprendía sobre mí mismo. Iniciar una formación con Sarita era mi mejor oportunidad para encontrar respuestas. De modo que comencé de nuevo, mucho después de haber recibido mi título en medicina. Comencé otra vez, tras pasar varios años como cirujano. Comencé haciendo la pregunta inevitable: ¿Qué soy?

E STO ES ABSURDO —SUSURRÓ LALA.
—Esto es *memorable*, diosa —dijo Sarita. Estaba ligeramente más contenta ahora que la visión del accidente de coche se había disuelto. Aun así, resultaba extraño encontrarse sentada en una pequeña habitación cubierta de espejos. No estaba segura de cómo había llegado hasta allí, hasta que recordó la conversación que había mantenido con Miguel cuando se lo encontró por primera vez sentado en una rama del Árbol de la Vida, comiendo una manzana y vestido con la bata del hospital. Entonces él había hablado de estrellas y de espacio, y de cómo el mundo de la materia era un reflejo de la vida infinita. En efecto, el mundo era una sala de espejos. Allí lo veía con claridad. Su hijo lo había visto durante su formación, lo había relacionado con los espejos. Más tarde había logrado enseñarse a sí mismo de esa forma, soñando solo en una habitación de espejos durante horas seguidas. Había encontrado

disciplina en aquel tipo de meditación, hasta que ya no necesitó recordarlo... hasta que se experimentó a sí mismo, y todo a su alrededor, como un reflejo de la verdad.

Mientras Sarita contemplaba los paneles de cristal, algo la intrigaba.

—¿Por qué no estás tú en los espejos? —le preguntó a Lala. Aunque la pelirroja estaba a su lado, con el cuerpo pegado al suyo, Sarita no veía el reflejo de la mujer.

—Este es tu sueño. Dímelo tú.

—Este es el sueño de mi hijo.

—Mmm —Lala frunció el ceño—. Entonces, ¿por qué estamos viendo tantas imágenes de Madre Sarita?

Era una buena pregunta, admitió la anciana para sus adentros. A Sarita le desconcertaban todos los reflejos de sí misma —se multiplicaban, proliferaban y creaban un universo aparentemente eterno—. Podía ver su imagen física desde cualquier dirección posible. En todos los espejos aparecía vieja, decaída, cansada y pesada. Normalmente se enorgullecía de su apariencia —siempre se arreglaba el pelo y se vestía con cuidado— pero en aquellos reflejos aparecía descuidada. Se encontraba frente a millones de ancianas desaliñadas con chales gastados y expresiones tristes. Entonces sonrió alegremente, con la esperanza de mejorar, y un millón de caras le devolvieron la sonrisa, aligerando el estado anímico dentro de la sala. Mejor, pensó mientras se pasaba una mano temblorosa por el pelo gris y se erguía allí sentada.

El espacio era tan pequeño que debía de haber sido una especie de armario, con ocho espejos enmarcados pegados a las paredes. No había ropa en el armario, solo espejos, y alguien había colocado una pequeña alfombra en el suelo y velas, encendidas misteriosamente, sobre platitos blancos. El parpadeo de la luz hacía que cada reflejo cobrase vida. Sentía a Lala pegada a ella, con una pierna encima de la suya y un codo clavado en sus costillas, y empezó a desear tener un sofá cómodo. Los espejismos no deberían ser nunca tan dolorosos.

—Tienes razón —dijo Sarita, y su voz rebotó en el cristal—. Este no será el sueño de Miguel hasta que él se coloque dentro.

—No hay sitio para nadie más, hermana —respondió la pelirroja—. ¿Y si viene tu padre y, Dios no lo quiera, ese espectro llamado Eziquio? —golpeó suavemente el espejo que tenía delante, como si al hacerlo fuese a encontrarse a sí misma allí. Golpeó y volvió a golpearlo, y algo cambió abruptamente en la habitación. Todas las imágenes reflejadas de Sarita desaparecieron y, en su lugar, aparecieron innumerables caras de Miguel Ruiz.

Lala encogió las piernas alarmada. Miguel estaba sentado a su lado, con su cuerpo cálido apoyado en el de ella, amenazando su existencia con su presencia. Era como si el propio soñador estuviese presente, no solo su recuerdo. Fuera lo que fuese en aquel momento —un cuerpo desesperado tratando de aferrarse a la vida o una mente reescribiendo su propia historia— parecía tan *real* que no podía negarse. Solo con estar allí, aportaba vida al sueño. Los espejos se habían convertido en un universo infinito de posibilidades, haciendo que el conocimiento pareciese pequeño y sin importancia.

—Qué interesante —le oyó decir Lala. ¿Estaría dirigiéndose a ella? Vio a Miguel, con su aspecto de cuando era joven, contemplar aquel caleidoscopio de reflejos. Él sonrió y después cerró los ojos como si quisiera aferrarse a la sensación durante unos valiosos segundos más. Allí era donde lo había perdido finalmente; allí, en una habitación de espejos como aquella. Definitivamente el espacio era demasiado pequeño. Le costaba trabajo respirar, y no porque estuvieran sentados en los confines de un armario. Era porque, al menos en ese caso, no había nada que pudiera mantener vivo el conocimiento—. Extremadamente interesante —dijo él mientras abría los ojos—. ¿No te parece?

Estaba hablando con ella, pero Lala no dijo nada.

—Estás aquí —declaró Miguel—, y no estás.

Ella miró los espejos y no hizo ningún comentario.

—Existes y no existes —él hizo una pausa—. Te siento cerca. Oigo tus palabras repitiéndose en mi cabeza como si fueran el recuerdo de otra persona, pero no veo ni rastro de ti.

—Te aseguro —dijo ella con voz extrañamente tímida— que soy real.

—Lo eres... y no lo eres. Imaginas que eres real, como me pasaba a mí antes... pero no lo eres.

—Todo sucede según mis órdenes —ahora sonaba beligerante—. Los humanos actúan y reaccionan porque yo lo digo.

—Sin embargo, tú no eres humana. Mira —Miguel estaba contemplando sus múltiples reflejos, buscándola—. Solo hay un humano en esta habitación.

—Yo soy la inteligencia humana —dijo ella con arrogancia—. Intenta existir sin eso.

—Eres el resultado de la inteligencia... y no lo eres. Eres la genialidad humana... y no lo eres.

—Los humanos siempre se elevan con el conocimiento.

—Ah, ¡y la voz del conocimiento nunca había sonado tan razonable! —Miguel sonrió antes de añadir—. Tienes razón... y no la tienes. El conocimiento eleva, igual que desmoraliza. Es la causa de todos los problemas de la humanidad y es la solución.

Lala quiso decir algo en su defensa, pero vaciló, de pronto no estaba segura. ¿Estaba intentando confundirla? Observó su cara mientras él soñaba desde el punto de vista de incontables espejos, y reflexionó. Los humanos se dejaban llevar por el pensamiento, por las creencias y por las opiniones compartidas. Las creencias naturalmente se parecían unas a las otras. El pensamiento imitaba al pensamiento, como los reflejos de aquella triste y pequeña habitación, creando mundos demasiado numerosos para poder contarse. Las historias se multiplicaban, copiándose unas a otras cada vez que volvían a narrarse. ¿Por qué iba a ser aquello algo malo?

—La verdad habita en algún lugar fuera de esta habitación, querida —dijo Miguel—. Aquí, igual que en el mundo del pensamiento humano, solo tenemos ecos y reflejos.

—¡Ah! ¡Hablas como el viejo idiota! —exclamó Lala, enfurecida por el recuerdo de su bisabuelo—. Yo *no* soy un eco... ¡y mira! ¡No tengo reflejo, como dijiste!

Miguel cerró los ojos como si quisiera imaginarla tal como era. Suspiró.

—La única cosa real en esta habitación es este humano. El conocimiento, querida, es una voz, una historia que no cesa. Altera la realidad humana para mejorarla, sí... pero también para empeorarla.

—Tu historia será lo único que te sobreviva, y yo soy la protectora de las historias.

—Tú eres quien narra la historia, eso es cierto. Y la que busca la verdad. Eres la mentirosa, la que confunde... y a la vez no eres nada de eso.

Lala se inclinó hacia él y le susurró al oído.

—Soy tú. ¡Sí, soy tú! Admítelo. Soy tú y soy real.

—Admito que deseas ser real. Sin embargo confieso que no lo eres. Pongo mi cuerpo como testigo... no lo eres —en el espejo, Lala vio las incontables imágenes de Miguel llevándose una mano al corazón. Sintió el fuego ardiente de la ira.

—¿Deseas la verdad? Buscas algo que no puede encontrarse y, mientras tanto, yo estoy aquí, dispuesta y accesible. ¡Mientras tanto, susurro, hago señas! —trató de recolocarse en aquel pequeño espacio y acabó agachada justo delante de Miguel. *Que así sea*, pensó. Permite que se mire a sí mismo a la cara—. Conmigo hay certeza, hay claridad —dijo con convicción—. Conmigo siempre habrá recompensas, ¡sin castigos!

—Los castigos son enormes —respondió él—. Los humanos pagan un precio excesivamente alto por creer.

—¿Qué es la vida humana sin creencias? —preguntó ella.

—Llevas toda la vida susurrándome eso al oído —contestó él, cansado. Miró el lugar donde debería haber estado su reflejo—. Solo existe la vida, querida —susurró—, e infinitos puntos de vista. Mira —señaló con la cabeza hacia los reflejos dentro de los reflejos que había a su alrededor.

—Mírame a mí —le dijo Lala, ansiosa de pronto.

—Ya lo hago —le aseguró él.

—Reconóceme.

—Ya lo hice.

—¡Di que eres mío!

—Tú eres mía —dijo él—. Ahora vete.

Antes de que Lala pudiera protestar, el sueño terminó, los espejos desaparecieron y ella fue expulsada de la mente de Miguel Ruiz.

Viéndolo con perspectiva, es evidente que trabajar con espejos fue un aspecto clave de mi aprendizaje, que me ayudó a comprender la naturaleza de la luz y sus reflejos. La materia es una creación de la verdad, igual que todas las cosas relacionadas con la materia. La materia refleja la luz, de modo que el cerebro es en sí mismo un espejo que envía la información de la luz por todo el cuerpo. Desde esa perspectiva, vemos que la mente, tan vital y compleja, no es sino uno de sus muchos reflejos.

Tras mi formación con Sarita, se me ocurrió construir un espacio para mí en uno de los armarios del pasillo, para llenarlo de espejos y soñar ahí. Soñé con la materia y con la mente humana. Soñé sin pensar, sin la confianza que tenía antes en el conocimiento. Soñé allí cada día durante varios meses, y el recuerdo de mis revelaciones durante ese tiempo me resulta muy valioso. Es un recuerdo significativo; junto con otros acontecimientos significativos, tiene el potencial para enmarcar un nuevo sueño.

El conocimiento, como empiezo a entender, es el personaje principal de la historia de cualquiera; es un reflejo de la verdad. Ver el conocimiento con la perspectiva adecuada requiere un cambio de mentalidad. La mente debe ser escéptica sobre sí misma. Debe estar dispuesta a desconfiar. Seguirá haciendo su trabajo como narradora, por supuesto, pero con la conciencia absoluta. Sin conciencia, obedecemos las reglas del conocimiento y vivimos de acuerdo con ellas. El conocimiento común, el conocimiento colectivo, el conocimiento aparente, todos ellos determinan la manera en que nos movemos por el sueño humano y toman por nosotros nuestras decisiones más importantes. Nuestras mejores creencias, como todas las historias, pueden contarse de diferentes maneras y desde diferentes puntos de vista. También podemos dejarlas a un lado al finalizar cada día. Podemos reírnos de nuestra propia narración. Podemos apartar la atención de cualquier creencia. Si confundimos la creencia con la verdad absoluta, ¿cómo alcanzaremos la siguiente revelación? ¿Cómo podemos ser artistas que cuenten historias nuevas que transforman la realidad?

Me llevó varios años después del accidente ver mi propio conocimiento en perspectiva y abrir mi mente por voluntad propia. Nada en el mundo de la ciencia podía explicar mi experiencia, de modo que regresé a mi familia y al chamanismo. Me alejé cada vez más de las certezas de las que había dependido siendo médico. Tenía a mis padres, a mis abuelos y una tradición antiquísima para guiarme de maneras en las que la ciencia no podía. También tenía a mi hermano Jaime, que me provocaba durante la infancia, pero que siempre disfrutaba de mi pasión por inventar nuevos juegos, nuevas estrategias y nuevas maneras de ver la vida.

Me alegra que mi madre buscara el apoyo de Jaime durante su misión. Mi hermano y yo estábamos muy unidos en la infancia, pero las exigencias de la escuela, las chicas, los amigos diferentes y los intereses dispares nos separaron. Cuando nos casamos, la familia llegó a significar algo más que padres, hermanos y hermanas. Ahora la familia significaba esposas, bebés y suegros. Con el tiempo, los matrimonios fracasaban y los niños crecían. Mi vida acabó por no parecerse a nada que me resultara familiar, y Jaime y yo apenas nos frecuentábamos. Eso tardó años en al fin cambiar. El cambio comenzó cuando ambos aprendíamos de Sarita, ayudándola en sus sesiones de curación y ensoñando junto a sus estudiantes cada domingo.

Las sesiones de ensueño de los domingos eran justo eso. Cada domingo por la mañana, durante un año, veintiún estudiantes se reunían en casa de mis padres para ensoñar. Ensoñar significaba muchas cosas. Significaba quedarse sentado muy quieto durante horas. Significaba pedirle a la mente que estuviera quieta para que el cerebro pudiera percibir por sí solo. Significaba una manera diferente de aprender, a veces mientras el cerebro se encontraba en estado de trance, y el resultado era una creciente conciencia de la realidad como sueño.

Al contrario que en nuestra realidad cuando estamos despiertos, no existe estructura cuando estamos dormidos. Un trance es más o menos lo mismo; sin estructura y sin obedecer leyes. Durante aquellos domingos de hace tanto tiempo, ensoñar solía incluir tiempo suficiente para entrar en trance. Puede que el viaje fuera corto, o podía durar todo el día. Mi madre era sensible a las necesidades de cada estudiante y respetaba el proceso individual. Un día de esos, con su cuidadosa ayuda, entré en un sueño que pareció durar una eternidad...

En cuanto mi mente dejó de resistirse, yo ya no estaba en el salón de mi madre. Estaba de pie en un largo pasillo que terminaba en un rincón donde las antorchas emitían una luz temblorosa. Las paredes eran de granito rojo y, en ellas habían grabado imágenes de personas, animales y figuras demasiado oscuras como para poder reconocerlas. Había incontables símbolos dispuestos en líneas y columnas, como si fueran textos sagrados. Las imágenes no eran del estilo de mis antepasados aztecas. Parecían pertenecer a una civilización que había existido en otra parte, a un sueño que había dado a luz a otros mil sueños. Tenía la impresión de estar en un pasadizo secreto, escondido bajo una de las pirámides del antiguo Egipto. Los minerales de las rocas hacían que la electricidad recorriera mi piel, y las especies exóticas provocaban mis sentidos, proyectando impresiones de un sueño humano olvidado.

Incluso en estado de trance, estaba muy emocionado. No importaba cómo había llegado a aquel lugar; prometía grandes oportunidades. Mi curiosidad creció con la aparición de un hombre alto vestido con una túnica blanca. Era calvo y su cabeza brillaba con la luz de las antorchas, haciéndole parecer un ser divino. Me miró durante unos segundos y después habló con una voz que reverberaba con paciencia infinita.

—¿Sabes quién soy?

La respuesta era fácil.

—Eres un hierofante —dije.

—¿Y sabes dónde estás?

Ahí la respuesta no era tan fácil.

—Estoy... en una especie de escuela, creo.

—Sí —dijo él con una sonrisa—. Un lugar donde aprender. Los símbolos que ves, los mensajes que están cuidadosamente grabados en la piedra, fueron creados para que los leyeran aquellos capaces de ver. ¿Estás preparado para ver, y para aprender?

Ahora tenía toda mi atención. Aquel sueño no tenía referencia en mi realidad y, aun así, la situación se había vuelto muy real para mí.

—Sí, deseo aprender.

—Entonces te quedarás —ordenó su voz profunda—. Centrarás toda tu atención en estas paredes grabadas y no abandonarás este lugar hasta no haber comprendido lo que hay escrito aquí.

Se me ocurrieron muchas preguntas mientras hablaba, pero, antes de poder hacérselas, desapareció. Miré a mi alrededor, sin saber por dónde empezar, y entonces recorrí la habitación, acariciando los símbolos con los dedos mientras inspeccionaba cada pared atentamente. Mi emoción era grande, pero también mi miedo. ¿Y si no podía interpretar aquellos símbolos? ¿Qué ocurriría si descubría que no había manera de romper el código? Si mi intelecto me fallaba, ¿cómo lograría escapar de aquel espacio sin aliento?

El pasillo era estrecho, pero muy largo, y sus paredes tenían cuatro metros de alto. Cada centímetro de aquel espacio estaba cubierto de jeroglíficos. Algunas imágenes me resultaban familiares y otras evocaban ideas interesantes, pero no le encontraba sentido práctico a nada. Estaba ansioso por dedicar mis energías intelectuales al trabajo de descifrar el lenguaje y comprender sus mensajes, pero parecía que, cuanto más lo intentaba, más difícil era. A veces surgían patrones, pero mis interpretaciones eran torpes y sin sentido. Cuando traté de aplicar la lógica familiar a secuencias no familiares, el resultado fue un galimatías. Cuando di un significado a cada imagen, solo obtuve ideas no relacionadas. Me sentía como si estuviera en la cocina de Sarita siendo un niño, escuchando una docena de conversaciones a la vez y sin comprender ninguna. Para un niño pequeño, la conversación de los adultos solo es ruido, pero puede ser tranquilizadora a su manera. Le indica al niño que la gente está cerca, que el consuelo está a su alcance, y que, por ruidoso que sea, está a salvo. El ancestral pasillo donde yo me encontraba estaba convirtiéndose en un lugar ruidoso, pero no me sentía a salvo. Las paredes me gritaban. Los símbolos chillaban, discutían y se contradecían. Sus significados se solapaban y chocaban. El conocimiento se burlaba con prepotencia de mí, y las burlas no cesaban.

No, no existía ningún consuelo en aquel ruido, y vi claramente que, en el sueño humano, aquello era el infierno. Entonces fui ligeramente consciente de que estaba soñando, de que estaba en trance y de que mi cuerpo estaba descansando en una habitación real en alguna parte. Fui consciente de que la gente debía de estar esperando a que me despertara, pero ser consciente no sirvió para cambiar el sueño. Pude estar minutos u horas soñando, pero tuve la impresión de que habían pasado siglos, incluso eones. Cada momento parecía lento e interminable —pasaba el tiempo y yo no había hecho ningún avance—. Ahora el trabajo me parecía abrumador. El desafío era demasiado grande. Empezaba a entrarme el pánico, pero, cuanto más miedo tenía, más confuso estaba. Cuando por fin me di cuenta de que no tenía la opción de volver a mi estado de vigilia, el miedo disminuyó. Cuando supe que no había manera de escapar de la sabiduría grabada en aquellas paredes, que tendría que quedarme allí para siempre, el ruido se apagó.

Al dejar de resistir caí al suelo. De pronto todo estaba en silencio. Todo estaba en calma. No había sensación de urgencia en mí, ni sensación de tiempo. Yo mismo podría haber sido el propio tiempo, tumbado plácidamente mientras innumerables acontecimientos cósmicos se agitaban en mi interior y a mi alrededor como moléculas inquietas. Ocurriera lo que ocurriera, mi naturaleza eterna no cambiaría.

Cuando me atreví a volver a mirar esas paredes imponentes, fue con otros ojos. Ahora sus mensajes me llegaron al corazón.

Fue como si su esencia y la mía fueran de pronto la misma. ¿Cómo podía haber estado tan ciego? Lo que veía era conocimiento antiguo, conocimiento sin tiempo y familiar, tan familiar como la propia humanidad. Aquella era la historia del conocimiento humano, que databa de los primeros textos egipcios, a veces descritos como el Libro de Thot. La sabiduría documentada por los videntes egipcios encapsulaba todo el conocimiento existente y se convirtió en la base de todo conocimiento futuro. Eso es lo que yo veía.

Al liberarme de la desesperada necesidad de entender, pude alcanzar por fin el entendimiento total. Solo veía símbolos y reconocía su intento particular. Veía más allá de ellos, veía las mentes de los humanos que habían creado los símbolos como manera de compartir la verdad. En toda tradición, en toda cultura, ha existido esta sabiduría, mantenida en secreto por aquellos que la cultivaban. Los símbolos cambian, se transforman, se expanden en las teorías habladas. Igual que las sagradas barajas del Tarot, cuya sabiduría desprecian las supersticiones y los juegos de cartas, el conocimiento sagrado siempre cedió al conocimiento común. Las palabras y los símbolos son distorsiones de algo real. Yo vi todo eso y más. Asombrado, entusiasmado, deseaba que el hombre alto regresara. Deseaba contarle lo que había visto y deseaba que él me mostrara su aprobación.

En ese momento apareció allí, en el rincón, con su túnica blanca brillante como el oro bajo la luz de las antorchas. Me miró durante varios segundos con una expresión indescifrable. Habló antes de que yo pudiera ordenar mis ideas.

—Ya puedes irte.

¿Irme? ¿Eso era todo? Me sentí dolorosamente decepcionado. Deseaba gritar: «¡Pero si he descubierto la verdad!». Deseaba explicárselo todo, pero me di cuenta de que era mi propia aprobación la que buscaba. No ganaría nada explicándome a mí mismo lo que ya sabía. Se me ocurrió entonces que, cuando las palabras se pronuncian, la verdad se pierde. Puede que los símbolos estén grabados en el granito y perduren durante los siglos, pero la verdad siempre vivirá más allá de las palabras, más allá del alcance de esos maravillosos artistas que dibujaron las imágenes en la piedra... y más allá de las mentes de todos aquellos que las interpretan.

Al instante me desperté. Supe por el olor que estaban preparando la cena, oí el sonido de la alegre conversación procedente de la cocina de mi madre. Parecía que mi mundo seguía exactamente igual a como lo había dejado, pero yo nunca volvería a ser el mismo.

OYE, ESPERA —LE INTERRUMPIÓ DHARA—. ¿QUÉ es lo que intentamos conseguir?

Miguel y ella estaban caminando hacia las grandes ruinas de Teotihuacan. Era el año 1992 y aquel era el primer viaje que incluía aprendices, algunos ansiosos e intrépidos, y algunos consumidos por el miedo a lo desconocido. Mientras se preparaban para el día que les esperaba, Dhara hablaba y hacía preguntas, pero apenas se detenía a escuchar una respuesta.

—Me encanta el lugar, la historia —continuó—, ¡y las pirámides! Ay, Dios, ¿no es precioso? —abrió los ojos con entusiasmo y contempló la maravillosa vista mientras Miguel escuchaba sin decir nada—. Este es un lugar de poder, no hay duda. Lo siento aquí, estando contigo. Entonces, crearemos los rituales y... ¿qué?

—¿Qué de qué? —preguntó él cuando ella le dio la espalda.

—¿Qué deberían esperar sacar de todo esto? —preguntó ella.

—Nada de esperar. Es mucho mejor no tener esperanzas.

Dhara volvió a intentarlo.

—¿Qué se llevarán los estudiantes de estos viajes, Miguel?

—Conciencia.

Le tomó la mano y la guio hacia los escalones de la Plaza del Infierno, un recordatorio físico del gran *mitote*. En el carnaval humano, todo el mundo vende y todo el mundo compra. Todo el mundo habla y nadie escucha. ¿Cómo podía ser aquello el principio de algo, pensaba ella, y mucho menos de un viaje hacia el cielo? Miguel miró hacia la plaza y vio la pequeña pirámide situada detrás, dedicada al dios Quetzalcóatl. Ahí sería donde empezaría, le dijo. Los estudiantes dejarían tras ellos sus infiernos privados y saltarían hacia lo desconocido. Dejarían a un lado sus creencias y se volverían conscientes.

—Conscientes, sí —repitió Dhara—. Pero... ¿cómo?

—Dejarán de creerse ellos mismos.

—Bueno, puede —dijo Dhara con preocupación creciente—, pero tendremos que darles algo. Necesitan creer en algo.

—¿Estás segura? —preguntó él. Seguía mirando más allá de la plaza, viendo lo que no podía verse e imaginando qué le depararía el día, con dieciséis estudiantes y un intento excepcionalmente fuerte. Era primera hora de la mañana, pero los estudiantes se reunirían allí en menos de una hora.

—Sin creencia... —comenzó ella, pero sus palabras se desvanecieron en un silencio frustrado—. ¡Miguel, por el amor de Dios! —insistió—. ¿Qué *harán* aquí?

—Verán sus mentiras y les pondrán fin.

—¿Poner fin a las mentiras? ¿Cómo? ¿Vamos a decirles que Papá Noel no existe?

—Les diremos que no existen *ellos*. Que son una invención.

—¿Hoy? ¿Directamente?

Miguel se rio y le dio un abrazo para tranquilizarla.

—Hoy —dijo—, comenzaremos con el infierno. Comenzaremos con el *mitote*, el sueño de la humanidad. Tendrán la oportunidad de admitir que están en el infierno y decidir si desean salir de ahí.

—De acuerdo... ¿y cómo salen de ahí?

—Comprendiendo qué los mantiene ahí.

Desde donde se encontraban, Miguel imaginaba el viaje que muchos aprendices habrían emprendido durante los siglos, guiados por maestros impecables. Allí era donde los jóvenes iniciados se habían enfrentado a sus demonios, a sus miedos y a sus peores juicios.

—¿Qué nos mantiene en el infierno? —preguntó Dhara.

—Hay muchas justificaciones, pero ninguna excusa —respondió él—. La humanidad es adicta al sufrimiento, y hay mil maneras de alimentar esa adicción.

El ceño fruncido de Dhara mostró su escepticismo.

—¿Adicta? —preguntó—. Así que vas a pedirles que pongan fin a su adicción, que se enfrenten a sus excusas. Estás invitándolos a dejar de mentirse a sí mismos.

—Exacto.

Dhara tomó aliento, sin saber qué hacer después.

—¿Empiezo?

—¡Claro! ¡Adelante! —respondió Miguel con entusiasmo. La dejó donde estaba y ocupó un asiento situado al otro extremo de los escalones.

Dhara se apartó, eligió un lugar que le ofreciera algo de privacidad y meditó sobre su vida. Transcurridos unos minutos, miró hacia Miguel con expresión confusa.

—¿Es como una especie de confesión? —preguntó.

—Más o menos —dijo él—. Estás confesándote a ti misma —la miró durante unos segundos y entonces le sugirió algo—. ¿Por qué no seleccionas un objeto, una piedra, algo así, que te

sirva como icono? Que simbolice tu conexión con el infierno...
tu odio, quizá, o tu miedo, o tu culpa. Tal vez tu orgullo —añadió con una sonrisa.

Dhara escudriñó el suelo a sus pies y encontró el tapón de
una botella de plástico. Lo sujetó con devoción durante unos
segundos.

—De acuerdo —dijo al fin—. Juzgo, no puedo evitarlo. Y
me siento juzgada todo el tiempo. ¿Tengo que decirte a ti todo
esto?

—Dítelo a ti misma, Dhara. ¿Qué te hace desear juzgar?
Date cuenta de cómo los juicios te hieren a ti y a la gente a la
que amas.

Dhara le dio la espalda y cerró los ojos, sujetando el tapón
de la botella como si fuera un objeto sagrado en el cual derramar todo el veneno que había generado una vida de miedo.
Pasados unos minutos comenzó a llorar suavemente, pero Miguel se quedó donde estaba. Algo que había comenzado como
un juego, motivado por su curiosidad, se convertiría en un acto
de transformación. Él no intervendría. El momento se prolongó, con más lágrimas, más suspiros.

Cuando Dhara se hubo recompuesto, recuperó la voz.

—¿Y ahora? —preguntó con firmeza.

—Ahora perdónate a ti misma —respondió él—, porque no
sabías lo que estabas haciéndole a la humana que eres.

—No lo sabía, hasta ahora.

—Ahora tienes conciencia —declaró él—. Ahora te sientes
responsable de esta humana. Ir contra ti misma es el único
pecado. Incluso hiriendo a otras personas, te hieres a ti misma
—la miró y prosiguió—. Este proceso puede llamarse arrepentimiento. Los sacramentos se concibieron como herramienta
importante para la conciencia humana, pero perdieron gran
parte de su poder y de su significado. Haz que sean poderosos
para ti.

Varios de los aprendices estaban reuniéndose ya en los escalones de arriba. Mientras observaban la escena que tenían delante, fueron ocupando sus asientos en silencio y esperaron. Dhara estaba llorando de nuevo; en esa ocasión sus sollozos eran más audibles. Miguel se puso en pie, caminó hacia ella y esperó. Con el tiempo, Dhara se calmó.

—Ahora —le dijo Miguel suavemente—, decide qué tipo de penitencia deseas pagar. Podría ser compasión por alguien, en vez de culpa. Tal vez decidas ser generosa en vez de crítica. Tal vez accedas a no rechazarte a ti misma. Cuando termines, entierra el icono. Ponle fin.

—Esto es muy doloroso —gimoteó ella, como si estuviera agonizando—. Es como si estuviera matándome.

—Está matando tu mentira —dijo él, viendo como se levantaba y descendía los últimos escalones. Encontró un palo e hizo con él un agujero en el suelo seco. Después colocó el tapón de la botella en el suelo y lo cubrió de tierra mientras murmuraba una oración de gratitud. ¿Qué había enterrado? Una pequeña mentira, repetida una y otra vez, ¿o había enterrado a Dhara? En cualquier caso, se sentía aliviada. Miró a Miguel, expectante.

—Adelante. Busca otra cosa —le dijo él, señalando hacia la plaza abierta—. Aún no saliste del infierno.

No era eso lo que ella había esperado.

—Otra vez no —le rogó—. No más.

Miguel señaló hacia el grupo creciente de estudiantes a sus espaldas.

—Ellos tendrán que hacerlo muchas veces antes de poder *ver* las puertas del infierno —dijo para que todos pudieran oírlo—. Tú también tendrás que hacerlo muchas veces más. Es hora de romper la forma humana, de desafiar todo tu sistema de creencias.

—Deja que los ayude ahora.

—Yo los ayudaré —dijo Miguel—. Tú sigue. Tienes una buena vida, pero llevas contigo el infierno día y noche. Como todos los demás, te obligas a pagar mil veces por algo que hiciste una vez, hace mucho tiempo. Obligas a pagar a los demás... por tu miedo, por tu conocimiento —vaciló y después la miró con severidad—. ¿Nuestro amor tendrá que pagar al final?

Ella lo miró con rabia y después se relajó.

—Deseo ver lo que tú ves —dijo.

—Entonces sigue, cariño.

La vio entrar en la plaza, en el infierno que había creado en su mente durante una vida entera de trabajo. Fue un primer paso. Sabía que habría muchos otros. Descubriría muchas cosas cuando decidiera vivir en el cielo, donde gobernaba el respeto y el ser humano experimentaba la felicidad sin esfuerzo. Descubriría que abandonar el infierno también significaba abandonar sus historias favoritas. Incluso el cielo parecía menos deseable cuando la gente veía que sus creencias corrían peligro. Estaban dispuestos a dudar de su propia naturaleza, pero no de su conocimiento.

Era apropiado que Dhara fuera la que encabezara el viaje. Era ella la que había ido a buscarlo, la que había salido de sus sueños y había entrado en su realidad de vigilia. Era una mujer con la que podría caminar. Era su mujer, y su felicidad estaba en juego.

Miguel ordenó a sus estudiantes que hicieran lo que había hecho Dhara; después recorrió la plaza para contemplar la Pirámide de Quetzalcóatl, una versión mucho más pequeña de las dos pirámides situadas más lejos, en la avenida. Se subió a una alta plataforma y se enfrentó a aquella pirámide. Entre ambas estructuras había un hueco profundo. Se lo imaginó como había sido en otra época —una laguna de agua profunda que llenaba el espacio entre la plaza y el templo sagrado—. En las noches sin luna, los aprendices saltaban al abismo oscuro, esperando la muerte.

Él sabía que era necesario morir para volver a nacer. Junto con muchos aprendices, Dhara debería morir hoy. Moriría un poco más al día siguiente. Y moriría gradualmente de la existencia que había conocido al disminuir su resistencia. Miguel sabía que sería una buena guerrera. Lo que no sabía era lo rápido (o lo lento) que sería el proceso, ni qué cantidad de atención personal requeriría. Con el tiempo, ella aprendería lo que habían aprendido los maestros ancestrales. En el momento en que adoptamos una forma molecular, dejamos de vernos como infinito. Con nuestro último aliento, morimos en el mundo finito y temporal. En el sueño entre el nacimiento y la muerte, solo hay conciencia.

Los aprendices del antiguo Teotihuacan adquirían la conciencia con cada muerte, comenzando con un salto a la oscuridad. Al aceptar la posibilidad de la muerte física, mostraban su compromiso con un proceso que duraría el resto de sus vidas. Su formación llevaría tiempo —años y décadas—. Saltaban. Volvían a saltar. Incluso sin la oscura laguna llena de agua, se enfrentaban al miedo constantemente. Poco a poco el miedo fue convirtiéndose en un demonio más sutil. Lo que todos más temían era el misterio que había en el interior. Era mucho mejor arriesgarse a morir físicamente, pensaba la mayoría. Mucho mejor saltar desde una plataforma y precipitarse al vacío negro.

Los grandes guerreros espirituales miran hacia el abismo físico y, enfrentándose a sus peores miedos, encuentran una conciencia renovada y la paz definitiva. Miguel volvió a mirar hacia la pirámide e imaginó el templo que en otra época había ocupado su lugar en lo alto de aquella grandiosa estructura, con cientos de serpientes de piedra y criaturas marinas defendiéndolo de las fuerzas del mal. Pensaba que allí realizarían su viaje a salvo. Ahora comenzaría de nuevo la tradición. Los aprendices lo encontrarían. Los buscadores acudirían a aquel lugar en masa, ansiosos por encontrar el cielo y preparados para no conocerse a sí mismos cuando se marcharan. Para los aprendices de la antigüedad, el proceso de transformación habría durado años, tal vez una vida entera.

Él esperaba que el viaje durase cuatro días.

Soñando con Dhara, recuerdo la idea de los guerreros espirituales. Un guerrero es aquel que lucha en una batalla. Es un soldado, un luchador o una luchadora. Todo guerrero libra una guerra contra algo. Como humanos, estamos familiarizados con la guerra como un acto de violencia y agresión contra otros humanos. Un bando contra otro, una nación contra otra nación, la guerra sirve para solucionar el conflicto; pero, claro, es el conflicto definitivo. La muerte genera más muerte. La derrota provoca represalias y levantamientos vengativos. La guerra como la conocemos resuelve pocas cosas a largo plazo, pero hay otro tipo de guerra que cambia el comportamiento humano. Si todos los hombres y mujeres tuvieran ganas de entrar en ese tipo de guerra, donde no se derrama una sola gota de sangre y no muere ningún ser humano, la agresión entre naciones no tendría ningún sentido para nosotros. Es un tipo diferente de mente la que mira hacia el interior y percibe la necesidad de librar una batalla contra sus propios juicios y creencias guardadas por tanto tiempo. Es una mente inusual la que observa, mira y decide luchar esa guerra: la *última* guerra.

Un guerrero espiritual es algo único. En todas las batallas confía en las armas; y cualquiera puede darse cuenta de que nos vencemos a nosotros mismos —y después a los otros— con las armas que llamamos palabras. No hace falta pronunciar las palabras para destruir. Solo hace falta pensarlas. Las palabras se unen para formar opiniones, que circulan por los caminos secundarios de nuestra mente, incitan la duda y la controversia. Las opiniones se alían en pos de una causa, una creencia. Las creencias que se comparten en una comunidad adquieren la condición de verdad. Sin conciencia, la guerra de ideas se convierte en una guerra contra los humanos, pero la guerra de ideas puede librarse y ganarse dentro de cada uno de nosotros.

Las ideas y el pensamiento innovador son maravillas de la humanidad; pero cuando las ideas se enfrentan las unas a las otras, las mentes perfectas corren riesgo. Imaginen que todos los humanos tuvieran una enfermedad que se notara —un sarpullido severo, por ejemplo—. Si todos los que habitan la Tierra tuvieran heridas sangrantes y rezumantes en sus cuerpos, en cada centímetro de su piel, podríamos decir con toda lógica que la humanidad está enferma. Las heridas que corrompen el pensamiento humano no pueden verse, pero son tan reales y tan prolíficas que podemos decir con toda lógica que la humanidad está enferma. Los traumas infantiles y las decepciones siguen mutilando a adultos que, por lo demás, están sanos. La culpa, la vergüenza y las constantes acusaciones convierten a las personas en víctimas. Los juicios constantes vuelven malas a las personas, y los pensamientos de injusticia hacen que siempre estén enfadadas.

Todas las guerras políticas y culturales comienzan en la mente de una persona —y esa mente quiere compañía—. Queremos amigos que piensen como nosotros. Probablemente las oleadas de hostilidad comiencen con una tranquila hoguera en casa, donde surge un pensamiento, después se extienden a una conversación y finalmente se convierten en un grito común. Las heridas psicológicas de una persona se extienden a la siguiente, y después a muchas más. La mente herida, sin embargo, no está tan herida como le gusta creer.

No hay nada bueno ni malo, solo la fuerza de nuestro pensamiento. No sé si Shakespeare se creía lo que estaba escribiendo, pero podría haber ido más lejos. Nada es de hecho bueno, malo, correcto o incorrecto. Nuestros padres y maestros nos dijeron que respondiéramos a la vida según sus ideas sobre lo que estaba bien y mal, y aún estamos gobernados por esas reglas. Sin esos límites, somos libres para experimentar y ver. Sin la intrusión de las opiniones, es posible responder con autenticidad. El que algo sea bueno o malo, o alguien esté equivocado o no, no es el punto. Lo importante es ser.

Todo es. La vida es. Tú eres. Yo soy. Podemos elegir participar en el sueño de alguien o darle la espalda, pero no hay ninguna razón imperiosa para juzgar. ¿Qué soy? Me pregunté una vez a mí mismo. No lo sé y nunca lo sabré. No tengo opiniones sobre mí mismo, aunque claramente los demás a mi alrededor sí las tienen. La gente tiene opiniones y juicios que no tienen nada que ver con Miguel o con su sueño. Aun así, existo en su imaginación. La gente da por hecho que comprenden los motivos que provocan a otras mentes, y los sentimientos que existen en otros corazones. Sus sueños están habitados por amigos y enemigos imaginarios, pero solo hay un personaje que puede entenderse y transformarse: el personaje principal de su propia historia. Toda persona es capaz de verse a sí misma, de oírse a sí misma y de modificar lo que ve —no porque vea una imperfección, sino porque ve un potencial infinito.

Mis primeros peregrinajes a Teotihuacan agudizaron mi conciencia sobre las muchas consecuencias de la domesticación, de la formación inicial que recibimos de nuestros padres y de nuestra comunidad. Cada uno de mis seguidores había sobrevivido a la infancia y se había convertido en un adulto funcional. Todos eran inteligentes, con un cuerpo y un cerebro saludables. Sin embargo, se habían convencido a sí mismos de que estaban enfermos o heridos por experiencias de la infancia. A mí me parecía evidente que se necesitaba otro tipo de domesticación. No necesitaban otra historia, y aun así las historias inician el proceso de cambio; de modo que les di una historia mejor. Les ofrecí maravillosas mitologías, algunas de origen tolteca, pero no todas. Les expliqué las diversas etapas de la conciencia humana en relación a las intensidades cambiantes del sol. El Primer Sol, según los maestros toltecas, apareció con el amanecer de la humanidad. Por milenios, a medida que el sol cambiaba, el sueño de la humanidad experimentó cinco cambios y evoluciones perceptibles. Habiendo entrado recientemente en la era del Sexto Sol, ahora deseamos que se expandan el entendimiento y la conciencia. Cuando cada persona se proponga cambiar su mundo y su nivel personal de conciencia, el sueño humano colectivo cambiará.

Les hablé a mis aprendices de los toltecas, que se habían comprometido a ser artistas de la vida. Les conté historias que los alentaban a amarse entre ellos y a respetar los sueños de los demás. Todos buscan a alguien que los ame, incluso aunque se odien a sí mismos. Esperan a que se produzca el relámpago, a que suene el teléfono, a que llegue el caballero con su armadura brillante. Cuando las personas se decepcionan en el amor, creen que no merecen amor. Se sienten privadas de eso y siempre tienen hambre. Su hambre les hace aceptar desesperadamente cualquier oferta de amor y atención, y se vuelven susceptibles a todo tipo de maltrato.

Para alentar a mis aprendices a amarse a sí mismos, les hablé de la «cocina mágica». Si todos viviéramos en una casa con una cocina mágica —donde la despensa estuviese siempre llena, el frigorífico bien surtido y las provisiones fueran interminables— entonces no pasaríamos hambre. Ni siquiera nos daría miedo pasar hambre, no tendríamos que rezar para que alguien nos diese comida. Lo mismo pasa con el amor. Si todos pudiéramos amarnos a nosotros mismos como nos gustaría que nos amasen, entonces no permitiríamos que nuestra hambre de amor tomase decisiones por nosotros. Cuando no estamos desesperados, podemos rechazar las seducciones, ¡incluso las que vienen con armadura plateada y traen consigo una deliciosa pizza!

Con los años, cambié las historias, reemplacé mitologías favoritas. Las viejas creencias serían desafiadas. Las nuevas creencias serían desechadas. Habiéndose vinculado emocionalmente a determinada historia, mis aprendices tendrían que deshacerse de ella y seguir hacia delante, abandonando una creencia en el proceso. Apego. Desapego. Otra vez apego. Desapego. Creencia. Deshacerse de la creencia. Una y otra vez el proceso se repetía. A los estudiantes se les pedía que contasen de nuevo la historia de sus vidas, después otra y otra vez, hasta que las historias ya no tenían carga emocional; hasta que sonaban como las demás historias —familiares, pero no absorbentes—.

Di a mis aprendices frecuentes oportunidades para dudar. Les recordaba siempre: «No crean en mí. No crean en ustedes mismos», y añadía, «y no crean en nadie más. ¡Pero escuchen!». Daba igual que los mitos cambiaran y mis historias evolucionaran, esa lección seguía siendo la misma. Ahí reside el origen de toda sabiduría. Es fácil no creer a otras personas cuando ya no crees en ti mismo. Cada mente crea la realidad basándose en sus propias reservas de conocimiento. La realidad resultante es el sueño personal de esa mente. Al escuchar, podemos oír hablar a ese pequeño sueño. Al escuchar, podemos reconocer las creencias que le dan vida. Solo hay un sueño que podemos cambiar: el nuestro.

Más que lecciones y mitologías, les presenté a mis estudiantes un tipo diferente de narrador de historias. Yo era alguien que se había hecho cargo de su propia historia. Era alguien que ya no era susceptible al conocimiento, ni siquiera al mío propio. Era yo quien vivía en una cocina mágica, quien no suplicaba amor ni sufría por él, sino que estaba encantado de compartir un amor infinito con cualquiera que lo deseara.

Todos eran bien recibidos en mi cocina, y allí encontraban la energía necesaria para amarse a sí mismos.

Dhara había empezado a ver el mundo como era. El largo viaje desde la Plaza del Infierno había sido arduo física y emocionalmente. Había habido muchas ceremonias como la que Miguel había creado para ella esa mañana, abriendo las mentes y los corazones. Había habido muchas lágrimas, revelaciones y celebraciones felices. Mientras los grupos recorrían la Avenida de los Muertos, ella se apartó de los aprendices de Miguel. Había sido un buen día, pero le quedaban cosas por hacer, y debía hacerlas sola. Sentía cerca a Miguel, apoyando su sueño, pero no podía verlo. Era la última hora de la tarde y él llevaba horas desaparecido. La gente estaba descendiendo la Pirámide de la Luna, en dirección a un pueblo cercano, y los pocos estudiantes que la seguían se alejaron hacia la multitud. Había una plataforma de piedra en la base de la pirámide; estaba caliente, y le proporcionó una agradable sensación por todo el cuerpo cuando se tumbó encima, mirando hacia el cielo. ¿Qué era lo que deseaba, y de qué poder? ¿Por qué seguía sintiendo aquella urgencia por terminar algo, por encontrar la pieza final de aquel rompecabezas sin nombre? ¿Había deseado alguna vez algo más que el amor de Dios? ¿Y ese amor había estado en duda alguna vez? Tal vez hubiera duda, e incluso algo de miedo, pero estaba ansiosa por luchar y preparada para ganar. Tomó aire y lo dejó escapar audiblemente. Abrió su corazón a los cielos. Vació su mente y esperó.

Sin previo aviso, todo lo que había ocurrido hasta ese día dejó de tener consecuencias. Su nacimiento, su vida, su lucha por entender, todo eso la abandonó como un río fangoso y silencioso. Estaba lúcida, sentía el poder de la vida en su cuerpo, pero las corrientes familiares del recuerdo habían desaparecido. Se sentía ligera, leve. No estaba donde se había imaginado que estaría al tumbarse allí unos minutos antes. No había nada cálido bajo su cuerpo, ni cielo que pudiera frenarla. No estaba en ninguna parte y estaba en todas partes. Respiraba con facilidad y su aliento parecía llenar cada espacio vacío del universo. Sintió la necesidad de sonreír, pero no fue solo su cara la que registró el placer; fue todo lo que le resultaba conocido. Las cosas, las personas y los lugares se iluminaron con alegría. No era capaz de poner nombre a las cosas, ni de comprenderlas, y aun así todas esas cosas eran ella. Se quedó asombrada con el placer, sus sentimientos por fin estaban en equilibrio, plenos; pero, así como había llegado repentinamente aquella sensación de ligereza, repentinamente le fue arrebatada.

En un instante, el peso de sus propias creencias comenzó a aplastarla. El ruido de su cabeza se hizo ensordecedor. El mitote, esa guerra de palabras dentro de la mente humana, eso que Miguel había convertido en una mitología familiar, de pronto era real. Parecía que todos los humanos del planeta estaban gritándole a ella o a otra persona. Todos gritaban, molestaban, discutían en contra de la verdad, y su ruido era insoportable. Había rabia y miedo desgarrado detrás del ruido, y la intensidad era sorprendente. Más sorprendente aún fue darse cuenta de que todas las voces eran la suya. Toda discusión, toda conjetura y conclusión eran parte de su propio proceso de pensamiento; todos los juicios provenían de ella. Todas las quejas y contradicciones eran un reflejo de ella. Ella era el caos, el ruido ensordecedor de su propia cabeza. Ella era la mentirosa, la demente narradora de historias. Se había imaginado que era un ángel de la vida, pero la muerte estaba acechándola y nublándole los sentidos. Lo único que oía eran mensajes de miedo. El terror le quemaba el cerebro hasta que, liberado de pronto, inundó las ruinas de Teotihuacan.

Parecía que ella era el propio miedo, librando una batalla despiadada contra el cuerpo frágil que habitaba. Era una sensación horrible e imposible. En un instante agónico, vio que era ella la defensora del miedo y la voz inconfundible del conocimiento. Ella era la tirana que ocupaba aquel ser humano y era el camino hacia la salvación.

Dhara gritó, después volvió a gritar. Cada piedra y cada árbol amplificaban su miedo, y sus gritos regresaban a ella con una fuerza cada vez mayor. Sin fijarse en el mundo a su alrededor, gritó de nuevo, aterrorizada. Dejó que una pena insoportable creciera en su interior, sintió que el corazón se le rompía. Sintió el dolor desgarrador hasta que pasó, y el miedo comenzó a liberarla de sus garras. ¿Sería aquel el abuso final de la verdad? ¿Sería el último juicio, el fin de las creencias? Su vida había estado construida sobre innumerables falsedades que se habían acumulado durante los años en una niebla sinuosa de malentendidos y distorsión. Había pedido comprensión, y ahora sabía cómo era la respuesta. La respuesta a la mentira.

La verdad no tenía piedad, le había dicho Miguel. Le había dicho que aquello ocurriría, pero ¿cómo iba a imaginarse aquel dolor? ¿Cómo iba a reconocerse a sí misma después de aquello? ¿Qué haría ahora, viéndolo todo y sin creer en nada? Las preguntas continuaron hasta que ellas también perdieron poder. A medida que sus gritos se debilitaban, empezó a respirar más despacio y, pasado el tiempo, abrió los ojos.

De pie junto a ella había una hermosa mujer con unos rasgos preciosos distorsionados por la pena. La mujer era alta y elegante, y parecía gobernar el viento, pues su melena roja se agitaba como las hojas en una tormenta de otoño. Dhara imaginó que estaría viéndose a sí misma, hasta que parpadeó para secarse las lágrimas y vio la forma de la pirámide detrás de la mujer, y a través de ella. La mujer no estaba allí, pero podía sentir su rabia. No estaba allí, pero podía oír sus súplicas.

Soy tú, dijo la visión. *La una somos la otra.* Dhara volvió a parpadear. La imagen comenzaba a desvanecerse. Mientras desaparecía, el sol del atardecer iluminaba la Pirámide de la Luna, rindiendo tributo a todos los reflejos de la vida. *¡No me abandones! ¡No me abandones!* Se oyó decir Dhara a sí misma con una voz que ya no reconocía, y después todo quedó en silencio. Ya no le quedaban lágrimas, ni dolor. Volvió a recostarse sobre la piedra fría y dejó que el sueño invadiese su cuerpo, el cuerpo que la había apoyado en su trabajo como guerrera.

¡ABUELO! ¡ME ASUSTASTE!

Sarita estaba sentada sobre un muro bajo en la base de la Pirámide de la Luna en Teotihuacan, mientras el sol de la tarde perdía fuerza en la distancia, por encima de las colinas. Era agradable estar allí de nuevo, pensaba. El momento parecía tener poca importancia en la vida de su hijo, pero era bueno estar allí, a pesar de las circunstancias.

—Me asusto a mí mismo —respondió don Eziquio, sacudiéndose el polvo de sus pantalones de cuero. Se había subido a la pared de un salto para estar junto a ella y ahora miraba a su alrededor para contemplar la escena. Entornó los párpados bajo su sombrero de ala ancha—. ¿Dónde está todo el mundo? ¿Dónde están todos los personajes de esta obra tan peculiar?

—Vienen y van, sin explicación —dijo ella—. Es como si estuviera soñando.

—¿Estás segura de que eres tú la que sueña, m'ija?

Ella se encogió de hombros ante la pregunta.

—Parece como si llevara toda la vida sentada en este muro, observando a mi querida Dhara. ¿La ves, allí? —veían a Dhara sobre la plataforma, tumbada boca arriba y gimoteando suavemente. El sonido le recordó al disgusto de un niño por la pérdida de un juguete.

—¿Por qué llora esa mujer? —preguntó Eziquio.

—Llora de alivio. Su dolor terminó, abuelo.

—¿Dolor?

—Estaba angustiada, incompleta. Miguel diría que es el resultado natural de...

—Un encuentro con la verdad —concluyó el anciano.

—Ella fue valiente, se enfrentó a sí misma y...

—¡Y la fortaleza empieza a agrietarse! —el hombre se acomodó junto a su nieta, intrigado—. Esta es la parte que más me gusta. Cuando la mente deja de resistirse.

—Abuelo —lo reprendió Sarita—. ¡Estaba devastada!

—¡Y con razón!

—Necesita ayuda.

—Tu hijo necesita ayuda, ¿recuerdas? Su corazón ha de aprender a latir solo de nuevo.

Sarita miró al anciano, desconcertada.

—¿Qué crees que estamos haciendo? Buscando los recuerdos...

—¡Debemos ir al corazón, hija! ¡Ir al corazón! —Eziquio dio otro salto para bajarse del muro, después corrió hacia Dhara para gastarle su broma favorita. Sarita sintió el impulso de detenerlo, pero en su lugar suspiró y se maravilló con su agilidad y su velocidad, admirable para un hombre que llevaba muerto tanto tiempo. En otra época Dhara tuvo la llave al corazón de su hijo. Sarita lo sabía. El corazón de Miguel... tal vez su abuelo tuviera algo más que bromas absurdas en la manga.

Mientras lo veía correr hacia la plataforma de piedra, devolvió la atención al problema de Dhara. Tal vez su hijo la hubiera presionado demasiado. La había desafiado demasiado pronto. Todo buen guerrero ansía una batalla, pero rara vez está preparado para ella. En el mundo había que saber cosas, como a Lala le encantaba recordarle. Miguel estaba presentándoles a sus aprendices un mundo sin conocimiento, un mundo en el que nunca conocerían. En ese otro mundo, el desapego lo era todo. Cada uno experimentaría una nueva clase de pena antes de poder encontrar allí el equilibrio.

Mientras pensaba en esas cosas, Sarita sintió cerca una presencia diferente. Se dio la vuelta y vio a Miguel, el hijo en el que estaba pensando, sentado a su lado. Era el Miguel que había visto por última vez en el mundo real, el mundo del conocimiento, con su absurda bata de hospital con manchas de sangre en el dobladillo.

—¡Mi ángel! —dijo su madre—. ¿Estás bien? ¿Regresaste con nosotros?

—Estoy contigo ahora, Sarita. Quién sabe si después —miró hacia la plataforma de piedra y hacia la figura desolada de Dhara—. Recuerdo esto —dijo.

—No tuviste piedad, hijo.

—Ella no me la pidió.

—¿No pensaste en consolarla?

—Aquel día ella no deseaba consuelo —respondió Miguel—. Aunque lo obtuvo de todos modos. Su mente no se rompió, madre. Lo que ves es el miedo a romperse.

—Aun así, es doloroso verlo.

—Unas pocas lágrimas más, la rendición total y el universo se abrirá ante ella. La conciencia llegará a toda prisa y le rogará que la acepte.

—Ahora me pregunto algo... ¿la mente ha de ser tan humilde para que eso suceda?

—¿Ha de silenciarse al mentiroso? —preguntó Miguel—. ¿Ha de derrocarse al tirano?

—La mente —dijo Sarita con determinación— es la que hace que este viaje nuestro sea posible, Miguel. Sin los recuerdos, tanto los tuyos como los míos, no estaríamos aquí —extendió los brazos y los movió a su alrededor para señalar la inmensidad de Teotihuacan y el momento que ambos ocupaban. Su hijo asintió y la miró con interés.

—Aquel día Dhara fue la mejor guerrera posible —advirtió él—. Tú, por otra parte, evitaste el verdadero conflicto.

—Ah, ¿y por qué...?

—Veo que complaces al conocimiento, a esa seductora. Lo oigo en tus palabras y lo veo en tus acciones. Estás dando alas a la esperanza, que inutiliza. Pero, sobre todo, estás retrasando lo inevitable.

—¿Qué es?

La miró fijamente a los ojos hasta que ella giró la cabeza.

—Debes dejar ir a Miguel, madre.

Sarita miró a su hijo con el ceño fruncido y después acercó su bolsa a su cuerpo. Había recorrido un largo camino desde que lo descubriera en el árbol eterno. Estaba a punto de conseguir todos los recuerdos que necesitaba para reconstruir una estructura y una identidad. Estaba demasiado cerca para arriesgarse a fracasar.

—No debo hacer nada. No estoy retrasando nada. No me hables como si fuera tu madre, preocupándome porque llegaste muy tarde a casa. *¡No soy tu madre!* —de pronto, sin previo aviso, sus ojos se encendieron y su voz explotó—. ¡No soy algo con lo que puedas jugar! Lucharé contra los elementos si es necesario... ¡hasta que el mundo de Sarita vuelva a estar completo!

En aquel momento de furia creciente, se levantó viento a su alrededor; y los sollozos lejanos de Dhara volvieron a rebotar contra los muros de piedra, como si expresaran toda la rabia humana. Al no encontrar ninguna respuesta, la rabia fue disminuyendo. El momento se volvió tranquilo; el fuego de los ojos de la anciana se apagó hasta quedar solo tristeza. Intentó no mirar a su hijo. El viento se había calmado, pero se oían truenos procedentes del horizonte carmesí. Los pájaros se dispersaron piando nerviosamente hasta posarse finalmente en los arbustos más bajos.

Y entonces, como si nada hubiese ocurrido, todo quedó en paz. Madre e hijo se quedaron sentados en silencio. En el fondo de su mente, Sarita empezó a preguntarse qué vendría después. Ya no estaba segura de sus acciones. ¿Dónde estaba don Eziquio? ¿Y qué le quedaba por hacer a su familia?

A lo lejos, los suaves sollozos de Dhara recorrían las ruinas y se elevaban hacia el cielo polvoriento mientras ella se resistía a rendirse, y perdía de nuevo. Con el tiempo, el sol se aposentó cómodamente entre las colinas occidentales y el dolor se disolvió hasta quedar solo la conciencia silenciosa...

El día había terminado. Dhara había entrado en un sueño. Oía a los perros del pueblo ladrar en la distancia y el silbido de un halcón sobre su cabeza; pero en su mente había abandonado aquel lugar sagrado en la alta planicie de México. Ahora estaba en otra parte, era otra persona. Había un océano bajo sus pies, las olas golpeaban con fuerza la roca y la espuma fría le mordía los dedos descalzos. Era consciente de su cuerpo, desnudo y mojado, colgado del borde de un acantilado, agarrándose con los dedos ensangrentados a las grietas y fisuras de la piedra. El mar estaba ansioso por tragársela entera; no había nadie que pudiera salvarla.

Intentó gritar para advertir a todas las almas que corrían

peligro, pero no le salió ningún sonido. Intentó pensar, pero no pudo. Intentó tomar aire, pero no lo logró. Estaba perdiendo fuerza y no tenía voluntad de luchar. Sintió el fuego del terror recorriendo su cuerpo; su valentía se había desvanecido. Parecía que el mar se la llevaría, y era incapaz de imaginarse algo más terrible. Todos los tormentos de la existencia humana, todo el dolor y toda la locura le parecían preferibles a aquello... sucumbir a la voluntad de un océano sin fondo.

—¿En serio? —preguntó don Eziquio, que había estado observándola desde un saliente de la roca por encima de su cabeza—. ¿Te doy la oportunidad de saltar, y ahora dices que cualquier tipo de tormento humano sería mejor?

Al oír sus palabras, Dhara tomó aliento. Recuperó la fuerza y las olas furiosas dejaron de bramar bajo sus pies.

—¿Quién eres? —le preguntó.

—¿Eso qué puede importar? —respondió él.

—¿Eres Dios?

—Si quieres.

—¿Qué debo hacer? —preguntó ella con voz rasgada—. ¿Debo rendirme? ¿Seguir luchando?

—¿A quién te refieres?

—Perdón... ¿qué?

—¿Hablas de la que se aferra a la roca o de la que se aferra a su yo? ¿Hablas de la que es estúpida o de la que desea ser feliz? ¿A cuál te refieres?

Dhara intentó tomar aliento y sintió que ya estaba ahogándose.

—¿Qué? —repitió.

—¿Eres feliz o eres estúpida? —la desafió el anciano.

—¡Esa no es una opción!

—¿De verdad? ¿Estás segura?

—No lo es. De verdad que no —dijo ella con la voz rota por el miedo.

—Es la *única* opción —gruñó él. Entonces, saltó del acantilado, pasó por encima de su cabeza y, con aquel brinco de alegría, Eziquio salió volando y desapareció en el mar.

—¡Dios! —exclamó Dhara al despertar—. ¡Dios!

Seguía tumbada sobre la piedra rugosa de Teotihuacan, sola. ¿Cuánto tiempo llevaría allí? La luz del día se había esfumado del cielo. Incluso en los meses de verano, un viento frío barría las altas planicies por las noches. Ya tenía frío. Se puso en pie lentamente, temblando. Las ruinas de Teo se habían convertido en un círculo de sombras acechantes, y no quedaba nadie que pudiera recorrer junto a ella la oscura avenida.

Recordó el sueño del océano, recordó su encuentro con el anciano. Había imaginado que estar cara a cara con Dios sería diferente. Había imaginado que se parecería al maestro espiritual hindú Sai Baba y que su voz sería como los vientos de tormenta agitando las flores de loto. Desde la infancia, había imaginado que Dios tenía un trabajo para ella. Deseaba que hablara a la humanidad, que fuera una mensajera, que compartiera su sabiduría con el mundo. Colgada de aquel acantilado, con su existencia en peligro, había anticipado su intervención divina. Él la salvaría de una muerte segura, sin duda, y la guiaría hacia su verdadero propósito. En su lugar, se había burlado de ella. En su lugar, la había abandonado con la única visión de un granuja que volaba sin miedo hacia el vasto océano. Se había quedado sola, sin nada más.

Ladró un perro. Después se le unieron varios más, sus voces sonaban como los lamentos de las mujeres viejas. Parecía como si la vida estuviera burlándose de ella. Bueno, era lógico que se riera de ella, ¿no? Ella, que en otra época había estado tan segura sobre muchas cosas, ahora se sentía desconcertada. Ella, que se había enfrentado al maestro y que había luchado contra sus propias creencias, se había quedado sin una elección que seguir... más que la de dejarse llevar y caer en el misterio. El misterio. Esa mera idea pareció derretir el miedo en su interior. Cuando se atrevió a respirar profundamente, cesaron sus temblores. Se sentía mejor. Sorprendentemente, se sintió tranquila. No deseaba nada. Las antiguas certezas ya no le implicaban ninguna tentación. Que la humanidad creyese lo que quisiera... ella estaba libre de esas preocupaciones. Por un momento había emergido de la niebla espesa, había roto un sinfín de cadenas y era inmensamente feliz.

¿Qué hiciste? —preguntó Sarita con tono acusador—. ¡Don Eziquio, esto es demasiado! ¡En serio, en serio, esto es demasiado!

Su abuelo y ella vieron como Dhara caminaba cansada por la avenida en busca de su cena y su cama. La noche estaba echándose encima, y la luna menguante, que flotaba sobre sus cabezas como el cuenco de un mendigo, era lo único que iluminaba el cielo.

—En absoluto. Esto es típico —dijo Eziquio—. Sucede todo el tiempo. «¡No tengas piedad!», dicen todos, y después suplican. Se niegan a volar. Gimen, lloran, culpan y se quejan; y a veces su corazón se detiene. Eso ocurrió una vez cuando yo enseñaba. Estaba en Sonora, trabajando con tres aprendices, y uno de ellos se derrumbó cuando...

—¡Estabas gastándole bromas pesadas a Dhara!

—¡Bromas! —gritó él a la defensiva—. ¡Mis supuestas bromas sirven para transformar! Las de Miguel también, debo añadir. Piensa en ello: ¿Mi nieto le gastó bromas a esta mujer, o la salvó de la estupidez absoluta? ¡Mírala ahora! En paz, ¡y con una sabiduría que todos los sabios del mundo no podrían haberle proporcionado!

—Aun así, el cambio es difícil.

—Ella *deseaba* cambiar, hija. Lo suplicó y eso se hizo. Todo está bien en el mundo, Sarita, porque Dhara está aprendiendo a salvarse.

—Estaba decidida —admitió Sarita.

—Estaba entusiasmada, como muchos lo están. Igual que el resto, ella no podía dejar de buscar, de pedir, de desgarrarse el corazón para poder ver lo que contiene. Con la verdad vienen el dolor, los gritos, la liberación... como la dulce agonía del amor físico.

—Sin duda estaba entregada —convino Sarita asintiendo con la cabeza.

—Desde luego, y su entrega la llevó hasta... ¿la India?

—¡La India! ¡Sí! —exclamó Sarita, recordando—. Todos fuimos a la India en algún momento. Yo lo conocí allí, Šri Sai Baba, un ser divino que habitó este planeta con gran humildad. Era... bueno, era...

—Dios —sugirió el anciano guiñándole un ojo—. ¿Es eso lo que dijiste? Que era Dios.

Sarita se encogió de hombros.

—Buscamos a Dios en todas partes —contestó con inquietud—. Es lo natural.

—Hay un lugar que las personas tontas nunca alcanzan —con un movimiento de sus manos, don Eziquio señaló su propio cuerpo, de la cabeza a los pies, llamando la atención de Sarita sobre el humano que era, o que fue en otra época. Negó con la cabeza, respiró profundamente para aspirar el aire nocturno y dejó que el sonido de las noches de verano inundara el silencio—. La mente es una cosa muy nerviosa —observó—, igual que un bote al que le faltan tablas, que se tambalea desesperadamente por un océano de tranquilidad, negándose a hundirse.

Su nieta se quedó callada. Estaba pensando en los milagros, en las fuerzas misteriosas de la vida que buscan aliados dispuestos. Igual que todo el mundo, Dhara deseaba ser esa aliada; igual que todos, temía que el precio fuese demasiado elevado. Sarita también se había aferrado a veces, temerosa e insegura, a las historias convenientes y a las costumbres familiares. Ella, al igual que los demás, prefería saber quién era y dónde iba. ¿Quién renunciaría voluntariamente a la seguridad del conocimiento familiar a cambio de los terrores de la destrucción?

—¿Cómo puede destruirse la vida infinita? —preguntó su abuelo, siguiendo sus pensamientos—. ¿Somos vida, ese océano que se agita eternamente, o somos los botes rotos?

Seamos botes rotos o nadadores decididos, pensó Sarita, lucharemos para sobrevivir de la forma que podemos entender. ¿Por qué Miguel exigía a la gente tanto valor? ¿Se imaginaba que dejar de resistirse era fácil? ¿No se había enfrentado él también al océano, tan profundo y terrorífico, y había tomado su propia decisión? Claro que sí. Él también había abandonado las mentiras. Había muerto mientras seguía vivo, y lo había hecho solo. Él conocía las dificultades.

—Las conocía, sí —repitió Eziquio—, y persistió. Ni siquiera tú, la maestra, lo habrías tirado del bote.

—También era su madre, recuerda, igual que Miguel era el sabio maestro, pero también el marido de Dhara —bueno, tal vez no su marido, se corrigió a sí misma, pero la intimidad entre ellos hizo que la rendición fuese más difícil, no menos. La mujer había buscado un padre y un curandero, un redentor y un salvador. En su lugar, su realidad había quedado desarmada, deshecha. Aquello no le parecía una salvación; le parecía un hundimiento, como si estuviera ahogándose, pero, ¿hacia dónde? ¿Para hacer qué?

—Hacia la conciencia absoluta —respondió el anciano con una carcajada. Después añadió—. ¡Qué destino tan repugnante!

—La conciencia no sustituye las pequeñas comodidades de la vida ni el refugio cálido de nuestras creencias —argumentó Sarita, sabiendo, incluso mientras hablaba, que era un argumento bastante endeble.

—En mi época —dijo Eziquio—, el mayor desafío de un guerrero era alzarse por encima de sus propias creencias. Ahora eso se considera un ataque impune contra la propia identidad. En mi época, perseguíamos a la rabia hasta sus confines, abriéndonos paso entre la maleza hasta alcanzar el campo abierto de la conciencia.

Sarita no dijo nada y recordó su propio viaje. El anciano se dejó caer sobre un saliente de roca e intentó recuperar el aliento. Se quitó el sombrero y se secó la frente con el dorso de la mano. Dejó el sombrero en su regazo y deslizó un dedo tembloroso por el ala.

—Vine a ayudarte en tu búsqueda, Sarita —continuó—. Para terminar, debemos ver el corazón de las cosas, y alentar a la verdad para que derrote a la mentira —hizo una pausa—. Tú ves las mentiras, ¿verdad?

—La mayor mentira de todas es que hay algo que temer en nuestro interior —Sarita se compadeció de la mujer situada en la plataforma más abajo.

—Esa es una buena enseñanza que recordar —sugirió el anciano—, si alguna vez quisieras convertirte en una anciana sabia.

—Eso, querido, no es divertido.

—Sí que lo es —contestó él con una sonrisa. Volvió a ponerse en pie y llevó a cabo un baile breve y animado. Ambos se echaron a reír, y su risa salpicó el aire nocturno como las olas del océano—. Todo es muy divertido, mi pequeño ángel, si tan solo los vivos se dieran cuenta. En mi época...

—¡Ya basta! —exclamó exasperada, y volvieron a reírse. Felices y cansados, ambos vieron como la silueta de Dhara llegaba al final de la ancestral avenida y desaparecía en la oscuridad.

—Algún día, incluso ella se reirá —dijo el anciano—. Los vivos tienen una elección fácil de tomar. Pueden pagar una sanción muy elevada por creer sus mentiras, pura estupidez, o reírse de sí mismos y ser felices. Yo tomé mi decisión hace un siglo y desde entonces he estado riéndome... y, por supuesto, seguiré riéndome siempre.

Sarita asintió, sonriente. Se alegraba de que estuviese poniéndose el sol en aquel recuerdo. Con un suspiro alzó la mano para darle a don Eziquio una cariñosa palmadita en el hombro, pero ya no estaba junto a ella.

En su lugar se encontraba la mujer que se hacía llamar La Diosa, la encarnación espectral del conocimiento. No estaba mirando a Sarita, y tampoco le dirigió ninguna palabra. Estaba mirando hacia donde Dhara había desaparecido, parecía una cazadora midiendo las distancias y calculando el viento. Sarita la observó, pensativa. ¿Qué deseaba? ¿A quién estaría acechando en aquel momento? Los ojos de la criatura no decían nada. Con una calma inusual, La Diosa se quedó mirando al horizonte, aparentemente reflexionando sobre las diversas tonalidades del anochecer que bordeaba el cielo occidental.

L a mente se humaniza fácilmente porque tiene diferentes apetitos. Igual que la criatura biológica que ocupa, la mente busca alimento. Sus costumbres de caza son las habituales; un animal aprende a buscar el mismo tipo de comida siempre de las mismas maneras. Puede que la mente humana sea una criatura virtual, pero desarrolla unos patrones alimenticios similares. Se describe a sí misma, basándose en toda la información disponible, y después desarrolla gradualmente estrategias de supervivencia. La supervivencia en este caso significa considerarse a sí misma real —tan real como la materia que ocupa—.

Formar una identidad, o el personaje principal de la historia de la mente, es un comienzo. Pero esa verdadera sensación de «realidad» se refuerza mediante la interacción de las emociones humanas. La mente de un niño no tarda mucho en reconocer como una palabra, esa diminuta expresión de conocimiento, estimula una respuesta emocional. Las palabras pronto se convierten en herramientas para la caza, y poco después se desarrollan los patrones alimenticios emocionales.

El conocimiento es el personaje principal de mi historia, y de la historia de todos. Mientras me reflejo en Lala, la cazadora ciega a su propia naturaleza, solo siento compasión. Ella creó la historia de Miguel hace mucho tiempo y solo desea seguir contándola. Hace mucho tiempo que yo dejé de sentir la necesidad de ser yo mismo. En este punto, me resulta imposible incluso recordar esa época.

Una vez libre de la atracción del conocimiento, puedo imaginarme al personaje principal de esta inestable historia cambiando de cualquier forma que yo desee. A lo largo de mi vida, fui consciente de que Miguel significaba cosas distintas para las personas; pero ahora, desde una perspectiva más distante, me doy cuenta de que Miguel solo es conocimiento —más exactamente, mi conocimiento—. La manera en que acumulé conocimiento durante la vida, cultivando creencias gracias a las semillas de las opiniones, era algo único para mí. La voz del conocimiento posee un efecto estresante sobre el cuerpo, como casi todo el mundo entiende. Cuando la oí, cuando mi propia voz se volvió evidente, me sentí obligado a investigarla. Al reconocerla como a mí mismo, me sentí obligado a cambiar mis costumbres y mis apetitos mentales. Elegí desarrollar el gusto por la verdad. Me di cuenta de que, con la verdad, podía liberar a este humano.

Alcanzar la libertad personal significa liberarnos de las sanciones del conocimiento. Cambia una cosa, una idea, una costumbre, y las fronteras se abren. La libertad es una idea muy amada en el sueño humano, una idea que no se entiende por completo. La libertad comienza cuando cada mente individual se atreve a liberarse de la prisión que ella misma creó. Somos libres cuando acaba la guerra de nuestra cabeza. Nacimos siendo auténticos, respondiendo directamente a la vida, pero perdimos nuestra autenticidad en el campo de batalla de las ideas. Podemos volver a ser auténticos, por supuesto. Podemos volvernos inmunes a los efectos del conocimiento. Ya no tenemos que creernos a nosotros mismos, pero podemos aprender muchas cosas escuchando —escuchando nuestros propios pensamientos, las opiniones de los demás y negándonos a pagar el precio emocional que nos exigen—. Podemos ver sin dar cosas por hecho. Cambia una idea, llega a un acuerdo diferente, y los barrotes de la prisión comienzan a doblarse.

El conocimiento humano demostró su valor y su potencial. El conocimiento le da a la mente un paisaje, un espacio virtual donde poder usar las palabras para explorar y jugar. Cuando las palabras hacen que aparezcan los objetos en nuestra imaginación, este paisaje se vuelve más rico, lleno de visiones y posibilidades. El conocimiento es el telón de fondo de todos los sueños humanos. Está hecho para servir como aliado a nuestra conciencia. Desde esa perspectiva, también podemos ver que el conocimiento es el ángel que nos ayuda... o el demonio que nos posee. El reconocerlo nos da el poder de tomar el control sobre nuestras historias para que puedan reflejar de manera más consistente la verdad. Tomar el control sobre la historia es nuestro primer salto vacilante hacia la libertad.

Es fácil darse cuenta de que la libertad, para cualquier hombre y mujer, reside en la voluntad de la mente para cambiar viejas costumbres. Sin embargo, primero la mente ha de oírse a sí misma y cambiar la conversación. Por esa misma razón ofrecí a mis seguidores algunos nuevos «acuerdos» que hacer consigo mismos. Sin darse cuenta, habían pasado su vida tomando decisiones que no reflejaban su conciencia presente. Por ejemplo, como la mayoría de las personas, mis estudiantes habían establecido un acuerdo consigo mismos según el cual la vida era injusta o ellos no tenían suerte; ya habían decidido que eran víctimas. Habiendo llegado a ese acuerdo tácito, se sentían obligados a cumplirlo, y luchaban durante años por reaccionar de maneras incómodas, pero aceptadas por la sociedad. El miedo es contagioso, si acordamos que lo sea. Los juicios son inevitables y sentirse una víctima es normal... si creemos que este ha de ser el caso. Es una práctica habitual chismorrear, sentirse intrigado por la mala suerte de alguien, y vernos envueltos en el drama de todo el mundo; pero esa práctica habitual es normal solo si nosotros lo decimos.

Y podemos elegir *no* decirlo. Para ayudar con eso, sugerí algunos nuevos acuerdos —lo que acabaría por llamar «Los cuatro acuerdos»— para cambiar los antiguos patrones de comportamiento. Les dije que no se tomaran las cosas como algo personal, y que dejaran de hacer suposiciones. Les pedí que fueran impecables con el maravilloso regalo del lenguaje: las palabras que pronunciaban y las palabras que constituían sus pensamientos más profundos. Les pedí que dieran lo mejor de sí mismos cuando se esforzaran. Cuatro sencillos acuerdos. También volví a recordarles una y otra vez que no creyeran, pero que escucharan. Puestos en práctica, esos nuevos acuerdos provocarían una perturbación que cambiaría su realidad.

Finalmente pedí a mis aprendices que dejaran de resistir —no a mí, no a nadie, y no por cualquier razón—, solo que no se resistieran. La mente inventa palabras y determina el significado de las mismas, y la palabra «rendirse» significa algo desagradable para la mayoría de la gente. Significa capitular y admitir la derrota. La mente no entiende los beneficios de la rendición completa, pero el humano sí. Sin la intromisión de la mente, el humano avanza hacia la rendición al dejar de resistirse, como un animal enjaulado avanza hacia la libertad. Sabe cómo entregarse a las exigencias del hambre y a la necesidad de sexo. Sabe cómo dormir y cómo amar. Al satisfacer esas exigencias físicas, el cuerpo se renueva y se refuerza. Dejar de resistirse a la vida es un acto de poder. Renunciar a historias antiguas es una expresión de gratitud de la mente por tener un cuerpo leal.

Yo dejé de resistirme hace mucho tiempo. Mi guerra con el conocimiento terminó. Ya no pienso. Veo; escucho; respondo. Las palabras no son lo más imperioso —ni para mí, ni para nadie—. Nos atrae mucho más la fuerza del amor. Y aun así poca gente puede imaginar cuántos viejos acuerdos han de romperse para que este tipo de fuerza prevalezca.

Después de mi ataque cardíaco, debo dejar la resistencia una vez más, renunciar a toda expectativa y a toda suposición. Debo entregar este cuerpo a la vida, decir que sí a todas sus bendiciones y sus decepciones.

Si este cuerpo sobrevive, empezaré de nuevo, recibiré cada día con una carcajada... y, por supuesto, seguiré riéndome siempre.

12

¿POR QUÉ *ACUERDOS*? —PREGUNTÓ LALA, CONSTER-nada—. ¿Por qué no mandamientos? ¿Por qué no Nuevos Mandamientos? ¡Las Cuatro Reglas Sagradas! ¡Las Promesas Piadosas!

—Un acuerdo puede romperse —dijo don Leonardo con un suspiro—, o cambiarse. No hay juicio ni castigo.

—¿Y cómo se mantiene así a los humanos bajo control?

—¿Acaso los mandamientos mantuvieron a alguien bajo control? ¿Acaso los votos no se rompen nunca?

—Los votos se rompen y entonces se dicen las confesiones —dijo ella—. Cometen un pecado y entonces se juzgan a sí mismos. Dios los juzga a ellos y ellos se juzgan entre sí. Deben ser minuciosamente juzgados.

—Juzgar y encontrarte culpable es ir contra ti mismo.

—Ah, por supuesto. La Ley de la Impecabilidad —Lala bostezó.

—El primer *acuerdo*, querida. Si deshonras un acuerdo, aprende de la experiencia y hazlo lo mejor posible la próxima vez. Perdonar es un acto de gracia. Ofrecerte a ti mismo otra oportunidad es un acto de amor.

—Castigar al reincidente es un acto divino.

—Sí, sé que esa era la estrategia —convertir a los niños intimidados en hombres y mujeres culpables— pero ¿la humanidad vivió felizmente con esas reglas, señora?

—Como tú, la felicidad es pura fantasía.

—Como yo, tú eres una fantasía.

Se detuvieron. Sarita estaba ausente, pero podían sentir su desaprobación ante su pelea, de modo que pararon. Con aquella pausa fueron conscientes de sus alrededores. Parecía que estaban contemplando una ceremonia privada en lo alto de la Pirámide del Sol.

—Este es un acontecimiento interesante —comentó don Leonardo, centrando su atención en eso.

—¿Dónde estamos? —preguntó Lala, alarmada.

—Evidentemente estamos sobre la gran pirámide. Nunca tuve el placer de visitar este lugar.

—Yo tampoco —dijo ella.

—¡Ajá! ¡Fuiste ascendida!

—¿Cómo es posible? —preguntó Lala aguantando la respiración. Estaba inquieta a pesar de todo. La Pirámide del Sol representaba la vida, no sus reflejos.

—No importa cómo —dijo él acercándose a la escena—. Prestémosle toda nuestra atención. Reconozco a Miguel, mi nieto. No cambió mucho desde su época de estudiante.

—Tu decrépita hija debería estar viendo esto.

—Mi *venerable* hija, señora. Por favor, un poco de respeto —la reprendió. Aunque ella tenía razón, tuvo que admitir para sus adentros. Sarita debería estar viendo aquello—. A ti y a mí nos fue confiado este acontecimiento. Estamos aquí, en este emplazamiento glorioso, donde el intento humano conecta el sol con la Tierra. Veo a Miguel, sonriente y en silencio. Veo a una mujer con él... pero no me resulta conocida.

—La editora.

—¿La editora? —preguntó él, sorprendido.

—El primer libro de tu nieto se está imprimiendo y lo leerán personas de todas las culturas. Puede que cambie el mundo... ¡mediante el lenguaje!

—¡Maravilloso! —exclamó Leonardo—. ¡No viví lo suficiente para llegar a ver esto!

—De hecho, no hay nada más maravilloso que la palabra impresa —dijo ella con el poco entusiasmo que le quedaba—. ¿La gente duda alguna vez de las palabras que aparecen en los papiros?

—Papel. No, con frecuencia no —él tomó aire y asintió con aprobación—. *Los Cuatro Acuerdos*. Una perspectiva valiente. Limpia. Sencilla. Y aun así perturbadora... desafiante.

—El sueño está bien tal y como está.

—¿La enfermedad está bien? —preguntó don Leonardo—. ¿La tiranía está bien? —la mujer estaba poniendo a prueba su paciencia—. ¿Estás diciendo que el miedo y el castigo son buenos compañeros, o que las respuestas violentas tienen resultados agradables?

—Parece que estás tomándote el asunto como algo *personal*.

El viejo caballero la miró a los ojos y vio en ellos el peligro. Se recordó a sí mismo que no servía de nada alentarla. Las palabras incitaban al conflicto, su alimento favorito. Ya fueran palabras dulces o amargas, ella se daría un festín con el resultado.

—Respeto mucho tus poderes, mi querida dama —dijo él con optimismo—. Solo deseo recalcar que podrías emplearlos en algo mejor.

Lala se quedó mirándolo, incapaz de pensar en una respuesta apropiada.

—La editora parece bienintencionada —observó Leonardo—, pero ¿cuáles son sus intenciones exactamente?

—Está recitando oraciones, obviamente. Está celebrando una ceremonia que ella misma diseñó. Espera poder invocar el éxito mediante deseos sinceros.

—Está junto a un hombre *nagual* y se atreve a *desear* —comentó Leonardo, después sonrió. Solo oír aquella palabra lo animaba. *Nagual*. Poder absoluto. El *tonal*, en su cultura, hacía referencia a la materia. Más allá de la materia estaba el misterio absoluto, el infinito y lo desconocido, aquello que era inmune al conocimiento. Un hombre *nagual* era aquel que se reconocía a sí mismo como potencial infinito, como fuerza de la propia vida. Don Leonardo caminó hacia su nieto y estiró el brazo para tocarlo. No había nadie allí a quien tocar, y nada que sentir salvo el poder que permanecía en aquel recuerdo sutil. ¡Un momento! ¡Allí estaba! Cuando la mano del anciano palpó el aire y sus dedos temblaron, su sonrisa se convirtió en una carcajada.

—El intento es la fuerza física de la vida —dijo—. El intento recorre a este hombre.

Lala se volvió para mirarlo, llevada por la curiosidad. Su mano comenzó a imitar a la de él, moviéndose por el aire, entre las dos personas que, agitadas por el viento, se encontraban en la cima de la pirámide—. ¿Intento, dices, o intención?

—La intención es el trabajo de la mente, señora. Tal como tú lo dices, un deseo y una oración...

—...y una esperanza —murmuró ella.

—Hace falta algo más que esperanza para dar vida a un sueño —dijo Leonardo—. Hace falta acción; y la acción se alimenta con la fe en uno mismo.

—¿Fe en uno mismo? —preguntó Lala—. ¡Eres el padre de la blasfemia!

—¡Y lo dice la madre de las mentiras! —respondió el anciano caballero. Satisfecho por haber tenido la última palabra,

Leonardo centró su atención en otra parte. En aquel instante, ambos se fundieron con la luz del sol y permitieron que el sueño se reorganizara para seguir hacia delante.

Padre de la blasfemia, madre de las mentiras. Qué tontas pueden sonar las palabras cuando nos olvidamos de su verdadero objetivo. Todos nos vemos tentados a acusar, y somos fácilmente persuadidos para defender una ilusión que nos gusta, una idea de nosotros mismos que solo las palabras pueden explicar. Al invertir toda nuestra fe en esas palabras, nos convertimos en la ilusión. Somos conocimiento, luchando incansablemente por encontrar las palabras que mejor describan nuestro viaje de vuelta hacia la verdad.

Crecí oyendo la palabra *nagual*, una palabra que despertó desde el principio mi imaginación. Dentro de mi familia, *tonal* y *nagual* eran maneras comunes de describir la totalidad de la vida —materia y energía pura—. A mi abuelo Leonardo le encantaba hablarme sobre las costumbres y tradiciones toltecas, y compartía con gran entusiasmo lo que sabía de esas cosas. Siento su placer incluso ahora, cuando recuerdo cómo me ayudó a reavivar mi propio amor por la vida. Don Leonardo me contó muchas historias maravillosas y me guio hacia los misterios que no podían *contarse*, pero que tal vez pudieran *experimentarse*. Como maestro y guía, también conté historias para despertar el asombro y la curiosidad más profunda. Una en particular enseña una lección esencial de conciencia. La conté de muchas formas, pero el mensaje es siempre el mismo...

Una vez hubo un hombre que, como muchos humanos, fue consciente de sí mismo como fuerza infinita de la vida. Esto le ocurrió en un momento súbito de inspiración. Este tipo de inspiración puede sucederle a cualquiera, en cualquier momento.

En este caso, el hombre estaba de pie bajo las estrellas una noche despejada y silenciosa, y quedó cautivado por lo que vio. Esto nos ocurre a todos nosotros, esta apreciación fuerte y súbita de la majestuosidad del universo; de pronto nos asombra ver belleza por todas partes. Adquirimos los ojos de un artista y *lo único* que vemos es belleza.

De modo que, en ese momento, el hombre del que hablo lo comprendió todo, *todo*, sin palabras. No importó el tiempo que hacía que las estrellas habían enviado la información a través del paisaje del infinito, ni si esas estrellas aún existían. Él estaba recibiendo su mensaje en aquel momento.

Habiendo contemplado el cielo de noche, todos sabemos que la oscuridad que se expande entre las estrellas parece un espacio vacío. Puede que también sepamos que ese espacio es mucho, mucho mayor que el espacio que ocuparían todas las estrellas juntas. Hace más de dos mil años, en la gran civilización de Teotihuacan, los toltecas se referían a ese espacio entre objetos como *nagual*.

Digamos que este hombre, de pie bajo las estrellas aquella noche brillante, se miró de pronto las manos. Allí también vio el universo. Vio que sus manos estaban hechas de millones de átomos, del mismo modo que el universo estaba hecho de estrellas. Como las estrellas, los átomos de su cuerpo representaban el *tonal*, o la vida manifiesta. Se dio cuenta entonces de que el *nagual* crea el *tonal*. Vio que el vacío lleno de luz era responsable de la creación de toda la materia. El *nagual* era el poder absoluto, la fuerza infinita de la creación. La historia continúa con la emoción del hombre ante su descubrimiento, y su deseo de no olvidar nunca su significado. Sabía que su experiencia podría olvidarse fácilmente con la distracción de la existencia humana.

¿Qué somos entonces? ¿Somos el *tonal*, o somos el *nagual*? ¿Somos materia, o somos vida? Los humanos estuvieron preguntándose esto de diferentes formas durante miles de años, sin darse cuenta de la simplicidad de la verdad. La verdad es la vida y la muerte, una sencilla fórmula binaria cuyos símbolos matemáticos son 0 y 1. En el lenguaje científico, esto significa energía y materia. En la religión, es Dios... y la creación.

Las historias que contamos sobre la verdad con frecuencia nos llevan a distorsiones e intensifican nuestros propios miedos. No necesitamos demostrar que la vida existe —si lo intentáramos, dudaríamos de nuestra propia existencia. Estamos vivos, de modo que la vida existe. La muerte, o la materia, obviamente existe también— todo lo que fue creado también tiene un final. La encarnación es el proceso mediante el cual la vida crea la materia, mueve la materia y se convierte en materia. El hombre en mi historia sabía que él era el *nagual*, la fuerza que animaba su cuerpo físico. El cuerpo, o *tonal,* era su creación. El cuerpo era su santuario, un lugar que amaba y respetaba incondicionalmente. Cada lugar que ocupaba merecía el mismo respeto. Este planeta, un objeto entre miles de millones de objetos en este amplio paisaje de la vida, también era su hogar, y merecía su amor y su respeto.

Un hombre *nagual* sabe que él es la fuerza que crea la existencia y mueve la materia. Se da cuenta de que todo lo demás es temporal. Todo lo demás, como el pensamiento y las palabras, es la distorsión de un espejo. Saber esas cosas es saber la verdad.

¿*No es cierto, mi ángel del amor, que caminando de la mano hacia el sueño de la vida... cada paso es bendecido por Dios?*

La ceremonia nupcial se celebraba en casa de un aprendiz en Nuevo México, rodeada de acantilados rojos y envuelta por cielos de zafiro. Aquel era un buen lugar, un lugar hechizado. Sarita sentía el ritmo de la música de la Tierra bajo sus pies, y sus oídos distinguían sacramentos hasta en el canto de los pájaros. El aroma de la vida era evidente en las flores del desierto y en los pinos, mientras el sol del verano confería al aire un brillo cristalino.

Las palabras que Miguel dirigió a los invitados sonaron fuertes, igual que lo era su intento. Escuchando como una oyente lejana, Sarita se maravilló al ver el cambio en su hijo. Había olvidado lo evidente que resultaba su poder en aquella fase de su vida. Acababa de regresar de un viaje a Hawái y cambiaba deprisa. Había encontrado a alguien dispuesto a publicar su primer libro. Había vuelto a enamorarse y comenzaba a planear formar una nueva familia. Se había cortado su larga melena, había cambiado su manera de vestir y había comenzado a correr todos los días. Seguía siendo joven a los cuarenta y cinco años, y más guapo aún que su padre a esa edad.

—José Luis —susurró con melancolía. Era agradable volver a pensar en su marido. Cuando se celebró aquella boda, él acababa de morir, y su ausencia la había cambiado de muchas maneras. Después de su viaje a la India, José Luis había empezado a mostrar síntomas de fatiga, pero lo había considerado algo sin importancia. Se había negado a buscar ayuda y Sarita lo había perdido antes de que nadie entendiera la seriedad de su enfermedad. Su muerte había sido inesperada y devastadora. ¿Habría cambiado a Miguel también esa muerte? Parecía que algo lo había cambiado. Empezaba a contar una nueva historia, otro tipo de historia, con unos personajes diferentes. Dhara había seguido con su vida y él estaba invitando a otra mujer a compartir su vida. Estaba casándose. Algunos amigos y estudiantes estaban allí para presenciar la ceremonia; no había presente ningún miembro de la familia. Él recitó las palabras felizmente, como si volviera a ser un chico, ansioso por su próxima aventura e indiferente a sus consecuencias.

¿No es cierto, mi ángel de la vida, que en la eternidad de mi ale-
gría, la sonrisa de tu cara refleja el amor en mis ojos?

Estaba encendiendo una nueva llama, sí, pero también estaba apagando una llama antigua. A pesar del entusiasmo casi
infantil de Miguel, aquella ceremonia no se celebraba con la
temeridad de un muchacho, sino con la premeditación delibe-
rada de un hombre. Al comprometerse con aquella mujer, pondría fin a los viejos sueños y recibiría a los nuevos. Era extraño
contemplar la ceremonia nupcial desde aquella perspectiva
—otro momento más de su vida que no había compartido con
ella, y otro aspecto más de él que ella no conocía—. Estaba
contenta de poder presenciarlo ahora y agradecía que él quisiera que lo presenciara. El cambio no era un desafío para un
hombre como él. Podía adaptarse, y podía amar, sin importar
la persona o las circunstancias.

Sarita se secó una lágrima del ojo y la vio flotando con la luz
del sol. No se había dado cuenta de lo agitada que se sentiría
con aquellos recuerdos. Alguien le tocó el hombro y entonces
fue consciente del Miguel mayor, de pie junto a ella. Llevaba la
bata del hospital, claro, y parecía pequeño y frágil, nada parecido al hombre que celebraba la ceremonia bajo el sol; aun así,
una sonrisa iluminaba su rostro mientras observaba la escena
que se desarrollaba ante ellos.

—El sueño más feliz de una madre —dijo alegremente.

—Me seguiste hasta aquí —dijo ella, asintiendo—. Gracias.

—Deseaba disfrutar de este momento contigo.

—Tuviste días mejores —advirtió ella tristemente, señalando hacia el novio.

—Desde luego —Miguel observó mientras el cura leía—.
¿No es agradable ver a tu hijo felizmente casado al fin? —preguntó con una sonrisa irónica.

—Eras feliz, eso ya lo veo —respondió ella con brillo en la
mirada—. Me recuerdas a tu padre, m'ijo.

—Mi padre convirtió en éxito su matrimonio.

—Nunca se habría atrevido a dejarme, eso seguro —Miguel no era su padre, pensó Sarita. Por fuertes que pudieran ser las mujeres, él siempre lo era más—. Era una chica encantadora, según la recuerdo.

—Sigue siéndolo, pero no funcionó.

Sarita estaba a punto de responder cuando vio un ligero movimiento por encima de ellos, sobre un risco cercano. Pensó que era un ciervo, símbolo de elegancia y de amor, y señaló hacia allí.

—¿Eso es...? —comenzó a decir, y entonces reconoció la silueta de su abuelo, tan lleno de vida y, aun así, muerto hacía tanto tiempo—. ¿Ese es don Eziquio? —se sorprendió—. Acabará matándose si sigue dando saltos por ahí.

—Insiste en bendecir la ocasión —contestó Miguel con una sonrisa—. De hecho fue bendecida. Todos tenían un brillo mágico aquel día, ¿no te parece?

—Pareces muy enamorado —convino ella.

—Claro que lo estaba. La adoraba.

—Dices eso de todas —respondió Sarita con cariño.

—Y lo *digo en serio* siempre —Miguel se encogió de hombros.

—Pueden aceptar solo el amor que creen que merecen, m'ijo... no un amor sin límites, no un amor que vea más allá de la mujer, que vea la verdad —sonrió, con el rostro conmovido por la emoción—. Aun así, todo parecía ir bien entre esta chica y tú.

—No hay bien. No hay mal —rodeó a su madre con un brazo débil—. Lo intenté. Fracasé. Eso es todo.

—¡Hijo, mira tu alegría, tu determinación valiente! ¡La novia está radiante y a ti te brillan los ojos por la emoción!

—Hice un gran esfuerzo y ella también —dijo él, contemplando la escena—. El deseo estaba allí, el sexo era maravilloso...

—¡Miguel!

—...pero ¿debería haber sido tanto esfuerzo? Rara vez nos poníamos de acuerdo en algo. Quedó claro que yo la avergonzaba. Le costó presentarme a sus amigos. Cuando lo hizo, me sentí como un calamar en una piscina llena de peces exóticos.

Sarita tuvo que reírse.

—¡Un calamar excepcional y brillante!

—No hacíamos buena pareja —insistió él, señalando a los novios—. No habría durado, aunque es evidente que Dhara y tú no lo lamentaron mucho.

—¿Y esperabas lo contrario?

¿Lo esperaba? Miguel frunció el ceño ligeramente mientras pensaba.

—Ambas deseaban conducir el sueño de Miguel, madre, y no podían —dijo él—. Era yo quien debía vivirlo.

Sarita lo miró, pensando en el vehículo que necesitaría para recorrer un sueño humano una vez más. Su cuerpo estaba en peligro, pero seguía habiendo un gran hombre *nagual* en él. Había tenido una existencia admirable. Su vida había sido un monumento al amor, y su cuerpo era el instrumento. Regresaría y seguiría dando. Ella se encargaría de que así fuera.

—¿Cuánto duró esta al final?

—Tres meses. Tres meses de desacuerdos y de perfecta armonía.

—¿Y después qué? ¿Qué debería esperar ver después?

Su hijo se volvió hacia ella y la miró directamente a los ojos antes de hablar.

—¿Estás preparada? —era una pregunta que siempre hacía a los aprendices que insistían en ver las cosas que no estaban ni remotamente preparados para ver. De hecho, siempre se los preguntaba tres veces. Al darse cuenta de aquello, los más sabios dejaban de exigirle un acto de poder. Los que no lo hacían, quedaban advertidos, pero no mucho. «¿Estás preparado?», preguntaba una tercera vez, y entonces la realidad cambiaba antes de que pudieran responder. Llegaban las visiones, el pensamiento se detenía y la verdad se abría paso como un puñetazo en el estómago.

Sarita no tuvo ninguna advertencia.

—¿Estás preparada? —le preguntó suavemente bajo los cantos de los arrendajos y el batir de las alas de los colibríes... y entonces Sarita se encontró en una habitación desconocida.

Era el dormitorio de una mujer. Debía de ser la hora de acostarse, porque la luz de la mesita de noche estaba encendida, y las cortinas de color albaricoque y las sábanas habían adquirido un tono dorado. Dhara estaba sentada sobre la cama, en su casa de San Diego. Hacía tiempo que Sarita había visitado aquella casa, pero recordaba que allí era donde había ido Miguel al abandonar a su nueva esposa pocos meses después de la boda. Había ido a casa de Dhara. Había regresado de un fin de semana del Círculo de Fuego, una reunión anual de sus estudiantes y miembros de la familia, y había anunciado a todos que liberaba a su esposa de sus votos. Había dejado su coche en Tahoe y se había marchado... a ver a Dhara.

Sarita vio a Miguel, tal como era entonces, sentado en un sillón a pocos metros de la cama. Tenía los ojos cerrados y no decía nada. Había llegado muy tarde aquella noche. El hijo de Dhara le había permitido entrar en la casa.

—Vine a ver a tu madre —dijo Miguel, caminando por el pasillo sin avisar hacia su dormitorio. Dhara se sorprendió al verlo ahí, pero su expresión se lo dijo todo. Guardó silencio. Una hora más tarde, seguían sentados en extremos opuestos de la habitación, en silencio, ofreciéndose el uno al otro respeto y perdón sin hacer ningún comentario. No había más batallas que librar.

Sarita recordaba las semanas siguientes, cuando Dhara se elevó como un águila maravillosa y sacó a Miguel de la decepción que sentía por su matrimonio fallido. Viajaron a Italia, y el viaje cambió a su hijo. Se liberó de la tristeza y se recuperó. Cenaron en Venecia, visitaron el Vaticano, pasearon por las ruinas romanas. Italia era un festín de placeres y diversiones —algo que Miguel no podía decir de sus experiencias en la India, donde ambos habían viajado juntos años atrás—. Para él, la India no había sido la aventura espiritual que había sido para Dhara, o para Sarita. Parecía que aquel lugar no iba con él, pero estar en Italia le proporcionó la distracción que necesitaba en una época difícil, y la valiosa oportunidad de decidir hacia dónde quería redirigir sus energías.

Sentado en silencio con Dhara aquella noche, su corazón comenzó a curarse. Ambos compartirían nuevos momentos, pero sin exigencias ni conflictos. Sarita suspiró, cerró los ojos y soñó con Miguel y con Dhara a la luz de la lámpara. Se sintió muy tranquila. La rabia había desaparecido y el amor ardía con fuerza dentro de ellos. La verdad por fin había recuperado su momento de eternidad. No quedaban palabras rebeldes que decir... y Sarita agradecería siempre aquel atisbo de paz. En aquel lugar se había ganado la guerra, gobernaba el respeto y las consecuencias no significaban nada.

—¿Estás preparada? —oyó preguntar a su hijo.

—Sí —respondió ella, pero la visión ya había desaparecido. Dhara y la lámpara de la mesita desaparecieron. Sarita estaba de nuevo en la boda con Miguel. La novia y el novio estaban bailando con sus invitados y el sol se ponía tras las colinas occidentales. Eziquio, el *trickster*, daba saltos en lo alto de una montaña. La magia invadía su pequeña tierra hechizada y alcanzaba a todas sus almas soñadoras.

13

JAIME VEÍA A SU MADRE DURMIENDO EN SU CAMA. Oía el ritmo lento y suave de su respiración mientras un tenue rayo de luz de luna se filtraba entre las cortinas abiertas y hacía que la pared brillara tras ella. Sarita había tardado en quedarse dormida, pero finalmente se rindió, permitiendo que las oraciones nocturnas hicieran su trabajo.

Se preguntaba qué habría visto durante las ceremonias esa noche. Mientras sonaban los tambores y los guajes extendían su sonido por toda la casa, había atisbado varias visiones, pero ¿qué pasaba con ella? ¿Dónde iba ella cuando los demás llamaban a los antepasados y recitaban viejas oraciones? El trabajo que realizaba cada noche, agotando una energía muy valiosa mientras la familia y los seguidores se reunían para las ceremonias, parecía estar dañándola más de lo que ayudaba a Miguel. Esa noche había vuelto a desmayarse, y en esa ocasión Jaime había puesto fin a los rituales y había enviado a todo el mundo a casa. Miguel había vivido otro día. Tal vez sobreviviese otro más, dos más, pero estaban perdiendo la batalla contra la muerte. Los médicos iban perdiendo gradualmente a su hermano, pero Jaime no la perdería a ella. No permitiría que Sarita muriera, ni siquiera para salvar a su hijo pequeño.

Jaime recordaba que el corazón de Miguel había estado a punto de fallar una vez en el pasado. En un viaje de poder a Hawái años atrás, Dhara y él se habían llevado a un grupo de aprendices intrépidos a lo alto de una montaña situada en la gran isla. Miguel los había conducido hasta la boca del volcán, una excursión de al menos un kilómetro y medio. Dhara se había quedado atrás, pues no quería enfrentarse al calor del sol, al fuego del suelo y a la inevitable subida de vuelta al borde del volcán. Sarita había decretado que la misión de Miguel era fundirse con la Tierra. En aquel lugar de poder, la Tierra y el fuego quedaban simbolizados por la diosa Pele. Miguel hizo lo que le habían ordenado, cortejando a la diosa con rituales y atreviéndose a entrar en ella. Pele debió de ser una mujer difícil de seducir, porque aquel día no tuvo piedad de su pretendiente. Cansada y sin sentido del humor, rechazó a Miguel sin una bendición y, cuando estaba saliendo del volcán, su corazón comenzó a fallar.

Sintió un horrible dolor en el pecho. Se puso pálido y empezó a sudar, a tambalearse. Sus estudiantes reaccionaron alarmados. Algunos de los hombres más grandes se ofrecieron a llevarlo, pero él se rio ante la sugerencia. Al recordar la historia, Jaime pensó que Miguel había decidido enseñar la mayor lección de todas. Parecía que Pele lo había rechazado, pero ahora sería capaz de mostrarles a sus aprendices cómo se enfrentaba un verdadero maestro a su propia muerte.

Mientras los rayos de luna se perseguían en silencio por la habitación, Jaime sonrió para sus adentros. Su hermano pequeño siempre había sido un mago con los juegos, inventando competiciones nuevas; nuevas formas de jugar a la pelota, de apostar, de ganar al ajedrez. No era propio de él quedar satisfecho con las mismas actividades de la tarde un fin de semana tras otro. Cuando los chicos mayores comenzaban a dominar un juego, él cambiaba las normas o alteraba el objetivo. Inventaba otros juegos con estrategias diferentes, inteligentes. Siendo chamán hacía lo mismo. Cuando sus aprendices capturaban una idea, aceptaban una teoría, Miguel la abandonaba por otra. Los estudiantes se mantenían despiertos y en desequilibrio. Para estar a la altura, tenían que cambiar, ser ágiles —tenían que hacerlo, o arriesgarse a perder su atención—. Con el tiempo, se convirtió en el maestro de las mitologías, dándoles oportunidades constantes de apegarse y desapegarse; de sus historias y de las de ellos mismos.

La nueva domesticación requería nuevos incentivos sin sanciones. Él era el salvador que sus estudiantes habían buscado, y el padre que deseaban haber tenido. Era amigo para muchos, pero siempre el maestro y el guía. No existía el bien y el mal en eso, y las reglas que a todos se pedía seguir formaban parte de un juego donde todos ganaban.

Miguel no había querido asustar a sus hijos espirituales aquel día en el volcán. El dolor era tan fuerte que apenas podía evitar que su cuerpo llorase, pero sabía que ellos malinterpretarían cualquier lágrima y la achacarían a la pena o al temor. No quería que temiesen a la muerte. Siguió hablando y siguió caminando, lenta, pero decididamente, hacia el borde del volcán. Las mujeres que iban con él lloraban, temiendo que no lograra sobrevivir al ascenso. Los hombres rezaban y encontraban fuerza dentro de sí mismos.

Dhara no tuvo idea de lo ocurrido hasta que no pasó el drama y él acudió a pedirle ayuda. Juntos aquella noche, calmaron su corazón y curaron el recuerdo de un día difícil. Había sobrevivido. Estaba vivo, pero se vio obligado a replantearse su propio plan de juego. Pele lo había rechazado, incluso abusado de él, pero volvería a intentarlo. Inventaría estrategias diferentes. Tenía la fe necesaria para ganar. La diosa acabaría por ceder y suavizarse, y el juego cambiaría a su favor, como sucedía siempre.

Para Jaime no estaba claro si aquellos estudiantes entendieron alguna vez lo que significaba dominar la muerte. Tal vez ni siquiera ahora la entendieran. Miguel se había enfrentado entonces a la muerte con alegría, en el volcán, igual que esta otra vez. Era un juego, al fin y al cabo, pero uno que pocos tenían la conciencia de estar jugando. Tal vez hubieran escuchado, tal vez algunos hubieran aprendido. Aquel día en Hawái fue un día portentoso en cualquier caso. Fue una advertencia, y el mensaje estaba claro para todos aquellos que rezaban por él aquella noche. Estaba enfrentándose de nuevo a la muerte ahora y, por mucho que se riera, las probabilidades no jugaban a su favor.

Mientras tanto, Sarita sufría. Jaime había estado a su lado desde que su hermano fuera trasladado al hospital. La observaba, preguntándose si estaría intentando, incluso mientras dormía, avergonzar a su hijo para que regresara, igual que en aquellos días de verano durante la infancia, cuando tenía que arrastrarlo hasta casa para cenar después de una larga tarde jugando.

—¿Dónde te vas en estas noches, Sarita? —susurró Jaime hacia la luz de la luna—. ¿Qué es lo que oyes? ¿Qué es lo que ves?

Cerró los ojos y tomó aire para calmarse. Deseaba ir con ella, acompañarla a cualquier reino que hubiese encontrado, y ayudarla a conseguir su objetivo. No le había hablado de sus viajes interiores, solo le había dicho que había hablado con Miguel y que alguien la guiaba. La *guiaba*... ¿quién? ¿Y hacia dónde? Jaime se incorporó. De pronto sintió como si alguien más estuviese allí, escuchando sus pensamientos. Notó la leve presencia de algo —un ángel de la guarda, tal vez— sentado con él junto a la cama de su madre.

—¿Qué cree que está guiando a su madre? ¿Ángeles y querubines sobre caballos alados? —se preguntó Lala en voz alta, contemplando a madre e hijo a la luz de la luna. Don Leonardo y ella acababan de encontrarse en esa habitación, en aquel recuerdo silencioso, y les preocupaba ver que habían perdido su conexión con Sarita. En su agotamiento, había abandonado la claridad del estado de trance en favor del sueño.

—Se imagina a un anciano, como tú o como yo, compartiendo los secretos del universo con su madre mientras él trabaja, invocando nombres ancestrales con sus primos —contestó Leonardo con una sonrisa compasiva al ver a su nieto.

—¿Siente envidia? ¡Ja!

—Díselo —la instó Leonardo—. Dile a Jaime lo que desea saber. ¿No es esa tu vocación? Contar historias elaboradas para burlarte de la mente.

—No le tomaré el pelo. Es un creyente, un amigo del conocimiento y un guerrero. ¡Mira cómo se preocupa por su querida madre! ¿No crees que renunciaría a una docena de hermanos por mantenerla a su lado?

—No.

—¿Y a un solo hermano?

—No renunciaremos a Miguel, querida. Este hermano devoto mantendrá a Sarita en el buen camino y ella traerá a su hijo pequeño de vuelta al mundo de los vivos.

—A mí me importa poco que el chamán se quede o se vaya, recuérdalo —dijo Lala secamente—. Esta gente reza para obtener respuestas. Es mi consejo lo que buscan, y para mí es un placer dárselo.

Leonardo se encogió de hombros, sentía que debía cambiar el rumbo de la conversación. Centró la atención en Sarita, dormida profundamente en el mundo de las cosas vivas y de las preocupaciones urgentes. La causa no tenía ningún sentido sin su presencia; su hijo no respondería a nadie más. Al pensar aquello, sintió también que Miguel estaba cerca de allí, observando y esperando. Leonardo sintió de pronto la necesidad de actuar en nombre de Sarita.

—A Miguel le queda muy poco tiempo —declaró—. No es práctico que nos quedemos aquí observando a mi hija sin hacer nada.

—Estuvimos haciendo muchas cosas.

—Sí, recopilamos muchos recuerdos, pero hay más cosas que hacer. No discutas conmigo, por favor —dijo antes de que pudiera interrumpirlo—. Me temo que debo insistir.

Lala permaneció callada, viendo como Jaime Ruiz protegía a la figura durmiente de su madre. Parecía que el conocimiento era un camino que llevaba a los humanos solo hasta determinado punto. Cuando se terminaban las oraciones, cuando se acababa la esperanza, solo se tenían a sí mismos... y la serenidad vacía que se extendía entre dos pensamientos. Ese no era su lugar. Ese lugar pertenecía a los acosadores del misterio.

—El amor es un misterio —dijo finalmente.

—Es una palabra, señora, como bien sabes.

—Es una palabra —dijo ella—. Es una orden. Es un tormento, si yo lo digo. Y aun así...

—¿Y aun así...?

—Antes de que se pronunciara la palabra, había... algo.

—Algo que gobierna a las palabras —convino el anciano—. Algo que gobierna todos los sueños, todos los universos.

—Incluso el de ella —dijo Lala. Miró a la Madre Sarita con el ceño fruncido—. Incluso ahora.

—Incluso ahora, mientras sueña sin nosotros.

—Parece que estamos solos, don Leonardo, jugando con una idea muy frágil.

—¿Y cuál es?

—Que el amor de un hijo puede ser al final la llama que obra el milagro.

El anciano se quedó mirándola, poco acostumbrado a su tono y a la cara de la mujer que estaba hablando. Tenía una mirada embelesada, una mirada que habría esperado en una chica enamorada. ¿Dónde estaban sus pensamientos, los pensamientos de la narradora? ¿Quién estaba detrás de aquella transformación? Miró a su alrededor, escudriñando las sombras, pero no vio a nadie más.

—¿Puedo sugerir que vayamos allá donde la llevaron sus visiones? —preguntó.

—¿Y si no hay visiones? —respondió ella, preguntándose cómo un cuerpo tan inerte podía invocar sueños.

—Persigámosla. Tú eres Artemisa y yo, uno de tus bonitos e incansables perros. ¡Persigámosla y veamos qué encontramos!

Lala echó un último vistazo y asintió. Seguiría al anciano, pues parecía llevado por la inspiración, algo que ella no tenía en aquel momento. Tras mirarse a los ojos, don Leonardo y ella desaparecieron, dejando a la anciana dormida y bañada por la luz de la luna... con un hijo y algo que parecía un ángel de la guarda sentados junto a ella.

En efecto, Sarita estaba soñando. Estaba soñando con otra boda, una boda inmensa. En esa ceremonia en particular, había muchas novias. Había innumerables novias, aunque Sarita solo reconocía a tres. Vio a María, la primera esposa de Miguel, acompañada de sus tres jóvenes hijos. Estaba Dhara, vestida con un sari de seda dorada. Estaba la mujer que sería su esposa durante unos pocos meses, cuyo rostro reconoció, pero cuyo nombre se le había ido de la memoria. Y había más novias, cientos de ellas, reunidas junto a los escalones de un inmenso altar, esperando emocionadas a que llegara el novio. La ceremonia se celebraba al aire libre, pero en esa ocasión el clima era húmedo, la brisa era cálida y transportaba el aroma del mar. Todos estaban de buen humor, expectantes, con una intensidad romántica evidente que siempre parecía fluir en los climas tropicales. Todo el mundo parecía nervioso, como si anticipara dulces placeres y pasiones nocturnas.

Parecía que la ceremonia tenía lugar en una isla tropical; desde donde estaba, se veía el océano por todas partes. Sarita no veía a Miguel, pero sentía su cercanía. Sentía su ansiedad ante la idea de tantos matrimonios, pero su miedo era claramente superado por su entusiasmo con la luna de miel. Ella giró la cara hacia el viento y sintió la fuerza animal de aquella emoción. ¿Acaso no la había sentido ella también siendo joven? ¿No era aquella la sensación de la vida misma? Todo ser humano anhelaba el amor eufórico y la unión definitiva. Todo hombre y toda mujer deseaban fundirse con la vida a través del cuerpo de otro ser humano. Sarita no era diferente, y tampoco lo eran los hombres a quienes había amado. Al abrir sus sentidos fue transportada por el sentimiento, expulsada de los límites de la creencia por un instante y quedó inmersa en el amor. Aquella era la esencia de Miguel... aquel espíritu de deseo incontrolable. No sabía hasta qué punto aquel deseo había afectado a las diversas mujeres de su vida, pero aquel era su verdadero poder. El conocimiento debía capitular ante eso. La mente, con todas sus astutas maquinaciones, nunca prevalecería frente a aquel poder. Esa fuerza de amor incondicional estaba en él, y *era* él. Un sinfín de novias ardientes estaba allí esperando, demostrándolo sin aliento.

Asistió mucha gente a la ceremonia. La multitud, con invitados que incluían a todos los que ella conocía, prácticamente cubría la isla. Sarita vio a miembros de su familia —sus hijos e hijas, los hijos de estos, y los hijos de los hijos—. Viejos amigos que se mezclaban con nuevos conocidos, y hermanos y hermanas desaparecidos tiempo atrás bebían y reían con los vivos. Vio a su propio padre de pie entre las hordas de invitados, y junto a él estaba La Diosa. En ese preciso momento, Sarita se dio cuenta de que estaba respirando. Aquello no era un trance, ni un recuerdo. Aquel era el tipo de sueño que solo se producía durmiendo, sin causa ni intención. Puede que don Leonardo estuviese visible, y la mujer serpiente con él, pero era un sueño sin sentido, aleatorio. Era una comedia, una distracción que ella misma había creado; y, al despertarse dentro del sueño, este comenzó a cambiar a su voluntad.

Los invitados de la boda se desvanecieron. El conjunto de novias desapareció. Si iba a haber una luna de miel, el novio tendría que regresar con los vivos. Cuando Miguel regresara, podría tener todo el sexo que deseara, casarse con todas las mujeres que pudiera soportar y deleitarse con los nacimientos de una docena de hijos. Hasta entonces, no se hablaría de cópula ni de matrimonio. Terminaría con esto, a pesar de Miguel, o precisamente por él. Que los antepasados la siguieran o que regresaran a sus camas polvorientas. Que los santos la abandonaran y los ángeles se alejaran volando; concluiría aquella misión y traería a su hijo de vuelta.

Mi madre siempre desempeñó un papel significativo en mis sueños, tanto cuando dormía como cuando estaba despierto. Si sobrevivo, estoy seguro de que seguiré sintiendo su presencia y oyendo sus palabras. El Miguel que ocupa su imaginación puede que no me resulte del todo familiar, pero ella lo ama sin condiciones. Por muy lejos que él pueda estar ahora, habiendo escapado de mi alcance y del suyo, se preocupa por él igualmente. Sueña con las mujeres que conoció y deseó, todas compitiendo con ella por su atención. La atención es el premio más valioso de la humanidad, y nuestra principal herramienta de conciencia; pero hay muy poco que requiera ahora mismo la atención de Miguel. La atención de la vida determinará los acontecimientos y orientará el sueño hacia un horizonte nuevo. Desde ahí, aguardarán más revelaciones. Con la ayuda de mi hermano, Sarita descansará, despertará y seguirá con sus esfuerzos, como debe hacer todo verdadero maestro.

La ceremonia nupcial de 1997 —no la boda en masa que estaba soñando ella, sino la pequeña boda en Nuevo México— era un indicador de mi determinación por cambiar el sueño de Miguel. En aquella época sentía que un nuevo amor y una nueva manera de vivir estimularían nuevas posibilidades. Estaba ocupándome de mi salud, de mi aspecto y de mi destino. *Los Cuatro Acuerdos*, recientemente publicado, ya estaba cambiando la forma del sueño. Mi acercamiento a la enseñanza cambiaría pronto, y mi relación con la vida estaba volviéndose más fluida, más íntima. Sarita está en lo cierto cuando dice que nunca fui tan consciente de mi poder personal como durante aquellos meses, y en los cinco años posteriores.

Aquel matrimonio terminó poco después, pero el amor nunca ha de terminar. El respeto no muere porque los sueños resulten incompatibles. Los sueños mueren... y, al morir, dejan espacio para muchos más. Los nuevos sueños se benefician de nuestra conciencia reforzada y traen con ellos nuevos personajes. Puede que algunos de ellos vean en nosotros lo que otros no pudieron ver, y nos amen con el tipo de pasión que nunca se apaga. El viento que soplaba al norte de Nuevo México el día de mi boda llevaba consigo un optimista mensaje de cambio. Esto es solo el principio, decía. Deja de resistir una vez más, decía, porque el intento está cambiándolo todo. La vida está desechando cosas y reinventando cosas. El mensajero está transformándose junto con su mensaje. El mundo está escuchando. La vida se mueve a toda velocidad. Se aproxima una unión, decía... amor lleno de una pasión destinada a durar.

Desde una edad muy temprana, pensé que hacer el amor era mi misión como hombre, tanto biológica como moralmente. En la adolescencia, comencé a sospechar que a las chicas les gustaba tanto como a mí. Si las chicas anhelaban el sexo, y mi madre era una mujer, entonces ella también anhelaba el sexo. Aquella revelación fue inquietante al principio, pero resultaba imposible escapar a ella. Usando mi profundo respeto hacia mi madre como punto de referencia, me comprometí a amar a las mujeres, a respetar su deseo de placer por encima de todo. Yo era un niño que se convirtió en un hombre, ansioso por amar y ser amado. La vida era tan sencilla como eso. Mis hermanos y amigos apoyaban mis esfuerzos, siempre que no interfirieran con los suyos. El amor hace felices a los seres humanos. La culpa y la vergüenza no.

El romance es la historia que contamos sobre hacer el amor. Los poemas, las velas y la música son maravillosos, pero el sexo no depende de ellos; no cambia o evoluciona por ellos. La sexualidad es nuestra cualidad esencial. Nosotros los humanos comprendemos la verdad a través de la emoción y de la intimidad física, pero observen la rapidez con que nos volvemos en contra de la verdad con historias de culpa o de resentimiento. Obligamos al cuerpo humano a pagar por nuestras ideas sobre el bien y el mal. Enseguida aprendí que la verdad puede sentirse sin una historia. El amor, nuestra verdad, transforma la realidad por sí solo.

«¿Cuándo acordaste por primera vez a no ser una víctima del amor?», me preguntó un alumno una vez. Semejante pregunta puede responderse en serio solo cuando viste la distorsión y te negaste a dejarte persuadir por los símbolos. Cada mente humana está bajo el hechizo del conocimiento —las palabras significan solo lo que nosotros decimos que deben significar—. Nos cautiva su poder, pero nosotros somos los magos que les damos el poder. Hechizados e inconscientes, utilizamos las palabras para herirnos a nosotros mismos y a los demás. Las palabras que pensamos nos dan miedo. Las palabras que pronunciamos nos fascinan.

Cuando tenía veintitantos años, llegué a un acuerdo conmigo mismo sobre la palabra *amor*. La veía como la fuerza de la vida en acción, creando un equilibrio de gratitud y generosidad en cualquier sueño que yo compartiera. Me veía a mí de la misma manera; una fuerza de la vida en acción. Éramos iguales. Si yo era el amor, ¿cómo podía ser víctima del amor?

El amor, la fuerza de la verdad, se utiliza con demasiada frecuencia como excusa para negar la verdad. La gente aprende a amar condicionalmente. Aman *si*... si son correspondidos, o si pueden controlar la vida de la otra persona. La humanidad practicó esta versión distorsionada del amor durante milenios. Rara vez tenemos en cuenta la posibilidad de un amor sin condiciones ni juicios, y casi nunca lo encarnamos. El amor que la mayoría de los humanos expresa y experimenta es lo contrario al amor. Igual que el árbol icónico que refleja la vida, es una copia de la verdad; pero no es la verdad. Igual que el ángel caído, es un mensajero atrapado dentro de sus propias mentiras. Igual que Lala, es el conocimiento... una historia maestra, contada de maneras cautivadoras y peligrosas.

¿Qué piensas de Lala?

Miguel y su madre estaban teniendo una conversación sobre la cama del dormitorio de ella, en casa. Jaime había regresado con su familia y los dos estaban ahora a solas. Las cortinas estaban descorridas y la luna estaba tan baja en el cielo que brillaba en los ojos de Sarita. Su hijo pequeño estaba recostado cómodamente sobre las almohadas, como solía hacer cuando era pequeño, cuando volvía a casa de la escuela y le contaba cómo le había ido el día. Sarita, aún somnolienta después de su larga siesta, no cuestionó su presencia allí, y apenas se fijó en su apariencia. Parecía como si fuese a marcharse a las pirámides: llevaba unos jeans gastados, una camisa de mezclilla, sus botas de montaña y un sombrero marrón de fieltro en la cabeza. Hablaba suavemente, de manera íntima, y su voz parecía muy lejana.

—Dime —insistió—. ¿Qué piensas de ella?

—¿Qué? —preguntó ella distraídamente. ¿Había mencionado a Lala? ¡Aquella mujer estaba muy lejos de su actual estado mental! ¡Su nombre se había convertido en un recuerdo borroso!

—Tu guía —le aclaró Miguel—. ¿Qué te parece?

—Ah, bueno, la mujer es exasperante —dijo Sarita frotándose los ojos—. Mandona —añadió. Trató de despejar su mente—. Sí, muy mandona... y a veces tiene mal carácter —empezaba a recordar a Lala con más claridad—. Y superficial. ¡Se cree que es asombrosa y lista!

—¿Te fue útil? —preguntó él con evidente preocupación.

—Supongo que eso aún está por verse. No para dar opiniones, si eso es útil. Para mí no lo es. Parece pensar que sabe siempre lo que hay que hacer en todas las situaciones; que solo ella puede cambiar el curso del destino.

—Entiendo que eso pueda ser una molestia.

—¡Una molestia! ¡Puso a prueba mi carácter, m'ijo! —a Sarita se le aceleró la respiración. Su habitación estaba inundada de luz y el aire se había vuelto un poco demasiado cálido. Se volvió hacia la ventana y se asomó. Dos árboles majestuosos se alzaban ligeramente separados frente a la enormidad de la luna llena. Recordaba ahora que había encontrado a La Diosa entre las sombras de un árbol así. Movió la cabeza al reconocer el árbol, desconcertada al verlo. ¿Siempre había estado en su jardín?

—¿De verdad?

—¿Qué? —Sarita dio un respingo y miró otra vez a su hijo.

—¿Te puso a prueba?

—Ah, Lala. Sí. Su prepotencia me pone a prueba. ¡Su arrogancia me deja sin aliento! —la anciana resopló con frustración—. A veces me apetecería... me apetecería *pelearme* con ella.

—¿Pelearte?

—Agarrarla y sacudir a esa criatura tan cabezona hasta que me vea de verdad. Parece que no ve nada —de pronto a Sarita se le apareció en la cabeza la imagen bíblica de Jacob, peleando con... con... Parpadeó y la imagen desapareció—. Hasta don Leonardo se deja distraer por ella —dijo—, y pocos hombres son menos susceptibles a la distracción que él.

—Pocos hombres —convino Miguel, asintiendo con la cabeza.

—Sospecho que está cautivado por su belleza —Sarita se encogió de hombros y contuvo un bostezo—. Son hombres... al fin y al cabo.

—Entonces, ¿es hermosa?

—Atractiva —respondió ella, encogiéndose otra vez de hombros—. Tiene atributos, desde luego; y una mujer con atributos puede ser... fantástica —tomó aire para aclararse la cabeza—. Yo era toda una mujer.

—*Eres* toda una mujer.

—En cualquier caso, la belleza no es una excusa —continuó ella—. Su arrogancia hace que sea obstinada y... y amenazante —Sarita hizo una pausa y entornó los párpados, como si quisiera concentrarse. ¿De qué estaban hablando?

—¿Le tienes miedo?

—¡Claro que no! Es una molestia trivial, sin importancia —advirtió un brillo de fascinación en los ojos de su hijo y volvió a sentirse confusa—. Puede que sea... inusual; sí, inusual. Tiene un aspecto fascinante, como lo tenía tu madre cuando... cuando...

—Sigues teniéndolo, madre.

Al oír eso, Sarita se quedó pensativa. Miró otra vez por la ventana. La luna no se había movido. Sin embargo, los dos árboles parecían más grandes. Parecían estar en armonía el uno en presencia del otro, dignos y grandiosos. La quietud de la noche no hacía sino intensificar aquella grandeza, con sus ramas inmensas elevadas hacia el cielo, y hacia ella. Mientras los contemplaba, uno de los árboles pareció desvanecerse de pronto, como una visión hecha de niebla. Sarita cerró los ojos. Cuando volvió a abrirlos, ambos árboles estaban de nuevo plantados frente al brillo de la luna.

—Dices que es molesta —estaba diciendo su hijo—, una molestia menor.

—No más que eso —coincidió ella.

—Para el sueño de la humanidad, es mucho más que eso.

—¿Para el sueño...? —Sarita vaciló al advertir el peligro. Aunque seguía medio dormida, una parte de ella se puso alerta ante lo que estaba sucediendo. Notó que Miguel, sentado tranquilamente junto a ella mientras conversaban, estaba a punto de decirle algo que no estaba dispuesta a oír. Se dio cuenta de que su cuerpo estaba durmiendo, pero aquel sueño en particular empezaba a exigir toda su atención. Su hijo se inclinó hacia delante y le habló.

—Es un ángel y un demonio, un enemigo y un aliado de la conciencia humana —le dijo.

—¿Un demonio? —repitió ella, y le sorprendió darse cuenta de que la palabra le daba vergüenza.

—Y un ángel.

Sarita se quedó mirando a Miguel, cuya expresión era curiosamente impasible.

—Nos entregamos a Lala con nuestras primeras palabras —continuó él—. Ella nos posee, nuestro cuerpo y nuestra mente. ¿Qué es en realidad un demonio, sino alguien con el poder de poseer a otro? Nos elevamos con su gloria y caemos a su voluntad. Con la conciencia, por fin podemos verla, enfrentarnos a ella, luchar con ella si es necesario, y negociar nuestra propia libertad.

—M'ijo —dijo ella con un mal presentimiento—, estás diciendo... ¿que estoy *poseída?*

—Tras comer su semilla, todo ser humano tiene el árbol del conocimiento creciendo en su cabeza. *¿Qué tipo de frutos da?,* puede preguntarse cualquiera. ¿Provoca miedo o respeto? ¿Sabe a néctar o a veneno amargo?

Su voz resonó en el silencio. Sarita deseaba despertarse, pero su cuerpo se negaba a responder.

—¿Lala... poseedora? —a la anciana le preocupaban aquellas palabras—. A mí me parece que no tiene importancia. Es una pesada, nada más.

—En el desierto —dijo su hijo con ternura—, el demonio daba mucho miedo, era imponente, podrías decir.

Los dedos de Sarita juguetearon con su camisón.

—El demonio en el jardín no da tanto miedo —continuó Miguel—. Principalmente era molesto... y podía vencérsele con facilidad.

—No hay que burlarse de esa historia, m'ijo —lo reprendió ella.

—Es la historia de todos los seres humanos. La percepción cambia a medida que crece la conciencia, Sarita. La manera en que percibes a Lala ahora es la medida de tu conciencia.

Entonces, ¿aquella mujer era el demonio o no lo era? De pronto Sarita se sintió demasiado vieja y demasiado cansada para averiguarlo. ¿Por qué no podía despertarse?

—El demonio es una imagen distorsionada de Dios —le dijo su hijo, respondiendo sus pensamientos—, igual que el conocimiento es una distorsión de la verdad.

—Yo no haría compañía al demonio de manera consciente, m'ijo —dijo Sarita suavemente.

—El demonio es el resultado de creer en las mentiras, y contigo no tiene ninguna posibilidad. Cuando se trata de Lala, tú la ves como es: algo seductor, hermoso, pero que no merece tu fe —le tomó la mano—. La ves solo como una molestia.

—Pero a veces la veo como... —se detuvo, avergonzada.

—¿Como a Sarita? —sugirió él, pero ella no dijo nada—. Sarita no es tu verdad. Igual que este Miguel, como lo percibes, no es real. Aunque hay que admitir que es adorable —le dio un beso en la mejilla bajo la luz deslumbrante de la luna.

—Real o no, yo lo quiero —susurró ella con la voz quebrada.

—Vivo o no, él te querrá siempre.

Algo arañó el cristal de la ventana y Sarita se despertó del todo. Su primer impulso fue buscar los dos árboles, pero no había nada allí salvo el tejado de la casa de su vecino. Un joven jacarandá se agitaba con el viento y acariciaba el alero con sus ramas. Sarita se dio la vuelta otra vez para contemplar la habitación a oscuras y no sintió otra presencia.

Sola en su cama, Sarita respiró profundamente y ordenó sus pensamientos. Había recorrido grandes distancias desde la mañana del infarto de su hijo. No sabría decir dónde había ido o cómo había llegado a fascinarse tanto, pero todo aquello había vuelto a llevarla a aquel mismo punto. Estaba en casa, y su hijo no estaba con ella. Era vieja y pronto tendría que hacer frente a ese hecho. ¡Qué lejos había quedado la respetada curandera que aliviaba a los moribundos! También quedó lejos la gran curandera que era capaz de moldear el destino a su voluntad. Ni siquiera en estado de trance podía recuperar a esa mujer. Sin embargo, aún podía realizar un viaje interior. Aún podía hacer uso de las fuerzas del deseo. Aún podía ensoñar...

Sarita dirigió la mirada de nuevo hacia la ventana y contempló el cielo barrido por el viento. Empezó a comprender cómo había llegado a encontrar a su hijo en el Árbol de la Vida. No era necesario que Miguel le explicara que el amor, incondicional e infatigable, es la esencia de la vida. Ella sabía bien que el amor basado en condiciones es una copia retorcida de la verdad, y aun así es ahí donde juega la humanidad —ahí, a la sombra de un árbol metafórico que se agita como un espejismo sombrío y esparce las semillas de un millón de mentiras—.

No, no era necesario que le contara aquellas cosas... y aun así sus propias exigencias egoístas habían definido aquella misión. Sarita encendió la lámpara de la mesita de noche. Se levantó de la cama, encontró sus zapatillas y se arrastró lentamente hacia la cocina, ansiosa por un poco de pan dulce y una infusión de hierbas. Tenía que encontrar otra manera de soñar aquello. Creía que su hijo estaba equivocado, tal vez incluso estuviera siendo un estúpido en lo referente a su destino. Y aun así... ¿no era feliz? ¿No era la viva imagen de la felicidad, ahora que se había liberado a sí mismo de la imagen de Miguel? Sarita se preguntó si a ella le quedaría tiempo para saborear esa libertad.

Se preguntó más cosas mientras mordisqueaba un pedazo de pan dulce y se calentaba los dedos en torno a la taza caliente. Dejó la taza en una pequeña mesa del salón y se acomodó en el sillón. Sin dejar de pensar, se quedó profundamente dormida y permitió que aquel momento —que todos los momentos— se disolviera en el poder absoluto.

¿**E**RES FELIZ O ERES ESTÚPIDA?

—¿A qué te refieres? —preguntó la mujer con los ojos brillantes por las lágrimas. El autobús en el que se encontraban daba botes por una carretera de montaña del campo peruano, con el motor rugiendo. A su alrededor, todos hablaban en voz alta, y ella no estaba segura de haberlo oído correctamente.

—¿Eres feliz? —le preguntó don Miguel a la estudiante de nuevo, con los ojos brillantes bajo el ala de su sombrero gastado.

—No, en realidad no —contestó ella, vacilante.

—Entonces... ¿eres estúpida?

—No.

—¿No?

Ella intentó mirarlo directamente a los ojos, pero era difícil. Era difícil ver aquella mirada abierta y recordar exactamente lo que era la infelicidad.

—La felicidad no es una opción —dijo finalmente, concentrándose en sus manos, que estaban entrelazadas sobre su regazo—. Hay muchas cosas que nos hacen infelices —añadió lloriqueando—. Hay... bueno, hay gente que nos rompe el corazón.

—¿Es eso lo que crees? —preguntó él con una sinceridad exagerada—. ¿Que las cosas te hacen infeliz? ¿Que alguien puede romperte el corazón?

—Sí.

—¿Alguien puede obligarte, forzarte, a ser infeliz? ¿De verdad?

—Sí. ¿Eso suena estúpido?

—Suena como si te lo creyeses.

—No puedo evitarlo —ella se encogió de hombros—. La vida apesta.

—La vida está llena de opciones —dijo Miguel con dulzura—. ¿Deseas la opción de la infelicidad?

—Si realmente tenemos opciones, entonces claro que sería una estupidez quedarse con la infelicidad.

—Exacto.

—Pero... —en su esfuerzo por encontrar un argumento, pareció volver a dejarse llevar por la tristeza. Cambió de postura sobre su asiento y comenzó a llorar.

—Entonces, cariño —insistió Miguel con suavidad—, ¿eres feliz o eres estúpida?

En esa ocasión las lágrimas cayeron en abundancia sobre sus manos.

Desde su asiento, al otro lado del pasillo, Lala estaba observándolos, escuchando. El autobús estaba lleno de estudiantes, todos hablando y riendo con tanto escándalo que resultaba difícil oír algo por encima del ruido; pero ella deseaba estar allí. Deseaba observar al maestro en acción. Deseaba por fin comprender algo sobre él... sobre el juego al que jugaba con la mente de las personas, un juego al que jugaba del mismo modo que ella, pero con una magia que a ella se le escapaba. No podía contenerse. Deseaba saber.

Se notaba que Miguel estaba ansioso por realizar aquel viaje. El breve matrimonio que había comenzado un día de verano en Nuevo México había sido anulado semanas antes. Lala se daba cuenta de que sus heridas emocionales se habían curado, de que ahora estaba ansioso por enseñar, por bromear, por demostrar de nuevo su poder. Así que allí estaba, con un grupo de fieles seguidores que se uniría a él en la diversión. Eran cuarenta en total —cuarenta seres humanos exuberantes en un viaje de poder por Perú, cuarenta personas recorriendo las carreteras serpenteantes que circulaban por lo alto de un mundo improbable.

Eran de edades diferentes y venían de lugares diferentes, pero todos tenían una cosa en común: la búsqueda. Buscaban soluciones para un problema sin nombre. Buscaban algo que creían que les faltaba, que les había sido negado. Lala nunca podría acostumbrarse al modo en que algunos humanos perseguían el misterio como si poseyera una lógica superior. Al final anhelarían el viejo conocimiento y regresarían junto a ella. Como pollos de corral tras varios intentos exasperantes por volar, regresarían a sus costumbres habituales. Más tarde o más temprano, entrarían en razón.

¿Por qué se molestaban entonces? ¿Para qué tanto alboroto, tanto cántico inspirador, tanta oración y mentira? ¿Era por aquella camaradería fugaz... o quizá por unos momentos de asombro? Tal vez la emoción que buscaran fuese llegar hasta el borde de las cosas conocidas, asomarse al vacío. Cuando se asomaban al precipicio, cuando sentían el peligro, parecían ansiosos por regresar a la comodidad de la realidad, a la certeza. Regresaban a lo que creían que eran, a los viejos pensamientos que los atormentaban. Un poco de peligro, un pequeño riesgo, era más que suficiente.

Lala observó a los buscadores de aventura a su alrededor. Casi todos eran americanos, con algunos estudiantes de México y un par que había viajado desde Europa. Perú era considerado por casi todo el mundo un lugar sagrado, un sueño hecho realidad para los aventureros espirituales. La Madre Sarita desde luego así lo creía. La anciana había enviado a su hijo ahí para vincularse con la Tierra, igual que había insistido en que fuera a Hawái. Tenía más lugares en mente —Egipto, Tíbet, la Antártida—. Cada uno de esos lugares requería una estrategia diferente y una hoja de ruta para entrar en un sueño diferente. Tal vez la Tierra soñara, como hacen todos los cuerpos; pero también albergaba el recuerdo de los sueños humanos, ancestrales y olvidados. Las aspiraciones construían ciudades y destruían civilizaciones, pero en los escombros que quedaban atrás seguían existiendo las vibraciones del pensamiento humano. El conocimiento siempre se filtraría en la Tierra como la nieve al derretirse... o como la sangre derramada.

Alguien junto a ella terminó de contar un largo chiste y el autobús estalló en carcajadas. El entusiasmo en aquel viaje era palpable, incluso algo nauseabundo. Cuando cesaron las risas, algunas mujeres de la parte de atrás del autobús comenzaron a cantar, y pronto el ambiente se volvió asquerosamente sentimental. Lala empezaba a arrepentirse de su decisión de ir también. El aire estaba tan cargado de emociones que le resultaba difícil respirar. Estaba planteándose sus opciones cuando algo al otro lado del pasillo llamó su atención.

La estudiante estaba tumbada sobre el regazo de Miguel, exhausta. Lala negó agitada con la cabeza. Esa mujer tenía todo el derecho a ser infeliz. La infelicidad era el resultado natural de tener opiniones y principios rígidos. Tras un día entero escuchando a las ideas batallar en su cabeza, era lógico que estuviera confusa. No se podía escapar a la tristeza; el destino de todo ser humano era verse asediado por el pensamiento desmedido y sufrir por ello. Lala volvió a mirar a la mujer. En ese momento no estaba sufriendo, aparentemente. Su infelicidad parecía haberse disuelto con las lágrimas, pues ahora parecía en paz. Tenía los ojos cerrados y una sonrisa en los labios, una sonrisa vacía, libre de todo mensaje o implicación. Su expresión parecía casi de otro mundo, resultaba desagradable de presenciar.

Miguel comenzó a cubrir a la mujer de besos imaginarios, entregados con las yemas de sus dedos en las mejillas, en la nariz y en la barbilla. Mientras Lala lo contemplaba fascinada, Miguel levantó la muñeca de la mujer y le acarició la piel sensible de la cara interna del brazo. Después deslizó el dedo por una vena, como haría una enfermera antes de poner una inyección, y golpeó el lugar con dos dedos. Clavó las uñas y la mujer soltó un grito ahogado. Se trataba sin duda de una inoculación, aunque Lala no entendía su funcionamiento. Era como si estuviera inyectándole a la asombrada criatura su propia esencia: una fuerza que no tenía ningún estatus en el entendimiento humano. El resultado de aquella acción fue la insensibilidad total. Se quedó tranquila, nadando en una aparente felicidad. Tal vez estuviera asomándose al precipicio, pero Lala sabía que pronto daría un paso atrás. Siempre se apartaban del misterio; siempre regresaban a la certeza, y a ella.

Durante aquel viaje, Lala había observado una gran cantidad de comportamientos inexplicables. Inicialmente se había mofado de la idea de un «viaje de poder», solo una frase pretenciosa más en una nube de autoengaños. ¿Qué sabía él de poder, aquel hombre que subsistía mes a mes, dando sermones en casa de la gente y contando cuentos sobre la verdad y la conciencia? ¿Cómo podía él ejercer poder, cuando seguía siendo anónimo para el mundo, evitando la atención y la controversia? ¿Qué sabía él, aquel hombre que se reía de las creencias que impulsaban otras vidas? Podría haber alcanzado lugares de una importancia suprema en el mundo, pero no lo había hecho. Parecía que entendía el poder de una manera diferente; pero ¿qué poder podía ofrecer a aquellos discípulos? Si no lograba traerles buena fortuna a los cuarenta que ahora lo seguían, ¿seguirían viendo aquello como un viaje de poder?

Esas eran sus impresiones iniciales; pero, cuando más observaba, más se cuestionaba... y cuestionarse no se encontraba entre sus múltiples talentos. Se cuestionaba sobre la fuerza de Miguel, tanto la fuerza física como la fuerza de voluntad. Su propia fuerza parecía debilitarse día a día, mientras Miguel invocaba un poder que no tenía fuente, de maneras que no tenían explicación. Usaba pocas palabras. Llevaba a la mente por un camino de seguridad con pocas palabras inspiradoras, solo para abandonarla y dejarla deambulando sin pensamiento ni dirección. Las palabras lo obedecían. Las palabras se rebajaban o ascendían a elevados niveles de inspiración según su voluntad. Los rituales vencían a las palabras dejándolas sin poder, conforme a su intento. El conocimiento luchaba contra el misterio, bajo sus órdenes. Lala se sentía más débil, sí. Aquel no era su reino. Allí su voz no se oía y su determinación se convertía en nada. El universo jugaba en aquel campo. La vida jugueteaba allí, e incluso el maestro *nagual* era susceptible a sus caprichos.

No estaba segura de cómo hacía lo que hacía. No estaba del todo segura de qué era lo que hacía. Solo sabía lo que veía. Desde las primeras horas en Lima —de hecho, desde los primeros minutos en el avión desde Los Ángeles— él estaba hechizando a sus estudiantes. Las mujeres estaban encantadas; los hombres deseaban igualarlo. Puede que los hombres envidiaran la atención que Miguel recibía de las mujeres, pero parecían disfrutar del desafío, imaginándose a sí mismos como hechiceros talentosos. Lo seguían de cerca mientras él ascendía los ancestrales escalones y los caminos de montaña.

Se mantenían a su lado, como habían hecho en el volcán, dispuestos a ser sus ángeles y sus defensores. De pie junto a su pequeña figura, daban una impresión de fuerza y seguridad. Incluso el más vulnerable de los hombres parecía hacerse fuerte en su compañía.

Lala observaba con placer a los hombres de aquel grupo. Eran los orgullosos protectores del conocimiento. Se dejaban impresionar por las ideas. Habían nacido con una inclinación natural a creer, con una predisposición al heroísmo. Siempre preparados para explorar nuevas tierras y lanzarse al espacio, los hombres no eran tan valientes cuando se trataba de estirar la membrana de la percepción. El chamán entendía aquello; vigilaba la prepotencia de los hombres. Tenía a sus ángeles elegidos para dirigir las ceremonias en las puestas de sol y guiar al resto a través de los rituales. Mientras las mujeres lloraban, sus ángeles proporcionaban consuelo. Cuando Miguel provocaba tormentas, ellos lo cobijaban. Cuando los truenos bramaban y los rayos iluminaban el cielo a su voluntad, se mantenían impasibles a su lado. Inamovibles, aquellos hombres eran metáforas de su poder invisible. Eran los monolitos que adornaban su camino.

Por supuesto, Lala estaba acostumbrada a la lealtad de los hombres, pero había algo en aquellas interacciones que no podía comprender. Como la mayoría de los guerreros, aquellos hombres se sentían atraídos por el peligro. Eso lo entendía. Como la mayoría de los académicos, se sentían atraídos por el conocimiento. Como todos los niños, se sentían atraídos por el buen padre que Miguel representaba. Sin embargo buscaban otras cosas y parecían encontrarlas en su presencia. Parecían encontrar el valor personal, donde antes no se veía. Parecían encontrar la fe, una fe que no podía definirse ni nombrarse. Encontraban la comprensión en la más pequeña de las insinuaciones. Encontraban la autenticidad —quizá tan solo durante unos segundos seguidos, pero eso les daba un recuerdo que podían llevarse a casa consigo—. Quedaban transformados por el viaje interior al que Miguel los alentaba y guiaba, una excursión desestructurada más allá de los límites de la razón. En ese frenesí encontraban la paz. Parecían encontrarse a sí mismos.

Para La Diosa, no había nada más siniestro.

Obviamente las mujeres también estaban buscando la verdad de sí mismas, si tal cosa existía. Miguel parecía sujetar el espejo que les mostraba lo que deseaban ver. No era ningún monolito imponente, pero su poder podía sentirse. Su alegría era contagiosa y su sabiduría una inspiración. Su amor tenía la fuerza de un maremoto: todo cedía ante él. Viéndolo en acción, Lala estaba dispuesta a admitir que inspiraba un anhelo, uno que ni siquiera el conocimiento podía inspirar. Acosados por ese anhelo, sus estudiantes con frecuencia se distraían de su búsqueda.

«Eres mío» eran las palabras que toda mujer deseaba decirle a Miguel. Más que un hombre, era una presencia que creaba un tumulto capaz de transformar. Era cambiante, pero ellas no podían cambiarlo. «¿Y qué me dices de mí?», preguntaban. Lala sabía que *mí* era una invención de la mente. Pedía atención sin hacer caso a las consecuencias. *Mí* era la arrogancia de toda mujer, la idea de sí mismo de todo hombre. *Mí* era el tentador, que rompía corazones y dividía las lealtades. *Mí* era el conocimiento, caracterizado como persona. *Mí* era como la Madre Sarita podía haber llamado a Lala, pero no lo hizo.

Para don Miguel, la vida estaba llena de algo que Lala no podía identificar ni definir; algo que se producía antes del impulso inicial de la creación y que duraría hasta mucho después de que el espectáculo hubiera terminado. Para él, la verdad era algo que merecía la pena experimentar, aun a riesgo de perder el *mí*. Se veía a sí mismo en todas las cosas y oía la música de la vida en todos los sonidos. En su modesta forma humana, era el misterio exultante que podría absorber a todos aquellos que se acercaran a él. Su hogar era la eternidad. Vivía allí, jugaba allí, amaba allí, mientras que quienes se limitaban a sus pequeños sueños difícilmente se atrevían a imaginarlo.

Lala pensó en todo lo que había visto y oído desde que comenzara su vigilia solitaria, allí, en aquel mundo enrarecido de montañas y sabiduría secreta. Sí, se habían producido transformaciones. El misterio estaba por todas partes. La música sonaba en las radios, en las voces de los niños; y sonaba melódicamente en la mente humana. La música inundaba el aire, se colaba en la tierra y burbujeaba en las corrientes de los ríos y arroyos. Ella sospechaba que la música era algo más que matemáticas, más que símbolos medidos. De alguna manera, la música conspiraba con el misterio... y, como sucedía con el chamán, el resultado era algo que escapaba peligrosamente a su control.

Siento apartarlos de su música —dijo Miguel—, pero hay algo que deseo mostrarles.

Había sido un largo viaje en autobús, pero por fin estaba en el hotel de Machu Picchu. Después de descansar y comer algo, un pequeño grupo se reunió en la entrada del hotel y dejaron a algunos de sus amigos bailando en el salón. Cuando don Miguel los reclamaba, lo mejor era responder. No habían recorrido más de seis mil kilómetros para perderse los grandes momentos con él, y aquel podría ser uno de ellos.

El hotel estaba sobre un acantilado situado directamente sobre las ruinas de la antigua ciudad, una ubicación de poder que atraía a entusiastas espirituales de todo el mundo. Después de visitar Lima y Cuzco, el grupo estaba pasando unos días allí, explorando los misterios del lugar y aprendiendo sobre sí mismos. Las lecciones comenzaban en el desayuno cada día y se prolongaban hasta la noche.

Aquella noche de finales de octubre habían planeado ir de fiesta, pero don Miguel estaba inquieto. Había más cosas que hacer, más cosas que decir. De modo que, apiñados juntos, los dedicados estudiantes se callaron para escuchar al maestro. En Perú estaban a principios de primavera, en el hemisferio sur, y las noches seguían siendo frías. Había montañas por todas partes y sus cumbres nevadas brillaban de blanco a la luz de la luna. Las ruinas no se veían a sus pies, pero el aire nocturno reverberaba con sus secretos, como si las propias ruinas estuvieran recontando cuentos de un sueño compartido.

—Hace una noche preciosa, ¿verdad? —preguntó Miguel mientras daba vueltas de un lado a otro del pequeño patio.

Ellos asintieron. Aunque la mayoría ya estaba estremeciéndose, se mantuvieron alerta y en silencio.

—Una bonita luna —continuó—. ¡Estrellas maravillosas! ¡Un cielo despejado y asombroso! —decir lo evidente no era su costumbre habitual; sospechaban que estaba a punto de suceder algo—. Dentro de un momento, todo esto se desvanecerá. ¿Quieren ver cómo?

¡Y eso era! Un poco de brujería. Algunos aplaudieron felizmente, y los enormes ángeles de Miguel prestaron atención, preparados para observar y aprender.

Miguel se apartó de ellos y se adentró más en la noche vacía. Comenzó lo que parecía ser una comunicación silenciosa de algún tipo. No dijo nada, dejó los brazos laxos junto a su cuerpo, pero movía lentamente un puño en círculos, como si estuviera haciendo girar un lazo invisible. Entonces regresó junto al grupo con una enorme sonrisa. Nadie dijo nada. El mundo estaba en silencio. Con el mismo silencio, una leve neblina fue acercándose a ellos. Emergió de la oscuridad, y los hilillos delgados fueron convirtiéndose gradualmente en una niebla espesa. En cuestión de segundos todo quedó envuelto en una capa uniforme de vapor. La luna, las estrellas y las cumbres de las montañas desaparecieron y la noche quedó en penumbra.

—¡Vaya! Asombroso, ¿verdad? —exclamó Miguel. Sus espectadores estuvieron de acuerdo y asintieron con entusiasmo, aunque parecían incapaces de pronunciar palabras. Él tomó aliento varias veces para inspirar el aire nebuloso y admiró su propia obra—. ¿Quieren que la haga desaparecer? —sugirió transcurridos unos minutos.

Nadie protestó. Todos se quedaron muy quietos, emitiendo sonidos de consentimiento. Con los ojos muy abiertos, contemplaron maravillados la niebla a su alrededor y aguardaron expectantes.

Miguel volvió a apartarse de ellos. Sin hacer ningún gesto ni fanfarrias, se quedó de pie dentro de la niebla. No hizo nada aparentemente visible, y no dijo nada. Sin embargo, poco a poco las nubes se dispersaron, se convirtieron en débiles hilillos de niebla que retrocedieron sobre los barrancos como fantasmas irritados. Todos se rieron cuando la luna brillante salió de la oscuridad y las estrellas comenzaron a titilar como si hubieran participado de la broma. Pasados los minutos, las montañas brillaban frente al horizonte y el mundo volvía a ser visible.

Miguel se volvió hacia sus estudiantes con otra gran sonrisa. Se aproximó a ellos y comenzó a hablar del intento. Su voz sonaba casi demasiado suave sobre el fondo de música en directo procedente del salón, pero captó la atención de todos. Escucharon atentamente mientras les explicaba que el intento era la vida, que conversaba consigo misma. ¿Cómo podía tener lugar aquel discurso con todo el ruido y toda la confusión que afligían a la mente humana? El dejar de resistir era la clave para comprender el intento. Él siguió hablando mientras la noche resplandecía y el sueño de los guerreros ancestrales resonaba en la oscuridad. Su voz sonaba tranquila, hechizante. Su fuerza era innegable.

Lala estaba de pie junto a la barandilla del porche, escuchando solo a medias. Como sus homólogos humanos, luchaba por encontrarle sentido a lo que estaba presenciando. Había visto muchas cosas en aquel viaje, y algo en ello había hecho que le resultase imposible intervenir. Cuando Miguel se ponía así, el misterio podía más que ella. Había visto a aquel hombre dibujar imágenes en las nubes, para asombro de sus seguidores. En muchas ocasiones le había visto invocar una tormenta, y los truenos habían respondido. Los relámpagos partían el cielo a su voluntad; la lluvia caía cuando él quería. Una vez ella se había unido a algunos de sus hombres mientras los guiaba a través de un terreno montañoso hacia un lugar sagrado. Ellos lo siguieron mientras él caminaba y finalmente desapareció de su vista. Entonces siguieron sus huellas. Cuando sus huellas también se esfumaron, se dejaron caer al suelo y ensoñaron juntos, habiendo decidido que aquella era la mejor manera de encontrarlo. Aquella visión se había quedado con ella, haciendo que se maravillase con ese tipo de mente que reconocía las barreras normales, pero continuaba buscando e imaginando.

Había visto a Miguel aparecer en dos lugares a la vez, un fenómeno que divirtió a sus estudiantes más observadores y pareció no requerir explicación. «Eh, don Miguel», decía alguien al encontrarlo en una clase improvisada en el tejado del hotel. «¿No estaba hablando con usted en el vestíbulo?». A veces, dos mujeres distintas juraban que había estado con ellas la misma noche en dos ciudades diferentes. No parecía necesario sacar conclusiones. Las conclusiones eran inútiles en aquel universo que habían acordado compartir con él. Lala frunció el ceño al pensar en romper las normas establecidas; estaba segura de que las normas eran lo único que mantenía en su lugar al sueño humano.

A principios de esa semana, una joven se había caído mientras bajaba unos escalones resbaladizos en el interior de una caverna. Se golpeó la espalda con un escalón de piedra y se oyó un fuerte crujido; inmovilizada, aunque claramente capaz de sentir, la chica gritó de dolor. El chamán le pidió que lo mirase a los ojos y, cuando lo hizo, se calmó. Después le tomó ambas manos y la levantó lenta y cuidadosamente. Algo en su espalda crujió audiblemente para recolocarse en su lugar. Ella seguía llorando, pero el dolor había desaparecido y había recuperado la movilidad.

Lala estaba familiarizada con ese tipo de trucos y escenas, y aun así no había teatralidad. Las cosas sucedían, se aceptaban y después se olvidaban. Cualquier cosa era posible... porque cualquier cosa era posible. Eso era todo. Entonces, ¿era auténtica brujería? ¿Qué tipo de magia acababa con el miedo y le robaba a la mente su supremacía justificada? Ella conocía la magia provocada por el miedo, por los pensamientos oscuros y las imaginaciones extremas. Conocía bien la magia negra que movía a casi toda la humanidad; en aquel lugar no estaba presente. Entonces, ¿de qué se trataba?

A través del sueño humano, el conocimiento —secreto y selectivo— había estado escondiéndose detrás de la magia. Las masas sin cultura se dejaban explotar tradicionalmente por los pocos que sabían cosas. El conocimiento había parecido algo mágico desde los orígenes de la humanidad. Podría ser que el chamán supiese cosas que los demás no sabían. Podría ser también que hubiera encontrado la manera de lograr que el conocimiento no fuera indispensable. Desde luego, Lala se sentía innecesaria en su mundo. Desde que llegara allí, no había oído llamadas de socorro —ni a ella, ni a Dios, ni a los santos, guías y entidades habituales—. Todas las historias quedaban a un lado para obedecer a la vida. Su incertidumbre la detenía, la inquietaba y se daba cuenta de que no había nada que hacer salvo observar, presenciar y reflexionar sobre la naturaleza de algo llamado *magia blanca* y todas las disparidades del poder.

Ahora siento la suave intromisión de Lala, como sucedió durante toda mi existencia. El conocimiento nos sigue a todas partes, como un amigo preocupado o un amante persuasivo. Es el ruido discreto de nuestra cabeza, cuyo significado creemos comprender. Pide que nuestros oídos ignoren lo que oímos y que nuestros ojos nieguen lo que vemos. Intenta decirle a nuestro corazón a quién hemos de amar y qué hemos de odiar. Cuando se vuelve más invasivo, el conocimiento es un autócrata despiadado. Abusará de nosotros y exigirá que abusemos de los demás. Un pensamiento puede alejarnos de nuestros instintos y compasiones normales. Una idea puede justificar atrocidades. Es sencillo decir que somos conocimiento, que las palabras y los significados nos robaron nuestra propia autenticidad, pero no es tan sencillo aferrarse y cambiar. Es un desafío, por supuesto, pero la fe en nosotros mismos hace que sea posible, incluso inevitable.

Durante muchos años oí las palabras de Lala resonando en las voces de todos a mi alrededor. En los viajes a lugares exóticos, lugares alejados de sus realidades normales, mis estudiantes llevan consigo su conocimiento, tan pesado e incómodo como sus mochilas. Dejan que hable por ellos, que discuta y explique las cosas por ellos. La teoría religiosa y la mitología cultural libran una guerra de ideas en ellos, hasta que sus mentes por fin están dispuestas a rendirse. En este planeta, todos los lugares fueron alcanzados por el conocimiento humano. Un viajero diferente lo verá, lo oirá en su propia voz y cambiará su objetivo.

Como cualquier otro lugar, Perú, un país lleno aún de mensajes y de tradiciones ancestrales, se encuentra bajo el hechizo de Lala. Yo la sentí ahí, como sucedió en todos mis viajes, y es un placer observarla hora, mientras escucha nuestras conversaciones de una manera diferente y se ve a sí misma en mis ojos soñadores. En su interior, oigo las palabras chocando, como hacían dentro de Miguel —al final rompen sus propios hechizos y se comprometen a reflejar la enorme generosidad de la vida—.

Milagro es una palabra por la que la humanidad se siente atraída. Los milagros son cosas que no pueden explicarse, al menos ese es el punto de vista del conocimiento. Los milagros, desde el punto de vista de la vida, son hechos, los esperemos o no, los comprendamos o no. Primero no hay nada, y después hay algo; esto sucede constantemente, sin parar. La magia es poder creativo en acción, y es una pena que nuestros poderes humanos incluyan la habilidad de crear el caos en nosotros mismos. La magia negra es el arte de la autoderrota. Nos envenenamos con juicios y miedos, y después extendemos la toxina a los seres vivos que nos rodean. Curarnos requiere de amor propio, la magia blanca que obra milagros sobre el sueño de la humanidad.

Al conocimiento le inquieta la idea del poder. Vemos cómo funciona en el mundo de los negocios y de la política, y sospechamos que funciona de igual modo en el mundo espiritual. Suponemos que es un don para los excepcionales y los elegidos. *Ella puede hacerlo, pero nosotros no*, podría decirse la gente. *Él es el elegido; yo no lo soy. Él es un maestro, pero yo nunca podré serlo.* Nos convertimos en maestros de lo que *no* somos. Nos volvimos vulnerables a la creencia de que los demás poseen un poder mayor que el nuestro, porque no reconocemos nuestro propio poder, nuestra verdad. El poder, para el sueño del mundo, es algo pequeño y egoísta. El poder, desde el punto de vista de la creación, es infinito y generoso.

Percibirnos a nosotros mismos como *vida* altera nuestra relación con todo. Las palabras normalmente se pronuncian como anticipo de una acción, pero también pueden pronunciarse *cuando ocurren las cosas*, como si las dos partes de una ecuación se comunicaran. Podría preguntar: «¿Desean oír el trueno?». ¡Pum! Lo oyen. «¿Desean ver la niebla?». ¡Y ahí está! «¿Desean ver de nuevo las estrellas?». ¡La niebla desaparece! ¡Maravilloso! ¿Qué sucede primero, la pregunta o la respuesta? Ambas son lo mismo, proceden del mismo ser vivo. El intento alimenta el discurso y el resultado es una acción de poder. El intento es vida; es la corriente de la vida la que circula por nosotros, y respondemos a esa corriente. Nuestra historia no es la verdad. Nuestras mejores ecuaciones científicas no son la verdad. Los símbolos no pueden reemplazar a la verdad, pero pueden ayudarla. Pueden orientarnos hacia la verdad y, cuando ceden —cuando el conocimiento se rinde a lo que no puede comprender— nos convertimos en instrumentos del intento.

La conciencia gana la guerra de las ideas. El amor vence al autojuicio y al sufrimiento personal. Llegaría el día en el que ganar la guerra se convertiría en el tema central de mis enseñanzas. Ese cambio aún no había comenzado durante aquellos primeros peregrinajes a Teotihuacan y los viajes de poder a Perú. Por entonces, estaba centrado en ayudar a mis estudiantes a salir del infierno. Era importante para ellos saber qué tipo de pesadilla personal habían creado y cómo podían despertar al fin. No lograban imaginar la manera de salir del infierno. Las normas tenían que cambiar, sus palabras tenían que cambiar y las voces interiores tenían que calmarse. Aquellos estudiantes necesitaban perdonar, ser amables consigo mismos. Necesitaban ver que la existencia humana no era solo ruido y confusión, y que la sabiduría podía ser suya. Sentían la verdad en mí. En mi amor por ellos sentían su propio poder. Nadie podía conducirlos hasta Dios. En términos espirituales, yo solo podía ayudarlos a encontrar las puertas del infierno e inspirarlos a seguir adelante, más allá de esas puertas, al cielo.

Solo tres estudiantes lo siguieron. El resto del grupo había tomado un camino diferente, y el autobús se había marchado a recibir a los demás. Antes, mientras todos recorrían el terreno irregular en busca de las ruinas sagradas, don Miguel se había salido del camino. El guía local les había hecho seguir hacia delante, pero el grupo vacilaba. Veían a Miguel de pie sobre un saliente lejano en la roca, pero ¿esperaba que lo siguieran todos? Al no ver una señal visible por su parte, no podían estar seguros. Tras la insistencia del guía, subieron por el camino, uno a uno, hasta reunirse con el peruano y reagruparse de nuevo. Mientras cruzaban la cresta de la montaña, sin ser vistos, solo tres incondicionales quedaron atrás. Siguieron mirando a don Miguel, convencidos de que estaba llamándolos, esperándolos. Comenzaron a trepar por la colina hacia él, que se alejaba cada vez más.

Cuando al fin lo encontraron, el chamán estaba sentado cómodamente en una roca plana. Les dio la bienvenida con una expresión de interés y diversión. ¿Se habría preguntado quién lo seguiría, quién se apartaría del comportamiento esperado y abandonaría la seguridad del grupo? ¿Eran ellos los tontos, o lo eran los demás? Cuestionar las decisiones de Miguel Ruiz era un pasatiempo común entre sus aprendices. Nunca era suficiente seguir su instinto y olvidar las expectativas. Era demasiado importante ver la razón más profunda. Lala sabía que el *significado* era el premio más valorado por la mente. Si el maremoto del amor destruía los últimos bastiones de realidad, el *significado* sería una cuerda salvavidas para el intelecto antes de ahogarse. Todo tenía que significar algo. Normalmente ella estaba de acuerdo con esa idea, pero ahora se daba cuenta de su irrelevancia. Miguel no tenía leyes, no tenía significado.

Si Miguel percibió la presencia de Lala, no dijo nada. Ella se sentó en la roca con los demás, de espaldas al sol de la mañana, y observó. Durante un rato nadie dijo nada; los tres aprendices se quedaron sentados con los ojos cerrados, contentos por sentirse especiales, satisfechos por haber sido elegidos. A medida que pasaba el tiempo, comenzaron a hacerle preguntas a Miguel, al principio con timidez. Lala escuchó sin mucho interés y reflexionó sobre la escena. El grupo estaba compuesto por un hombre y dos mujeres. Todos parecían rondar la misma edad: lo suficientemente mayores para tener familia, pero lo suficientemente jóvenes para soportar los rigores de ese tipo de trabajo. Dando por hecho que a aquello pudiera llamársele trabajo, pensó ella. Desde su punto de vista, se habían apuntado a recibir una dosis regular de locura. Acercarse a lo desconocido, rechazar la seguridad de las creencias y tradiciones familiares, le parecía un sinsentido. Aquel chamán se enorgullecía de tener sentido común, y aun así guiaba a su gente hasta los límites de la realidad, donde caía abruptamente casi todo lo que conocían y en lo que confiaban. ¡Algunos regresaban al precipicio una y otra vez! ¿Cómo no iba a ser aquello una locura?

—Algunas personas nunca se detienen —dijo Miguel.

Lala se volvió hacia él, sorprendida de que se hubiera dirigido a ella, aunque no lo había hecho. Estaba sonriendo a una de las mujeres, que al parecer le había hecho una pregunta. Lala intentó recordar de qué trataba la conversación. El hombre del grupo había preguntado algo sobre la naturaleza, sobre el sol y la Tierra. No recordaba sus palabras exactas, pero Miguel había respondido diciendo algo sobre «un ser». Un ser, sí. Lo recordaba.

—Hay solo un ser —había dicho—, e innumerables puntos de vista.

Eso era. Pero, si solo había un ser ¿quién era ella? ¿Quién era La Diosa y cuál era su particular punto de vista? Parecía que su voz los había sumido en un agradable trance, y la conversación cesó hasta que habló la mujer. Había estado mirándolo con ojos desencajados y deseosos, y dijo lo único que importaba.

—¿Qué lo hace tan diferente del resto de nosotros?

Hubo una pausa. Los demás salieron de su modorra y se volvieron para mirar. La pregunta parecía impertinente.

—Algunas personas nunca se detienen —respondió él, sin sonreír y con claridad en los ojos. Se quedó mirando a la mujer, esperando otra pregunta, pero no se produjo. Pareció que ella lo entendía. Tal vez fuese una de las que corrían hacia el precipicio y soñaba con saltar. Si existía un precipicio, si era posible saltar desde lo alto de las creencias que convertían a cada persona en lo que creía que era, Lala creía que aquella mujer lo haría. Sin embargo, no existía tal abismo. La realidad estaba por todas partes, dispuesta a atrapar a aquellos que se apartaban de su proceso normal de pensamiento y enviarlos de vuelta al punto de partida. Ella sabía que así funcionaba el sueño humano.

Entonces habló el hombre mirando fijamente a Miguel.

—Ayer —comenzó a decir con reticencia— nos separamos en dos pequeños grupos, cada uno con dos líderes de grupo, ¿recuerda?

—Sí. ¿Cómo fue? —preguntó Miguel con interés.

—Bueno, los dos líderes de mi grupo nos dieron diferentes instrucciones para el día. Uno nos pidió que encontráramos la verdad en nosotros mismos. El otro, intentando aligerar un poco las cosas, nos dijo que fuéramos entretenidos. Fue algo gracioso, creo, y todos se rieron, pero ambas cosas me afectaron enormemente.

—¿En serio?

El hombre vaciló, esperando un juicio.

—Sí —confesó—. De hecho, me quedé tan sorprendido por lo que vi de pronto en mi interior que pasé el resto del día vagando solo. Esas dos ideas despertaron un profundo conflicto en mí.

—Yo no veo conflicto alguno.

—Me enfrenté a todos los desafíos sociales de mi vida siendo un payaso. Ahora veo el conflicto entre desear entretener a la gente, contando chistes todo el tiempo, y ser auténtico. Parece que me pasé mi vida adulta evitando la autenticidad.

—Pasaste tu vida creando risas —respondió Miguel.

—Bueno, si no soy un listillo, no sé quién ser. Eso me molesta.

Aquello le parecía una tontería a Lala, que sabía que el engaño era una simple herramienta de supervivencia. Resopló audiblemente, pero nadie pareció darse cuenta. Miró hacia el cielo y vio un águila sobrevolando el manantial de aguas termales. Recordó que el guía peruano le había dicho a Miguel que no había águilas en esas montañas. Había cóndores, claro, que sobrevolaban los barrancos y los valles abiertos, que surcaban los picos escarpados y despertaban la imaginación de los humanos. Pero allí, volando por el cielo azul y chillando triunfalmente, había un águila dorada.

—Yo no veo conflicto alguno, Jefe —repitió Miguel, utilizando el apodo que había dado al estudiante.

Levantó la mirada en respuesta al grito del águila. Miró entonces directamente a Lala con una sonrisa. A ella le dio un vuelco el corazón y el momento pasó. Miguel se volvió hacia los demás.

—Estás siendo fiel a ti mismo cuando inspiras risas, y estás siendo fiel a ti mismo cuando buscas la autenticidad. Todos los conflictos de los que hablas ocultan algo sencillo y verdadero. Eres vida. Cuando naciste eras verdad, tanto en tu cuerpo como en tus acciones.

—Ahora solo finjo.

—¿Qué finges?

—Todo —respondió el hombre encogiéndose de hombros—. Seguridad en mí mismo. Conciencia. Sinceridad. Si pudiera fingir la autenticidad, lo haría —las otras dos se rieron, pero pronto volvieron a quedarse calladas cuando vieron el semblante sobrio de Miguel.

—Con cada uno de ustedes, la vida creó un ser humano perfecto. Son perfectos como son. Les enseñaron el concepto de la imperfección y construyeron la realidad en torno a eso.

—Ayer me quebré, don Miguel... me quebré.

—Y eso es perfecto. Permite que llegue el cambio, y recuérdate a ti mismo que la historia que cuentas al respecto no importa.

Hizo una pausa y se quedó mirándolos en silencio. Las mujeres eran ambiciosas, cada una a su manera, pero se cuidaban de no mostrarlo. Una se mantenía callada en la mayoría de situaciones, pero siempre decidida. Miguel utilizaría eso. La otra probablemente estuviese a punto de casarse, pero ella podría beneficiarse incluso de aquella determinación. Con frecuencia era posible convertir las ambiciones sencillas en cambios permanentes. El Jefe no era tan cauteloso como sus compañeras y quizá no estuviese tan preparado para ser sabio. Miguel había visto gran potencial en él desde el principio, pero debía elegir la paciencia como estrategia. Siempre la paciencia...

Desde donde estaba, Lala veía la nuca del hombre —un breve paisaje de sudor y tensión—. Su postura indicaba impaciencia... ¿o sería anhelo? El Jefe era un nombre inspirado por su papel en la vida real como director ejecutivo de una empresa. En aquel viaje por Perú, Miguel le había pedido que adoptara el papel de jefe de cacique de una tribu, guiando a los demás estudiantes en diversas ceremonias. El apodo le iba bien, pero era un desafío para el chamán. El Jefe solía sentirse incómodo fuera de las esferas de pensamiento habituales. Adoraba a su maestro, pero con frecuencia lo usaba como excusa para tener miedo. En una ocasión, cuando lo desafió a ver la verdad de sí mismo en los ojos del chamán, el hombre había imaginado a un demonio grotesco, con cuernos y varias cabezas. A Lala le había resultado divertido observarlo, pero la experiencia había hecho que el guerrero se fuera a la cama aterrorizado. Era un hombre decidido, pero a veces demasiado entusiasta. En una ceremonia durante la puesta de sol se había dejado llevar por el fervor chamánico hasta tal extremo que se había desmayado y habían tenido que llevarlo de vuelta al autobús. Ella pensaba en aquel hombre con asombro. ¿Qué tipo de guerrero se desmaya? ¿Qué tipo de hombre *nagual*, como a Miguel le gustaba llamarlo, cae víctima de su propio hechizo?

A los cincuenta años, el Jefe había alcanzado el éxito en los negocios y en la familia, y se sentía atraído hacia búsquedas intangibles y asuntos del alma. Competitivo por naturaleza, abordaba su recién descubierta espiritualidad con el mismo fervor táctico con que abordaba cualquier otra cosa. Era testarudo. Su aversión al autoreflejo era evidente. Sus opiniones eran más potentes que su espíritu. Era un estudiante imposible en realidad. A Lala le gustaba mucho.

—Veo que están siendo sinceros con ustedes mismos —dijo Miguel—. Su conciencia crece deprisa. Recuerden no creer todo lo que piensen... o lo que piensan los demás. Solo escuchen y aprendan.

—¿No hay nada más que podríamos estar haciendo? —preguntó una de las mujeres—. El Jefe dijo que se quebró. Parece que tenemos que seguir quebrándonos una y otra vez hasta alterar por fin la conciencia y dejar entrar la luz —frunció el ceño, aparentemente no muy segura de ir por el buen camino.

El instinto del chamán le decía que sí.

—Adelante —dijo Miguel.

—Me preguntaba si podría usted...

—¿Podría presionarnos más? —intervino el Jefe, como si llevara días esperando decir aquello. Ya había dicho algo parecido antes, y al parecer se había olvidado de las incómodas consecuencias—. Estamos aquí con usted, don Miguel, cuando nadie más vino —se jactó—. Estamos aquí y estamos preparados —los tres miraron al chamán.

Miguel los miró con severidad.

—¿Desean que los presione? —preguntó.

—¡Claro que sí! —exclamó el Jefe—. Hágalo lo mejor que pueda, jefe.

—¿Estás seguro? —preguntó Miguel.

—No tenga piedad —respondió el Jefe con una amplia sonrisa. Las mujeres parecían menos seguras ahora, apenas capaces de sostenerle la mirada a Miguel.

—¿Sabes lo que estás pidiéndome? —preguntó el maestro suavemente.

El Jefe siguió sonriendo, pero vaciló antes de hablar. Habiendo dicho las palabras, ahora se veía obligado a tener en cuenta sus implicaciones. ¿Qué significaba exactamente ser presionado? En su trabajo, presionaba a la gente diariamente. Aquello era diferente, claro, y sabía que los resultados serían diferentes. Al recordar al horrible monstruo azul de su visión, se detuvo a reflexionar. Durante el largo silencio, su sonrisa fue borrándose lentamente.

Lala, que observaba con interés, comenzó a entender el punto de vista del chamán. Mientras miraba a la cara a sus devotos estudiantes, oía solo una voz. Diría que era la voz de Lala, sin duda. Reconocería la arrogancia de querer terminar la carrera antes que los demás. La culparía por su exigencia constante y apremiante de saber. Por su parte, Lala no sabía qué ganaría presionando más a aquellos aprendices. Romper la mente humana nunca era su estrategia. El juego al que ella jugaba solo se ganaba guiando y persuadiendo, después viendo como la mente hacía su trabajo. Aquel aprendiz, aquel hombre sincero que deseaba iluminación para seguir con sus planes, no se rompería en ningún caso. Estaba construido para doblarse. Tenía inclinación a desmayarse.

El águila, que había estado volando en círculos sobre sus cabezas desde que Lala la viera, de pronto se lanzó hacia ellos chillando. El sonido interrumpió el momento y rasgó el aire soleado. Los tres estudiantes sintieron la sorpresa. Para el Jefe, el hombre que había exigido saber, fue como si el tiempo se escapara a través del cielo, y como si el paisaje escarpado corriese tras él. Su mente estaba vacía. Se tambaleó allí donde estaba, después se dejó caer hacia un lado y su cuerpo se adaptó naturalmente a las curvas de la roca. Las mujeres permanecieron sentadas, muy quietas y sin aliento, mirando fijamente a Miguel.

—La mente cambia con pequeños abusos de la verdad —dijo él—. A veces una idea es suficiente... un cambio de percepción, o una breve mirada hacia el interior —su voz sonaba suave, pero tenía fuerza—. Los mayores cambios suceden al experimentar las sensaciones puras de la vida, sin comentarios. Dejen de pensar y solo quedan las sensaciones. Dejen de intentarlo y se alzarán en el amor.

Los guerreros mueren tratando, quiso añadir, pero probablemente lo malinterpretarían. Los buscadores espirituales con frecuencia se pasan la vida tratando, mintiendo y formando estrategias. Luchan contra sus voces interiores, matan de hambre a sus cuerpos y después se castigan a sí mismos por no encontrar el nirvana. Rebuscan en cajas de conocimiento secreto, tratan de descifrar el rompecabezas y aun así no encuentran la pieza esencial: el dejar de resistir.

El viento recorrió el cañón a sus espaldas y después agitó los últimos vestigios secos del invierno. Movió la hierba, pero no rompió nada. Las creencias podían romperse sin romper al creyente.

—Es hora de ensoñar —dijo Miguel mirándolos a los ojos—. Es hora de dejarse llevar —hizo una pausa para asegurarse de que lo comprendían—. ¿Están preparados?

No le hizo falta preguntarlo dos veces. Las mujeres encontraron un lugar donde acomodarse, una a cada lado del cuerpo aún inerte del director, y permitieron que su respiración recuperase un ritmo lento y constante. Miguel señaló hacia el cielo y les pidió que soñaran el sueño del águila que volaba sobre ellos, elevándose cada vez más hacia los cielos. Miraron una última vez hacia arriba y ambas cerraron los ojos y dejaron de resistirse al ensueño.

En el silencio subsiguiente, Lala sintió las corrientes de algo que le hizo sentirse incómoda. Ocupó el vacío dejado por las palabras e hizo vibrar la materia. Recorrió a aquellos soñadores, tendidos bajo el hechizo del sol, y acarició el tejido mismo de las cosas. De nuevo el chamán podría darle un nombre. Quizá lo llamase amor, una joya que ella intentaba por todos los medios deslustrar. El amor borraba de un plumazo la teoría y rompía las normas descaradamente. Los miembros de aquel pequeño grupo habían estado practicando las artes oscuras durante toda la vida y se sentían tan incómodos como ella con esa palabra. El amor era la magia más sospechosa, disipaba el miedo y permitía que la luz atravesase el humo del conocimiento.

¿De qué trataba aquel viaje en el que ella se encontraba? ¿Cómo podía haberse alejado tanto de la sombra de aquel árbol y de la gran ilusión de las palabras? ¿Dónde estaba la anciana, la madre del maestro *nagual*, que la había arrastrado a aquella búsqueda descabellada? El águila volvió a chillar en la distancia y Lala desconfió de pronto. Miró hacia arriba y se protegió los ojos del brillo despiadado del sol. Entonces la vio, muy lejos, pero aun así reconocible. Parecía que Sarita había encontrado otra manera de cazas. Lala la observó, como en un trance, mientras Sarita surcaba el cielo por encima del sueño humano, por encima de la guerra de ideas, y muy alejada de la amenaza de las consecuencias.

¿Habría conseguido estar fuera de su alcance? No, no podría cumplir aquella misión sin La Diosa. Sin su ayuda, no regresaría el maestro *nagual*, el décimo tercer hijo de la bruja mexicana no pronunciaría más palabras sabias. Ya estaba harta de sueños, de misterios y de abusos de la fe. Esperaba que los espectros no regresaran nunca —Leonardo y el lunático de su padre, Eziquio. Estuvieran donde estuviesen, aunque intentaran interferir en sus asuntos, había terminado con ellos. Había terminado con ellos y con los de su clase.

¿Y qué hay de mí?, oyó decir a una voz, y descubrió que estaba de acuerdo. Debía hacerse presente para aquel soñador y traerlo de vuelta con sus condiciones. Tenía sus propias preocupaciones y ya era hora de hacerse cargo de ellas. Lala se levantó, tomó aire de las reservas infinitas de la vida y se permitió desvanecerse de la escena, dejando a los pequeños humanos con sus pequeños sueños.

15

¡MUÉSTRENME CÓMO LLAMAN LA ATENCIÓN
de Dios!

Miguel llamaba al grupo desde los escalones de las ruinas incas. A sus pies, los cuarenta estudiantes se quedaron de piedra, con la confusión escrita en sus rostros. Estaban en la cima de una pequeña isla, cansados, pero exultantes, y tras ellos el lago Titicaca brillaba con un sinfín de tonos opalescentes.

Habían partido de las orillas montañosas a primera hora de la mañana y el barco había llegado a la isla poco antes del mediodía. Enseguida habían comenzado el ascenso hacia la cima rocosa de la isla. Ya había sido un día largo, y Miguel contaba con el cansancio para romper la resistencia de los aprendices a la verdad —solo un poco—. Si se le pregunta sobre Dios a alguien con una mente ingeniosa, las teorías fluirán. Si se le pregunta a alguien demasiado cansado para teorizar, podrán apreciarse los primeros destellos de la conciencia. *¡Muéstrenme cómo llaman la atención de Dios!* Había dado la orden, pero no ocurrió nada. Nadie sabía qué hacer, cómo reaccionar. Con cuidado de no ser vistos mientras se miraban unos a otros, aguardaron a que la primera persona rompiera el silencio. Por fin lo hizo uno de los hombres.

—¡Ey, Dios! —gritó, y las colinas devolvieron con el eco sus palabras.

Algunas personas se rieron y después otros respondieron lentamente. Al principio se movían de forma torpe y sin objetivo, pero pronto encontraron la inspiración. Una mujer se lanzó al suelo, retorciéndose y gimiendo con placer sensual. Los hombres se arrodillaron. Algunos empezaron a bailar. Varios cantaron. Aparentemente el director ya había llegado a su límite y odiaba llamar la atención sobre sí mismo; simplemente observó a los demás. Una mujer se colocó en el centro del grupo, se quedó muy quieta en medio del caos y miró a Miguel con intento en los ojos. Sí, pensó él, está cerca, pero no lo suficiente. ¿Alguno de ellos habría pensado en un espejo, incluso un espejo de fantasía? ¿Habrían sentido la necesidad de detenerse y quedarse callados? ¿Habrían pensado en dirigir parte de la atención al cuerpo que ocupaban? No había una respuesta acertada a la pregunta de Miguel, pero resultaba interesante lo rápido que lo convirtieron en un desafío intelectual. Casi podía oír sus pensamientos. *¿Dónde estaba Dios, al fin y al cabo? ¿Quién era Dios? ¿Estaría viéndolos? ¿Oyéndolos? ¿Le importaría?* ¿Cuán fuerte era su certeza, su duda? ¿Acaso les gustaba la idea de Dios? ¿Cuánto lo temían? Tal vez temieran su juicio, como temían el juicio de los otros. Claro que quizá la atención de Dios fuese como la de ellos: débil, fugaz y susceptible.

Miguel observó en silencio durante varios minutos; después centró su atención deliberadamente en el lago y en los cielos infinitos sobre su cabeza. Un águila chilló contra el viento mientras se lanzaba hacia el agua. Él sacudió la cabeza, sonriente. Todos los días había aparecido aquella águila, sin duda la misma. Él percibía el intento detrás de sus apariciones, pero no podía estar seguro de que el pájaro fuese real. La criatura parecía un mensajero de otro tiempo —un tiempo que tal vez no hubiera llegado aún—.

Habían pasado la mañana ensoñando. Antes de comenzar el ascenso hacia el punto más elevado de la isla y aquel lugar sagrado, Miguel había dividido a sus estudiantes en tres grupos. Cada grupo había recibido la orden de soñar el sueño de un animal de poder. Un grupo soñaría como un águila. Él sabía que ese grupo se sentiría importante. Un segundo grupo soñaría el sueño de los jaguares. Ellos también se sentirían especiales. El tercer grupo soñaría el sueño de una araña. Fue fácil ver la decepción en los ojos de aquellos que fueron elegidos como arañas. *¿Una araña? ¡No debe de pensar nada bueno de mí!*, prácticamente podía oír sus pensamientos. Sus sentimientos cambiarían al terminar el día. Cada criatura era un guerrero por derecho propio. Un buen soñador se daría cuenta de aquello.

Cada uno de los tres era un acechador, un depredador. Como humanos, estaban diseñados para sobrevivir gracias a la fuerza vital de otros, pero de maneras muy distintas. Era evidente que las águilas tenían ventaja sobre la mayoría —llegaban a grandes alturas, con alas poderosas y un cuerpo que parecía no pesar nada—. Es una experiencia exultante soñar que eres un águila, pero también terrorífica. El aire es un océano de corrientes y de señales sensoriales para esta criatura. Las frecuencias cambiantes de la luz solar crean desafíos y oportunidades. El sueño de un águila ofrece muchas revelaciones que resultan útiles para un guerrero espiritual. Una mente iluminada sabe cómo emplear la imaginación como alas, para volar más alto hacia lo misterioso. Una mente abierta permite al humano contemplarlo todo desde un punto de vista privilegiado. Una mente consciente reconoce sus propios apetitos como inspiración —y como veneno—.

Un jaguar también es un asesino. Hermoso, sigiloso y peligroso. Su presa es la vida, por supuesto tal vez lo sea, pero ¿qué acechaba la mente humana, y por qué? Miguel se preguntaba qué tan difícil le resultaría a la mujer más amable del grupo imaginarse como una acechadora, una cazadora sedienta de sangre. Tanto hombres como mujeres tenían que entender que la mente es una depredadora increíblemente lista. Lo que el animal humano no siempre podía hacer —atrapar una presa más grande, por ejemplo— la mente humana lo hacía como rutina. Todos aquellos cazadores necesitarían una oportunidad para reflexionar sobre eso. Al comienzo de su educación, toda mente aprende a usar las palabras para amenazar, para castigar y para destruir. Si aquello les parecía duro a sus aprendices, solo tenía que recordarles cómo hablaban de sí mismos, cómo se atacaban a sí mismos a diario. La mente es su propia depredadora, ya pertenezca al cuerpo de una mujer tímida o de un hombre fuerte.

Miguel miró a sus estudiantes, que seguían gritando y bailando, obedeciendo a la mente, que decía: «¡Hazlo bien, sé listo, sé el mejor!». Con el tiempo suficiente, se rendirían. A veces sucedía eso cuando una persona buscaba a Dios. Hay lugares a los que la mente no puede ir, pero el cuerpo sí. En las venas más pequeñas del cuerpo, en la estructura del átomo, reside el misterio que los humanos ansían. Cada latido es la respuesta; cada aliento absorbe la verdad y la expulsa hacia el universo. ¿En qué otra parte debían buscar consuelo? ¿De quién era la atención que realmente necesitaban? Algunos ya habían chocado contra un muro mental y se habían derrumbado en el sitio. Otros yacían hechos un ovillo en el suelo, murmurando suavemente. Algunos se habían tumbado estirados boca arriba para mirar el cielo y pensar en lo inimaginable. El resto seguía bailando, como niños en busca de la sonrisa de sus padres.

Pensó en la araña. ¡Eso sí que era un soñador! Sí, las arañas cazan y matan. Igual que los humanos, aprenden a atrapar animales más grandes para sobrevivir. Sin embargo no siempre es una cuestión de sorpresa y ataque. Igual que los humanos, encuentran formas de atraer y atrapar a su presa. Construyen algo hermoso, algo que brilla con el rocío de una mañana soleada, algo que vibra musicalmente con la caricia de la brisa y se estremece de emoción cuando se acerca otro ser vivo. La capacidad de caza de la araña es su arte. Miguel había pedido a siete mujeres que soñaran el sueño de la araña. Todas estaban sentadas, relajadas y sonrientes bajo la luz del sol. Sus rostros brillaban, su pelo se agitaba sensualmente al viento y sus mentes por fin se habían calmado. Esa era la actitud de la araña... crear algo que brilla en el mundo apagado y en penumbra de las cosas que se anticipan, y después esperar. Dios acudiría a ellas. Más que eso, la araña se sueña a sí misma como la criatura que abarca todas las cosas, la que lo junta todo con la delicada fuerza del intento. La araña vive como si fuera Dios.

Al oír el grito agudo de un cazador, Miguel levantó la mirada para ver al águila, que sobrevolaba la isla como un acechador de sueños, con facilidad, lánguidamente, con la mirada atenta y las garras relajadas. ¿Qué deseaba aquella cazadora? ¿Qué comida buscaba?, se preguntó. ¿Qué premio secreto ansiaba? La respuesta era evidente, instintiva. Todas las criaturas buscan la vida.

¿Qué tendría que matar para quedar satisfecha?

Madre Sarita lo veía todo. Había enseñado a sus hijos a hacerlo, a emplear su imaginación en el arte de soñar los sueños de otras criaturas. A Miguel le gustaba decir que soñarse a sí mismo como humano era su único arte verdadero, pero ella sabía que había aprendido mucho experimentando. Para usar esa clase de poder a su edad, tenía que despojarse de las dudas. Tenía que deshacerse del ruido. Tenía que olvidarse del cuerpo, de su familia y de las leyes de la realidad física. Se había apartado por completo de su propio sueño y se había dejado caer, se había dejado subir, se había dejado volar libremente con las alas de la imaginación.

Ahora, alzándose en el sueño de un águila, veía lo que la querida Sarita, la anciana e inquieta madre, no podía permitirse percibir. Desde aquella perspectiva, podía respirar el aliento rítmico de la Tierra mientras flotaba en el espacio infinito. Veía Perú, vestido de colores cálidos, desfilando descarado por la costa del Pacífico, tan lejano y al mismo tiempo tan accesible a ella. Podía admirar los valles boscosos del país y las montañas bañadas de sol, sus luces y sus sombras, sus fantasías y su sueño profundo y tranquilo. Desde aquel punto de vista privilegiado, en lo alto de la atmósfera, no veía rastros de la humanidad. Aquel país, tan parecido al lugar donde ella había nacido, era un cuadro vivo, un retrato de algo que permanecería siempre invisible, salvo por su reflejo en la materia. Se sentía infinitamente agradecida por la vida; por el color, la textura y los sentidos que le habían sido concedidos para saborearlo todo. Sentía los brazos estirados del viento y el modo en que todas las plumas de su cuerpo respondían a los mensajes sutiles de la corriente a su alrededor. Sus enormes alas vencían a la fuerza de la vida misma, después se entregaban y se relajaban. Centró la mirada en el amplio espectro de lo que había abajo, cosas que brillaban en el horizonte, cosas que se movían y cosas que no se movían, pero que aun así estaban allí.

Había visto a su hijo guiando a un grupo de seguidores hacia los lugares sagrados entre las crestas y los barrancos de los Andes. Una tarde brillante había planeado tan bajo que había creído oír los latidos de su corazón cuando él levantó la cabeza y la miró con respeto y aceptación. Mantenía a su gente embelesada —con la belleza de la Tierra, claro, pero también con el amor embriagador que él emitía—. Su amor podía sentirse, incluso en el aire, en la distancia, a través de la niebla cristalina que era su sueño. Su mensaje era el mensaje del amor. Lo que a ella le había parecido tan irresistible de él cuando era niño provocaba que los demás cedieran ante él de adulto. Ofrecía un mensaje inflexible de verdad y de conciencia, pero era el mensajero quien marcaba la diferencia. Las palabras lo ayudaban, pero su poder residía dentro de su ser. Ella lo veía desde su perspectiva de águila, una cazadora de vida. Lo sentía palpitando en la sangre de esta cazadora y en su corazón fuerte y eterno.

Ahora se daba cuenta de muchas cosas, desde aquel amplio punto de vista. Sobrevolando el vasto terreno, veía la extraña desesperación de los humanos en busca de una verdad que imaginaban existía en alguna parte, aunque existiera solo en ellos. Veía su determinación por tocar el cielo, como si la respuesta a todos los misterios estuviera allí, a la espera. Veía los mensajes grabados en el suelo, tallados en la roca, envueltos en los muros de un templo. Veía las señales de las pirámides por descubrir, prueba en otra época de la necesidad de la humanidad por escapar de los confines de la Tierra y alcanzar los cielos. Comprendía el deseo de unión de la gente, el deseo de conexión. Deseaban el tipo de visión y de supremacía que disfrutaban las águilas. Oía los gritos de innumerables humanos, que rogaban ser liberados, que aullaban por dejar atrás el cautiverio. Veía el desfile que recorría la Tierra y daba vueltas en torno a la historia humana —gente que buscaba a Dios en todo, menos en sí misma—. Si pudieran verse como realmente eran, todo sería diferente. Si pudieran simplemente reconocerse a sí mismos como la representación real del misterio de la vida...

¿Y qué pasa con Sarita?, se preguntaba. ¿Formaba parte de aquel sueño eterno, de aquella fuerza creativa en búsqueda permanente de sí misma, o no sería más que una humana, una mujer, una madre en busca de un hijo perdido? ¿Realmente necesitaba preservar la vida de un hombre para demostrar su valía? ¿Acaso la vida de su hijo no estaba destinada a la eternidad en cualquier caso? Sarita parpadeó frente a los últimos rayos de la puesta de sol. ¿De verdad había sido egoísta? Muchos le habían dicho eso a lo largo de los años, pero, al fin y al cabo, había cuidado de dos maridos y de trece hijos. Había visto crecer a sus bebés hasta convertirse en adultos fuertes y capaces en un mundo hostil. No se había detenido ante nada para protegerse a sí misma. ¿A quién estaba protegiendo ahora entonces? Había imaginado que era a Miguel, el hijo que había acudido a ella en un destello de luz. Era el décimo tercero de trece, el orgullo de sus antepasados, ¿y acaso esos antepasados no habían respondido a su petición de ayuda? ¿No demostraba eso su generosidad?

Tal vez... tal vez estuviera intentando adaptar aquel sueño a sus deseos. Tal vez los antepasados responden a Sarita, pensaba, y gracias a Sarita. Tal vez hablen con mi voz y solo por mi bien. Tal vez la salvación significa algo distinto para mi hijo... mi hijo dulce y sabio, que sigue en el precipicio de la infinitud, esperando mi permiso para dejar de resistirse a ella.

Sintió que se le cansaban las alas, y se dirigió hacia la orilla oriental, hacia un descanso bien merecido entre los pinos. No imaginaba hacia dónde iría desde allí, ni lo que haría. ¿Cómo podía abandonar aquella misión? ¿Cómo iba a rendirse ahora? ¿Cuál sería la consecuencia para su hijo, el mensajero amoroso en un mundo poco amoroso?

Siguió bajando hacia las sombras que adquirían valor al caer el sol. Descansaría, sí. Había presenciado ya suficiente a través de los ojos de un águila. Había hecho más de lo que podía esperarse de un humano. Era hora de conocer la vida en su totalidad. Era hora de contemplar la vista desde la perspectiva infinita de la vida, y de abandonar las pequeñas percepciones de la materia. Aquello, como solía decir su hijo, era el arte de dominar la muerte... incluso durante la vida.

Don Leonardo observaba al águila descender en círculos bajo la luz del atardecer. Su elegancia —aquellos giros lentos y deliberados hacia la tierra mientras buscaba un refugio seguro y tranquilo— le hizo pensar en el hogar. El hogar solía significar un país, una casa, una familia. Ahora el hogar era un lugar que existía más allá de la imaginación humana. Ahora significaba verdad e intemporalidad.

Don Eziquio y él estaban disfrutando de los cielos del atardecer desde donde estaban, en una plataforma situada entre los restos de un templo construido por los incas en un siglo ya olvidado. Ambos sentían la potencia de aquel sueño lejano y casi podían oír el murmullo de otras conversaciones, palabras pronunciadas en idiomas ancestrales que reverberaban bajo las arcadas en ruinas del templo. Aquel momento presente, aquella puesta de sol, también formaba parte de un sueño, uno que les era extraño y a la vez familiar. Un hombre *nagual* se dirigía a sus leales aprendices en el patio. Ninguno de los que escuchaban podía imaginarse aquel lugar como había sido, ni visualizaba a los muchos estudiantes que, como ellos, escuchaban atentamente en otras épocas. Allí era donde los grandes maestros habían ido a compartir su sabiduría.

En el sueño actual, el maestro era su propio nieto, el heredero de un legado que probablemente nunca acabaría. Desde el inicio de los tiempos y hasta que los humanos tomaran su último aliento, la búsqueda de la verdad los motivaría y seguirían compartiendo la sabiduría. Más allá incluso del sueño de la humanidad, seguiría habiendo vida, esforzándose por reflejarse en todas las cosas. Seguiría compartiéndose. Del mismo modo que sabía cómo funcionaba el sueño de aquella gente ancestral, sabía que su manera de compartir iba más allá de las palabras. Miguel se compartía por completo —desde su cuerpo hasta su mente, incluyendo la fuerza de su presencia—. Lo que Sarita esperaba hacer era un perjuicio hacia su hijo. Semejante fuerza vital no podía desarmarse para luego volver a coser sus piezas y formar algo diferente, como había imaginado ella. Una presencia así ya no podía contenerse. Miguel se había dado cuenta de eso, incluso antes de que su corazón fallara. Aquella última noche había despertado del sueño del guerrero, preparado para abandonar la carne. La vida estaba ansiosa por liberarse de las limitaciones de la materia. ¿Tan difícil le resultaba a una madre darse cuenta de eso?

Miró hacia arriba en busca del águila, pero el animal se había precipitado sobre la Tierra y había entrado en otro sueño. Los estudiantes de Miguel habían recogido sus pertenencias y se habían marchado, ansiosos ya por regresar a tierra firme y meterse en la cama. Parecían agotados por los desafíos de la verdad. Leonardo se rio para sus adentros, preguntándose hasta qué punto sería agotador permitir que un hombre más sabio te diera la comida que no estabas dispuesto a buscar por ti mismo. Se encogió de hombros, sabiendo lo mucho que tendrían que cambiar sus aprendices para aceptar la comida que les ofrecía. De hecho, merecían un gran reconocimiento.

Junto a él, pudo oír a su padre murmurar. Leonardo miró a don Eziquio, que parecía estar lidiando con sus propios desafíos. Ambos habían tenido pocas oportunidades de conversar. Para alguien que apenas era algo más que un ensueño, a don Eziquio le parecía que había estado mucho tiempo ausente en el sueño de Miguel. ¿Acaso el chico se mostraba reticente a utilizar los talentos del anciano? Tal vez no estuviera seguro de si el legendario *trickster* lo ayudaría... o le haría daño. Leonardo observó mientras don Eziquio, que había saltado desde la plataforma, caminaba entre las ruinas y daba patadas a las piedras con sus botas gastadas, como si estuviera buscando algo perdido.

—Todo es demasiado confuso —masculló su padre, frotándose la frente con nerviosismo—. Ver la vida de un hombre de esta forma, inspeccionando cada momento, es como contar los granos de arroz que se lanzan en una boda.

—Pero es revelador, ¿verdad? —sugirió don Leonardo.

—Molesto. Como recoger guijarros de una olla de frijoles.

—Yo creo que es más bien como pintar.

—Como buscar pulgas en un perro callejero.

—No, como pintar —insistió su hijo, preguntándose si sería el propio Eziquio quien no estuviera dispuesto a ofrecer sus talentos a la causa—. En otra época se me daba bien. De joven, solía intentar pintar a mi novia... cuyo precioso nombre ahora olvidé. Lo intenté muchas veces. Cautivado con cada detalle, no me daba cuenta de lo que pintaba.

—¿No pudiste ver a tu novia? —Eziquio se detuvo y miró a Leonardo con los párpados entornados. Parecía estar viendo a su hijo por primera vez. El músico tenía aspiraciones como pintor. El soldado había sido un amante tierno. ¿Qué otras cosas no habría logrado ver en el chico?

—Hacía esbozos y pruebas —continuó Leonardo—, mezclaba colores como los grandes impresionistas, embelesado con mi propio genio, y después daba un paso atrás y me daba cuenta de que a la chica que había pintado le faltaba la nariz, una oreja o el ojo izquierdo. En una ocasión, su cara estaba casi oscurecida por una elaborada orquídea. En resumen, estaba apasionado con el medio, no con la mujer. ¿Te das cuenta?

—¿Darme cuenta de qué? ¿De que estamos intentando encontrar una cara en un macizo de flores?

—Puede que queramos recordar cuál es nuestro objetivo.

—¿Y cuál es? —preguntó Eziquio llevado por la curiosidad. Tal vez el chico hubiera encontrado la joya perdida entre los escombros. Dio una patada más a otra roca, subió corriendo algunos escalones y aterrizó junto a su hijo.

—Ver lo que vinimos a ver —respondió Leonardo.

—¿No para apasionarnos?

—Tú eres el alma de la pasión, papá —le apretó el hombro a su padre con cariño y le sorprendió su tacto. Incluso para él, el hombre era poco más que una visión—. Estamos aquí para ver; eso es todo.

—El proceso parece confuso —dijo Eziquio—, como distinguir los sueños de los delirios, o las motas de las nubes de polvo.

—Es un trabajo complicado, lo admito —convino su hijo.

—Como separar los granos de azúcar de los granos de sal.

—Si Sarita ha de hacerlo, nosotros debemos ayudar. Si doña Lala la sigue, aun sin darse cuenta de que es una cazadora enamorada de su presa, entonces nosotros debemos seguirla también.

—¿Y no debo enamorarme también? —preguntó Eziquio con seriedad llevándose las manos huesudas al corazón—. Admito que, en mis circunstancias, eso sería todo un logro.

—Tú eres el amor en sí mismo —respondió Leonardo, resistiendo el impulso de volver a tocar a su padre—. Preparado y dispuesto a inspirar.

Don Eziquio asintió, preguntándose por un momento por qué su hijo y él nunca habrían tenido conversaciones así cuando estaban vivos. Padre e hijo: esa frase llevaba implícito un significado que ni se veía ni se decía. Su hijo no había nacido siendo igual que él. El pequeño Leo había sido una cosita ridícula durante tanto tiempo que, cuando se convirtió en un hombre, su padre siguió viéndolo como algo pequeño y secundario. Cuando el hombre se convirtió en un maestro, Eziquio estaba demasiado distraído para darse cuenta —distraído con la vida, con la familia, con los desafíos de la supervivencia y con el deseo de elevarse por encima de aquel sueño humano—. Al final, se distrajo demasiado con sus propios juegos e ilusiones como para ver lo que había creado. Bien, padre e hijo estaban teniendo ahora una conversación, y quedaban pocas cosas que pudieran distraerlos. Aprovecharía al máximo aquel momento, fuera real o fantástico. Desencadenaría su mayor recurso —su imaginación— y se pondría a trabajar. Recordaría un objetivo y, si eso no funcionaba, se inventaría uno.

El pequeño Leonardo estaba diciéndole que él era el amor en sí mismo. ¡Por supuesto que lo era! ¿Necesitaba que su hijo, por muy sabio que fuera, le recordara que el placer de un chamán era inspirar? ¡Por supuesto que no! Eziquio golpeó el suelo con un pie y chasqueó los dedos. Dio unos pasos rápidos en cada una de las direcciones sagradas y después se quedó quieto. Cerró los ojos y comenzó a soñar el sueño de la humanidad. Todo lo que necesitaba estaba allí, en los pensamientos humanos, y en el poder que hacía posibles todos los pensamientos. Pensamientos, planes, objetivos, nada de eso le importa a la Tierra, la soñadora que da vueltas lentamente y nos alimenta a todos. Y nada de eso le importaba a él. Sin embargo, entre un pensamiento y el siguiente yacía un universo de posibilidades. Entre un pensamiento y otro yacía un misterio sin fin. Sí, don Eziquio estaba preparado y dispuesto a inspirar.

Se recordó a sí mismo que, con frecuencia, la inspiración se confundía con la pérdida súbita de la razón; pero la *locura* era su medio preferido. Invocó todos los colores de la divina locura y los extendió sobre un lienzo dispuesto. Debería encontrar un aprendiz con el que jugar. Igual que una araña, debería tejer recuerdos translúcidos, de los que brillaban y resplandecían solo con la luz más prístina. Debería rasguear los delicados hilos que conectaban a Miguel con alguien a quien tenía cariño, a quien enseñaba y atormentaba. Mediante sus aprendices, podría encontrar el corazón y el alma del maestro. Así que el artista llamado Eziquio le buscaría un estudiante, uno en particular, e intentaría despertar la fuerza vital de un hombre casi sin vida.

Habiendo decidido eso, el viejo *trickster* se apresuró a esfumarse de la escena y dejó solo a su hijo Leonardo para que buscara otro valioso pedazo del sueño y lo capturase utilizando su propio arte.

16

CUANDO ESTABA EN LA SECUNDARIA, A LOS QUINCE O dieciséis años, resultó que me hice amigo de una chica menor que yo. Tenía trece años, era excepcionalmente guapa y, para mí, era la encarnación de la inocencia. Sentía que debía protegerla y me empeñé en cuidar de ella cuando estaba con los chicos mayores de la escuela. No pensé en poner en entredicho su inocencia en modo alguno, pero pareció que ella malinterpretó mis intenciones. Un día, mientras nos reíamos de algo durante la comida, se inclinó para besarme. Yo me quedé sorprendido y conmovido. Fue un gesto adorable, pero, desde su ingenuo punto de vista, nos convertía en novios.

—Ahora eres mío —declaró con seguridad, como si fuera inevitable, y volvió a besarme.

Yo no sabía cómo decirle que mis sentimientos no eran como los suyos, que para mí ella era una niña. No sabía cómo hacerlo sin hacerle daño, de modo que no dije nada. Pensándolo ahora, decir la verdad habría sido mucho más amable que mi amable engaño.

Desempeñé el papel de novio. Mis amigos se reían a mis espaldas —oía los silbidos y los resoplidos de desprecio cuando ella y yo nos íbamos de clase agarrados de la mano— pero me negaba a ser el novio que la rechazara. El tiempo que pasé fingiendo ser el pretendiente de una niña que me había situado en el centro de sus fantasías románticas fue una experiencia de aprendizaje para mí. Habiendo dominado ya las estrategias románticas habituales de un adolescente —un balance entre control y negligencia casual— me había colocado ahora en un punto en el que debía mostrar respeto. Descubrí que resultaba sorprendentemente fácil. A los dieciséis años yo ya estaba hastiado, pero ella me recordó el amor ideal que imaginara de niño. Había perdido ese ideal con las prisas por crecer y tener relaciones sexuales.

Nuestro pequeño romance no duró mucho. Aquel verano, su familia se trasladó a otra parte y ella y yo nos separamos con tristeza. Sin embargo, la impresión que me dejó me duró casi toda la vida. La chica de trece años se había ido para no volver nunca, pero la vi en muchas chicas desde entonces —chicas que desempeñaban el papel de mujeres y esposas—. Cada una de ellas tenía una imagen de mí que satisfacía sus ideales infantiles. No lograron ver mi verdad, o la verdad de sí mismas.

Todo el mundo está soñando. El sueño de cada persona se basa en su propia percepción de la realidad. En ese sueño individual, existen muchos personajes —miembros de la familia, amigos, amantes— y tienen cualidades específicas, según cada uno de nosotros. Nos provocan impresiones emocionales y nosotros reaccionamos a cada uno de ellos de manera diferente. Pero reaccionamos según la manera en que *deseamos percibirlos*, no según como sean. ¿Cómo podemos saber quiénes son, más allá de personajes de ficción en nuestra propia película? La vida, la película, el sueño, todo eso lo produce y lo realiza el soñador.

Si entran en la película de un buen amigo, verán a muchos de los personajes que también aparecen en su película, pero parecerán diferentes y provocarán una reacción emocional diferente. El diálogo será diferente y las escenas dramáticas clave no se desarrollarán como esperarían. Entren en la película de su padre, de su hermana, de su pareja, y descubrirán en cada una de ellas un tipo de historia diferente. El personaje que ustedes interpretan en sus sueños puede no ser tan compasivo como les gustaría, o tan poco favorecedor como esperaban. Su personaje podría no ser imprescindible en la trama; o, por el contrario, podría tener una importancia exagerada. En otras palabras, podrían no reconocerse en los sueños de aquellos que les rodean.

Todos estamos soñando nuestra vida de una manera única y suponemos que los sueños de los demás son como los nuestros, pero no lo son. Lo importante es respetar el modo en que otros sueñan, aunque no estemos de acuerdo con su interpretación de la realidad. No podemos obligar a alguien a ver la vida como nosotros la vemos. No querríamos que todas las interpretaciones fueran las mismas, y no deberíamos desearlo. Tenemos la oportunidad de girar la cabeza sobre la almohada cada mañana y ver a la persona que amamos como si fuera la primera vez. Igual que nos gustaría que nos percibieran sin suposiciones y sin prejuicios pasados, podemos permitir que sus cualidades únicas nos impresionen una y otra vez... sin esperar nada, y aceptándolos como son.

Todos aquellos a los que conozco me ven de manera diferente, según la manera en que se sueñan a sí mismos. Quien yo soy tiene poco que ver con las opiniones que los demás tienen sobre mí. A sus ojos puedo ser un héroe, o puedo resultar amenazador. Mi verdad, como la de ellos, es algo imposible de definir. Siendo un niño, mientras presenciaba el espectáculo del funeral de mi hermano y escuchaba a la gente interpretar los papeles que se esperaba de ellos, me di cuenta de que todas las palabras y todas las poses ocultaban su verdad exquisita. La imagen que tenemos de alguien se crea normalmente a primera vista y raramente cambia. Hacemos lo mismo con nosotros mismos, conformándonos con una imagen y tratando por todos los medios de estar a la altura. Nos vestimos cada día como si fuéramos a un baile de máscaras, ataviados con nuestra valentía y nuestras creencias. Al percibir nuestra propia actuación, podemos cambiar. Podemos empezar a sentir lo que sucede bajo las palabras, liberarnos de las respuestas automáticas y reaccionar con autenticidad.

La niña de trece años que recuerdo aún me conmueve. Recuerdo su espontaneidad y su alegría. Recuerdo el modo confiado en que me miraba mientras yo hablaba, y cómo parecía beberse todas las palabras que decía. Parecía inocente y generosa, con una risa musical y una sonrisa que derretiría el corazón. Aún no había aprendido a utilizar el amor en su contra, y ojalá nunca llegara a aprenderlo. Su dulzura fue para mí una lección —siempre está ahí, en cada mujer, lo noten ellas en sí mismas o no—.

De hecho, oí la misma risa décadas más tarde, poco después de que Dhara y yo nos separásemos y se anulara mi breve matrimonio. Me encontraba con un amplio grupo de estudiantes en Perú y, en nuestra primera noche en Machu Picchu, vi a una mujer bailando en el salón entre los demás. Bailaba sola, sentía la música y sonreía con alegría para sus adentros. Era una buena soñadora incluso entonces, creaba el mundo que deseaba en su imaginación sin dejarse afectar por el escándalo a su alrededor. Mientras se balanceaba al ritmo de la música, algo debió de hacerle gracia y oí entonces la risa encantadora de una niña de trece años enamorada. La vi como era, solo por un instante, y comprendí la sabiduría que a veces se confunde con la inocencia infantil. En ese instante, supe que el mundo que aquella mujer imaginaba pronto cobraría vida para ella, con la práctica y con el poder de su intento.

Esos siempre fueron para mí los estudiantes interesantes —los que están en contacto con la mente soñadora, dispuestos a traspasar sus límites—. Esos son los soñadores más fuertes, los tímidos que no exigen nada y son capaces de imaginarlo todo.

Los viajes a Perú y a otros lugares de poder fueron la clave de mi propia evolución, no solo resultaron útiles para mis aprendices. Las excursiones en autobús y los viajes en barco, los rituales y los ritos de iniciación, todo aquello contribuyó a crear momentos de conciencia mayor también para mí.

En un viaje en particular, me enamoré de una mujer maravillosa y sentí el mayor deseo hacia otra persona que había sentido jamás. Como muchos otros, ella se sentía perdida y estaba decidida a encontrar su camino de vuelta a la claridad. Nunca imaginó que el viaje la alejaría de las cómodas ilusiones de la claridad y la encaminaría hacia la auténtica visión. Nunca imaginó que se convertiría en una maestra. Nunca imaginó que algún día tendría que verme morir, como estoy muriendo ahora.

Mientras contemplaba a Emma aquella primera noche, me di cuenta de que la estudiante podría convertirse algún día en una mensajera inspiradora. Deseaba alentar aquella profecía, darle la protección que merecía y ver si al menos una de aquellas cuarenta personas podía despertar. Todos eran adultos ya. Habían crecido física e intelectualmente. Había llegado el momento de que dejaran atrás el pensamiento ordinario, de que se alejaran todo lo posible de las viejas distracciones y de que vieran de verdad.

Con eso en mente, y pendiente de Emma, me sentí revitalizado. Deseaba encontrar nuevas formas de lograr que las mentes razonables traspasaran los límites de la razón.

¿Más allá de los límites de la razón? ¿Pensabas que eso era posible, incluso deseable?

Lala estaba sentada en el árbol junto a él, con su falda diáfana ondeando a su alrededor mientras montaba a horcajadas la rama del árbol, mirándolo a los ojos. Se había abierto paso hasta el corazón de su sueño, hasta el Árbol de la Vida. Para eso había hecho falta un inmenso acto de poder que primero requería la desagradable tarea de no creer —no creer en el sueño en el que estaba, sí, pero sobre todo no creer en sí misma—. Nunca había estado en duda que ella fuese real, pero, para enfrentarse al chamán de aquella forma, tendría que mostrarse desde una perspectiva diferente. Debía presentarse como un mito, como un personaje de su sueño. Debía poder ser negable, desafiarlo y recuperarlo de nuevo.

—La razón es mi reino —insistió ella—, y también es el reino de la vida. Está incrustada en el cerebro de los humanos.

—Nada queda fuera del reino de la vida —respondió Miguel con calma. No parecía nada sorprendido de verla allí sentada. Incluso parecía aliviado, y eso la inquietaba. Mientras se miraban el uno al otro, el planeta Tierra se movía en círculos perezosos tras ellos. Había demasiada luz en aquel lugar, demasiada, o eso le parecía a ella. Aquella luz acababa con la distorsión como una purga, y no se reflejaba nada salvo un planeta ilusorio, aquel árbol absurdo y sus caras irreales.

—¿Preferirías tener esta conversación en otra parte? —preguntó Miguel. Dirigió la mirada hacia las sombras lejanas, donde ella vio la silueta de un árbol muy parecido a aquel, pero en un paisaje que resultaba más agradable a la vista. Si pretendía vencer, debía enfrentarse a él en su propio terreno. Debía permitirle creer que llevaba ventaja.

—Prefiero aquí —respondió secamente—. Me gusta tu... visión.

—A mí también —dijo él mirando hacia el infinito.

Por un momento Lala creyó que estaba perdiéndolo. Desvió su atención de ella y la centró en algo que le resultaba invisible. Trascurridos unos instantes, regresó, pareció reconocer su rostro y la miró a los ojos como si ellos también le mostraran el infinito. Ella se había olvidado del deseo que despertaban en ella aquellos ojos. Brillaban con un extraño anhelo: disolverse y abandonarse a sí misma. Temblorosa, se concentró en el sonido de su voz.

—¿Disfrutaste de mis recuerdos? —le preguntó Miguel con una sonrisa—. ¿Los acontecimientos de mi vida aclararon algo? ¿Te iluminaron?

Iluminación. Claridad. ¿De modo que la luz iba a ser su arma? Creía que era fácil modificar y desviar la luz. Cualquier sustancia, incluso la sugerencia de una sustancia, podía enviar la luz a otras órbitas. El conocimiento era su escudo y eso decidiría el resultado. Lala parpadeó, volvió a centrarse y le sonrió.

—Esto es una ilusión —dijo ella—. Tú y yo lo sabemos y ambos apreciamos el valor de esas ilusiones.

—¿Y cuál es?

—Calmar la mente, inspirar al ser humano. Don Miguel, el hombre, el hijo, el chamán, está enfermo.

—Está muriéndose.

—Su cuerpo lo traicionó, y la mente debe ajustarse a ese hecho. Este sueño es un retiro, una manera de descansar, lógico, pero nosotros debemos cuidarnos de no corromper la lógica mientras satisfacemos las necesidades de la carne.

—¿Nosotros? —Miguel seguía sonriéndole amablemente, pero su amabilidad ahora le parecía teñida de ironía—. No hay ningún *nosotros,* amor mío —susurró él—. Con cuerpo o sin cuerpo, yo *soy* —hizo una pausa—. Yo soy... eso es todo.

—No malinterpretes mis palabras...

—No hay ningún *nosotros.* Si mi humano sobrevive a esto, no tendrá paciencia para este juego.

¿Si mi humano sobrevive? De modo que aún era posible. Lala intentó concentrarse más. Estaba en el sueño del chamán y debía ceñirse a sus reglas.

—Debemos... debemos iluminar las cosas que ignoramos durante demasiado tiempo —dijo razonablemente—. Debemos aclarar, como dices, y hacer acuerdos.

Miguel no dijo nada.

—Mira lo que has conjurado, mago —dijo señalando a su alrededor—. Está este terreno, este paraíso de simplicidad. Estás tú, justo aquí. Está la Tierra, la madre de la existencia, bailando en la oscuridad como un amante.

—Estás tú —advirtió él.

—Están los dos árboles en tu paraíso, y...

—Estás tú.

Ella se detuvo y lo miró, esperando a que su expresión cambiara. ¿Qué sueño sin emociones era aquel que se resistía a sus burlas? La cara de Miguel no develaba nada. Sus ojos la arrastraron hacia sus profundidades y sintió el impulso de saltar, de fundirse y de olvidarse allí de sí misma. En su lugar, se preparó para pelear.

—Dos árboles —repitió—. Dos árboles. ¿No dan frutos? ¿No son fértiles? Somos a la vez el creador y el producto de tu creación. Mi mundo y el tuyo son el mismo.

Aguardó. Él no dijo nada.

—Con una única célula —continuó ella, inclinándose hacia él, ignorando sus impulsos—, creas un universo de células, un ser vivo. Con una única declaración, yo creo un universo de ideas, un sueño viviente. Sin ese sueño de palabras y significados, cada universo humano no sería nada, no haría nada, no se daría cuenta de nada.

Miguel permaneció callado. A veces resultaba de lo más irritante.

—Mira estos dos árboles. ¡Son igual de hermosos y sagrados!

¿Piensas en mí como en una amenaza? No, soy una bendición. La amenaza es la humanidad, que emerge de un lecho de algas. La humanidad estaba destinada a respirar, a comer, a extinguirse, ¡un parásito en el cuerpo celestial al que se aferra!

El chamán la observó con interés, pero no dijo nada. A medida que aumentaba su indignación, Lala sintió que cambiaba el estado de ánimo del lugar. De él se desprendía una emoción. No, no era una emoción, sino un... poder. Miguel había pasado su vida hablando del amor del mismo modo que los demás hablan del amor, de manera patética y atolondrada. Fue entonces cuando ella sintió su fuerza, su verdad. Aquella era su arma, el argumento indefendible. La gente había acudido a él en muchas ocasiones así, dispuesta a luchar y ansiosa por ganar. Todos habían sucumbido a la fuerza del amor y habían visto sus argumentos derrotados. Desconfiada de pronto, Lala recordó otras ocasiones, otros enfrentamientos. Recordó que ya había hecho eso antes, pero ¿quién había ganado? ¿Había sido siempre el amor?

—Te aguardan más recuerdos, m'ija —dijo el chamán—. Retoma tu búsqueda. Recuerda que el conocimiento puede ayudar a la conciencia.

¡Aquello era demasiado! La rabia crecía en su interior, proyectando sombras y anticipando la tormenta antes de los rayos. ¿Y qué importaba? Le daba igual que llegase la tempestad, que se le pusieran los ojos rojos y que el aire se volviera caliente a su alrededor. Le daba igual que aquel sueño tranquilo fuese destruido y quedase vagando por la eternidad. Ella volvería a decir lo que había que decir.

—¡Mírame, mensajero! —gritó, y su pelo adquirió un tono carmesí mientras se alborotaba con el viento. Su cuerpo levitó hacia el cielo sin estrellas mientras su elegante vestido desprendía hilos de seda en la oscuridad como si fueran luciérnagas—. ¡Saqué a la humanidad de una montaña de estiércol! ¡Reforcé e inspiré al hombre desde sus orígenes!

Las hojas del árbol se agitaron y soltaron chispas doradas y plateadas que cruzaron su rostro furioso y se perdieron en el paisaje silencioso. La furia de Lala alimentaba más furia, y el árbol respondía a cada palabra de enfado.

—¿Crees que eres la esencia de la vida, el brillante creador? —le preguntó—. ¿Qué tipo de genio permite que su creación se esfuerce, que sufra, que se someta a la horrible muerte? Yo les di a los humanos los medios para sobrevivir a la muerte. Las palabras sobreviven y los recuerdos persisten. ¡La existencia pasada y los restos del conocimiento permanecerán, grabados en la roca e incrustados en las estrellas!

—Sí, amor mío —dijo Miguel finalmente.

Ella lo miró y su rabia se convirtió en horror. Su cara angelical se había transformado en la cara de un demonio, con unos ojos como carbones encendidos y un pelo de fuego que se elevaba caóticamente hacia la oscuridad. Aquella visión la dejó sin aliento. Se vio *a sí misma* en aquel instante y se quedó boquiabierta.

—Somos iguales —dijo su reflejo—. Somos el eco de la vida, las historias que se gritan por los barrancos. Oye cómo gritamos —dijo él, y el silencio se vio inundado por un ruido horrible. Era como si millones de humanos estuvieran gritando, peleando, suplicando a la vez.

—¡No me canses con tus trucos! —exclamó Lala, y sus palabras regresaron a ella como una tormenta de fuego. La cara que tenía delante era una parodia de sí misma. La voz que respondía daba tanto miedo que sacudió su determinación.

—Mírame —le dijo su reflejo—. Óyeme. Cede ante mí.

—¡Para!

—Témeme. Obedéceme. ¡Di que eres mía!

Lala, la diosa y la tirana, no podía continuar. Sus palabras resonaban en sus oídos y su sonido perdía todo significado. El viento se llevó su rabia e hizo que volviera a bajar hasta quedarse quieta. Volvía a estar sentada en la rama del árbol, el robusto árbol de la vida. Junto a ella estaba Miguel, el hombre que hablaba con suavidad y sonreía.

—Es tiempo de renunciar—dijo él.

¿Estaría hablando de sí mismo? ¿Qué quería decir?

—¿Estás dispuesto a renunciar a tu valiosa vida tan fácilmente, sin piedad? —preguntó ella.

Miguel la miró.

—El amor de mi vida es mi cuerpo —dijo—. ¿Debería condenarlo a una vida de dolor, sin piedad?

De modo que era eso, pensó Lala con un suspiro. Estaba cansada y pronto perdería la voluntad de continuar. Resistir era difícil ya y pensar se había vuelto tedioso. Mientras ella seguía allí sentada, desalentada y apartada, Miguel se acercó. Sintió que estiraba las manos hacia ella. La estrechó entonces entre sus brazos, increíblemente fuertes y extrañamente cálidos.

Lala se estremeció. ¿Cómo podía esperar sobrevivir a aquella trasgresión? ¿Cómo podía ella, intocable e ilocalizable, ceder a la caricia de la vida? ¿Qué era aquella magia terrible? Luchó contra él... o eso creía. Cuanto más se imaginaba luchando, más se debilitaba. Al final el tiempo perdió su importancia y la batalla perdió su virtud. En el preciso momento en el que se olvidó de su objetivo, Miguel la soltó.

—Ahora vete —le ordenó—. Ve lo que hay que ver.

—¿Qué queda por ver? —gimoteó ella—. Observé tu vida; ¿debo presenciar tu muerte?

Se preguntó qué voz era aquella, sin saber por qué había hecho aquella pregunta. Miró hacia arriba y vio las luces parpadeantes en torno al paisaje global de la Tierra, y sintió que el conocimiento aún podría desempeñar un papel en la transformación de Miguel. ¿No era ese su objetivo, al fin y al cabo?

—¡Aún quedan palabras apasionadas por decir, por escribirse! —exclamó, recordando los mejores aspectos de sí mismas.

—Y hay otros que se alzan para decirlas, aunque yo muera. Ve a verlo.

Ella se incorporó y se arregló el fino vestido con dignidad. Sus ojos brillaban más ahora, con un fuego sutil mientras dirigía una última mirada anhelante hacia el árbol situado al otro lado del valle, que se alzaba con majestuosidad bajo los cielos sombríos.

Al volver a respirar, Miguel estaba solo de nuevo, liberado de las tentaciones del conocimiento. Tomó un emocionante aliento del infinito. Al expulsar el aire, sintió otro cambio, uno que lo alejó más aún de la atracción curiosa de la materia. Pronto, pensó. Pronto llegará el final.

Centró su atención en el cielo, en el misterio y en la paz que se produce con la libertad absoluta. Había ocupado la materia y sentía sus incomodidades. Había participado íntimamente del sueño humano. Había observado el espectáculo —tal vez incluso hubiera provocado parte del mismo—. Había resultado embriagador, pero no deseaba regresar. Con o sin él, los humanos seguirían viviendo y reviviendo sus dramas dolorosos hasta que decidieran despertar.

Los despertares les ocurren a los vivos. Un hombre puede despertarse, ver la prisión que creó y decidir elegir la libertad. Puede poner fin a su apetito de mentiras y descubrir el dulce sabor de la verdad. Puede perseverar, cambiando su perspectiva de la mente a la materia, de ahí al sueño de luz y finalmente verse a sí mismo como vida. El reflejo puede redimirse; la imagen del espejo puede producirse poco después que su creador, verse a sí misma y alcanzar entonces la conciencia total. Puede suceder en la vida de un hombre.

Lo sabía porque le había ocurrido a él.

17

ON EZIQUIO HABÍA ESTADO OCUPADO. TRAS DIS-
tanciarse de sus acompañantes, ahora podía explotar
sus talentos. Eso no significaba que recordara claramente esos talentos. Estaba trabajando por instinto, si podía
llamarse así. ¿En qué instintos podía confiar un hombre que
llevaba muerto tanto tiempo? La magia que había empleado en
su vida era ahora un recuerdo, viva para los demás, pero no
para él. Todo dependía de aquellos que en otra época habían
estado unidos a él, y de cómo contaran su historia.

Notaba cómo había crecido su reputación desde su muerte.
Era un brujo, un personaje etéreo en la mente de sus parientes
vivos. Cuando antes sus acciones eran consideradas imprudentes e irresponsables, ahora eran legendarias. Sin embargo,
para todos, incluso para él mismo, en ocasiones había obrado
verdaderos milagros. Había maravillado incluso a sus críticos
más mordaces. Había sembrado la duda en personas que se

aferraban rápido a viejas ideas, como bichos en el alquitrán caliente. Había movido las mentes y cambiado los sueños. Había sido tramposo, sí, haciendo travesuras para vencer a su propio aburrimiento. Y, si había causado algunas pesadillas, ¿qué importaba? Había hecho que las personas se maravillasen, reflexionasen, y las había sacado de su previsibilidad. Había sido el maestro de la diversión.

¿Había algo en la vida de un hombre que importara más que la diversión? ¿Había algo entre dos personas, amantes o amigas, que importara más? Las relaciones sobrevivían gracias a la diversión. Si su amada Cruzita y él se hubieran olvidado de disfrutar de la vida, si no hubieran aprovechado cada momento juntos, ¿cómo habrían permanecido tanto tiempo casados? Y lo mismo con Celeste. Y con Esperanza. ¡Y su querida Cha-Cha! ¿Cómo iban a haber durado tanto sus romances? Sin esas miles de noches de risa —de maravillosos descubrimientos—, ¿habría disfrutado de más de un siglo de existencia? ¿Se habría divertido tanto? ¡La diversión era la clave!

Muerto o no, estaba divirtiéndose en aquel momento. Al diablo con las enseñanzas, pensó carcajeándose. Era el momento de jugar de nuevo dentro de los sueños de los vivos, tanto dormidos como despiertos. Deseaba involucrar a una persona real, alguien que sintiera el calor de la emoción y la esclavitud del deseo. Había recorrido los caminos del recuerdo en busca de aquella mujer y, al reconocer en ella la marca inconfundible del chamán, había puesto fin a su búsqueda.

Ahora estaba mirándola, la visión brillante de una mujer de sangre caliente. Era agradable mirar su rostro, e iba vestida según su cultura, con pantalones vaqueros y una camisa blanca de algodón. Se encontraba al borde de un acantilado, con los brazos abiertos, escuchando la risa de los halcones mientras se elevaban por el viento de las montañas. El paisaje a su alrededor era áspero, extenso y salvaje. Era el mejor terreno para una aventura, el entorno perfecto para una odisea espiritual. Su odisea había comenzado al nacer, como la de todos, cuando los humanos toman aire por primera vez y fruncen el ceño ante la claridad de un nuevo sueño. Todo comienza en ese momento, pero aquel le parecía un buen lugar para comenzar de nuevo.

El placer que experimentaba don Eziquio al desafiar a otras mentes había comenzado cuando era muy joven. Había comenzado con un desafío a sí mismo. ¿Podría resistirse a creer las palabras que pronunciaba? ¿Podría mostrarles a sus padres el respeto que merecían y aun así no creerlos? ¿Podría hacer caso a la autoridad sin someterse a ella? Descubrió que podía hacer esas cosas. Descubrió que podía utilizar las ideas como un niño utiliza las manos en la playa, dando forma a la arena mojada, construyendo barreras inquebrantables y disolviéndolas después. Una mente es un campo cuya tierra puede producir mucho o rechazar la cosecha. Las ideas son las semillas que plantamos, a veces sin intención; esas semillas producen de forma inevitable un fruto u otro. Si se plantan con intento, las semillas invocan al sol y a la lluvia para crear un sueño. Aquel que se ocupa de su propia cosecha, consciente del proceso que da vida al sueño, es un artista.

Eziquio se daba cuenta de que Emma deseaba ser artista. Tal vez hubiera sido una en otros aspectos, y expresándose de diversas maneras. Quizá hubiera oído la palabra *tolteca* y hubiera entendido su significado. Encendida de ese modo su imaginación, había decidido ser el tipo de artista más intrigante: una artista de la vida. Emma no era especialmente joven. Actualmente no podría decirse que estuviera en la flor de la vida, pero su fuego aún ardía con fuerza. Era inspirador verla allí, soñando en silencio el sueño de los halcones. ¿Sabría qué la habría conducido hasta allí? ¿Era consciente de las fuerzas que la atraían a aquel lugar, a aquel momento? La roca sobre la que se encontraba sobresalía por encima de un profundo desfiladero, a cientos de metros sobre el Río Grande. Él vio que sus brazos se relajaban. Vio que se arrodillaba y después se tumbaba cuidadosamente boca arriba y dejaba la cabeza colgando sobre el precipicio. Con el cielo encima y el río debajo, sentiría que flotaba entre dos mundos. *¿Estás preparada?*, la desafió en silencio, con una sonrisa. Le gustaba aquella mujer. Estaba dispuesta a ir más allá. Puede que no supiera lo que deseaba, pero él, don Eziquio, se encargaría de que lo consiguiera.

A medida que un estudiante crece y evoluciona, también lo hace el maestro. A medida que la conciencia del maestro se expande, sirve como portal a otros, invitándolos a entrar en un paisaje infinito. Cierto, no todos saben interpretar la invitación, pensaba Eziquio. De entre los que lo consiguen, pocos están ansiosos por saltar. Ella difícilmente sabría lo que significaba saltar, pero Emma no interpretaría las palabras de forma literal. Había colocado el cuerpo cabeza abajo en el borde del precipicio para que su mente viera el mundo de forma diferente; para poder sentir la invitación. Estaba experimentando, jugando, preguntándose. El anciano reconoció la fuerza de la inversión de Miguel en la evolución de aquella mujer. Se notaba en sus acciones cuando sentía los impulsos de su amor y respondía.

Era como si hubiera estado observándola durante mucho tiempo antes de aquello. Se había fijado en Emma por primera vez en Perú, donde había seguido a Miguel obedientemente por las montañas y los prados, con un clima desapacible, explorando una docena de lugares sagrados en su empeño por cambiar y aprender. Sentía curiosidad, de eso no cabía duda. Tenía el coraje de una mujer desesperada, pero no parecía haber nada desesperado en sus circunstancias. Había llegado su momento; eso era todo. Era su momento para dudar y para alinearse con las cosas desconocidas. Era su momento para colarse sin ser vista por las puertas inexpugnables de la razón y correr incansable hacia delante.

La atracción entre el maestro y la estudiante había sido evidente desde el principio. El romance de Emma con Miguel había sido inevitable. Observando con atención, don Eziquio había pensado que un amor duradero parecía probable. Miguel vivía dentro de su corazón. Eziquio sabía lo que era ganarse el amor y la lealtad de una mujer. Conocía las valiosas consecuencias de la confianza y de la generosidad. Su propia vida había abarcado varios matrimonios e incontables aventuras. ¡Tanta música dulce! ¡Tantas canciones, seducciones y traiciones! ¡Tanto placer! Habría jurado que los viejos instintos rugían ahora en su interior, extendiéndose por sus muslos larguiruchos y explotando en sus ingles. El sentimiento era real. La orden era fuerte. Le parecía imposible escapar de las normas más feroces de la vida. Cada caracol, cada estrella, se guía por la misma ley. ¡*Sé*!, dice esa ley. ¡*Sé*! Y así nos convertimos. Nos unimos y así continúa la vida.

—Ve al corazón —murmuró Eziquio para sus adentros con una sonrisa—. Ve al corazón —había sido convocado para salvar una vida. ¿Qué mejor manera que tocarle la fibra sensible a un moribundo? Su biznieto había confiado en ese genio y él mismo estaba ofreciéndoselo ahora.

El sol se había puesto sobre los acantilados y Emma seguía tumbada sobre la roca, con la mente liberada y el cuerpo expuesto al frío de la noche. Un perro se le acercó y se acurrucó con decisión a los pies. Era un perro viejo, lobuno y entrecano, y obviamente le pertenecía. Eziquio ya había visto antes a esa criatura, y sintió que no era ella la que había decidido aquello, sino el propio animal. Era suyo. Era su aliado, el protector autoproclamado de sus sueños, allá donde la llevaran los sueños. El anciano sospechaba que el chamán respiraba allí también, a través de los pulmones de un perro de ojos hundidos.

Don Eziquio los observaba a ambos desde la sombra de un enebro. Eran compañeros en un viaje que ninguno entendía y tampoco les importaba entenderlo. El genio de la vida se encontraba en la sangre de todas las criaturas. Lo que en el perro seguía siendo puro instinto el humano debía reaprenderlo. En pocas ocasiones, Emma se había perdido en las altas montañas, víctima de las tormentas de verano y de las lluvias torrenciales, pero el perro siempre la conducía de vuelta al viejo Jeep, donde estaba a salvo. Juntos conspiraban con la vida. Juntos seguían las órdenes del *nagual*.

¡Ja!, exclamó Eziquio mientras un búho ululaba incansable en el bosque situado a sus espaldas. *Nagual*. Oyó la palabra con la voz de su padre, y con la del padre de su padre. Llevaba consigo el sonido de la antigüedad y de las lecciones sagradas. Emma no era aún una mujer *nagual*. Desafiar a la mente provoca un escalofrío en la estructura humana. El mundo de Emma se había roto de formas pequeñas y grandes, y había tenido la sabiduría de dejar las piezas rotas en su lugar. Había comenzado a disolver una vida entera de creencias. Sí, se sabía las lecciones, sabía en qué dirección iba, pero, para ese tipo de búsqueda, ni siquiera un perro encantado podría serle de ayuda. Podría guiarla por una montaña, pero ella tendría que encontrar su propio camino a casa... sola. Eziquio sonrió amargamente. Emma era la aprendiz de un maestro, pero ¿dónde estaba ahora ese maestro? ¿Dónde estaba el verdadero Miguel, el que había iniciado aquel alboroto?

—¡Desde luego! —exclamó una voz familiar a sus espaldas—. ¿Dónde está el heredero de esta gran demencia?

Eziquio se dio la vuelta sobre sus talones.

—¡Gándara! —gritó.

Allí, bajo la suave luz nocturna, se encontraba un viejo amigo y chamán. En su vida, Gándara había sido un hombre robusto de expresión severa, pero la muerte lo había cambiado. Ahora se movía más lentamente, sin sus saltos habituales, pero parecía más feliz. Su rostro brillaba al ver a su querido compadre. Se golpeó el pecho con los tirantes y extendió ambos brazos para recibirlo, pensando sin duda que Eziquio había acudido a aquel lugar solo para verlo. Así era su relación; uno siempre se mostraba superior al otro. Gándara le había enseñado al anciano muchos trucos, pero eran iguales en habilidad y en maldad.

En los viejos tiempos, conspiraban juntos, invocaban visiones y aterrorizaban a la gente con sus travesuras. Se alimentaban de las supersticiones de los aldeanos e invadían los sueños de los niños. No había obligación más importante que sus conspiraciones y sus placeres. No existía un trabajo sagrado ni una sociedad exenta. Cuando sus ansias de travesuras eran elevadas, ninguna mujer era demasiado virtuosa y ningún enemigo demasiado violento. La humanidad era su patio de recreo y eran los jugadores más intrépidos, tanto en el amor como en el caos. Eran legendarios: *¡Don Eziquio y su banda de tricksters!* El anciano estaba encantado de ver a su compatriota, a su cómplice, a su eterno amigo.

—¿Cómo diablos llegamos a estar tú y yo en el mismo lugar? —preguntó Gándara dándole a su amigo un fuerte abrazo.

—Esto no es cosa mía, hombre. Me convocaron.

—¿Con qué objetivo? —preguntó Gándara con gran curiosidad, ansioso por comportarse mal si se lo pedían.

Eziquio lo pensó por un instante y retorció el cuello para aliviar los músculos después del abrazo.

—Con el objetivo de recapitular —contestó.

—¿Recapitulación? Terminamos con eso hace un siglo. Recuerdo que te enseñé bien —dijo Gándara dándole a su amigo una palmadita en la espalda—. Extremadamente bien.

—¿Me enseñaste? ¿Estás borracho, bribón?

—Te enseñé muchas cosas, y lo sabes bien. Antes de Gándara, ¿podías dominar tus sueños? ¿Podías leer el pensamiento, avivar las emociones, invocar el fuego? Si apenas sabías cómo...

—Ya son suficientes mentiras para un milenio, amigo. Mi hijo Leonardo y yo estamos recuperando recuerdos de otra vida. Estamos intentando recuperar a un hombre.

—¡Recuperar a un hombre! ¿Hablas de resurrección, idiota? ¿Recuerdas cuando devolvimos a la vida al desgraciado de Pedrito? A su familia le horrorizó que...

—¡Ellos nos rogaron que lo hiciéramos! ¡Insistieron!

—Eran imbéciles... ¡Y nosotros también! —exclamó su amigo—. Gracias a Dios, el cólera se lo llevó poco después. ¡Habríamos pagado un precio mucho más elevado!

—Era imposible recuperar a Pedrito y deberíamos habernos dado cuenta —Eziquio hizo una pausa y se tomó un momento para borrar de su mente la grotesca imagen de Pedrito resucitado—. Mi bisnieto aún vive —concluyó.

—Ah. Bien entonces. Si no perdió nada, entonces no hay nada que recuperar —declaró Gándara aliviado. Volvió a abrazar a su amigo.

—Podría decirse que perdió la voluntad —añadió Eziquio tras recuperar el aliento—. Mi nieta no puede alcanzarlo, a pesar de todo su poder.

—¿Cuál es? ¿La hija de quién?

—Pertenece a Leonardo —murmuró él, anticipándose a la respuesta de su amigo.

—¡Ah! ¡El anarquista cantarín! ¡Lo recuerdo bien!

—Era un soldado —le corrigió Eziquio, molesto.

—Cantaba y tocaba el tambor para los generales.

—Gacho. Daba de comer a su familia y evitaba las balaceras, como habríamos hecho tú y yo —respondió dándole un golpe cariñoso a Gándara en la tripa—. Fuimos construidos para comportarnos mal, no para combatir.

—Fuimos construidos para reír, hermano. ¿Lo olvidaste?

—¿Te reíste cuando el buen nombre de Nachito fue mancillado, cuando fue condenado a una vida en el desierto?

Sabía que mencionar a Nacho cambiaría el tono de la conversación. Como compadre había sido impecable. Como miembro de la hermandad, el mejor de todos. Como sinvergüenza, insuperable. Eziquio vio como cambiaba el semblante de su amigo y una nube de arrepentimiento cubría su alegría.

—Hace tiempo que acordamos no hablar del incidente —contestó Gándara crípticamente.

—El tiempo llegó y se fue.

Gándara no supo qué responder y asintió con la cabeza.

—Nachito —musitó con solemnidad—. Fue acusado erróneamente.

—Se acostumbró a la soledad de manera admirable.

—Al menos nunca nos inculpó.

—Somos una fraternidad exclusiva. Debemos ayudarnos siempre los unos a los otros —Eziquio hizo una pausa e imitó la expresión de gravedad de su amigo.

—Ah, haces que recuerde nuestros años gloriosos. Éramos todos espléndidos. *¡Don Gándara y su banda de tricksters!*

Eziquio lo miró con rabia, pero se mordió la lengua.

—Éramos leyendas, es cierto; y podemos volver a hacer travesuras, viejo.

—¡Bah! Ya estoy cansado de los vivos.

—Te entiendo. No tienen...

—Aguante. En absoluto.

—Exacto. Aun así, tenemos la oportunidad de jugar —dijo Eziquio pensativamente—, y de ser generosos, quizá... en el nombre de nuestro buen amigo.

—Nachito era un hombre sin igual —declaró Gándara.

—Un amigo ejemplar.

—¡Ojalá estuviera aquí!

—¿Por qué no vino?

—Tenía sus razones —dijo Gándara.

—¿Por ejemplo?

Su amigo lo miró sobriamente.

—Lleva mucho tiempo muerto.

Se produjo un largo momento de silencio, seguido de unas carcajadas que hicieron temblar las montañas. Ambos hombres aullaron de alegría, y siguieron aullando, hasta que el viejo perro se vio obligado a levantarse, agitar el rabo y emitir un ladrido dudoso en la noche. Aquel sonido sacó a la mujer de su ensoñación. Se incorporó, se frotó los brazos para entrar en calor y se quedó mirando la oscuridad amenazante. Los viejos fantasmas, apoyándose el uno en el otro, la miraron mientras se ahogaban de la risa. Eziquio intentó hablar, pero, en su lugar, comenzó a toser incontroladamente. El perro volvió a ladrar.

—¿Quién es? —preguntó Gándara intentando recuperar el aliento mientras se secaba las lágrimas de los ojos—. ¿Una bruja... con un lobo?

—Nada de bruja, amigo mío —dijo Eziquio entre toses—. Es la aprendiz del nuevo maestro *nagual*, que se abre paso hacia la trascendencia con ella misma como maestra.

—¿Ella? Tú lo sabes bien, rufián —dijo Gándara golpeando a Eziquio en las costillas—. Veo que experimenta con los elementos. El aire es fácil, emocionante. La tierra es algo básico —hizo una pausa y frunció el ceño—. Para mí el agua siempre supuso el mayor desafío.

—Para mí también. La observé entre las olas. No aquí, sino en el sur. Cuanto más la golpea el océano, más tranquila parece.

—Los humanos reconocen los elementos —declaró Gándara—, pero solo hasta cierto punto. Advierten el peligro de los lugares elevados, de modo que se aferran a las rocas. Se mantienen sobre la Tierra, temiendo la oscuridad. Evitan el fuego, pues saben que los destruirá. Pero muy pocos conocen realmente los elementos.

Eziquio contempló a la mujer mientras esta se ponía una chaqueta y recogía sus cosas.

—Empleó bien sus días y sus noches: atraída por los relámpagos y lo salvaje, soñando en cuevas y madrigueras de animales. Bailó desnuda a la luz de la luna.

—¡Una bruja! ¡Lo sabía! La tía Constanza era una mujer así, ¿lo recuerdas? ¡Cada noche de luna llena salía a la calle y corría desnuda!

—Esta no es una bruja, solo una soñadora. Podemos enseñarle a soñar más allá del conocimiento.

—Eso requiere tiempo. ¿Te crees que dispongo de todo el tiempo del mundo, caballero?

—Sí, lo creo.

Gándara enarcó una ceja.

—¿Y en qué ayuda esto a tu familia, viejo loco? ¿Servirá para recuperar al chico?

Eziquio miró a su amigo. ¿Podría decir lo que había que decir sin que lo ridiculizara?

—Un fuego enciende otro —declaró, eligiendo sus palabras con cuidado—. Aviva esta llama, deja que crezca y puede que el fuego se extienda.

—¿Hablas del amor de un hombre... a esta mujer?

—A la vida, Gándara. Y a todo lo que atrae la vida —hizo una pausa, sin saber cómo persuadir a su amigo—. Eso es muy significativo.

—Significativo, ¿eh? —la cara de Gándara se iluminó—. A Nacho le encantaba esa palabra. ¿Recuerdas que...?

—Gándara —lo interrumpió Eziquio, viendo como la mujer se sacudía el polvo de los vaqueros y llamaba al perro—, puede que tengamos todo el tiempo del mundo, pero no hay tiempo que perder.

—Correcto —contestó el otro, asintiendo—. Que así sea entonces —dirigió una mirada rápida a la mujer—. Sabrás que es posible que pierda la cabeza.

Eziquio captó la ironía y guiñó un ojo.

—No sería la primera vez que desafiamos a la vieja madre cordura, soldado.

—Y que le hacemos cosquillas en la tripa...

—Y le mordemos los pechos.

—¡Y le mostramos el fervor de los hombres *nagual*!

Los dos espectros volvieron a carcajearse, mientras, tras ellos, una lluvia de meteoritos explotaba en el cielo de Nuevo México. Oyeron los ladridos desconcertados lejanos del viejo perro, pero siguieron riéndose de todos modos, levantando la luz de la luna con los pies mientras bailaban entre la artemisa. Se oyeron los truenos en el horizonte, que resonaron por las oscuras planicies como si de una llamada celestial a las armas se tratara. *¡Que comience el alboroto!*, decía. *¡Hay algo nuevo en el aire! ¡El tiempo, cansado de mentiras, ansía traicionarse a sí mismo!*

Al final los cielos se calmaron. El valle quedó en silencio. El júbilo se contuvo mientras el planeta por fin se quedaba inquietamente dormido. Los dos ancianos retomaron su conversación en voz baja y la noche escuchó con atención. Las estrellas brillaban modestamente cuando los hombres abandonaron los altos acantilados y se alejaron juntos, hombro con hombro, maquinando suavemente a la sombra de las montañas llamadas Sangre de Cristo.

Bisabuelo, el mago de mi imaginación infantil, ahora te veo. Veo al duende, bailando en un paisaje estrellado de pensamientos, recolocando alegremente las galaxias. Veo al granuja jugando con los sueños. Veo al gamberro, corriendo con un cubo de magia para apagar los fuegos del infierno. En ti, don Eziquio, me veo a mí mismo —siempre jugando, siempre ansioso por saltar a la oscuridad—. Hiciste bien en buscar el espíritu del maestro dentro del corazón de su alumno. Yo viví en el corazón de Emma durante mucho tiempo, como ella sigue viviendo en el mío. Un maestro inevitablemente abrirá canales entre un buen aprendiz y él, canales que rara vez están disponibles para los demás. Dejé mi marca de chamán en ella hace muchos años —una protección psíquica que pretendía defenderla de cualquier daño— y no es ninguna sorpresa que siguieras sus pasos hasta allí, hasta mi amada, y hasta sus sueños más profundos.

Siento una conexión natural con mi bisabuelo, aunque no tengamos recuerdos en común. Soñar con él me proporciona un extraño consuelo, y me recuerda los disparates más felices de la vida. Soñar, dormida o despierta, es lo único que la mente hace. Lo que parece real cuando dormimos parece diferente cuando nos despertamos, porque nuestros sueños en vigilia se rigen por unas normas y unas probabilidades muy estrictas. Despiertos, soñamos como cualquiera, aceptamos lo que las cosas significan y nos entregamos a las suposiciones generales. A medida que se expande la conciencia, los soñadores pueden ver más, y revelar más cosas para sí mismos de lo que harían normalmente. Con atención, y con predisposición de cambio, los aprendices pueden regresar a casa después de un viaje de poder y ver su vida de manera diferente. Pueden responder a la gente de su sueño de manera diferente y cambiar la realidad que comparten con esa gente... para mejor.

Hacer un viaje de poderes, en esencia, una oportunidad para experimentar otra forma de percibir. Un destello de verdad tiene un efecto duradero, aunque con el tiempo sea modificado. Cada uno viaja de manera diferente, pero en general tiene mejor resultado un proceso lento. Esto sucede incluso con los muchos estudiantes que piden que los presione más y que no se guardan nada. Muchos dicen: «No tenga piedad». Parece que las mentes más rígidas son las más insistentes, pero no hay libertad para ellas —para nosotros— a no ser que primero nos liberemos a nosotros mismos de nuestros propios juicios y de nuestras suposiciones. No hay progreso hasta que no seamos capaces de escucharnos a nosotros mismos. Cada aseveración de un hecho debe ser cuestionado. Toda convicción es un posible punto ciego. La vida se vuelve mucho más simple cuando dejamos de definir las cosas como buenas o malas, correctas o incorrectas. Afirmamos nuestra importancia personal de muchas maneras y, como resultado, provocamos mucho dolor. Yo les di a mis estudiantes títulos, nombres cariñosos y cargos de autoridad. Al final el orgullo queda al descubierto y les proporciona una lección valiosa. No es la importancia lo que nos permite trascender a nosotros mismos; tampoco es la piedad ni la humildad. Y no es el conocimiento, secreto o no. La transformación les sucede a aquellos que cambian el mundo, el mundo que crean en sus propias mentes. Mucha gente está dispuesta. Un número aún menor cambia realmente... y algunos nunca dejan de cambiar.

Emma entró en mi sueño mucho antes de convertirse en mi aprendiz. La conocí en Nuevo México, durante una charla celebrada allí. Ella era una buscadora sin comunidad, y sin el apoyo de aquellos cercanos a ella. Veía que había perdido a alguien a quien amaba: ella misma. Era incapaz de reconocer a la persona en que se había convertido, incapaz de resucitar a la persona que fuera en otra época. Era difícil ver la verdad, pero tenía potencial para alcanzarla. Necesitaba una guía. ¿Cómo cambiamos cuando no podemos imaginar la posibilidad de cambio? Al buscar la autenticidad —algo que la sociedad no logró cultivar— volvemos a sentirnos como niños confusos, sin padres en esta ocasión, y sin instrucciones. Emma era adulta en aquella época, estaba casada e intentaba salir de los escombros de mentira. Deseaba la verdad, pero solo oía sus propias creencias y opiniones. En ese sentido, era como cualquiera de mis aprendices —casi—. Puede que ella no lo supiera cuando nos vimos por primera vez, o quizá ni siquiera durante los años posteriores, pero era una buscadora diferente. Era una guerrera del cambio, dispuesta a ver, a perdonarse a sí misma y a actuar... y parecía que nunca pararía.

EMMA Y SU HIJO DE SEIS AÑOS ESTABAN SENTADOS
sobre un montículo de tierra junto a la carretera. Ella
encontró un chicle en su bolsillo y lo compartió con él
mientras hablaban tranquilamente sobre la forma de las nubes,
sobre el sol y sobre la belleza de aquella mañana de enero. Iban
de camino a las fuentes termales, sintiéndose mal ambos porque el niño hubiera faltado a clase, cuando el coche derrapó
sobre la gravilla y volcó. Ambos se asustaron, pero salieron
ilesos. Estaban tranquilos, incluso contentos, mientras masca-
ban chicle y esperaban, sin saber qué ocurriría después. Era
improbable que alguien pasara por allí para ayudarlos antes de
que acabara el día. Aunque aquel tramo de la carretera conducía a carreteras mayores, no estaba muy transitada. Emma
miró con tristeza el coche sobre la artemisa. Estaba posado cómodamente sobre sus cuatro neumáticos pinchados, pero completamente destrozado. El techo estaba abollado, igual que la

capota, y lo único que quedaba del parabrisas eran algunos trozos de cristal astillados.

Mientras su hijo hablaba de la escuela y de sus amigos, Emma calculó el número de veces que le había ocurrido algo así a lo largo del último año. Tal vez cuatro; esa sería la quinta. Choques de coches, un derrape, un deslizamiento lateral y un incidente en el que el coche salió disparado por el aire y aterrizó en un barranco nevado. En una ocasión, pocos meses antes, se había salido de una carretera secundaria helada y se había estrellado contra una verja de alambre de púas. La parte delantera del coche había quedado envuelta con cinta de pinchos como si fuera un regalo adelantado de Navidad; de hecho, parte del alambre seguía alojado en los faros actualmente. En otra ocasión, cuando regresaba de Colorado, iba conduciendo sola a toda velocidad cuando el coche se desvió de la carretera y comenzó a dar vueltas sin control. Comenzaba a acostumbrarse a aquella sensación, aquella pérdida de control, aquella... cercanía a la muerte. Sin embargo, después de tantos accidentes como aquel, le parecía improbable que la muerte anduviera buscándola.

Desde su primer viaje a Teotihuacan, había pensado en la muerte como un comienzo necesario. Llevaría a la transformación, a la verdad. La transformación era un asunto mucho más peligroso de lo que había anticipado, y obviamente la verdad se escondía bajo los pequeños poderes del entendimiento. Desde que conociera a don Miguel, había entrado en un mundo diferente. Todos los senderos conducían hacia dentro y los caminos parecían engañosos. Allí nada tenía sentido. Allí el amor ya no era una emoción, sino la suma de todas las emociones. Allí el clima cambiaba de un minuto al siguiente y los tifones de sentimiento eran frecuentes. Lloraba sin razón alguna y se reía inexplicablemente, como si ambas cosas fueran lo mismo. Se había vuelto reservada, silenciosa, y recopilaba momentos de claridad como una loca junto a una hoguera. Sus momentos de vigilia estaban llenos de revelaciones nuevas y brillantes. Sus pesadillas cobraban vida con personajes —viejas brujas, villanos y guías geniales sin rostro—. Las serpientes se arrastraban por sus visiones, siseando, mordiéndole la cara, las manos y las piernas. Los cocodrilos le hablaban, le ofrecían consejo y advertencias educadas. Los símbolos ancestrales encontraban una nueva vida en ella. En sus sueños, planeaba viajes, hacía maletas y perdía trenes. Todo era caos, dormida o despierta.

No sabía cuánto tiempo duraría aquella desorientación, o si terminaría algún día. Parecía como si, tras apuntarse al cambio, el caos fuese inevitable y tuviera que conformarse con aquel largo viaje. Las anormalidades eran normales ahora. Estaba cansada de destrozar su coche, cansada de tropezar y de balbucear, pero parecía que debía aprender a moverse de nuevo, y a hablar. En los momentos de sorpresa absoluta —y esos momentos seguían sucediéndose— renunciaba a saber cosas.

Emma suspiró y tiró el chicle. Su hijo estaba señalando un conejo que asomaba por detrás de una mata de chamizo. Atravesó corriendo la carretera para verlo mejor, y sin querer hizo que el conejo saliese huyendo. Un águila dorada salió volando de la maleza cercana. Algunos habrían dicho que eso era una buena premonición. Aquel día ella estaría de acuerdo. Era un buen día, a pesar de lo sucedido. Sin embargo, al volver a mirar el coche, comenzó a pensar que sus amigos hacían bien en preocuparse. Invitar al desconcierto era una cosa. Poner en riesgo la seguridad de su hijo era otra bien distinta. Eso era demasiado.

—Ella tiene razón, hombre —convino Eziquio—. Esto es demasiado.

—No fue cosa mía, amigo —objetó Gándara—. Fue cosa de otras entidades... entidades perversas y odiosas. Ya sabes cómo es.

—Esa historia podría haber funcionado cuando estaba vivo —dijo su compañero con desdén—, pero ahora estamos en el otro lado, Gándara. Mira a tu alrededor. ¿Qué entidades ves?

—Solo a ti y a mí —admitió él encogiéndose de hombros.

—Solo tú y yo, y no somos más que productos de un sueño.

Gándara pareció ofenderse. Se golpeó la tripa vehementemente con ambas manos.

—¿Esto te parece un sueño, patrón? ¡Siéntelo! —intentó agarrar las manos de su amigo, pero Eziquio se apartó. La carretera seguía hacia el sur, hacia las colinas, y Eziquio se fue en esa dirección. Un águila se cruzó en su camino—. ¡Siente el sueño, cobarde! —gritó Gándara de nuevo, corriendo detrás de su amigo.

—No hay entidades perversas, viejo, solo tú —dijo Eziquio cuando su amigo lo alcanzó—. Y eres una idea... no más peligrosa que eso.

—Ni tampoco menos —dijo Gándara sin aliento—. Tampoco menos.

Eziquio pensó que no podía contradecir aquello. Resopló y no dijo más. Deseaba que su empresa funcionara. Deseaba que Miguel sintiera la angustia de la mujer y volviera a conmoverse. Deseaba que las pasiones ardieran y que el amor devolviera al espíritu humano a la vida. Lo razonable era pensar que Emma encontraría algunas muertes significativas en el proceso, pero no era razonable que su cuerpo muriera. Ahuecó los pliegues gastados de sus muñecas y siguió caminando con los labios sellados, enfadado. Gándara, jadeando a su lado, parecía arrepentido.

—Bueno, compadre, lo traté —le dijo.

—Los guerreros mueren tratando —respondió Eziquio, y después se quedó callado. Siguió reflexionando más profundamente mientras caminaba. Deseaba avivar las llamas, por supuesto. Al remover las brasas, al revivir e intensificar el fervor de Emma, había esperado agitar los latidos menguantes de otro. Creía que aún podría funcionar. Los soñadores apasionados alcanzaban todos los mundos. ¿Qué daño podía causarse empujando a una mente domesticada hacia lo salvaje, si sus gritos podían proyectarse por el tiempo? Emma estaba en crisis. Revoloteaba de un lugar a otro, de una historia a otra, de lo familiar a lo desconocido. Lo real y lo irreal empezaban a confundirse. Puede que hubiera estado luchando sola, pero estaba llamando al chamán con cada aliento. ¿Estaría oyéndola él? ¿Estaría recordando la conexión vibrante que existía entre ellos?

El sol de mediados de invierno ardía con fuerza, pero el viento frío descendía de las cumbres nevadas, llevando consigo ráfagas de aire con aroma a pino. El tiempo corría con él; nadie podría decir lo deprisa o lo despacio que iba. Mientras las sombras iban avanzando por la planicie, los dos hombres seguían caminando. El frío aumentaba a medida que se aproximaban a la boca del cañón. Eziquio vaciló, se quitó el sombrero y giró su cara arrugada hacia las montañas. ¡Qué maravillosa era la vida en aquel planeta! Aquel devaneo, aquella existencia breve e imaginada, despertaba en él tremendos sentimientos de deseo.

El deseo lo empieza todo, se dijo a sí mismo; se produce antes de la imaginación, antes de la acción. El deseo pone en movimiento la vida. El deseo es la chispa que enciende la llama —el deseo hacia una mujer, hacia un sueño, hacia la existencia—. Hubo un tiempo en que la vida sintió los primeros impulsos del deseo y, en respuesta a ese sentimiento, creó una visión de sí misma. Lo que la vida deseó se creó al instante; y la creación deseaba a cambio a la vida. El deseo engendra deseo. Cada sueño es una parte integral de la cosa que lo sueña.

—Vivimos y respiramos dentro del sueño de la vida —murmuró Eziquio en voz alta.

—Antes dijiste que tú y yo existimos en el sueño de los demás.

—¿Y acaso no es lo mismo? Todos somos consecuencia de los deseos libidinosos de la vida.

—¡Ah! Entiendo —asintió Gándara—. Bien expresado.

Eziquio sonrió y sus labios secos se cuartearon mientras se colocaba el sombrero en la cabeza con decisión. Hubo un tiempo en el que una revelación así habría requerido de varias semanas de preparación y muchos barriles de vino. Ahora, desde su punto de vista actual, la comprensión absoluta no requería apenas esfuerzo y no provocaba perturbación alguna. Entendía a la mujer sentada junto a la carretera. Entendía sus anhelos como ella no podía entenderlos. Vivía según las normas del maestro *nagual* y ahora era su presa, el blanco de la perturbación. Le pertenecía, estuviera cerca o lejos de él. Sentía sus burlas, su persuasión y su amor incontestable. Aún era posible que, desde los lejanos pasillos de aquel recuerdo, Miguel pudiera sentirla a ella.

Eziquio, que ahora lo veía todo con más claridad, caminó despacio por la carretera. En general estaba satisfecho con su participación en la misión. Dos viejos amigos habían vuelto a encontrarse para jugar entre los vivos y sentir la alegre complicidad de la vida. Estaba satisfecho con el sueño, orgulloso de su bisnieto. Sí, le parecía que el chico era un Caballero Águila, ¡hasta la médula! Miguel había alimentado la magia ancestral, permitiendo que aquellos dos ancianos volvieran a interferir. Obviamente sus aprendices le encantaban, mucho más incluso de lo que Miguel recordaba. Su disposición a jugar era asombrosa; su coraje frente a las realidades cambiantes era inspirador. Emma era...

Eziquio sintió una punzada de dudas y se detuvo en seco.

—El niño y ella han de encontrar la manera de volver a casa —dijo.

Gándara se detuvo, tomó aire y miró hacia atrás.

—No, deben encontrar la manera de seguir, jefe. Un soñador no permite que un infortunio detenga la diversión.

—¿Y cómo van a seguir exactamente?

Gándara, al captar la urgencia del momento, se secó el sudor de la cara con la palma de la mano y se concentró.

—¡Ja! ¿Recuerdas al hijo de Nachito? El del camión azul oxidado.

—¿Un camión? —¡El camión que no dejaba de toser!

—¡Ah! ¡El camión monstruoso!

—El pueblo se quedó horrorizado al verlo —continuó Gándara—, como si fuera una criatura de fantasía, un dragón con colmillos que escupía humo.

—¿Un camión? ¿Esa es tu respuesta? ¿Necesitamos camiones cuando tomamos Veracruz? ¿Y cuando desfilamos por la capital? ¿Cuando elevamos al Francmasón en toda su gloria?

—Dios. Por favor, no hables más del general Juárez. Sabes que me sangran los pies con solo oír su nombre —a Gándara le costaba trabajo respirar y tenía el ceño fruncido mientras intentaba solucionar el problema inmediato.

—¡Entonces haz que esa mujer llegue a casa! —ordenó Eziquio. En ese momento oyeron el traqueteo de una máquina a sus espaldas. Ambos se dieron la vuelta sorprendidos y vieron una camioneta azul desgastada acercándose hacia ellos, igual que la tartana que conducía el hijo de Nachito por su pueblo hacía casi ochenta años. Al volante iba un hombre pequeño, acompañado de un perro enorme en el asiento del copiloto. Levantó la mano para saludar cuando pasó por delante y ambos ancianos tosieron con la nube de polvo. Allí estaba. Encontrarían al chico y a la madre y podrían continuar con su día despreocupado.

Eziquio quería tranquilizarla, decirle que, cuando el mundo estuviera equilibrado, todo tendría sentido, pero dudaba que ella fuese a creerlo. Seguiría dudando durante un tiempo. Se resistiría al consuelo y desconfiaría de la simplicidad. No estaba preparada para dejar de luchar. Algunas penas más, varias muertes más y encontraría el equilibrio. La verdad era despiadada, pero la encontraría. La vida era alegre con sus excentricidades, pero ella resistía. La habían atraído hacia el límite de la razón, pero la razón expandiría sus barreras actuales, como era su obligación. Él mismo le había gastado bromas —muchas bromas malévolas— pero ¿qué era don Eziquio si no una broma de la luz? Pensó en lo fáciles que eran las cosas cuando uno ya no estaba unido a la materia. Aun así, incluso dentro de la materia, podía experimentarse la libertad. Cuando la vida aún circulaba por sus venas, él inspiraba asombro. Por entonces poseía unos poderes extraordinarios, igual que Nachito, y también Gándara. Miró a su amigo con admiración y le dio una palmadita en la espalda mientras caminaban hacia la ladera de la montaña. Aun siendo gordo, en su época, Gándara había mostrado la habilidad temeraria de un hechicero. Hacía mucho tiempo, los tres habían dominado el arte de abandonar el mundo de las «cosas reales»... y de regresar después. Regresar era lo más difícil de todo.

Volvió a pensar en Emma, que se enfrentaba a los mismos miedos a los que todas las personas se enfrentaron desde los inicios de la humanidad. Sus miedos siempre aparecían disfrazados de preguntas razonables: «Si cambio, ¿cómo me conoceré a mí mismo? Si dejo de creer, ¿me volveré loco? Si viajo demasiado lejos, ¿podré encontrar el camino de vuelta al hogar?». Cuando uno se percibe a sí mismo como un todo, el hogar es la ilusión de un tonto. Eziquio se rio para sus adentros. En la percepción de la vida no existían límites. Siendo joven, había sido capaz de saltar sin esfuerzo de un sueño a otro. Tenía el don de saltar y volver a aterrizar a salvo. Entonces no sentía ninguna curiosidad por el tema, solo alegría, y la emoción absoluta de marcharse. Marcharse y regresar. Había tenido lo que la mayoría de los humanos nunca se atrevería a desear. Había cometido la osadía de saltar para alejarse del conocimiento.

¿Y qué pasaba con don Miguel, el heredero de su legado? ¿Dónde estaba él en aquel paisaje de recuerdos? Mientras sus antepasados jugaban, mientras sus aprendices se resistían y temblaban, mientras el amor llamaba y no encontraba respuesta, ¿qué se propondría él?

—Gándara —dijo Eziquio de pronto—, deseo ver al maestro en acción.

—¿El Nazareno? —preguntó Gándara, y después se disculpó—. Perdona. Me había perdido en el tiempo —murmuró.

—Miguel se propone algo —dedujo su amigo—. Antes de este momento o después, ¡se proponía algo!

—¿Voy a buscarlo? —preguntó Gándara sin mucho afán. Nada en aquella aventura le había parecido fácil. Incluso en aquel momento de paz, por ejemplo, el sol cada vez quemaba con más fuerza y la carretera se volvía más inclinada.

—Sí, encuéntralo —respondió Eziquio—, aunque implique jugar con el tiempo.

—¿Y voy a buscarte también una copa, patrón, y algo de comer? —añadió Gándara—. ¿Y una mujer ardiente? Quizá te apetezca jugar con ella.

—Admiro tu trabajo, amigo —dijo su compañero, al notar que había ofendido a su amigo—. Tu idea de la camioneta fue un golpe maestro. Nachito te habría aplaudido.

—Sí, sí. Nachito habría estado encantado —convino su amigo—, pero volvamos al tema. Mientras juego con el tiempo, ¿qué harás tú?

Eziquio se quitó de nuevo el sombrero y disfrutó del exquisito calor del sol. Llenó de aire el pecho, simulando un aliento profundo, y exhaló.

—Yo estaré aquí, descansando sobre mis laureles —suspiró dramáticamente—. Sobre los muchos laureles de mi larga y meritoria vida.

Gándara suspiró también y sacudió la cabeza mientras

miraba al tonto que tenía ante él, un personaje siempre, pero también un paisano leal sin duda. Debía cumplir los deseos de su amigo. Al fin y al cabo, cuando se avivaba el deseo...

Antes de que pudiera reflexionar sobre el poder del deseo de un hombre, el tiempo cedió a la voluntad de la vida y el sol brillante se apagó.

Miguel sintió como si hubiera vuelto otra vez al pasadizo situado bajo la pirámide egipcia, otra vez al mundo del hierofante. Oía su propio aliento expandiéndose por el aire estéril y rasgando los suaves límites del tiempo. Sentía la piedra fría bajo sus pies, helándole la columna y desafiando a su cerebro a despertarse. Sabía que no se despertaría de aquello.

Abrió los ojos y examinó aquel entorno familiar. El pasillo estaba iluminado por antorchas que proyectaban sombras inquietas sobre su cara y llamas carmesí por las paredes. Eran las mismas paredes altas, esculpidas con jeroglíficos desde el suelo hasta el techo, que había visto de joven. El sentimiento era el mismo: el suave aroma de las especias se le metía por la nariz y el sabor de los minerales acariciaba su lengua. El momento parecía el mismo. Intentó levantar la cabeza, pero no pudo. Su cuerpo estaba sin vida, indefenso. Su mente daba vueltas, intentando encontrarle de nuevo sentido a aquel sueño, pero sin encontrar consuelo. ¿Habría pasado algo por alto la vez anterior? ¿Habría sido incapaz de comprender? ¿Estaría allí para reinterpretar la lección? Incapaz de moverse, se quedó tumbado, quieto, esperando a que el hierofante entrara en la sala con su túnica.

No vino nadie; no ocurrió nada. Las antorchas seguían brillando, escupiendo fuego, pero no había ningún otro sonido. Miguel no sabía si las horas pasaban deprisa o si se habían quedado estancadas. Si el tiempo se había detenido, él no lo notaba. Se quedó allí, recorriendo con la mirada los grabados de las paredes, hasta que una imagen más grande llamó su atención. Estaba meticulosamente grabada sobre una de las paredes y mostraba una historia que él conocía. Los personajes estaban dibujados de manera distinta a la que él estaba acostumbrado, colocados de forma diferente, pero los conocía. No sabía el nombre de los dioses y de las diosas, pero reconocía a los actores principales de aquella historia. Había dos en particular. Uno era el señor del inframundo, el Guardián de las Balanzas, que pesaba el corazón de los muertos para decidir si merecían la vida eterna en el más allá. En aquel dibujo, aparecía como medio humano y medio lobo. El otro era el Gran Devorador, representado con muchos colores como una combinación de los mayores carnívoros conocidos por el hombre: un león, un hipopótamo y un cocodrilo. Sobre la inmensa balanza, el Guardián estaba pesando un corazón humano y una pluma de avestruz. Un corazón que fuese más pesado que la pluma sería devorado por la otra criatura. Si pesaba menos que la pluma, se le permitiría acceder al reino de la eternidad.

¿Qué determinaba la pureza de aquel corazón, de cualquier corazón? Miguel contempló los símbolos del dibujo, que habían sido imaginados de forma brillante y ofrecían una sencilla lección de transformación. Había pasado su vida entera limpiando su mente de veneno. Había indagado en su corazón, había encontrado la corrupción y la había extirpado. Había desgarrado las mentiras —mentiras que le habían contado y que se había creído, y mentiras que él había concebido y utilizado contra sí mismo—. Aquella era su maestría, la purificación de la mente y la recuperación de la autenticidad. Aquella escena simbolizaba la maestría de la muerte, el despertar.

Miguel volvió a mirar las figuras, rodeadas de símbolos complejos que contaban la historia. Miró los cuerpos de los animales y de los humanos —sus vestimentas, sus máscaras y sus instrumentos, todos dibujados con tonos apagados y formas delicadas. En esta historia, el castigo por la negligencia tenía la intención de provocar temor. Advertía que, seamos reyes o esclavos, de nosotros depende seguir siendo los guardianes vigilantes de la verdad. Somos los corruptores y las víctimas de nuestra propia corrupción. Somos los dioses que toman decisiones relativas a nuestra propia libertad. Somos los Guardianes de las Balanzas, que presiden el ritual, mientras pesamos nuestras mentiras y nuestra propia verdad.

De pronto las imágenes se desvanecieron; Miguel apenas lograba distinguirlas. Tal vez estuviese soñando después de todo, y aquel sueño estuviese llegando a su fin. Tal vez la eternidad estuviera esperándolo más allá de las antorchas parpadeantes, más allá de los rincones oscuros de aquella habitación. Sí, la eternidad estaba esperando. La sentía cerca... como si yaciera entre cada símbolo grabado y bajo las capas de pintura. Estaba cerca, esperando, dispuesta a darle la bienvenida. El olor a especias también se desvanecía.

Notó que se le adormecían los sentidos, cerró los ojos y se rindió a un sueño más profundo. Su respiración se suavizó y el pulso se hizo lento gradualmente, casi imperceptiblemente, hasta detenerse. Todo iba bien. La eternidad estaba esperando.

—¿Está muerto? —se oyó un susurro en la sala, pero aquellas palabras, tan suaves, reverberaban por los muros de granito como una parodia espantosa. *¿Está muerto? ¿Está muerto? ¿Está muerto... muerto... muerto?*

La mujer arrodillada junto al cuerpo de Miguel le agarró la muñeca e intentó encontrarle el pulso. Al no notar nada, acercó su oreja izquierda a su boca. No respiraba. Uno de los hombres se arrodilló junto a ella y repitió el proceso; después colocó la cabeza sobre el pecho de Miguel. Transcurrido un minuto entero, se incorporó y miró a los demás. *No le late el corazón*, decía su expresión. La sorpresa fue inmediata.

—¡No! —exclamó alguien, y volvieron a oírse los ecos alrededor de la recámara. *¡No! ¡No... no... no!* En esa ocasión reaccionó el grupo entero de estudiantes, hablando, haciendo preguntas, gritando todos a la vez. Algunos más se agacharon junto a su cuerpo, lo tocaron, lo llamaron e incluso lo zarandearon para despertarlo. Las mujeres comenzaron a llorar y los hombres se preguntaron qué hacer.

Era el segundo día de su grupo en Egipto. Aquella mañana habían ido a la gran pirámide, emocionados y ansiosos por realizar una visita privada a la maravilla más secreta del mundo. La tumba del faraón Khufu estaba situada en lo alto del interior de la gran pirámide de Giza, en la llamada Cámara del Rey. Era una estancia grande y rectangular con paredes de granito en la que solo había un sarcófago. Le faltaba la grandiosidad del ataúd de un rey, pero no podía negarse que su presencia sugería misterios dignos de un rey... y peligros sin nombre. La Cámara de la Reina, situada muy por debajo, casi en el centro de la inmensa estructura, parecía más regia y mucho menos ominosa. Parecía un lugar acogedor.

El grupo había sentido que alguien había anticipado su llegada desde el momento en que se habían reunido en la base de la pirámide, habían atravesado los muros exteriores y habían comenzado su solemne recorrido por los pasadizos. Sus susurros de asombro se elevaban por los túneles invisibles y reverberaban en cada estancia. Su veneración era recibida con reconocimiento, o eso sentían. Su estado de ánimo era alegre y parecían apresurarse a cambiar el lugar, a cambiar cada matiz de la historia. La pirámide estaba cerrada al público general aquella mañana, lo que les permitía explorar sus maravillas sin distracciones y a su propio ritmo. Nadie sabía cómo había sucedido, pero lo aceptaron como prueba de que *todo* era posible en el mundo de don Miguel. ¿Por qué preguntar por qué? Aquel día tenían acceso privilegiado a la gran pirámide, y aquel día todo estaba bien.

Sin embargo, de pronto, cuando Miguel los condujo a la cámara del faraón Khufu, nada parecía estar bien. Nada era como debía ser. ¿Qué había sucedido para cambiar las cosas?, se preguntaban. ¿Qué se habrían perdido? Mientras todos se arremolinaban en la sala, en busca de un lugar donde sentarse o quedarse en pie mientras absorbían la atmósfera, Miguel recorrió el perímetro con las manos en la espalda, inspeccionando los altos techos. Parecía conocer aquel lugar, o algún lugar parecido, y estaba recordando. Para algunos, era como si estuviese saludando a viejos conocidos. Tras recorrer la recámara, se acercó al sarcófago y se quedó junto a él durante un rato. Después, sin mediar palabra, se tumbó en el suelo, cerró los ojos y colocó los brazos cruzados sobre su pecho. Sus aprendices, acostumbrados al ritual de los ensueños, cerraron los ojos con él... sin anticipar nada, y esperaron.

Esperaron... y esperaron. Al no oír nada ni observar ningún movimiento, una mujer acabó por arrodillarse a su lado y susurrarle al oído. Al no obtener respuesta, le tomó el pulso...

—No hay una manera fiable de saber si un hombre está realmente muerto —declaró Gándara, observando la escena desde el otro extremo de la sala. Sin embargo, aunque habló con claridad, sus palabras no produjeron eco ni causaron reacción alguna entre la multitud—. Créeme —añadió negando con la cabeza.

—¿Creerte? —Eziquio estaba justo detrás de él—. ¡Hace décadas estuviste a punto de enterrarme vivo!

—Sabía que seguías vivo —se jactó su amigo—. Lo sabía. ¿Por qué si no iba a posponer el funeral?

—¡No hiciste tal cosa! ¡Me dejaste en los escalones de la

parroquia para que el padre Quique me encontrara y me enterrara! ¡Huiste de la muerte como una niña asustada!

—¡Ridículo!

—¡Sí, eres ridículo! —dijo Eziquio, alzando la voz para hacerse oír mientras la multitud que rodeaba a Miguel comenzaba a reaccionar a la aparente muerte de su maestro—. Igual que están siendo ridículas estas personas —añadió.

—¡Ah, estas personas! —dijo Gándara, feliz por cambiar de tema—. Les falta el temperamento para maravillarse. Les falta...

—Paciencia —dijo Eziquio secamente—. Les falta paciencia. La madre de Miguel habría esperado. Sarita habría ido a su cocina a preparar pozole para todos, y lo habría dejado con sus sueños.

—Yo tuve una madre así —declaró Gándara—. La mejor amiga de un chamán —se volvió hacia Eziquio y sonrió—. Felia, mi esposa, nunca me permitía hacer cosas así. No tenía libertad para jugar. «¿Quién va a comprar el maíz y los chiles?», solía preguntarme. «¿Quién sacará el agua del pozo?», insistía. «¿Quién nos proporcionará comida si te mueres todo el tiempo?». ¡Tantas preguntas y tantas objeciones! Mi madre la odiaba.

Ambos ancianos observaron la escena en silencio mientras la gente rodeaba el cuerpo, murmurando y susurrando, calmado ya su arrebato inicial. Su guía egipcio había ido a buscar ayuda y parecía que no se podía hacer mucho más. Al final, incluso los susurros se apagaron y quedó solo el sonido de los sollozos ahogados y de las lágrimas contenidas.

—¡Espera! —dijo Gándara abruptamente, y miró a su compañero con suspicacia—. Creí que habíamos acordado que tú descansarías sobre tus laureles.

—Yo no acordé nada. Deseaba encontrar al maestro *nagual* y eso hice —señaló la escena de la recámara y después miró a su confuso amigo a los ojos—. Lo que él hace afecta a todos. Lo que sueña afecta a todo.

—Puedo enfrentarme a esto yo solo, viejo —le aseguró su amigo dándole un codazo en las costillas—. Regresa a las montañas y vuelve loco al mundo. Vete. Diviértete.

—El mundo puede esperar —dijo Eziquio—. Deseo ver qué ocurre aquí.

—Se muere, y no se muere. ¿Qué más?

—¡La significancia, hombre! Quiero decidir la significancia del momento.

—¿Debemos buscar un significado oculto en estas cosas? —masculló Gándara—. Vivimos. Reímos. ¿Por qué iba a haber un significado?

—No hay significado —respondió Eziquio—. La *significancia* es otra cuestión.

—Miguel pagará las consecuencias por esto, si eso es significativo.

—El cuerpo paga un precio por morir, si no recuerdo mal.

—Fue Nacho quien te dejó en los escalones de la capilla, amigo. No yo.

—¡Ja! ¡Ahí lo tienes! —Eziquio se giró hacia su amigo con una chispa maliciosa en la mirada.

Justo entonces una mujer suspiró. Alguien gritó y la multitud se dispersó. Los dos ancianos se abrieron paso entre la gente y vieron que Miguel abría los ojos y se incorporaba lentamente. Tres mujeres corrieron hacia él y lo ayudaron a levantarse mientras le hablaban en tono tranquilizador.

—Buen trabajo, m'ijo —murmuró Eziquio en voz baja.

—Mírale la cara —exclamó Gándara—. No entiende lo que sucedió. ¿Pueden estar seguros de que está vivo?

—Supongo que pueden dejarlo en el suelo y echarle tierra en la cara.

—Ese fue Nachito, te lo aseguro.

—¡Mentiroso! Me desperté y te vi...

—¡Calla!

Miguel, ya en pie, estaba tranquilizando a sus estudiantes y pidiéndoles que se sentaran. Todos se quedaron callados. Se colocó ante ellos, con una mano sobre el sarcófago de piedra, y no dijo nada durante varios minutos. La vasta sala pareció cerrarse a su alrededor, tragándose cada suspiro y cada movimiento sutil. Las paredes iluminaban sus rostros expectantes, y la propia pirámide pareció aguantar la respiración, preparándose para escuchar. De pie frente al grupo, con brillo en sus ojos negros, con voz suave y melosa, don Miguel comenzó a hablar.

—Presten atención a mis palabras —dijo—. No se distraigan con sus historias. No crean lo que creen que saben, o lo que los demás deseen decirles sobre este momento.

Parecía que su voz procediera del fondo de la Tierra, profunda y grave, agitando los muros de granito y recorriendo las principales arterias de la pirámide, que tarareaba en respuesta. Sobre sus cabezas, los compartimentos ocultos murmuraban. Fuera de la estancia, los recuerdos susurraban. Unos hilos dorados adornaron las paredes de granito y la cámara funeraria del faraón pareció recuperar su aspecto regio.

—Quiero que sepan que siempre estaré aquí con ustedes —continuó—. Mientras vivan, mientras puedan escuchar, estaré con ustedes. Regresaré. Regresaré otra vez... y otra, para entregar el mensaje de la vida.

—Ahí lo tienes —susurró Eziquio. Abandona el conocimiento, pensó para sus adentros. Esa era la regla... y ya se había cumplido.

Miguel siguió hablando a aquellas mentes y a todos los canales abiertos, aunque parecía que no hablase a nadie ni a nada. Sus ojos brillaban, pero lo que veía estaba más allá. Estaba mirando a través de las suaves paredes de granito, percibiendo algo ubicado más allá del mundo de la materia, deslizándose por el temblor de aquel momento frágil.

Recuerdo la sensación al disminuir gradualmente mi resistencia hacia un sueño abandonado hacía tiempo y, en su lugar, dejar atrás todos los sueños. Me produce serenidad al estar allí de nuevo y ver la experiencia desde todos los puntos de vista. Mi viaje a Egipto fue provocado por algunos acontecimientos difíciles, incluyendo otro largo viaje a Perú. Antes del viaje, mis horas de sueño estaban invadidas por sueños ominosos, con imágenes de viejos dioses y demonios, símbolos del antiguo Egipto. Parecía que mi mente se estaba reflejando en un sueño colectivo de otro tiempo, un sueño que se había desvanecido y había desaparecido cuando la atención de la humanidad siguió hacia delante. Yo no tenía intención de revivir ese sueño, enterrado en lo más profundo del recuerdo humano. Aun así, solo con ir a Egipto, sentía que invocaría a los elementos de las antiguas mitologías que podrían desafiarme. Para actuar con cautela, expresé mi deseo de que la gente más cercana a mí se quedara en casa. Le dije a Emma que no viniera conmigo; le aconsejé que mantuviera entre nosotros toda la distancia que le fuera posible, tanto física como emocional.

Por entonces la realidad estaba estructurada de esa forma en mi imaginación, y todos a mi alrededor formaban parte de esa realidad. Mis aprendices estaban en mi sueño, por voluntad propia, y las reglas de la realidad cambiaban en consecuencia. Dentro de la esfera de mi sueño, la gente adoptaba el lenguaje y la lógica de don Miguel. Usaba símbolos chamánicos y ellos también. Hablaban con un lenguaje construido con esos símbolos. Vivían y soñaban esos símbolos conmigo. A medida que cambiaban mis enseñanzas, yo cambiaba los símbolos en función de mi manera de abordar la conciencia. Aquellos que respondían bien al cambio se mantenían junto a mí, y, con algunos grandes cambios en el sueño, la enseñanza crecía. Aquellos a los que no les gustaban los cambios se quedaban atrás.

Todos los chamanes son diferentes, pero sus aprendices entran en el sueño chamánico de manera similar. Acurrucados bajo su ala, los estudiantes reciben los beneficios de la atención de un maestro y la oportunidad de crecer. En mi sueño, el respeto lo es todo —respeto hacia uno mismo, hacia los demás y hacia la creación—. El mío es un sueño que aleja el miedo y crea una atmósfera de amor incondicional. Ese fue el ánimo de cada viaje, incluyendo el de Egipto. Sean cuales sean las ansiedades que pueda haber, mis estudiantes las resuelven y siguen hacia delante con conciencia.

Cuando llegué con mi grupo al Cairo, todo fue bien. Me dieron permiso para llevar al grupo a una excursión privada a la gran pirámide de Giza, y desde ahí el viaje continuaría hacia el Nilo. Desde los primeros minutos en el interior de la pirámide, me sentí reconfortado, aliviado. La inmensa estructura nos envolvía como un útero, y me familiaricé enseguida con el sueño de las personas ancestrales. En la Cámara del Rey, experimenté algo parecido a mi sueño del hierofante de años atrás. Comencé a entender el lugar, a entender el drama humano tal como existía en las ciudades de la antigüedad. Me recosté en el suelo de la estancia y me entregué sin resistencias. En ese momento, fue como si me expandiera hacia el sueño de la vida misma.

Cuando nos referimos al cuerpo, a la mente y al espíritu, creamos distinciones engañosas. Solo hay vida, y los incontables puntos de vista de la vida. Al desprenderme de un lugar, de una circunstancia y de un momento, ya no estaba atado a mis propias percepciones. Yo era…eso es todo. ¿Qué significa ver desde el punto de vista de la vida? ¿Qué significa ser infinito en el momento presente? Puede resultar imposible de decir, pero es posible experimentarlo. La gente dice que morí en aquella estancia, pero esa idea pertenece al cerebro, a la materia. ¿Muerto? ¿Fallecido? ¿Fuera del cuerpo? Esas nociones, igual que todas, no tienen relevancia desde la perspectiva de la vida. En muchos sentidos, aquel incidente fue un preludio de mi transición final. No morí entonces y no estoy muerto ahora, pero mi curiosidad por la muerte quedó satisfecha. En el viaje desde el potencial infinito hacia el sueño de la materia y de la forma, y de vuelta al potencial infinito, no existe perturbación. Desde la perspectiva de la vida, no sucede nada.

Sin embargo, desde la perspectiva de la materia, hay una perturbación drástica. La materia dura poco y se ve afectada por los trastornos del cambio. Sin importar la persona, sin importar las especies, todos soñamos la realidad desde el punto de vista de la materia, incluso aunque tengamos la conciencia de vernos a nosotros mismos como algo más. Nuestras ideas sobre la vida y la muerte —y sobre todo lo demás— existen dentro del sueño de la materia.

La materia tiene una memoria poderosa, algo que sabemos porque tenemos cerebro. El cerebro recuerda, quiera la mente o no. La memoria influye enormemente sobre el modo en que percibimos y sobre lo que creemos, pero no es más que una función de un mecanismo orgánico cuyas habilidades son incalculables. Los sentidos, el lenguaje, la razón, todo eso son funciones de la materia. También lo son la emoción, el estado de ánimo, el instinto y la intuición. Deseo recalcar la naturaleza compleja del cuerpo físico y explicar que nuestra percepción evoluciona tanto como la propia materia. La evolución de la materia se mide por la manera en que responde a la luz. La evolución humana tiene que ver con la complejidad cambiante del sistema nervioso humano y con su sensibilidad a la luz. La luz es la mensajera de la vida y su primera manifestación. Esto puede parecer como una historia, porque sí lo es. Estoy poniendo palabras a algo que no puede explicarse con precisión, como debe hacer cualquiera que busque la verdad mediante los símbolos. Se han contado muchas historias perdurables sobre la luz y sobre los mensajeros de la vida, pero solemos aferrarnos a la historia y no a la verdad subyacente.

Digamos que la vida es una entidad misteriosa, una fuerza sin nombre. Digamos que, antes de que existiera la materia, solo estaba el potencial de la existencia. Digamos que ese potencial, o ese poder absoluto, se ve de pronto obligado a percibir, a observar. El ver crea dos puntos de vista: el del que observa y el de lo observado. El mecanismo que conecta ambos puntos de vista es la luz. Como un niño que mira a través del ojo de una cerradura, la vida mira a su alrededor, y la luz revela un universo. No hay diferencia entre los personajes centrales de esta historia. No hay distinción entre la vida, lo que la vida ve y los medios con los que ve. El potencial puro se expandió hacia la percepción pura. Los «ojos de cerradura» están por todas partes, y las vistas son las mismas. La vida está viendo y siendo vista.

No hubo nada extraño en mi experiencia en la pirámide egipcia. Soñé y, entonces, estaba sin el sueño, sin tiempo, y fui eterno. No hablaba como Miguel cuando les dije a mis estudiantes que regresaría, sino como el poder absoluto de la vida. La vida siempre está ahí, ofreciendo un nuevo comienzo y otra oportunidad para ser. Mi corazón era ligero. No pesaba, ya no sufría las cargas del conocimiento ni las tiranías del narrador de la historia. Entendí con claridad el mensaje de la vida cuando sobrepasé la muerte aquel día. No me sentí amenazado, no sentí que las cosas terminaran y empezaran. En cierta manera, aquel día en la Cámara del Rey fue un presagio que apuntaba hacia mi cambio final en la conciencia.

Aquel cambio se produjo dos años más tarde en Teotihuacan, cuando me di cuenta de que mi cuerpo físico no podía contenerme por mucho tiempo. No sobreviviría mucho más a la fuerza de la vida, que se expandía siempre y se intensificaba en su interior. Una semana más tarde, mi corazón fallaría y, de un modo u otro, el Miguel que había conocido —y el Miguel que todos los demás habían imaginado— moriría.

¡QUIERO JUGAR! —LE GRITÓ JOSÉ A SU HERMANO.
—Olvídalo —respondió Miguelito secamente—.
Estoy jugando *yo*.

—¡El juego es mío también! —José intentó arrebatarle el control a su hermano. A los doce años, Miguelito era más grande, pero José había conseguido tirarlo al suelo una vez. Estaba dispuesto a volver a hacerlo.

—Es mi regalo de Navidad —dijo su hermano mayor—. Y estoy jugando.

—¡Vamos! ¡Déjame ser Luigi!

—¡Yo también quiero jugar! —gritó el pequeño Leo, sumándose a la disputa.

—Eh, ¿qué sucede? —preguntó su padre al entrar en casa de María a recoger a sus hijos—. Se les oye desde la calle.

—¡Papá! ¡Quiero jugar!

—¡No puedes! —chilló su hermano.

—¿Jugar a qué? —preguntó Miguel.

—A Súper Mario, papá.

—¡Nintendo! ¡Y fue un regalo para los dos!

—¿Por qué no puede jugar? —preguntó su padre.

—Porque estoy jugando yo.

—¡Yo puedo jugar! ¡Los dos podemos!

—¿Eso es cierto? —preguntó Miguel.

—¡Sí! —dijo José.

—Luigi no está activado, Luigi —gruñó su hermano.

—¿Ves, papá? Yo soy Luigi. ¡Él me llamó así! ¡Debería dejarme jugar!

—¡Yo quiero jugar! —insistió Leo.

—¿De qué trata el juego? —preguntó su padre, sentándose junto a su hijo mayor.

—No puedo explicarlo —murmuró Miguelito—. Es demasiado complicado.

—¡Es sencillo! —le contradijo José, lanzándose al regazo de su padre—. Mario y Luigi van al Reino Champiñón para salvar a la princesa Oldschool.

—Toadstool.

Tienen que salvar a la princesa, pero el malo está intentando matarlos.

—Matarme —dijo su hermano mayor—. Está intentando matarme *a mí*.

—Y a mí también, si puedo jugar.

—¿Y qué tienen que hacer? —preguntó Miguel mirando la pantalla.

—Tengo que ir de aquí a aquí, ¿ves esa asta?, sin que me maten.

—¡Yo puedo ayudar! —insistió José.

—¿Por qué no puede ayudar? Es tu hermano.

—No juega bien.

—¡Sí juego bien!

—¡Y a mí! —dijo Leo, asomándose por encima del respaldo del sofá para ver cómo iba el juego. Estiró la manita hacia el control, pero recibió un manotazo.

—¿Tienes armas? —preguntó su padre—. ¿Ejércitos? ¿Estrategias?

—Está solo —dijo José—, pero yo podría...

—¿Ves esos cubitos con interrogaciones? —preguntó su hermano señalando la pantalla—. Contienen cosas que podría usar para derrotar al...

—Tienen monedas y cosas geniales —le interrumpió José emocionado—. ¡Y también están los champiñones! ¡Enséñaselo!

—Este champiñón hace que me vuelva más grande y más fuerte.

—¡Algunos te dan inmortalidad!

—Se llaman *vidas*, estúpido —dijo su hermano poniendo los ojos en blanco—. Consigo más vidas. ¿Ves? Él no lo entiende, papá.

—No llames estúpido a tu hermano.

—Lo es. Los dos lo son.

—No lo soy —dijo el pequeño Leo colgándose del brazo de su padre.

—Muéstrenme cómo funciona, niños —dijo su padre con calma.

—¡Déjame a mí, papi! —se ofreció José saltando con entusiasmo.

—¡Déjame a mí! —lo imitó Leo.

—Lo haré yo —gruñó Miguelito de nuevo—. Papá, hay ocho mundos en este juego y, en cada mundo, varios escenarios. Y yo tengo que pasar por todos para ganar. Pero es muy, muy difícil.

—¡Para mí no! —exclamó José.

—En la última etapa de cada nivel...

—De cada mundo —le corrigió su hermano—, estúpido.

—En la última etapa, tengo que enfrentarme a este Kuppa, o a algún amigo suyo. ¿Ves lo grandes que son?

—¡Yo sé cómo derrotarlo!

—Ahora, si encuentro una tubería...

—¡O una estrella!

—...podré saltarme algunos de estos niveles —continuó Miguelito—. Quiero decir *mundos*. Pero es difícil y estos tipos no dejan de aplastarme. Una vez me hundí en uno de estos charcos.

—Sí —dijo José con el ceño fruncido.

—Vaya —dijo Miguel, y se le iluminó la cara—. ¿Se dan cuenta de que esto es como la vida?

—No como mi vida, gracias —respondió su hijo mayor—. Salvo por tener un hermano pequeño estúpido llamado Luigi.

—José Luis, estúpido.

—Paren —les dijo su padre con firmeza—. Esto es como la vida de cualquiera. Nacemos en un juego al que no sabemos jugar.

—¿Un juego?

—La existencia humana. Sí, es un juego. Tiene muchas reglas, como este. ¿Olvidaron todas las reglas que tuvieron que aprender desde que nacieron? ¿No tuvieron que aprender a hacer popó ustedes solos?

—¡Popó! —Leo rodó del sofá y cayó riendo al suelo—. ¡Popó!

—Tuvieron que hacer lo que decían sus padres —prosiguió Miguel—, y lo que les enseñaron sus maestros, ¿verdad? Les va mejor en la vida humana cuando aprenden reglas, cuando aprenden buenos modales y justicia. Les va mejor cuando se cepillan los dientes, cuando se van a dormir a la hora y cuando ayudan a mamá. Les va mejor cuando estudian y adquieren alguna habilidad.

—Bueno —dijo Miguelito—. Este juego me permite vivir de nuevo después de que me maten. Me da superpoderes. Si recojo la Flor de Fuego...

—¡La Flor de Fuego! —chilló José—. ¡Bum!

—De acuerdo —dijo su padre—. También hay estrategias útiles en la vida. Cuando uno es consciente, ve cosas que nadie más puede ver. Cuando uno cree en sí mismo, es inmune a todo tipo de juicios. Esos son superpoderes.

—Yo no me vuelvo más grande por comerme un champiñón rojo.

—Rojo y amarillo —le corrigió su hermano.

—Te vuelves más fuerte comiendo menos veneno —respondió su padre con una sonrisa.

—Papá...

—Hablo en serio. Existen secretos que los ayudan a que les vaya mejor en la vida. De ustedes depende descubrir cuáles son y practicar. La práctica hace al maestro.

—¿Nopales? —dijo una voz desde el suelo.

—Usen el conocimiento para abrir canales de comunicación. Esa es una buena estrategia. Cuando les muestran respeto a las personas, ellas les dan la bienvenida a sus vidas. Eso es poder. Cuando ayudan a alguien, ellos se sienten bien ayudándolos a ustedes. Eso es sentido común, otro poder.

—Hablando de ayuda —dijo José con un suspiro—, a mí también me gustaría jugar, por favor.

—¿Sabes cómo ganar en este juego? —le preguntó Miguel a su hijo mayor.

—Sí. Mato a mis enemigos y rescato a la princesa —respondió Miguelito—. Si ellos me matan primero, pierdo.

—Hay algo importante que has de hacer para ganar este juego —dijo Miguel—, y para ganar en la vida.

—¿Sí?

—Primero, has de dominar el juguete.

—¿El juguete?

—¿Juguete? —Leo asomó la cabeza de debajo de la mesa de centro.

—¿Qué juguete? —preguntó Miguelito.

—Este hombrecito de aquí —dijo Miguel, señalando el personaje de la pantalla—. Mario.

—¡O Luigi!

—Ellos te representan en el juego, ¿no? El juguete eres tú.

—Sí...

—Descubre todo lo que puede hacer, y todo el poder que tiene disponible, para saber cómo superar los obstáculos —Miguel hizo una pausa y observó las caras de sus hijos—. En la vida, tienen que averiguar de qué son capaces como seres humanos, y después practicar para ser cada vez mejores en esas cosas. Tienen que comprenderse a ustedes mismos, verse como son. Cuando dominan el juguete, dominan el juego.

—¿Este juego?

—Y la vida. Es un juego y todos estamos jugando —Miguel sonrió, feliz de verlos escuchar en vez de discutir—. Si no conocemos las reglas, no podemos pasar al siguiente nivel. Si no sabemos cuál es nuestro poder, estamos en desventaja siempre que surge un desafío. Perdemos en todos los niveles porque no conocemos el juguete. Somos derrotados por nosotros mismos, no por el monstruo enorme.

—Bowser.

—¡Goomba!

—Exacto. Nos aplastarán solo porque no nos tomamos el tiempo de conocernos a nosotros mismos.

Los niños volvieron a mirar a la pantalla y cada uno llegó a sus propias conclusiones. A petición de su padre, Miguelito reinició la partida y comenzó una nueva que incluía a Mario y a su hermano Luigi.

—Muy bien, m'ijos —dijo su padre—. Muéstrenme todo lo que saben hacer.

Mis hijos ahora son hombres y ya no se pelean por los juguetes, pero me mostraron todo lo que pueden hacer en muchos sentidos. Utilizan las lecciones de la infancia para reforzar la sabiduría. A medida que se adaptan a su conciencia creciente, aprenden a ser maestros de su propia historia. Si nunca tengo oportunidad de volver a hablar con ellos, confío en que cada uno de ellos reflexione sobre los momentos que compartimos, sobre mis acciones y sobre las cosas que podría explicar solo con palabras.

Por supuesto, estamos enseñando a nuestros hijos todo el tiempo, incluso aunque no estemos seguros de cuál es la lección. Todo lo que aprendimos se lo transmitimos a nuestros hijos, normalmente sin detenernos a considerar si es cierto o qué consecuencias podrían tener nuestras palabras. Los niños escuchan, aunque finjan no hacerlo. Escuchan y aprenden de nosotros. Después aprenden de sus maestros, de sus amigos, de sus ídolos; también aprenden del sueño del planeta.

Mis padres hicieron todo lo posible por comprender algo de la vida y transmitírselo a sus hijos. Yo hice todo lo posible por mis propios hijos, pero no siempre estuve a su lado. Trabajaba duro para ganarme la vida y trabajaba duro para dominar este juguete... este humano. Creé nuevas estrategias para descubrir más sobre la mente humana, y mis juegos se convirtieron en un talento para la enseñanza. Al enseñar, aprendí a utilizar la atención y sacarle el máximo provecho. Los niños se dan cuenta de inmediato de lo importante que es llamar la atención de alguien. Con atención, se abren todos los canales de comunicación.

De niño, gozaba de la atención de mis padres, cuando podían dármela. Mis hermanos, sin embargo, no tenían especial interés en mí. Siendo el pequeño, no parecía merecer su atención. Sin muchos amigos de mi misma edad, tenía que divertirme solo. Mientras buscaba la diversión, inventando juegos para jugar yo solo, me sorprendió descubrir que también podía llamar la atención de mis hermanos mayores, las personas a las que más deseaba impresionar. Si estaba divirtiéndome jugando a un juego, solo o con un amigo, Jaime solía ser el primero en darse cuenta. Se sentaba con nosotros para mostrarnos cómo hacerlo mejor. Eso llamaba la atención de mi hermano Carlos, que inmediatamente trataba de competir con Jaime. Después Memín se percataba y se nos unía. En cuanto mis hermanos dominaban un juego, ya no necesitaban que yo participase. Se ponían a competir entre ellos y a mí me olvidaban enseguida. Así que pensaba en un nuevo juego, uno con reglas más desafiantes, y ocurría lo mismo. Jaime y Carlos se interesaban, después Memín. A veces mi hermano León se interesaba también y competía contra los demás. Sin darme cuenta, me había encontrado con una manera de conseguir el premio que más deseaba —la atención de mis hermanos mayores— y divertirme durante el proceso.

Los humanos son competitivos por naturaleza. La primera competencia, y la más básica, es nuestra lucha por la atención. Comienza a corta edad y nunca termina. Yo solía hablarles a mis hijos sobre los juegos de los antiguos aztecas —juegos que se jugaban en estadios para miles de personas—. Esos juegos eran parecidos a nuestros actuales juegos de pelota —dos equipos que compiten y que normalmente han de meter la pelota por un aro o pasarla por encima de la línea de gol— pero algunos dicen que, en esa época, los perdedores perdían la cabeza. Sea cierto o no, esa idea llamó la atención de mis hijos. Les decía que había mucho en juego: era una cuestión de vida o muerte.

El premio era la supervivencia y la pelota era la única manera de conseguir esa supervivencia. Siempre se aplicó lo mismo al sueño humano colectivo, donde la pelota está representada por la *atención*. Ha de ganarse y controlarse a cualquier precio.

Mis estudiantes aprendieron la misma lección. Siendo chamán, yo creaba muchas mitologías para reforzar mis enseñanzas e inventaba diferentes maneras de abordar esas enseñanzas. Decía lo mismo de maneras diferentes y en contextos diferentes. Entonces comenzaba nuevas tradiciones, con resultados cada vez mejores. Como padre, utilizaba juegos para llamar la atención de mis hijos, algo que se volvió más difícil a medida que crecían. Para cuando llegaron a la adolescencia, les interesaba poco mi punto de vista. Tenían muchas otras opiniones con que distraerse. Los puntos de vista de sus amigos se volvieron más influyentes, naturalmente, y quedaron fascinados por el estilo de vida de las celebridades, las estrellas del rock y los atletas profesionales. Como todos los jóvenes, se apartaron de su maestro e hicieron caso a los demás. Regresaban, como hice yo cuando regresé junto a Sarita, pero eso requería algún tiempo.

Súper Mario y su hermano fueron una gran herramienta de enseñanza, tanto para mis hijos como para mis aprendices. Aprecio los méritos de los videojuegos porque explican la vida en términos visuales. Es improbable que la mayoría de los niños vea los juegos de ese modo, pero al final las normas de cualquier juego se revelan como una metáfora de la vida. En el proceso de crecimiento y de maduración, descubrimos nuestra propia fuerza. Desarrollamos habilidades en la escuela, en el trabajo y en el patio de juegos. A medida que aprendemos más sobre nosotros mismos, mejoramos en la vida, pasando de un nivel a otro en el sueño humano. Acudí a la primaria y eventualmente me gradué de la preparatoria. También fui estudiante de medicina. Me gradué, practiqué y obtuve mi título. Luego practiqué la medicina general y la cirugía. Con cada graduación, aprendía más sobre mí mismo, haciendo que fuera posible pasar al siguiente nivel (y acceder a un nuevo mundo de personas y de desafíos). La vida de todo el mundo es como un videojuego; todo videojuego es reflejo de nuestra realidad y de cómo la entendemos. Primero hemos de dominar el juguete.

Normalmente lograba captar la atención de mis hijos encontrándome con ellos en sus propios sueños. Sus intereses se convirtieron en mis intereses. Sus preocupaciones se convirtieron en las mías. Cada uno tenía intereses y obsesiones distintas, claro, y desviaban su atención en esas direcciones constantemente. A mi hijo Miguel siempre le habían entusiasmado los deportes; el fútbol era su deporte favorito cuando era pequeño. Era importante que supiera cuáles eran sus puntos fuertes cuando jugaba al fútbol, pero también que supiera cuál era su papel a la hora de ayudar al resto del equipo. Gana el *equipo,* no un solo jugador. Puede que quisiera ser el portero, pero su punto fuerte era otro. Para hacer que el equipo fuese más fuerte, tenía que hacer lo que mejor se le diera. El egoísmo hunde al equipo y hace que se pierda el partido. Por supuesto, aprendemos estas cosas de diversas maneras y por caminos diferentes, incluso jugando a los videojuegos. Al joven Miguel también le intrigaba el ajedrez. Me había visto jugar con mis hermanos toda su vida. No sé si alguna vez fui tan bueno como ellos, pero alcancé cierto grado de maestría y gané algunos torneos locales por diversión. Jugando al ajedrez con él, y muchas veces con el hijo de Dhara, fui capaz de enseñar lecciones importantes de la vida. El ajedrez es un juego de estrategias, como cualquier otro. Animaba a los muchachos a imaginar varias jugadas con antelación y a predecir las reacciones que tendría cada una de sus acciones. Esto fortalecía su propia atención mientras buscaban errores y aprovechaban de la falta de atención de sus oponentes.

Los humanos viven en un universo de consecuencias. Toda acción provoca una reacción, y algunas de esas reacciones nos perjudican. Yo tuve que enseñarles todo esto a mis hijos. La importancia de esta lección les resultaba evidente cuando alcanzaron la adolescencia. Como le expliqué a José, un mal rendimiento en la escuela lo llevaría a la expulsión, lo cual aparecería en su historial. Con la expulsión en su historial, sería más vulnerable si alguna vez lo acusaban de un delito. Pasar tiempo en la cárcel lo llevaría a un trato injusto por parte de la sociedad, y entonces habría más complicaciones, más injusticias, y así sucesivamente. Las acciones tenían reacciones. Mi intención no era provocarles miedo, sino más bien animarlos a anticipar las jugadas. El sueño humano es predecible y casi todos los castigos pueden evitarse. El deporte favorito de José era la lucha profesional. Me entendió cuando le dije que todo era falso, una gran representación para entusiasmar al público, pero que él podía convertirlo en todo lo real que quisiera. Podía hacer que fuese real solo para poder disfrutar del juego. La diversión es el objetivo de cualquier relación, de cualquier interés y de cualquier interacción. La diversión es la recompensa de nuestra relación con la vida, y podemos evitar acabar con la diversión si lo vemos todo como un juego, como un sueño.

Mi hijo menor tenía sus propios intereses. A medida que fue creciendo, Leo se interesó por el póquer. El juego puede convertirnos en víctimas si se lo permitimos, y yo deseaba que él comprendiera que el póquer era un juego para disfrutar, como todo lo demás; y nada más. En la vida, sopesamos los riesgos —merece la pena correr unos riesgos, otros no; pero no hemos de tener miedo—. Podemos practicar utilizando nuestra atención para ayudarnos a nosotros mismos. Podemos aprender a reconocer el miedo en un oponente y podemos emplear nuestra seguridad en nosotros mismos para cambiar su estrategia. Si parece que estamos perdiendo, podemos esperar a la siguiente mano. La paciencia y la calma son estrategias. La contención es una herramienta excelente; pero la mejor arma contra la derrota es el respeto hacia uno mismo. Ir contra nosotros mismos es la mayor tentación de todas, una tentación basada en las mentiras que nos creemos. ¿Qué creemos sobre nosotros mismos y qué importancia tiene proteger el cuerpo que ocupamos? ¿Dónde debería residir el poder de la atención, si no en salvar a este humano de cualquier modo posible? Puede que no tengamos que competir a vida o muerte, como hacían los jugadores de las antiguas civilizaciones, pero podemos salvarnos a nosotros mismos de la derrota respetándonos, en cualquier momento y en cualquier situación.

El sueño del planeta es mayor que nosotros, obviamente. Habla a través de la boca de miles de millones de personas y su poder es asombroso. Sin embargo somos maestros de nuestro propio sueño. Somos los estrategas y los soñadores de nuestra propia realidad. Es esencial comprender las reglas establecidas por las sociedades humanas y respetar esas reglas tanto como respetamos los sueños de otros individuos. Los toltecas honraban la libertad de todos los individuos a imaginar la realidad a su manera particular y a actuar después con inspiración. Yo siempre deseé que mis aprendices se inspirasen y que confiasen en sí mismos para ser maestros de su sueño y salvadores de su ser humano. Mis mejores estudiantes me dieron toda su atención y actuaron para cambiar la manera en que soñaban. Cuando dominaban un nivel, pasaban al siguiente. Las acciones creaban reacciones. Cuando se proponían ser más felices, se volvían más felices. Cuando se comprometían a cambiar, sucedía el cambio. Cuando estaban dispuestos a aprender así como a desaprender, eran capaces de dominar el juguete.

Actuar tenía como resultado la maravillosa consecuencia del cambio. Mientras que unas personas daban la bienvenida al cambio, otras luchaban contra él. Si algún aprendiz dejaba de divertirse, yo animaba a la persona a marcharse. Nacimos para seguir al placer. A veces era difícil deshacerse de alguien con gran potencial. Era difícil decirle adiós a un amigo, pero yo respetaba sus decisiones. La libertad siempre era la recompensa —ser libres del conocimiento, libres de sí mismos y finalmente libres de Miguel—. Siempre que quisieran podían hacer sonar la campana y marcharse. Podían irse a casa... o podían seguir jugando, conquistar cada nuevo mundo y ganar el juego.

M IGUEL JR., HIJO DEL CHAMÁN, SE SENTÓ JUNTO A su padre, que se encontraba en la unidad coronaria. Había llegado a San Diego algunas semanas antes, tras recibir una llamada telefónica a primera hora de la mañana en la que le dijeron que su padre había sufrido un ataque cardiaco. Al ser trasladado inicialmente a un hospital cercano, su padre parecía estar bien, estaba hablando a la familia. Sin embargo, para cuando el joven Miguel llegó a la ciudad, su padre estaba perdiendo la conciencia y era incapaz de saber dónde estaba. Después fue trasladado en ambulancia a un hospital de La Jolla, donde algunos de los mejores cirujanos cardiacos del país luchaban ahora por mantenerlo con vida.

Con su padre en coma y con respiración asistida, alguien tenía que hacerse cargo. Mike, como lo llamaban habitualmente, era el hijo mayor, de modo que fue a él a quien los médicos consultaron y aconsejaron; pero, tras nueve semanas en coma, no parecía haber muchas probabilidades de que Miguel Ruiz sobreviviera. Cualquier decisión tomada en las próximas cuarenta y ocho horas determinaría el futuro de la familia. ¿Cómo iba él a soportar aquella carga? En el fondo seguía siendo el pequeño Miguelito, el niño que era buen estudiante y obedecía a sus padres. Su vida se regía por las cosas básicas: chicas, juegos y diversión. Era un joven. Su padre no habría estado de acuerdo en eso, claro. No estaban de acuerdo en muchas cosas.

Mike sentía siempre el amor de su padre, pero también sentía los deseos de él. Miguel deseaba que sus hijos continuaran con su trabajo y se beneficiaran de sus enseñanzas y de la sabiduría de sus antepasados. A los veintisiete años, Mike seguía disfrutando de la universidad. Vivía en Oakland, lejos de su familia, lejos de cualquier cosa relacionada con las enseñanzas toltecas. Habiendo viajado con su padre durante años, presenciando de primera mano el frenesí de los viajes de poder, se alegraba de haber salido de aquello. Ya estaba harto del chamanismo. Estaba harto de los hombres que deseaban ser místicos y de las mujeres que deseaban ser deseadas. Estaba harto de los rituales, de los trances y de las excursiones espirituales.

Le encantaba el mundo conocido; le encantaba el sueño de la humanidad. El conocimiento lo emocionaba —el enérgico intercambio de ideas y opiniones—. Su padre le había advertido sobre el chisme y sobre el hechizo de las opiniones, pero ¿qué tenía de divertido no tener opiniones? Las mentes estaban hechas para reunirse, para compartir y para conspirar. Su mundo era un mundo de teorías y de recuerdos. El conocimiento era su oficio y la universidad era un exuberante mercado de ideas. Se quedaría en la escuela para siempre si pudiera. En Oakland, la gente iba a clase, filosofaba, salía y bebía. Allí la vida era sencilla y el mundo era cuerdo. Allí él no era el hijo de alguien; era un tipo con una novia, una cámara y una pasión saludable por el fútbol y la cerveza.

Mike observaba el pecho de su padre subir y bajar al ritmo del respirador. Nunca lo había visto débil, mucho menos indefenso. En realidad nunca había esperado que muriera, pero ahora parecía que no había escapatoria de la muerte. El corazón de Miguel estaba demasiado dañado y sus pulmones fallaban. Su eterno miedo a ahogarse ya parecía una realidad certera. Allí, en aquella cama, conectado a docenas de cables y monitores, sus pulmones estaban llenándose de agua. «Desconéctalo del respirador», sugerían algunos. «Llegó el momento». Si decía que sí, ¿cómo se enfrentaría a su abuela, que estaba convencida de que su hijo menor debía vivir? Rezaba durante el día y celebraba ceremonias sagradas durante la noche. Su mundo era muy diferente al de él. Desde que era pequeño, la había visto obrar milagros, curar a los enfermos y dirigir sus rituales. En muchas ocasiones él había sido su ayudante y su traductor, pero ¿qué había aprendido realmente de ella? ¿Cómo podría ayudarla ahora?

Su padre habría podido arrojar algo de luz sobre la situación. Habría reclamado toda su atención y habría convertido aquello en una enseñanza. Mike sonrió incómodamente al pensarlo. Su padre había estado feliz, incluso emocionado, ante la idea de morir, o eso le habían dicho a Miguel. Durante las primeras horas después del infarto, al parecer Miguel había tenido mucho que decir —hablando con su familia, con sus amigos y con algunos de sus estudiantes más cercanos—. En aquellas horas de conciencia, incluso había firmado los formularios necesarios para ceder sus casas y sus propiedades a sus hijos. Se había encargado de los asuntos familiares, riéndose todo el tiempo, compartiendo mensajes de sabiduría y de amor. Ahora estaba en silencio. Ahora era su hijo mayor el que debería actuar.

Mike necesitaba sabiduría ahora, y su padre ya no estaba allí para proporcionársela. Necesitaba consejo de un mayor, pero

Sarita no tenía ninguno para darle. Su abuela estaba en su propio mundo. Ella era la guerrera ahora, luchando contra el ángel de la muerte... pero ¿qué significaba eso? Él había pasado años evitando responder a preguntas como esa, entonces, ¿cómo podía imaginar lo que estaría haciendo ahora su abuela, o con quien luchaba en sus sueños nocturnos y en sus trances durante el día? Estaba en un universo diferente, pero aquel mundo real y presente deseaba que él actuara. Exigía que tomase una decisión sobre la existencia misma de su padre. ¿Cómo respondería Sarita si tomaba la decisión equivocada? ¿Qué podría decirle él entonces? ¿Qué podría decirle a la maestra, a la curandera, a la matriarca? ¿Qué podría decirle a su padre ahora mismo?

—Di lo que desees —le dijo Miguel. Estaba incorporado sobre la cama. Ya no tenía puesto el tubo del respirador. Tampoco llevaba los sensores ni los cables, libre del soporte de vida y sonreía felizmente. Era una visión en su propia mente, pero en la de nadie más, llevaba la bata del hospital y una gorra de béisbol de Los Padres. Habían ido juntos a cientos de partidos, Mike y el. ¡Esas tardes de domingo eran maravillosas! El recuerdo de aquellas ocasiones podría animar a su hijo a hablarle, a confiar—. Adelante —insistió—. Te escucho.

El joven parecía absorto en sus pensamientos, con el ceño fruncido, los párpados entornados y balanceando una pierna nerviosamente. Sí, Miguel recordaba que pensar era una tortura. Lo había intentado en una ocasión, tras años sin hacerlo, y juró no volver a repetir ese error. Pensar era una agonía. Miguel movió la cabeza y estiró el brazo para tocarse los dedos de los pies. No necesitó pensar para hacerlo. Pensar no tenía sentido. Claro, para el pensador tenía todo el sentido del mundo, igual que otra ronda de tequilas tenía sentido para el borracho. Tras años ingiriendo veneno, un hombre llega a creer que es medicina, o el amigo con quien puede contar, y se niega a vivir un solo día sin él. Pero resulta que cualquiera puede vivir sin veneno. Cualquiera puede vivir sin pensar, sin el zumbido persistente de las palabras y de los comentarios. La gente puede vivir sin el ruido de sus cabezas y sin sus residuos emocionales. Él les había explicado aquello a sus hijos en muchas ocasiones, pero ellos tendrían que declarar sus propias guerras privadas al ruido. Tendrían que librar sus propias batallas contra el conocimiento, y ganar. Tendrían que escuchar por fin y no creer.

Miguel observó a su hijo, a su hijo mayor, y sonrió con melancolía. Era duro ver a su hijo tan atormentado, pero no sentía ningún juicio. Solo había amor, que manaba de él como un río que fluía hacia el mar. Había querido a aquel muchacho desde que nació, desde que lo tomara en brazos y lo elevara hacia el cielo, mostrándoselo con orgullo al universo. Lo había querido a través de todos los cambios. Lo había querido a través de todas sus desavenencias, confrontaciones y separaciones. Su hijo y él habían pasado demasiado tiempo separados, pero ahora estaban juntos. En ocasiones no habían logrado comunicarse, pero ahora no sería así. Lo que Miguel tenía que decirle, con frecuencia y con sinceridad, su hijo lo había oído. Tal vez se hubiera resistido, pero lo había oído de verdad. Ahora había sabiduría en él, y le sería de utilidad durante los próximos días difíciles y durante el resto de sus días. El amor de su padre era indiscutible. El amor que la vida ofrecía era imposible de evitar. Con el padre y el hijo allí sentados, con las máquinas murmurando y las enfermeras charlando suavemente al fondo, el amor borró cualquier discrepancia y despejó las ruinas de la memoria. Vio que su hijo se relajaba. Vio que tomaba aliento, que exhalaba y tranquilizaba su mente. Transcurridos unos minutos, Mike levantó la mirada y se encontró con los ojos de su padre. Miguel esperó, preguntándose qué podría ver el joven.

—Háblame, m'ijo —le dijo finalmente a su hijo, pero no hubo respuesta.

Concluyó que estaban demasiado lejos el uno del otro. Incluso con la mejor de las intenciones, incluso con la gorra de béisbol en la cabeza, su presencia sería demasiado sutil, demasiado lejana... de modo que dejó que el amor recorriera la distancia. Disfrutó viendo a su hijo y se sintió agradecido. Sintió el estado de ánimo del joven, su preocupación, su miedo; y trató de calmar una mente que buscaba respuestas. Eso era algo que había hecho muchas veces siendo chamán. Era capaz de borrar cualquier pensamiento doloroso y vaciar la mente de un estudiante. La reacción era desorientación al principio y después dejaba de resistirse. A veces el cuerpo se colapsaba, como un animal que al fin queda libre del látigo. Esos momentos no duraban, por supuesto. Aparecían con rapidez y desaparecían de igual modo, dejando al estudiante con un sabor a libertad que algún día obtendría sin ayuda.

Deseaba que su hijo actuara libremente, que confiara en sí mismo por completo. No había necesidad de preocuparse. No había necesidad de pensar. Cualquier decisión sería una buena decisión; cualquier acción sería la acción de la vida. La fe en sí mismo era la fe en la vida, sin importar el resultado. Tal vez nunca volvieran a suceder las conversaciones entre ellos, pero el recuerdo de las palabras habladas y de las cosas compartidas permanecería vivo en Mike para siempre. Recordaría la diversión, las excursiones familiares, los juegos de pelota. Recordaría las lecciones de los hermanos Súper Mario... dominando el juguete para ganar la partida.

—Llegó el momento, hijo —dijo Miguel—. Sabes lo que este juguete puede hacer. Ahora es el momento de dominar la vida.

Sonrió a su hijo, un hombre ya, que tomaba decisiones por su familia y se preparaba para poner en práctica la sabiduría secreta. La magia era el movimiento natural de la vida, y padre e hijo estaban creando magia en aquel momento.

—Te quiero —le dijo a su hijo mayor—. Ahora escucha y vuelve a jugar conmigo.

Don Leonardo estaba sentado en la primera fila de gradas de la Academia del Ejército y de la Armada al norte de San Diego, donde Leo, su tocayo, estaba jugando al fútbol americano con sus compañeros de clase. El muchacho, que a no había terminado la secundaria, estaba desconcertado ante la posibilidad de perder a su padre. Leo había nacido después de su propia muerte, por supuesto, así que era difícil decir que pudiera existir un vínculo entre ellos. Aun así, mientras veía al muchacho correr con decisión por el barro, esquivando a sus oponentes y siguiendo el balón, vio un espíritu familiar. Era evidente que Miguel le había enseñado la lección de la atención. Aquel día el muchacho estaba empleando bien su atención. El sueño humano era así: un juego que se ganaba, se perdía y se volvía a ganar. El balón representaba la atención, que los humanos luchaban por conseguir por encima de todo.

Hubo un tiempo en su juventud en el que no contaba con los beneficios de la atención de su familia. Cuando alcanzó la adolescencia, viviendo aún con su madre en Tijuana, a María le costaba trabajo controlarlo. Miguel había intervenido entonces y se lo había llevado a la casa que compartía con Sarita, a la vida en California. Aquello conllevó un nuevo entorno y un cambio de cultura. Significó perfeccionar nuevas habilidades idiomáticas y aprender las normas de la casa de su padre. Fue enviado a la escuela —a aquella escuela, que estaba cerca, pero le ofrecía la posibilidad de prosperar por sí solo—. Por lo que el anciano podía observar, había funcionado. El chico tenía amigos, tenía responsabilidades y era libre de las críticas de su familia. Leonardo era muy consciente de que nadie juzgaba al muchacho, pero era imposible que él lo supiera. Los jóvenes imaginan que todos los ojos están puestos en ellos, que son el objetivo de las críticas generales. Por desgracia, era cierto que la mayoría de la gente chismeaba y juzgaba, pero, ¿cómo decirle a un joven que no había peores juicios que los que emitía contra sí mismo?

El joven Leo estaba ahora sentado en el banquillo, descansando, mientras el partido continuaba sin él. Tenía una toalla en la mano y se frotaba la cabeza distraídamente. Su pelo era de un rojo inverosímil, como el de María, y le hacía resaltar de manera intrigante. Sus amigos lo llamaban Rojo, y era evidente que le gustaba aquella distinción. Le gustaba tener su propio sueño; disfrutaba viviendo en su propio mundo. Llegaría el día, pensaba el anciano, en que suplicaría ser libre —libre de cometer sus propios errores y de fracasar o de triunfar sin el consejo o la protección de su padre—, pero el día de la autonomía aún no había llegado. Aquel día, entre los gritos de amigos y el consuelo de una lluvia cálida, la vida sin su padre solo era una idea, un pensamiento ansioso, una nube que por el momento permanecía en el horizonte.

Sabía que su padre estaba en estado crítico y que su propio futuro estaba en duda, pero su familia estaba allí. Su abuela, siempre fuerte y siempre reconfortante, estaba allí. Mike estaba allí, tomando las decisiones que había que tomar. Su hermano José estaba allí, alejado de los chismes y del ruido. José estaba casado y la casa que compartía con su esposa era el segundo hogar de Leo. Era un refugio frente a los parientes que hacían demasiadas preguntas, preguntas que no tenían respuesta.

Los jóvenes nunca tenían respuestas, advirtió don Leonardo. Hacían pocas preguntas, no deseaban parecer ignorantes y no tenían respuestas. Fanfarroneaban, demostraban desprecio por sus mayores y aun así no sabían nada. El anciano prefería pensar que él había sido un joven diferente, pero probablemente no fuese cierto. En su propia adolescencia, había huido de su familia, pensando que podría crear otra mejor. Huyó a ciegas, haciendo un sinfín de suposiciones por el camino. La vida había intervenido en cada esquina, librándolo repetidamente de la autodestrucción y de la cárcel. La vida lo había salvado de la guerra y de las garras hambrientas de la muerte. La vida le había dado música, mujeres, amor. La vida le había dado hijos, y los hijos le habían hecho entender mejor la vida.

Don Leonardo, el eco de una vieja historia, vio al otro lado del campo al hijo menor de don Miguel y sintió consuelo. Aquel muchacho, el que llevaba su nombre, superaría los desafíos que se le pusieran por delante, porque la vida así lo decidía. Tropezaría, prosperaría y finalmente sobreviviría, ayudado por los vientos de la creación. Con o sin padre, estaba bendecido. Había sido tocado por la buena fortuna desde su nacimiento —aunque él pudiera decir lo contrario—. Al enfrentarse a la pérdida, sufriría, claro. Tal vez maldijera a los cielos y lloraría hasta quedarse dormido por las noches, pero era evidente, incluso para aquel difunto, que el chico estaba bendecido.

Leo había vuelto al partido y su pelo rojo brillaba bajo la lluvia. Levantaba con los pies el barro, que le salpicaba hasta las orejas, mientras gritaba a sus compañeros de equipo para patear el balón. Eso está bien, pensó el anciano asintiendo con la cabeza. La atención es el premio. ¿Dónde centras ahora tu atención? ¿Dónde la centrarás si tu vida cambia de pronto? ¿La centrarás en la injusticia sombría o en la gratitud? Sí, la gratitud —por todo lo bueno de tu existencia, por el amor que se ofrece libremente, en abundancia y sin condiciones—. Tu manera de responder a los cambios abruptos de la vida marcará la diferencia y con el tiempo convertirá a un niño rebelde en un hombre de bien.

Don Leonardo se puso en pie y se sacudió las gotas de lluvia de su traje color crema, contento de haber formado parte de aquel momento. La vida de un hombre se componía de algo más que recuerdos, desde luego. Existía la posibilidad presente, junto con el proceso lento de filtración que le daba vida. Estaba el amor, cuyas semillas tardaban solo un momento en plantarse y una vida entera en crecer. Dependía de cada hombre, libre de las restricciones de la infancia, cultivar ese amor en sí mismo, haciendo que su cosecha fuese evidente a los ojos del mundo.

Don Leonardo, el hijo rebelde de su padre rebelde, se bajó de las gradas y se alejó del campo en dirección al brillo amarillento de la tarde, de vuelta a los espacios de la memoria que su hija ocupaba ahora.

M adre Sarita estaba cómodamente sentada sobre un árbol caído. Admiraba el perezoso manto de niebla que envolvía las colinas, feliz de sentir el calor del sol otra vez y aliviada por la certeza del suelo bajo sus pies. Sus excursiones la habían debilitado y habían puesto en peligro su salud física. Lo había intentado con demasiado ahínco, llevada por sus propias ambiciones excéntricas. Había llevado a la razón hasta el límite, asustando a sus seres queridos y poniendo en peligro su objetivo durante el proceso. Admitía que necesitaba descansar un poco, y eso haría. Estaba arropada de nuevo en su propia cama, teniendo sueños de paz. Como si quisiera asegurarse de ello, miró a su alrededor, aspiró el aire frío y húmedo y se felicitó a sí misma por invocar aquel paisaje tan sereno.

En mitad de sus visiones de aquel día, Jaime se había pasado por casa y la había encontrado aún sentada en el sillón. La despertó suavemente y le preparó un baño caliente antes de volver a marcharse. Por la tarde llegaron más parientes, pero se marcharon antes de la cena, permitiéndole irse a la cama temprano. Era hora de ver las cosas con más luz. Era hora de evaluar y de tomar mejores decisiones. Aquella misión no podía fracasar.

No estaba segura de por qué se encontraba allí ahora, en un cañón rodeado de acantilados que escondían un sinfín de cuevas primordiales, pero se alegraba de sentirse otra vez bien. El lugar le resultaba familiar; recordaba ir de excursión a parajes naturales como aquel cuando era joven, cuando soñaba con la magia y los hechizos donde solo vivían los animales. Por entonces daba largos paseos. Siempre había disfrutado estando al aire libre; le encantaban el sol, los prados y el olor a plantas salvajes y a flores de verano. Le gustaba excavar en busca de raíces curativas con sus hermanas y meter los pies descalzos en los gélidos arroyos. Le gustaban los picnic con sus hermanas, comer el pan y el queso que llevaban en sus gastadas bolsas de cuero. Le gustaba tumbarse sobre la suave hierba veraniega, contar mariposas y hablar de chicos.

—Dios santo —gruñó La Diosa—. ¿Vuelves a tener doce años? ¿Cambiaste tus alas por unas enaguas, anciana?

Sarita se estremeció. No le sorprendía volver a oír esa voz, pero le decepcionaba que interrumpiera aquel momento de paz. Suspiró con resignación y miró a su interlocutora. Había empezado a aceptar a Lala como lo que era. Sarita recordó su conversación más reciente con Miguel —¿había sido real, esas palabras las había dicho él?— y supo que debía soñar aquello de forma diferente. Debía ser más consciente de lo que era y no tan sensible al paisaje. Sentía la atracción de aquella mujer, una atracción tan fuerte como el recuerdo de su hijo, y sentía la voluntad de este en su interior. Miguel estaba allí presente en todo. Vivía en el calor del sol y en la fuerza de las colinas. Estaba observando, esperando el cambio definitivo. *Aquella misión no podía fracasar.*

—Estas son ensoñaciones privadas, querida —respondió Sarita educadamente—. Esto no tiene nada que ver contigo... y nada que ver con nuestro acuerdo.

—Qué raro —contestó Lala—. Desapareces y entras sin hacer caso en una alucinación...

—No es una alucinación.

—...y después regresas con las alas quemadas y la boca llena de mentiras infantiles.

—¿Qué mentiras?

—¿No acabas de decirme «Esto no tiene nada que ver contigo», o fue el cacareo de un viejo cuervo?

—Esto no tiene *nada*...

—¿No? Entonces, ¿por qué está aquí el chamán?

Lala señaló a unos excursionistas que caminaban por un sendero justo por debajo de los acantilados. Sarita se quedó mirando al grupo durante un minuto antes de reconocer a su propio hijo, un joven en plenas facultades físicas que guiaba a dos niños pequeños por la naturaleza. Sus pasos quedaron de pronto ocultos por un grupo de álamos, pero después volvieron a aparecer con Miguelito a la cabeza.

—Madre Grande —murmuró Sarita con sorpresa.

—¿Quién? —preguntó Lala.

—Madre Grande —repitió Sarita—. En California. Cerca de un monasterio, creo. Llevó a Miguelito y a José a este lugar cuando eran pequeños, solo los hombres de la familia. Fue un viaje chamánico para ellos, ¡y un recuerdo maravilloso!

Así que los recuerdos seguían sucediéndose. No todo estaba perdido. Se llevó un dedo a los labios, hizo callar a Lala y escuchó. Oyó su nieto mayor, Miguelito, cantando por las laderas, creando ecos que se perseguían por cada roca y cada promontorio en forma de nube antes de regresar junto a él y de llenarlo de gozo. Debía de tener once años, pero no estaba segura. Entre canciones, charlaba animadamente con su padre, mientras José los seguía en silencio.

—¡Mira mi superpoder, papá! ¡Puedo hacer que las montañas hablen! —sin más, Miguelito tarareó una canción y esperó a que rodeara de nuevo las colinas—. ¿Es un poder de verdad, o es magia? —le preguntó a su padre—. Porque también soy mago.

—Sí, lo eres —convino Miguel. Iba andando despacio, deleitándose con la atmósfera del lugar y con las manos en la espalda. Siempre caminaba así y, tras él, José hacía lo mismo—. El poder es energía potencial —dijo—. Lo que la gente llama *magia* es poder en acción.

—¡Acción! —gritó su hijo, y las colinas devolvieron el grito—. ¡Acción!

Aquello sirvió para demostrar el argumento, lo que alegró inmensamente al niño. Se volvió con una sonrisa hacia los demás y vio a un halcón de cola roja pasar volando, vio a su hermano pequeño abandonar el sendero para perseguirlo.

—¡Papá! —gritó Miguelito—. José se fue. ¡Está en los arbustos!

Su padre se había detenido en una bifurcación del camino, imaginando el rumbo que tomaría cada sendero.

—Por aquí... este es el camino que lleva a lo alto de las rocas —concluyó—. ¿Dónde va tu hermano?

—¡Como si nos lo fuera a decir! —respondió el mayor con un resoplido—. ¿Cuándo le dice algo… a alguien?

—Entonces sigamos caminando. Ya nos alcanzará —se adentró por el nuevo camino, su hijo corrió adelante y dejándolo a un lado—. Me alegra que hayas sacado el tema del poder —comenzó Miguel, pero Miguelito estaba gritando de nuevo.

—¡Papá! ¡Mira! ¡José la encontró! ¡La cueva!

José había trepado por la ladera hacia un muro de rocas y se había metido entre la niebla. Ellos apenas pudieron distinguir su silueta de niño pequeño, que se colaba por una grieta y desaparecía en el interior de la cueva. Miguel y su hijo mayor corrieron por el serpenteante camino hasta encontrarlo.

—¡Aquí! —gritó Miguelito, que llegó al lugar antes que su padre—. ¡Está aquí!

Justo entonces salió José, sonrojado por la emoción y con los ojos desencajados.

—Seguí al halcón —dijo casi sin aliento—, y me trajo hasta aquí.

—Gracias, m'ijo —dijo su padre. Contempló sonriente la superficie amplia y plana de la roca situada junto a ellos—. ¿Hacemos la ceremonia aquí, donde el sol pueda encontrarnos?

Los niños asintieron con entusiasmo. Se volvieron para admirar el estrecho valle a sus pies y los tres se quedaron en silencio, observando, esperando. El halcón pasó volando de nuevo. Entonces, como si fuera una explosión de luz, el sol se abrió paso entre la niebla y los alcanzó. Los niños se quedaron paralizados mientras su padre empezaba a hablar.

—La vida, la artista suprema, actúa —dijo—, y el resultado es magia. Saberte a ti mismo como vida es saberte a ti mismo como mago... el artista... el tolteca.

El chamán alzó los brazos al aire y juntó las palmas por encima de la cabeza. Miró hacia la roca y sus hijos se volvieron para ver su sombra dibujada sobre la superficie plana. Mientras observaban asombrados, Miguel comenzó a mover todo su cuerpo como si fuera una serpiente, haciendo que la sombra cobrase vida. Una enorme serpiente de cascabel pareció levantarse sobre la roca, retorciéndose. Los niños tragaron saliva nerviosamente y comenzaron a imitarlo lentamente, la atención puesta en la monstruosa serpiente. Al moverse, otras dos serpientes se unieron al baile, y de las colinas de alrededor surgió el sonido de los cascabeles, la música de cien mil guajes. El extraño ritual continuó; y, mientras Miguel mantenía el trance, su sombra cobró vida de pronto. La serpiente saltó, los niños se asustaron y dieron un respingo. Se miraron nerviosamente el uno al otro y encontraron el valor: juntaron las manos por encima de la cabeza como había hecho Miguel y se movieron al ritmo de su padre una vez más, todo lo pegados a él que les era posible. El hechizo cobró fuerza, sometiendo al mundo a un trance profundo y deliberado. El valle siseó y cascabeleó, más fuerte... más fuerte, cada vez con más fuerza.

—¿Oyen eso? —preguntó Miguel—. La montaña nos da la bienvenida.

Los niños asintieron sin dejar de mirar sus sombras. Las serpientes se enroscaban y se retorcían, absorbían el movimiento de la vida. Cautivado con su propia sombra, el pequeño José pronto comenzó a bailar con ritmos silenciosos, cerrando los ojos y sintiendo la magia. Siseaba suavemente para sí mismo, desafiando a sus propios miedos mientras el sol brillaba cada vez más, envolviéndolo con su luz blanca y cegadora.

José Luis, que se llamaba así por el padre de su padre, estaba sentado en la playa. Era una mañana primaveral ventosa en Malibú, y el océano Pacífico rugía incansable a sus pies, pero él estaba ensoñando con un desierto espiritual. En la narración sagrada, el desierto siempre ofreció verdad y revelación. Lejos de la sociedad, libre de sus reglas y exiliado de su consuelo, un guerrero encuentra el aislamiento que necesita. Sin signos visibles de vida que lo tranquilicen, se enfrenta a su mayor demonio; en el desierto, solo y sin protección, un guerrero espiritual se enfrenta a sí mismo.

José, el segundo de tres hermanos, adulto ya, no recordaba bien cuándo le había hablado su padre por primera vez del desierto de la mente, pero ahora estaba preparado para irse allí. Había pasado su juventud sintiéndose aislado de sus amigos y de su familia. Siempre se había sentido fuera de lugar en el sueño del mundo. Sus años de secundaria lo habían llevado al borde de la aniquilación —bebiendo, consumiendo drogas y alejándose de aquellos que podían ofrecerle ayuda—. Apenas había hablado durante esa época. Apenas había respondido a las preguntas corteses de sus amigos. No había visto nada en la gente que le conmoviese o motivase, y no había visto nada que pudiese redimir en sí mismo. Había sido un muchacho perdido, un huérfano dentro de una gran familia, y su dolor había resultado imposible de ocultar. Se había alejado tanto de su padre que incluso ahora le costaba trabajo imaginar a Miguel tal como era. Sin embargo sí recordaba su sabiduría. Las palabras de su padre habían estado en guerra con los pensamientos en los que se reprochaba a cada minuto de cada día. La guerra seguía embravecida cuando cumplió veinte años, y sus propias voces iban ganando. El ruido estaba derrotándolo... hasta Egipto.

José y Judy se habían conocido en el último viaje de poder de su padre a Egipto y se habían enamorado. El matrimonio lo había salvado, pero la presión de una relación había desenterrado viejos miedos, los miedos de un adolescente rechazado. La euforia y la rabia seguían luchando entre sí y el resultado era un drama considerable en un sueño que debería haberle parecido seguro. Entonces, a la luz tenue del amanecer de un día de invierno, llegó la noticia: su padre había sufrido un ataque al corazón. Don Miguel estaba preparándose para su muerte y deseaba que sus hijos estuvieran a su lado.

José había llegado al cuarto de su padre en el hospital entre lágrimas, rogándole que no lo abandonara en aquel momento tan difícil. Lloraba abiertamente, su tierno corazón se rompía y el miedo gobernaba sus palabras. La expresión de su padre lo detuvo. Miguel se había alegrado de verlo, pero ahora su rostro se volvió severo, como si ambos estuvieran de nuevo en la oficina del director. Miguel nunca había sido de los padres que regañan. Bastaba con una mirada. Una mirada larga y dura podía hacer que José volviese a sentirse como un niño, culpable y arrepentido a la vez. Allí, en la sala de urgencias del hospital, su padre le dirigió esa mirada y lo calló.

—¿Es así como celebras la muerte de tu padre? —preguntó

Miguel—. ¡Vete! ¡Sal de la habitación! ¡Componte! ¡Cuando hayas terminado, regresa, porque tengo cosas importantes que decirte! José, conteniendo las lágrimas, hizo lo que su padre le había pedido. Abandonó el edificio en busca de soledad. Encontró un lugar junto a un pequeño árbol que se alzaba desnudo frente al frío invernal, y se alegró de contar con su compañía. Al reproducir en la cabeza la conversación con su padre, reconoció su propio egoísmo. «¡No me abandones!», había gritado. «¡No te mueras, papá! ¡No estoy preparado!». Se había compadecido de sí mismo, temiendo por su propia seguridad, obsesionado por sus propias necesidades. Qué rápido había enterrado a su padre y se había entregado a la pena, incluso con el hombre allí sentado, vivo y contento de verlo. ¿Era eso todo lo que podía darle al hombre que le había dado la vida, el amor y el poder de su fe? ¿Era así como recompensaba a su maestro? ¿Era esa la manera de celebrar la vida de su padre? Cuando se le secaron las lágrimas, la determinación comenzó a cobrar fuerza en su interior. Abandonó el pequeño árbol y regresó junto a su padre.

—Papá —declaró con voz firme—, estaba siendo un egoísta. Tenía miedo por mí y ni siquiera pensé en ti —se sentó en la cama y estrechó las manos de su padre entre las suyas—. Haré lo que me dices, superaré el miedo. Puedo oír hablar al conocimiento y elijo no creer en él. Puedo oír cómo la gente esparce veneno y elijo ignorarlo. Estoy preparado —José miró directamente a los ojos de su maestro—. Ahora estoy contigo.

Recordaba cómo a su padre se le había iluminado la cara, diciendo que había pensado hablar justo de esas cosas. La lección había terminado. Se quedaron sentados juntos mientras Miguel compartía su visión con sus hijos y hablaba de su amor duradero hacia cada uno de ellos.

La conversación ya quedaba muy atrás. Miguel llevaba en coma dos meses y los médicos ahora decían que había pocas esperanzas. José había intentado mantener la compostura, ignorando sus propios pensamientos atormentados y el chisme de los miembros de la familia. Últimamente evitaba el hospital y elegía pasar tiempo en casa, ser feliz, cuidar de su hermano pequeño, que estaba increíblemente preocupado y era incapaz de hablar de ello.

José recordó los años en los que él tampoco podía hablar, cuando le parecía que no tenía mucho sentido hablar. Habían pasado muchas cosas desde que fuera un adolescente sombrío, atrapado en su propio infierno. Enamorarse lo había cambiado, dándole seguridad y una sorprendente curiosidad por el futuro. Había descubierto la apreciación de la vida. Su imaginación echaba chispas. Por primera vez, tenía el fuerte deseo de aprender. En las últimas semanas había empezado a escuchar cintas de audio de las clases privadas de su padre y de sus conferencias. Había comenzado a dar sus propios seminarios... en la ducha, solo para él mismo. Le gustaba oír su propia voz reverberar en las paredes de azulejos, colándose en los sueños futuros. El muchacho que en otra época no tenía voz, que no hablaba con nadie, estaba aprendiendo a hablar por fin. Estaba aprendiendo a curar su corazón furioso y a elevar el corazón de los demás.

José se veía a sí mismo como había sido: un parásito que se tomaba su tiempo para devorar al humano que ocupaba. Había cometido delitos contra sí mismo. Se había hecho un ovillo en la oscuridad y había creído sus propias mentiras; pero empezaba a gustarle la verdad. Empezaba a amar a la vida y a sí mismo. Fiel a su promesa, ahora estaba con su padre.

Su padre, por su parte, estaba con él también. Los días y las semanas de espera interminable habían proporcionado momentos inspiradores además de preocupación. En ocasiones José se sentía casi alegre, como si su padre y él estuvieran pasándoselo bien en la feria del condado, en una montaña rusa, compartiendo algodón de azúcar. No podía explicarlo y su padre se habría reído de él por intentarlo. Habría dicho: «¿Por qué preguntar por qué? ¡Diviértete sin más!». Su comunión, sucediese como sucediese, lo llenaba de amor, y poco a poco, de un profundo entendimiento. José había aprendido a reconocer la voz del conocimiento y a desafiar sus engaños; pero aún estaba tentado a dudar y a descender a la oscuridad. Era hora de admitir la batalla y reconocer el dolor que le causaba. Era hora de volver a enfrentarse a sí mismo.

Las olas del océano golpeaban la orilla como niños alborotados suplicando atención. El vasto mar rugía en la distancia, en un espacio sin tiempo. José tomó aliento, dejó que los recuerdos se apagasen y abrió los ojos a todos los puntos de vista. Sabía que era posible ver como ve la vida, y ser libre.

La práctica lo convertiría en un maestro.

EMMA HABÍA ENCONTRADO EL EQUILIBRIO Y SE sentía mejor. Solía conseguirlo pasando una hora más o menos en la sala de los espejos. Estaba agotada después de días y semanas de sobresaltos exultantes. Exultantes, ¡eso sí que era un misterio! Desde el infarto de Miguel hasta ahora, transcurridas varias semanas, solo había sentido alegría. El hombre al que amaba estaba en coma, era improbable que sobreviviese a la crisis y aun así ella estaba en paz. Echaba de menos su voz, sus caricias, y aun así no lo echaba de menos en absoluto. Estaba más presente ahora que en los ocho años que hacía que se conocían. Se reía con ella y de ella, se divertía con la tragedia. Oía sus palabras en la cabeza, enseñándole, reprendiéndola, consolándola. Estaba en el asiento del copiloto cuando iba y venía del hospital. Se acostaba junto a ella por las noches y le sonreía cada mañana al despertarse. La alegría persistente alejaba cualquier duda. Emma nunca se había sentido mejor ni más satisfecha —y en una época en la que todo parecía ir mal—. Nunca se había sentido tan segura de sí misma ni tan en sintonía con la vida.

Tal vez eso fuera la libertad. «No tienes que ser tú», solía decir Miguel. ¿Cuántas veces le había dicho eso? Algo tan simple y a la vez tan difícil de entender. Miguel no tenía obligación de ser nada para nadie ya. Tal vez pronto quedase liberado de la materia. Tal vez pronto estuviese en casa.

Pensando en su propio sueño, tan precario sin él, se preguntó por qué estaría ocurriendo todo aquello. ¿Y por qué.... por qué....tenía esta sensación de tranquilidad?

—¿Por qué preguntar por qué? —respondió Miguel con la voz dulce que ella tan bien conocía. No estaba con ella en la pequeña sala de los espejos... pero, como de costumbre, estaba con ella.

—Sabía que dirías eso —dijo Emma.

—Sé cosas.

—Yo todavía deseo saber cosas —convino ella—. No tengo esperanza.

—Espero que estés sin esperanza —dijo él. Sonrió y ella le devolvió la sonrisa. A él le gustaba decir que la esperanza era el mayor demonio del infierno. Seducía y engatusaba, pero no daba nada. Por suerte, la esperanza no estaba causando sus travesuras habituales. Ella no tenía esperanza por un desenlace en particular y tampoco esperaba que las cosas saliesen de una manera concreta. Siempre era una cuestión de dejar de resistir—. ¿Te gusta el regalo que te hice, cariño?

—¿Tu regalo? ¿Te refieres a esta alegría? ¿A este despiste?

—Me refiero al legado de Miguel.

—Legado —murmuró ella con el ceño fruncido—. Los legados son de los muertos.

—Los legados son de los vivos. Cuando alguien deja de existir, ¿qué queda de él? ¿Qué permanece?

—*Things he said today* —respondió ella, repitiendo la frase de una canción de los Beatles.

—Exacto —dijo él riéndose—. Las cosas que dijo.

Emma y él siempre habían tenido la misma música en la cabeza; había sido así desde la primera vez que se vieron. La música había desencadenado su romance; la música y la química de la vida. Él recordaba muchas noches sin dormir, cantándose el uno al otro. A veces lo convertían en un juego. Uno empezaba una canción, después la dejaba a medias. La última palabra que cantaban sería la primera palabra de la siguiente canción, y así sucesivamente, hasta que ya no podían cantar más y se quedaban dormidos con las letras de un sinfín de melodías clásicas.

—Mi legado a todos ustedes —dijo Miguel— son los recuerdos que tienen de mí, todos diferentes, todos sueños que ustedes mismos crearon. Mi legado es la enseñanza, se interprete como se interprete. Mi legado a todo es como una biblioteca musical, hecha a la medida para el que escucha.

—Mis recuerdos de ti son todos musicales.

—¿De verdad?

—Bueno, y físicos —dijo ella, anhelando tocarlo—. Y emocionales —sería deshonesto no incluir las penas que había experimentado desde que se enamorase de él—. En ocasiones dolorosos —añadió.

—Me usaste como excusa para herirte a ti misma —comentó él—. Esto puede parar ahora, mi amor.

—Parará, sin duda —respondió Emma—, si regresas.

—Ah, no —dijo él riéndose—. ¡Hablas como Sarita!

—Pero no soy Sarita. Soy... soy tu...

Se rindió con un suspiro. Apenas importaba quién fuera en ese momento. Estaba desconectada, a la deriva en un mar de misterio, y no tenía respuestas. Ahora sentía su amor más que nunca y se preguntaba cómo podría haber vuelto aquel amor inequívoco en su contra. ¿Qué tipo de mentiras se había creído durante todos esos años para hacer que el amor pareciese tan peligroso? El amor con condiciones era lo contrario al amor, le había dicho él. Era el reflejo retorcido del amor. Había llegado el momento de poner fin a las distorsiones, mientras él estuviese cerca, llevándola consigo al paraíso.

Miró el espejo que tenía delante y vio a una mujer que le resultaba vagamente familiar, pero que no se parecía a la mujer que él había encontrado, y resucitado, tantos años atrás. Vio a una mujer sin historia y sin miedo. Pero, sobre todo, vio a una mujer inmensamente feliz y sin esperanza.

—Esto es intolerable —susurró Gándara tímidamente, intentando meter los hombros en la sala de espejos donde Emma estaba sentada en silencio—. ¿Qué tipo de magia ha de invocar esta idea?

—Creo que no es magia —dijo Eziquio retorciéndose para entrar en el pequeño espacio—, sino un estado de ánimo —había dejado su sombrero y sus botas fuera de la sala, pero aun así estaba incómodo y luchaba por encontrar una postura apropiada—. Creo que está invocando un estado de ánimo.

—Dile que mi estado de ánimo va empeorando por momentos —gruñó Gándara—. ¿Cambiamos el paisaje, patrón?

—La encontramos aquí —le recordó Eziquio—. Debe de haber una razón.

—¡Ah, ahora la razón se unió a nosotros! Demasiados personajes, si quieres mi opinión.

—Ten paciencia, amigo mío —dijo Eziquio, asomándose por encima de sus rodillas huesudas para contemplar el espacio—. Puede que sea interesante.

—¡Esto es intolerable!

—¡Mira a tu alrededor!

Ambos dejaron de hablar para reflexionar sobre el lugar en el que se encontraban. Se habían colado en una sala hecha a mano con ocho paneles de espejo, todos enmarcados con madera de roble pulida y enganchados con la habilidad de un artesano. Podría decirse que era un mueble, pero hecho para acomodarse a una persona... alguien que pudiera disfrutar de la contemplación del mundo como glorioso reflejo de la vida. En aquel momento, lo único que podía verse en la pequeña habitación de espejos eran los reflejos de la mujer aprendiz. Era el único ser vivo allí, pero sus reflejos dominaban el espacio. Una imagen incluía a otra, después a otra y así sucesivamente, extendiéndose hacia el infinito.

Gándara se retorció en su prisión, pero hubo de admitir que aquel espacio era ingenioso. Se preguntó por qué habría omitido aquello en su educación —permitir que unos simples espejos crearan un universo infinito—. Colocándose en el centro, uno podía ver el mundo real como una simple proyección de la mente. Uno podía imaginar la vida, infinita y misteriosa, visible solo en las superficies reflectantes de la materia. Aquello era algo bueno. Era inquietante y maravilloso. Si él, junto a los demás, hubiera tenido más oportunidades de soñar así, habría sido formidable incluso en la infancia. Sonrió al pensarlo y recolocó sus hombros anchos en los confines de aquella caja octagonal.

Advirtió que Eziquio finalmente se había acomodado junto a él, apretando la espalda contra los paneles de cristal, pero sin poder desplegar apropiadamente sus piernas larguiruchas. Gándara, que tenía casi todo el cuerpo fuera de la habitación, había logrado meter solo su mitad superior en el minúsculo cubículo y en ese instante tenía la cara, redonda y sin afeitar, apoyada en ambas manos. Aunque a regañadientes, siguió el consejo de su amigo y miró a su alrededor, como estaba haciendo Eziquio. Miraran donde miraran, veían lo mismo. Emma, sentada en silencio con las piernas cruzadas, estaba rodeada por innumerables copias de sí misma, todas sentadas exactamente igual que ella. Ambos hombres giraron el cuello en una dirección y otra, intentando verse a sí mismos junto a las diversas Emmas, pero al final acabaron cara a cara el uno con el otro. Ambos apartaron la mirada, asqueados.

—Como ya dije —repitió Gándara—, intolerable.

—Tal vez prefieras las tumbas de los faraones egipcios.

—Con una vez fue suficiente, gracias. Aun así, esas recámaras tenían mejores vistas.

—Hombre —dijo Eziquio—, la vista aquí es espectacular. Mira más allá de esta humana, más allá de estos reflejos, hacia el sueño infinito.

—¿Quieres decir que me aventure?

—Como en la época de nuestros mejores trucos, amigo mío.

—La vida era un drama entonces, ¿verdad? Una ópera.

—Con sus divas y sus bufones.

—Pero nosotros llevábamos la batuta, ¿no?

—Llevábamos la batuta, sí.

—Ah —dijo Gándara, recordando que solía ver el sueño de la humanidad como una orquesta, una vasta composición de sonidos y tempos. Le encantaba dirigir la música, llevar la batuta. Sus dedos rechonchos bailaron al ritmo de una melodía silenciosa mientras recordaba los buenos tiempos. Se quedó callado, cerró los ojos cansados y apoyó la cabeza en la alfombra que tenía debajo.

Le encantaba la existencia y echaba de menos el poder de ver más allá de sus muros imaginarios. Por entonces podía sentir las cosas invisibles, cuando estaba vivo en su cuerpo. Imaginaba que podía oír a las personas pensando; sabía cuáles eran sus intenciones antes que ellas y no le costaba adelantarse a sus acciones. Igual que una madre conoce a su hijo, él conocía el lenguaje de la mente humana. Como un hombre conoce a su amante, él sentía el aliento de la vida en la piel, y respondía a todo anhelo lujurioso. Veía las corrientes de la vida fluyendo de un lado a otro, desde el todo y hacia el todo. ¡Incluso podía ver la vida saliendo disparada desde sus propios dedos! ¡Qué maravilla había sido estar vivo!

—Mira con más atención los espejos, Gándara —dijo Eziquio—. Mira hacia arriba, amigo mío, y verás cómo cada espejo contiene un universo de recuerdos, y cómo cada recuerdo es una composición que se entrega a la obra maestra que es la vida de un ser humano.

El hombre gordo levantó la cabeza e inspeccionó el panel de cristal más cercano a él. Por suerte, pensó, no había rastro de un viejo mexicano desaliñado con los ojos rojos y mal aliento. Solo estaba la mujer, sentada tranquilamente, sin moverse, junto a él. Veía muchas, muchas versiones de ella. Sentía el patrón de sus recuerdos. Los demás espejos proyectaban la luz innumerables veces, repitiendo su imagen en aquella habitacioncita de percepciones infinitas, contando un millón de historias —historias que le advertían que no creyese solo en una—. A medida que se sucedían los momentos encantados, cada historia cobraba vida y se movía al ritmo de una música diferente, convirtiéndose en un baile, en una obra de teatro... en una ópera.

L os espejos...
La primera vez que añadí espejos a mi enseñanza, no deseaba que Emma participara en ese tipo de meditación. Me parecía que ya era demasiado ávida como soñadora. Al recordar mis propias experiencias, pensé que podría ir demasiado lejos, disfrutando tanto de su tiempo con espejos que perdería el interés por la realidad. Sin embargo hizo lo mismo que había hecho yo y pasó largas horas allí. Al compartir mis momentos de ensueño con ella de esta forma, me doy cuenta de que utiliza

bien la sala de los espejos. Ella ensueña conmigo. Ensueña de manera creativa y cuando ha visto suficiente, se retira. La preciosa habitación de madera y cristal la ayuda especialmente ahora, cuando las revelaciones se producen rápida y constantemente. La consuela en estos días en los que no tiene maestro, en una época en la que su futuro, igual que el de mi familia, no está claro.

Don Eziquio estaba ayudándola también. Parece que los viejos *tricksters* pueden ser los mejores aliados en nuestra búsqueda de la conciencia. Cuanto más discuten y se quejan, cuanto más evidentes se vuelven sus locuras, más capaces somos de comprender lo que estamos haciéndonos a nosotros mismos. Oír la cháchara incesante de la mente llama la atención sobre los peligros de creer ciegamente. Todos los personajes de nuestras vidas son imaginados, igual que nuestras voces interiores. Las personas reales a las que representan no se parecen en nada a las impresiones que tenemos de ellas. Esto es evidente para alguien que está sentada en una habitación de espejos, donde todos los reflejos parecen distintos y familiares, pero no son nosotros, no son reales.

El año 2000 no fue el evento catastrófico que algunos habían vaticinado, pero los cambios que tuvieron lugar en mi propio mundo fueron significativos, algunos dirían que incluso catastróficos. El viaje de poder a Egipto me había dejado inquieto e incómodo. Veía claramente que había cambiado, que mi inversión en mi sueño presente había disminuido. Para estimular y renovar mi interés, tenía que encontrar otras formas de crear. Mi primer libro había sido publicado, e incluía gran parte de la sabiduría con la que mis aprendices estaban familiarizados, pero la práctica, como les decía siempre, hacía al maestro. Con frecuencia decía que yo sería su última muleta, el último apoyo psicológico que tendrían que abandonar antes de poder volar solos. Igual que la plumita de Dumbo, las muletas ayudan a la gente a creer en sí misma, a sobrevivir a los cambios dinámicos. Transformar nuestra estructura de creencias es el cambio más importante que podemos hacer y, en muchos aspectos, el que más miedo da, así que algo de ayuda está bien. Tener fe en el maestro ayuda. Con cada pequeño cambio se produce una gran reacción, así que una nueva mitología ayuda. Las mentiras piadosas y las justificaciones inofensivas ayudan también... hasta que llega el momento de volar.

Mis estudiantes estaban mintiéndose a sí mismos menos que antes, pero parecía imposible que dejaran de chismear sobre sí mismos y sobre los demás. Su lucha contra la importancia personal continuaba. Algunos necesitaban sentirse particularmente importantes, de modo que les había dado títulos. Para muchos, utilizaba apodos descriptivos, animándolos a imaginarse a sí mismos de manera diferente. Como todas las muletas, estas estaban hechas para desecharse cuando llegara el momento, es decir, cuando la sabiduría y la conciencia hicieran que las distinciones fuesen innecesarias. Los Cuatro Acuerdos también ayudaban en su progreso. Parecían muy sencillos a primera vista —sé impecable con tus palabras, no te tomes nada personalmente, no hagas suposiciones, haz siempre lo máximo que puedas— y obraban grandes cambios en la conciencia. Con cada aplicación se producían nuevas revelaciones y, con cada revelación, surgía más conciencia.

Por maravillosas que fueran mis interacciones con mis aprendices, me sentí decepcionado con el resultado de mis esfuerzos durante los años. Me di cuenta de que algunos de ellos simplemente intercambiaban nuevas supersticiones por otras antiguas. Los celos seguían siendo fuertes y el egoísmo seguía siendo evidente. A muchos parecía costarles dar o recibir generosidad. No podemos dar lo que no tenemos y, para muchos de mis aprendices, el amor incondicional era algo con lo que no estaban familiarizados, algo que no habían probado nunca.

Muchos se imaginaban siendo grandes maestros, meta que yo alentaba, pero su orgullo hacía que esa meta fuese irreal. De modo que, después de Egipto, realicé cambios.

Empecé por prescindir de los títulos. Nadie tenía ventaja sobre nadie, incluso aunque esa ventaja estuviese solo en su imaginación. No habría chismes. No habría acciones egoístas. Cada uno de ellos era un guerrero potencial, capaz de librar la batalla en su interior, pero en su lugar todos habían dedicado demasiada energía a librar batallas externas. Tendrían que enfrentarse a sus propias mentiras. Les recordaba: «No crean en mí. No crean en ustedes... y no crean en nadie más». No creer en sus opiniones más fuertes era la herramienta de conciencia más poderosa. No creer en sus propios pensamientos y en las historias que habían creado era el mejor camino hacia la libertad. Se alimentaban de supersticiones, y mi mensaje para ellos era un mensaje de sentido común. Los apetitos tendrían que cambiar.

Hubo muchas reacciones a aquello. Hubo emoción, pero también hubo sentimientos heridos y rencores. Al ver aquello, pronto me di cuenta de que tendría que ir más lejos. Tendría que decirles que se fueran, que usaran las herramientas que les había dado para crear vidas más felices. En demasiados casos, el fanatismo reemplazaba al deseo de aprender y de cambiar. Como había hecho en muchas ocasiones durante la infancia, me desafié a mí mismo a inventar otro tipo de juego, este con unos resultados mejores. Pero primero tendría que poner fin a este. Igual que hiciera años atrás, al abandonar la medicina para investigar nuevas formas de curar la mente, tendría que dejar a un lado el chamanismo. Tendría que renunciar al poder.

Pocos algunas veces me preguntarían qué quería decir con eso. Poca gente desea realmente comprender el poder, prefieren aceptar las suposiciones comunes. Y aun así es importante ver la verdadera naturaleza del poder. Yo renuncié al poder por el efecto que tenía en mis estudiantes la idea de poder y por el fanatismo que incitaba mi presencia. Había hecho que mi poder personal fuese evidente para mis aprendices. Habían visto cómo cambiaba la percepción, cómo aliviaba los miedos y curaba los cuerpos enfermos. Habían visto que la fuerza de la vida que fluye a través de todos nosotros puede usarse para enaltecer nuestra relación con la vida. Todos tenemos acceso al poder absoluto y tenemos la habilidad de cambiar nuestra realidad. Era esencial que mis aprendices aprendieran a hacer aquellas cosas para ellos mismos, sin expectativas. Era importante que se vieran a sí mismos como los salvadores que eran.

Somos vida. Somos el resultado del poder de la vida y somos los canales a través de los cuales circula ese poder. Deseamos la verdad, pero en su lugar intentamos adquirir más conocimiento —y después tenemos que defender lo que creemos—. El conocimiento causa una pequeña impresión en el mundo comparado con el poder de la verdad, incluso aunque ayude a la vida, elevando la conciencia y creando sueños de impecabilidad. ¿Cómo puede ayudar mejor el conocimiento? ¿Cómo podemos evitar que cause daño y cree conflicto?

Primero podemos ver el conocimiento como lo que es —todos los acuerdos que hacemos sobre la realidad— y obtener algo de perspectiva. Después podemos escucharnos a nosotros mismos. Podemos modificar tanto nuestro pensamiento como nuestro apego emocional al pensamiento. Podemos ganar la guerra de nuestra cabeza, que ya duró bastante. Podemos alimentar una creencia en nosotros mismos y retirarnos de la multitud.

Podría decirse que, después de Egipto, yo me retiré. Durante aquella época de transición, tuve la oportunidad de trabajar con José y supervisar su educación espiritual. Deseaba centrar en eso mi atención. Deseaba una nueva manera de jugar con la vida. Experimenté la paz de la no existencia en Egipto, pero tuve que empezar de nuevo en esta vida, en esta existencia presente. Era importante ver el siguiente paso, seguir caminando incesantemente por el sueño humano. Al regresar de aquella paz expansiva, vi a los humanos con más claridad. Los vi como criaturas excepcionales bajo la tiranía del conocimiento, incapaces de cambiar sus circunstancias. El animal humano está indefenso, al menos hasta que la mente no decida cambiar y hasta que el conocimiento no pierda su autoridad suprema. Yo era consciente de que no era Miguel, de que Miguel era solo como me describía ante los demás; pero, fuera lo que fuese, estaba en un cuerpo que necesitaba mi presencia y mi guía. Hay algunas cosas muy sencillas que el cuerpo necesita tener para vivir. La mente, por otra parte, no necesita nada. Se inventa las necesidades, imaginando que está hecha verdaderamente de materia. Sin embargo, es algo soñado por la materia. Una mente excepcionalmente consciente comprende que ayuda a las necesidades del cuerpo y a la comunión del cuerpo con la vida. Una mente consciente de sí misma está dispuesta a escuchar su propia voz y a cambiar ese diálogo por el bien del ser humano.

Si alguna vez volviera a enseñar, la disciplina de todos los estudiantes tendría que incluir conversaciones directas con el personaje principal de su historia. Tendrían que mirarse al espejo y anunciarse a sí mismos. Tendrían que separar el cuerpo de la mente en su percepción —en otras palabras, reconocer la diferencia entre el conocimiento y el ser humano real que ocupa—. Esa era la única manera que la conciencia de *uno mismo* tuviera algún significado real.

Meses después del viaje a Egipto, comencé a sentirme increíblemente libre, más libre que nunca. Estaba enamorado de la vida otra vez y me atrevía a imaginar que mi amor inspiraría un nuevo y vibrante sueño. De modo que miré hacia delante, confiando en la generosidad de la vida como siempre había hecho. Estaba vivo. Estaba ansioso por jugar de nuevo con el intento.

Había vuelto y estaba preparado para comenzar un nuevo tipo de juego.

ME LLAMO TOM. SOY UN DEPREDADOR. MI COMIDA favorita es la rabia.

El aula estaba forrada de espejos. Los ochenta estudiantes, colocados en fila, estaban de pie frente a un espejo mientras hablaban a sus propios reflejos. Les habían dicho que se levantaran de su silla, que se acercaran a los espejos y que se dirigieran a su reflejo. Era más difícil de hacer de lo que habían imaginado.

—Me llamo Lynda —dijo una mujer alta con aspecto resentido—. Soy una depredadora y me gusta... la injusticia, creo.

—Me llamo Verónica —dijo otra—. Soy una depredadora. Cazo... quiero decir que me gusta comer... vergüenza.

—Me llamo Tony —dijo el hombre situado a su lado, inclinándose hacia el cristal para hablar en privado—. Soy un depredador y tengo un gran apetito por la importancia personal... y los juicios... y el orgullo, por supuesto.

—Me llamo Ann —dijo otra más cómodamente—. Soy una depredadora y no puedo resistirme a los celos. Los como a toda hora.

—Supongo que a mí me gusta compadecerme de mí misma —susurró una mujer al otro lado de la habitación—. Sí. Bueno. Me llamo June. Soy una depredadora y consumo toneladas de autocompasión cada día —con aspecto triste, miró a los demás soñadores como si ellos pudieran ofrecerle un poco de la compasión que ansiaba.

Sin embargo, la mujer situada junto a ella estaba absorta en su propia conversación. Con los ojos cerrados y las manos entrelazadas en señal de oración, parecía que estuviera confesando sus pecados a un cura invisible.

—Soy Mónica —dijo en tono reverencial—. Soy una depredadora y la mayoría de los días busco aprobación. Hoy sobre todo.

—Me llamo Tanya —dijo otra—. Viví durante años con una dieta a base de desprecio hacia mí misma —vaciló antes de seguir—. Perdóname; no lo sabía.

Perdóname; no lo sabía. Sarita estaba sentada en una silla de respaldo recto, contemplando el ejercicio con fascinación. Lala estaba de pie a su lado, golpeando inquieta con los dedos el respaldo de la silla. Ahora estaban en el siglo XXI y don Miguel estaba enseñando de nuevo, caminando por la habitación, escuchando las confesiones y ofreciendo la presencia de la verdad a aquellos cuya valentía los hubiera abandonado.

—Esto es un mal uso del ritual —murmuró Lala—. La confesión siempre fue un sacramento diseñado para purgar el cuerpo de sus pecados.

—Bien lo sé yo —convino Sarita—. Todo parece lógico y cierto, hasta que nos damos cuenta de que el cuerpo nunca fue el pecador.

—¿Cómo puedes decir...?

—Porque el cuerpo es impecable. El mensajero no. Tú, querida, no lo eres.

Lala se agarró a la silla con fuerza hasta que se le quedaron las manos blancas. Parecía que no tenía respuesta; pero Sarita estaba segura de que pronto se le ocurriría algo.

—No te preocupes —añadió Sarita—. Puedes redimirte —al mirar a su alrededor, se dio cuenta de algo—. Ahora mismo parece que te estás redimiendo.

Ambas contemplaron la habitación, escuchando los sonidos de la confesión. A Sarita le maravillaba la simplicidad de un ritual cuyos orígenes eran tan antiguos como la humanidad. Confesar. Admitir que pecaste, que lastimaste a tu propio ser humano de algún modo. Arrepentirse, es decir, llegar al acuerdo de parar. Hacer penitencia, que significa ofrecerte perdón a ti mismo. Modificar tu comportamiento desde ese momento en adelante. Los sacramentos no requieren de un sacerdote; la justicia la ofrece el perpetrador el delito, sea cual sea ese delito. Confesar, arrepentirse, perdonar. Ya está.

Miguel había alterado aquel sueño perceptiblemente. Seguía siendo el maestro, el chamán, para la mayoría de las mentes, pero el mensaje había cambiado, al igual que la disciplina. Seguía llevando a grandes grupos a Teo. Seguía con sus ceremonias del Círculo de Fuego, pero ahora estaba aquello: un taller mensual en San Diego, donde iban los estudiantes y trabajaban durante tres días seguidos. Durante todo un fin de semana, vivían juntos, dormían juntos y aprendían juntos. Escuchaban, compartían y participaban en ejercicios como aquel. Se reían y lloraban. Revelaban su rabia y gritaban de alegría. Como había hecho Sarita con sus estudiantes, ensoñaban. Sentados en círculos, uno dentro del otro y unos frente a otros —con las manos en los muslos y la espalda recta— cerraban los ojos y permitían que su mente deambulara. Eso les daba la oportunidad de percibirse a sí mismos plenamente, como narración y como narradores de su historia. Eran el ruido de su propia cabeza y eran los medios con los que podía silenciarse el ruido.

Sarita sonrió al recordar. Miguel había usado los principios de sus enseñanzas y los había expandido. Estaba aplicando las lecciones de las mayores historias jamás contadas para desafiar las mentes de sus estudiantes. Estaba pidiéndoles que se responsabilizaran de sus historias personales. Terrorífica o inspiradora, toda narración humana provenía del mismo autor. La mente establecía la trama y la moral, y el humano la seguía. Aquellos estudiantes estaban aprendiendo a modificar su propia tiranía sobre el cuerpo.

—Esto es una estupidez —masculló Lala, interrumpiendo los pensamientos de la anciana—. ¿Qué bueno puede salir de todo esto?

—Para ti, mucho. Para el ser humano que cada uno de ellos ve reflejado en el espejo, paz y salvación.

—¿Salvación? ¿Salvación de qué?

—Te lo repito, La Diosa, de ti.

Sorprendentemente, los ojos de Lala se llenaron de lágrimas. Se dio la vuelta, pero en todas partes veía reflejos de su propia inquietud. Cada rostro expresaba un deseo de expiación. Rebotando en todas las paredes estaban los ecos de la admisión y de la redención. ¿Cómo podía darle la espalda a aquello? *Perdóname; no lo sabía.* Aquellas palabras eran conmovedoras, como si estuviera diciéndoselas a sí misma.

—Me llamo Amy —dijo otra mujer, de pie junto a ella—. Soy una depredadora. Me alimento de autorrechazo —ella también estaba emocionada, pero siguió hablando—. Deseo amar mejor y deseo que este cuerpo sienta la bendición de mi amor.

Mientras ambas mujeres observaban, Miguel se acercó a ella, le cerró los ojos con las manos y le sopló en la boca. *El beso del nagual.* Sarita sonrió. La mujer emitió un suave sonido, un sollozo, y dejó que su cuerpo cayera suavemente al suelo. Allí, sin mente, sin resistencia a la verdad, empezaría a comprender.

Sarita miró a Miguel y vio lo inspirado que estaba. Había renovado sus esfuerzos. En sus palabras había un mensaje que merecía la pena oír. En su ser, había una alteración necesaria. Suspiró, preguntándose cómo acabaría aquella aventura. Aquella escena, aquel recuerdo, era uno de los últimos. Realizaría un viaje de poder más a Teotihuacan, y después su valiente corazón fallaría. ¿Qué debía hacer ella ahora? ¿Qué podía hacer para ayudarlo a resistirse a la muerte? Había recopilado muchos recuerdos, muchas partes de él, como le habían ordenado. ¿Ahora qué?

Se volvió hacia Lala, que estaba mirando los espejos con una expresión extraña, como si viera un reflejo que no estaba allí. La mujer parecía asustada, las lágrimas brillaban sobre su hermoso rostro... un rostro que antes pertenecía a Sarita. Sí, era posible que en otra época se hubiera parecido a Lala, cuando era joven y apasionada. Se consolaba pensando que ya no se parecían. Ella no era aquella mujer; no era la voz desesperada dentro de su propia mente, reclamando siempre que encontrase alojamiento en la mente de los demás. No era la tirana ni la arpía. No podía controlar a su hijo como si fuera un niño. Él tomaba sus propias decisiones y aceptaba las consecuencias. Era posible que él la recordara como alguien cariñosa, incluso mientras dormía, y que la honrara como su maestra; pero ni siquiera sus palabras más persuasivas podrían alcanzarlo ya. Debía dejar a un lado sus ilusiones y acabar con ello.

—La Diosa —dijo Sarita con respeto, y la pelirroja se volvió hacia ella—, este viaje está llegando a su fin. Ven conmigo y le daremos nuestra última bendición a mi hijo... donde vive ahora.

Lala vaciló, intentando pensar en algo despectivo que decir en respuesta. Desde el principio había dicho que aquello era una absurda pérdida de tiempo —y debía recordárselo al viejo pajarito— pero aquel no era el momento. *Ahora no*, se advirtió a sí misma. *Aquí no*. Cuando volviese a ser ella misma, tendría un par de cosas que decir al respecto. Se secó las malditas lágrimas, asintió con la cabeza y siguió a su compañera fuera de la habitación.

Me quedaré aquí un poco más, respirando el aroma del lugar y escuchando conversaciones olvidadas. Me encantaban las clases así... aún siento el calor que generaban los fuegos de la inspiración. El Sueño Tolteca, como llamé a mis nuevos estudios, atrajo a nuevas generaciones de estudiantes y los animó a comenzar un viaje de vuelta al sentido común. Mirando a los ojos de mis estudiantes y sintiendo sus ansias por aprender, recuerdo el poder y la importancia de aquellos talleres mensuales. Me daban la oportunidad de probar nuevos métodos de enseñanza y provocaban verdaderas transformaciones en la vida de mis estudiantes. Deseaban saber cosas, por supuesto. La mente está construida para procesar nuevo conocimiento, y está ansiosa por compartirlo con otras mentes. El conocimiento que yo les daba no era nuevo, pero estimulaba nuevas perspectivas. Inspiraba el tipo de introspección que los desafiaba y señalaba el camino hacia una libertad inimaginable. Deseaba que sus mentes apreciaran su poder. Deseaba que cada mente se viera a sí misma como un héroe, cuya misión era salvar al humano.

La emoción que reinaba en aquella aula aumentó a medida que fueron produciéndose las revelaciones, una detrás de otra. Hubo otras consecuencias emocionales también, por supuesto. Las alteraciones de la mente son oportunidades de cambio, pero la más pequeña alteración no suele ser bien recibida, incluso por aquellos que insisten en que están ansiosos por cambiar. La transformación es el resultado de grandes cambios en las percepciones y en las respuestas. El proceso puede resultar incómodo, dado que la mente se muestra reacia a verse a sí misma, a responsabilizarse de sus propias historias y a cambiar. Cuando la mente se resiste, el cuerpo emocional paga el precio.

Como ya mencioné, si ciertos estudiantes no podían dejar atrás el miedo y la rabia que provocaban los grandes cambios, lo más sensato era permitirles encontrar otra manera de alcanzar la conciencia. Era inaceptable permitirles usar a Miguel en su contra. Yo también sentía las consecuencias emocionales de dejarlos ir, pero aquellos estudiantes necesitaban desarrollar más fe en sí mismos y menos en mí. Yo confiaba en la vida y animaba a todos a hacer lo mismo. Gracias a que respetamos a los demás, les permitimos ser los soñadores que desean ser. Gracias a que los amamos, les permitimos tomar sus propias decisiones, las comprendamos o no.

Emma había abandonado mi sueño antes de que comenzaran aquellos talleres. Había decidido despojarse de la última muleta y continuar su viaje sin mí. Era una buena guerrera que se enfrentaba sola a sus desafíos y que se aventuraba en nuevos sueños y en situaciones desconocidas. Puede que sintiera que estaba sola, pero el vínculo entre nosotros siempre fue fuerte. Como había hecho con Dhara, y como haría una y otra vez con mis hijos, le permití marcharse y esperé.

Puede que desprenderme de mi conexión exterior con Emma fuese una decisión dolorosa, pero la tomé desde el respeto y desde el deseo de ser generoso. Existía la posibilidad real de que nunca volviéramos a vernos, un resultado que me inquietaba; pero ¿qué regalo podría ofrecerle que fuese más valioso que su libertad? Nadie puede convertirse en maestro sin práctica, sin luchar una guerra solitaria contra la voz del conocimiento y ganar. Si la guerra alguna vez se volvía demasiado difícil para ella, confiaba en que Emma acudiera a mí. Siempre sería bien recibida en mi sueño, en mis brazos. Nunca había abandonado mi corazón.

El amor lo decidiría todo, como siempre hizo. Mi corazón está pleno, incluso ahora. Mi cuerpo, que lucha por mantenerse en contacto con las fuerzas de la vida, está respondiendo a cada imagen mental y a todas las pequeñas insinuaciones de emoción que se desprenden de la memoria. La vida está ofreciéndome todos sus recursos en esta lucha. Cada persona en mi vida es un aliado de mi entendimiento. Todo lo que he aprendido y experimentado ahora está al servicio de mi supervivencia. Todo lo que vive, lo que se mueve— todo lo que gira más allá del saber está en juego. Sin pensar, soy consciente. Soy consciente de la totalidad. Soy consciente de lo que existe y de lo que una vez pareció existir. Soy consciente del mensajero llamado Miguel, del mensaje que dio y del amor que compartió.

Con la conciencia, la realidad cambia. Somos capaces de ver que estar vivos es el objetivo, y que todo lo que hacemos mientras vivimos es una expresión de nuestro arte. Nuestra manera de pensar, de conversar y de comportarnos determina la calidad de ese arte. Somos vida, pero estuvimos percibiendo desde el punto de vista de la mente durante tanto tiempo que resulta difícil ver más allá. La mente niega su individualidad al decir: «Me siento bien» o «Me siento mal». Siendo realista, la mente no siente; es el cuerpo el que siente. La mente cuenta una historia sobre la culpa, la rabia o incluso la vergüenza, y el cuerpo paga las consecuencias.

Les pedí a mis soñadores toltecas que se mirasen al espejo, que mirasen a los ojos al ser humano y que permitiesen que el narrador de su historia se presentara. Se empieza diciendo: «Me llamo...».

Si la mente puede oírse a sí misma, puede obrar cambios. El autojuicio a sí mismos puede encontrarse entre sus alimentos favoritos, pero ese apetito ha de reconocerse antes de poder modificarse. En el momento en el que la mente se identifica como depredadora, se compromete a convertirse en aliada. La mente puede crear problemas crónicos para el ser humano, pero puede ofrecer también soluciones milagrosas. Tiene la capacidad de imaginar. Con frecuencia nos imaginamos conversaciones que no sucedieron. Nos imaginamos realidades alternativas y fenómenos aún por descubrir. Volvemos a imaginar el pasado y fantaseamos con el futuro. Imaginamos dioses y demonios. Imaginamos horrores y maravillas. Entre las muchas cosas que imaginamos, la posesión demoníaca podría ser la más interesante y reveladora. Todas las culturas hacen referencia a eso. Pueden temerla o considerarla una broma, pero la posesión es real.

Sabemos lo que significa poseer una cosa. Compramos algo, lo pagamos, lo cambiamos por otra cosa de valor y es nuestro. Sí, también imaginamos que poseemos a las personas —las personas a las que amamos, los niños que educamos, los empleados a los que damos un salario y la tierra que ocupamos—. En casi todas las culturas, poseer cosas es extremadamente importante, y en muchas culturas se considera una práctica aceptada poseer a otros seres humanos. Lo que puede que no veamos claramente es que *todos* los seres humanos están poseídos, sean cuales sean sus creencias y tradiciones. Están poseídos por algo íntimo y siniestramente presente. El cuerpo humano está poseído por el conocimiento.

Hace años, estaba hablando sobre esto ante un gran público. Una mujer entre la multitud se levantó para hacer un comentario y yo noté una rabia profunda y dominante en sus palabras. Parecía que estuviera reaccionando a algo que me hubiera oído decir. Le pedí que subiera al escenario. Le di un abrazo, que ella aceptó con rigidez, y la invité a hablar más sobre su vida y sobre su punto de vista, animándola incluso a liberar su rabia, a sacarla toda. Ella comenzó a hablar, con reticencia al principio, y después con más naturalidad. Cuanto más hablaba, más agresiva se ponía. Yo me quedé a su lado, sin decir nada, mientras ella elaboraba un discurso contra los hombres, contra Dios, contra la vida. Su voz fue subiendo, su cuerpo se agitaba y su cara adquirió una expresión demoníaca. Al mirar al público, vi como la diversión inicial de la gente se convertía en preocupación y después en sorpresa. Vi el miedo en muchos de ellos.

Transcurridos unos minutos, la rabia de la mujer comenzó a calmarse y ella empezó a llorar. Le di otro abrazo, que en esa ocasión aceptó con agradecimiento y ganas. El público aplaudió, impresionado por aquella muestra de emoción desgarrada, pero permaneció inquieto. Cuando la mujer había regresado a su asiento y la multitud se había calmado, les pregunté si les cabía alguna duda de que la posesión era real.

Les pregunté: «¿Pueden entender lo que digo?». Claro que podían. Podemos exteriorizar nuestros mayores demonios, podemos asustarnos a nosotros mismos con imágenes de diablos y espíritus malignos, o podemos mirar hacia dentro, escuchar y reconocer la voz del conocimiento, que vive y nos habla constantemente. Esa voz puede dar mucho miedo. No estamos acostumbrados a oírnos a nosotros mismos, de modo que en muy pocas ocasiones reconocemos los mensajes de egoísmo y crueldad que damos a diario. Es un acto de amor propio prestar atención a lo que pensamos y modificar esa conversación interior.

Todo en la vida está hecho para ayudar a la vida y, escuchando y cambiando, podemos convertir el conocimiento en el sirviente que estaba destinado a ser. Tras dominar el arte de crear el infierno en nuestra propia mente, podemos elegir convertirnos en ángeles, mensajeros impecables. Todo sueño debería respetarse, pero cualquier sueño puede cambiar cuando está preparado. Una mente dispuesta puede ofrecer el tipo de libertad que todos deseamos y difícilmente imaginamos.

Si nos damos cuenta de que el conocimiento, estando al servicio de la vida, puede ser también la solución al sufrimiento humano, podemos cambiar la manera en que interactuamos con otros seres humanos. Podemos cambiar la forma de imaginarnos a nosotros mismos. Podemos dejar de creer en nuestra propia voz, en todas las voces, pero seguir escuchando y aprendiendo. «Soy un depredador y me gusta el miedo... la culpa... la rabia», es una manera de empezar. Para mis estudiantes aquello solía poner de manifiesto el problema y ofrecerles una solución. Las mentes conscientes pueden convertirse en cazadoras que desean la verdad.

Mis mejores estudiantes siguen siendo cazadores, pero ahora se alimentan de comida diferente. Eran una cosa y ahora son otra. Son leales a su humano, creando realidades basadas en la gratitud y la generosidad. Cuando la mente antes controlaba y castigaba, ahora está al servicio. Cuando antes se comportaba como un villano, ahora es un héroe. Cuando antes ansiaba solo veneno, ahora disfruta el néctar.

¿**E**RES UNA ABEJA O UNA MOSCA?

—¿Qué? —preguntó el hombre, confuso.

—¿Eres una abeja... o eres una mosca?

—Una abeja, supongo. ¿Quién desea ser una mosca?

Don Miguel asintió y se volvió hacia otro estudiante. La clase era amplia, y los estudiantes ocupaban casi todo el estudio. La mayoría estaban sentados en una silla cómoda, rodeando al maestro mientras este les hablaba desde un pequeño sofá situado en el centro de la habitación.

—¿Qué eres? —le preguntó Miguel a una mujer que tomaba notas—. ¿Una abeja o una mosca?

—¡Una abeja! —respondió la mujer alegremente, dejando caer el bolígrafo. De pronto parecía atenta, ansiosa por formar parte de la discusión.

—¿Estás segura? —le preguntó Miguel, inclinándose hacia

ella y mirándola directamente a los ojos—. ¿Estás segura de que a veces no te gusta comer un poco de caca?

—¿Caca? —la mujer se quedó sorprendida y aparentemente se sintió insultada—. ¡Por supuesto que no!

—¿Nunca chismorreas con tus amigos? ¿Nunca juzgas a otras personas?

—Bueno...

—¿Nunca estás de acuerdo con los juicios que se hacen en tu contra? ¿Nunca te ofendes? ¿Nunca hieren tus sentimientos?

—Creo que a veces me gusta sentir pena por mí misma.

—Porque...

—Porque me siento rechazada, quizá... al sentir que la gente no me entiende.

—Entonces, ¿comes un poco de caca?

—Quizá.

Miguel se volvió hacia una mujer mayor.

—¿Alguna vez juzgas a tu propia humana?

—Supongo, pero como miel la mayor parte del tiempo —dijo ella.

—Le dices a tu cuerpo lo hermoso que es, ¿verdad?

—Sí, claro.

—Le dices a esta humana que es el amor de tu vida —Miguel aguardó mientras la mujer meditaba sobre la idea.

—¿El amor de...? —se sonrojó y buscó algo que decir.

—¿Quién se merece tu amor y tu lealtad más? —continuó Miguel con suavidad, como si estuviera manteniendo una conversación privada con ella—. Esta humana estaba aquí cuando naciste y estará contigo hasta el final —miró a la mujer con compasión—. Se entregó a ti de inmediato y siempre te obedeció, sin importar las muchas formas en que abusaste de ella y la descuidaste. Es la que escucha todas tus confesiones y te acepta tal como eres. Es tu compañera fiel y tu amiga. Es el amor de tu vida.

—Sí, entiendo —respondió la mujer, sonrojándose más.

—¿A quién tratas mejor? ¿A tu gato o a tu humano? —le preguntó Miguel a un hombre sentado al fondo de la habitación.

—Tengo dos perros —dijo él—, y no hay comparación. Ellos reciben mucho mejor trato —la clase se rio—. De verdad, duermen sobre colchas de plumas y comen comida orgánica para perros.

—Probablemente trates mejor a tus perros —convino Miguel—, pero nunca serán una mascota tan generosa contigo como tu humano, ni tan leal. ¿Qué me dices de ti? —le preguntó a una mujer bajita situada en la primera fila.

—Yo tengo un gato —dijo ella.

—¿Tú comes caca? —la mujer miró su cuaderno y negó con la cabeza. Por un momento pareció que fuese a llorar.

Miguel deseaba darle su tiempo, así que se volteó hacia la mujer que estaba a su lado.

—¿Y tú? —preguntó.

—Eso me temo —respondió la segunda mujer de inmediato—. Parece que siempre estoy temiendo. Ahora mismo temo.

La mujer bajita sentada a su lado contuvo un sollozo y Miguel le abrió los brazos. Ella dejó el cuaderno y se sentó a su lado, apoyando la cabeza en sus brazos. Él le acarició el pelo y miró a su alrededor. Había un hombre sentado junto a la pared del fondo, con los brazos cruzados firmemente sobre el pecho.

—¿Qué prefieres tú? —le preguntó Miguel—. ¿La miel o la caca?

—Prefiero la miel —dijo él—, pero estoy acostumbrado a la caca. Lo admito.

—¿Eres un gran juez? —preguntó Miguel, sonriente, al ver cómo el hombre lanzaba miradas de desaprobación a la mujer a la que él abrazaba.

—No. Es solo que todos son idiotas salvo yo —sin más, la clase se echó a reír de nuevo. El hombre se relajó un poco y colocó las manos sobre su regazo.

—Entonces, ¿eres una mosca?

—¿Una mosca? —el hombre frunció ligeramente el ceño mientras reflexionaba.

—Te gusta comer caca, así que eres una mosca —explicó Miguel—. Si fueras una abeja, estarías comiendo miel todo el tiempo. Estarías comiendo amor, respeto, alegría... ¿no? ¿Me equivoco? Le dirías cosas agradables a tu humano. Observarías el comportamiento de otras personas, verías que se hacen daño a sí mismas y sentirías compasión. Mostrarías respeto a todo el mundo porque te respetarías mucho a ti mismo —aguardó, observando las caras a su alrededor—. ¿Tengo razón?

Todo el mundo estuvo de acuerdo.

—¿Las moscas no pueden aprender a comer miel? —preguntó el hombre.

—¿Quieres ser una mosca que come miel? ¡Adelante! —Miguel le sonrió—. Pero recuerda que, tarde o temprano, no podrás resistirte a la caca. Querrías tu comida normal, para una mosca, claro.

—Pero, ¿si no nacieras siendo una abeja?

—Todos nacimos siendo abejas. Bueno, naturalmente, nacimos siendo humanos. Ya saben que esto son metáforas —dijo con una sonrisa—. Nacimos siendo humanos; y los humanos nacen sin un programa mental. Eso llega más tarde, cuando el niño domina el lenguaje y empieza a pensar. En ese momento, el humano se vuelve sumiso a la mente. Los pensamientos deciden lo que es real.

—Lo que podría ser real —le corrigió alguien.

—La mente determina qué es real —aseveró él.

Miguel miró a la mujer que ahora estaba apoyada contra su

rodilla. Le tocó la mejilla con las yemas de los dedos, besando, besando. Ella parecía incapaz de responder.

—Incluso con pensamientos en nuestra cabeza —dijo él—, incluso después de haber dominado los símbolos, nos llevó mucho tiempo aprender a comer caca. Como sin duda vieron ustedes, los niños pequeños son felices. Son amables por naturaleza y les encanta ser amados. Sienten cada emoción, pero, cuando son pequeños, las emociones vienen y van muy deprisa. Si se sienten heridos, lo superan. Si tienen miedo, lo dejan atrás. Son curiosos: desean saberlo todo sobre todas las cosas. Aprenden los nombres de los objetos, aprenden un idioma y... ¡Bum! Un millón de opiniones entran en sus cabezas.

Miguel miró a sus estudiantes y advirtió que estaban atentos.

—Todos esos miedos y odios y críticas tienen gran influencia en los niños —continuó—. Su predilección por la miel se convierte en predilección por el tipo de comida que comen todos los demás. Eso no es natural, pero parece lo normal. Todo el mundo lo hace. Comen veneno y el cuerpo reacciona de manera emocional. Oyen cosas malas, horribles, y sienten que sus cuerpos producen rabia. Pueden decir: «Bueno, otras personas comen rabia y les gusta mucho, así que supongo que yo también la comeré». De modo que han de producir cada vez más rabia para mantenerse bien alimentados. A otras personas les gusta la culpa... Mmm. Sabe muy bien después de tantos años sin comer nada más. A algunos adultos aún les gusta comer miedo. A veces parece apetecible. Tal vez se parezca a la timidez, que no está mal, así que hacen el esfuerzo y se acostumbran al sabor. Para parecer fuertes y centrados, comen su propio miedo en secreto y engordan con el miedo de otras personas. Para parecer listos, desarrollan el gusto por los juicios. Para parecer adultos, para ser como los demás humanos, los niños aprenden a comer veneno hasta que se vuelven tolerantes. La caca empieza a saber bien.

—Eso suena terrible —dijo la mujer mayor.

—Suena lógico —respondió él—. ¿Sería mejor decir que el diablo les obliga a hacerlo? Vean cómo el miedo al diablo, y a Dios, convierte a las personas en comedoras de caca, y desean compartir toda esa caca con todos los demás. Desean pagar el diez por ciento de sus ingresos para mantener alejado al diablo. Comen miedo, culpa, vergüenza, de todo, y nunca tienen suficiente. ¿No es mejor darse cuenta de eso y cambiar?

—¿Cambiar nuestros hábitos alimenticios? —preguntó alguien.

—¿Y si primero cambian su especie? —sugirió Miguel.

Se hizo el silencio en la habitación, un silencio tan absoluto que la mujer que él abrazaba levantó la cabeza y miró a su alrededor desconcertada.

—Ustedes no son reales —continuó Miguel—, pero su humano sí lo es. El humano no necesita cambiar, pero ustedes sí. Pueden evolucionar... pasar de mosca a abeja.

—Siendo conscientes —dijo alguien.

—De acuerdo, digámoslo de otro modo —prosiguió Miguel—. Digamos que actuaron como caca. Nada de lo que dijeron fue agradable, todos sus pensamientos fueron furiosos. Ustedes eran caca. ¿Quién se sentiría atraído hacia ustedes... las abejas o las moscas?

Todo el mundo convino en que atraerían a las moscas.

—¿Y si actuaran como la miel, tan dulces y amables, siempre felices y respetándose a ustedes mismos?

El consenso unánime fue que atraerían a las abejas.

—No exactamente —dijo Miguel—. Algo tan dulce atraería *a todo* —el grupo se rio—. No es broma —insistió—. Atraerían a las abejas, a las moscas, a cualquier cosa. Han de ser conscientes, claro. La conciencia lo es todo. Les ayuda a ver lo que son, lo que comen y quiénes los usan a ustedes como alimento. En el reino animal, todo se come a todo. El mundo virtual es un reflejo, una copia. Pueden elegir cómo actuar en este mundo, y cómo comer.

—Yo me imagino el Serengueti, en África —dijo un hombre con una carcajada.

—Tú eres virtual. Puedes cambiar tu paisaje. ¿Por qué permitir que tu humano sienta que puede ser atacado por ti, devorado por ti? ¿Por qué permitir todo tipo de miedos irracionales?

—¡Madre mía! —exclamó alguien.

—Amar va en su naturaleza; recuerden su naturaleza. Si actúan en contra de su naturaleza, fingirán ser otra especie. Fingieron durante mucho tiempo que en efecto son otra especie. La conciencia significa ver, y recordar, la verdad... nunca se fue. Nunca desapareció, pero centraron su atención en las mentiras.

—Soy una abeja —dijo una joven— que siguió una estricta dieta a base de caca para poder encajar en la sociedad. Estoy enferma, soy asquerosa, pero soy genial.

—¿A los ojos de quién? —preguntó Miguel cuando cesaron las risas.

—A los ojos de las moscas.

—Desde el punto de vista de la especie que adoptó... que es una depredadora.

Se oyó una palmada de aprobación procedente del fondo de la habitación cuando don Leonardo empezó a aplaudir encantado.

—¡Mira eso! —exclamó—. ¡Mágico! —Leonardo miró a la mujer sentada a su lado. Parecía disgustada, como si estuviera preparada para comerse parte de su propio veneno y nada de lo que nadie pudiera decirle calmaría su apetito voraz. Él suspiró y deseó poder haber compartido aquel momento con Sarita; pero la había perdido en las mareas del recuerdo. Habría disfrutado con aquello. Quizá hubiera aprendido algo.

—¿Cómo sabemos si estamos reaccionando de la manera adecuada? —preguntó un estudiante.

—¿Cómo? —Miguel sonrió—. Si estás confuso, pregúntate a ti mismo: ¿Qué soy y qué estoy comiendo? Más concretamente, ¿eres un depredador en este momento, o un aliado? ¿Estás comiendo miel ahora mismo, o estás comiendo caca?

La habitación vibraba con energía e intento. Don Leonardo estaba encantado. Tal vez aquello fuese lo que su nieto más echaría de menos. Aquel era el lugar, aquellas eran las personas junto a las que regresaría... si acaso regresaba.

—Alguien continuará donde yo lo deje; no temas —anunció una voz.

Leonardo se dio la vuelta y descubrió a Miguel, sentado en una silla de lona junto a su abuelo, con aspecto pequeño y frágil. Aquel no era el maestro que hablaba a la clase. Aquel Miguel estaba pálido y delgado, y aún llevaba la bata de hospital manchada. Aquel parecía estar aferrándose a la vida con una mano débil e indiferente.

—Comprenden y después olvidan —dijo Miguel mientras observaba la clase—. La distorsión sucede muy deprisa.

—Tú das el regalo de la sabiduría —dijo Leonardo con los ojos llenos de comprensión—, y después les quitas ese regalo cuando ves que se corrompe. Más tarde se lo devuelves con otro nombre. Ese, hijo mío, es el trabajo de un maestro ágil —la corrupción tenía lugar muy deprisa. Él lo recordaba de sus días como maestro. Casi desde el momento en que ponía verdad en sus palabras, sus aprendices convertirían esas palabras en mentiras simplistas y cómodas. Miguel se daba cuenta de aquello. Su entusiasmo por la enseñanza, su amor por las soluciones tácticas, bien podría revivirlo en aquel instante.

—Eres amable, abuelito, y muy astuto —dijo su nieto con una sonrisa—. Pero este recuerdo no me traerá de vuelta. Hice todo lo posible y no queda nada más por hacer.

—Tal vez tu madre tenía razón. Eres tan testarudo como un niño.

—Soy tan feliz como un niño, y deseo irme a casa.

—Ya no eres un niño, Miguel, sino un hombre sabio y un maestro —dijo Leonardo—, así que te trataré como tal —el anciano caballero cambió de posición sobre su silla y miró a Miguel a los ojos—. Aquellos que podemos hablar debemos hablar mientras tengamos ese don. Debemos amar mientras estemos vivos y debemos actuar mientras tengamos fuerza para hacerlo.

—A mí no me queda fuerza que darle a este cuerpo.

—Tienes toda la fuerza. Si yo hubiera sido un chamán así, habría podido mover montañas. Podría haber llevado Guadalajara al océano, donde tiene que estar.

—Estoy seguro —Miguel se rio sin fuerzas—. Pero, ¿qué sentido tendría?

—¿Desde cuándo te importa el sentido y el objetivo, Miguel? —preguntó su abuelo—. Deja que Guadalajara se quede donde está. ¿Te imaginas que todas las mentes son como desiertos, hostiles a cualquier semilla?

—No puedo cambiar una mente que no está dispuesta.

—Puedes devolverle a tu cuerpo la salud —respondió Leonardo—. Ya decidirás más tarde si te importan las mentes humanas.

—No me importan.

—¿De verdad? ¿Ni las mentes de tus hijos y de sus futuros hijos?

—Con o sin un padre, ahora están satisfechos y en paz.

—Están en guerra, m'ijo. Esta es una guerra que no pueden terminar ellos solos.

Miguel se quedó callado, imaginándose a José tal como era ahora, luchando con sus propias dudas. El muchacho había sufrido demasiados golpes devastadores ya. Pero, ¿qué podía hacer ahora por José, cuando su propio cuerpo estaba demasiado débil para luchar?

—Puedes proyectarte en el muchacho —dijo Leonardo, al ver la oportunidad de ganar aquella discusión—. Puedes darle toda la sabiduría del *nagual*, sin dejarte nada, si lo crees necesario. Dale lo que te quede por dar. Ahora está sentado en casa, inventando sus propias enseñanzas basándose solo en la pura intuición, gritando a las paredes como el loco inspirado que estaba destinado a ser —el anciano se recolocó la corbata y se irguió un poco más.

—Podría hacer eso, sí —dijo Miguel con una sonrisa débil—. Podría estar a su lado, igual que él está a mi lado. Y podría darle todo lo que tengo.

—¿Y los demás? Ellos también necesitan un padre y un guía, aunque puede que no se den cuenta. Te necesitan.

—Mis hijos —murmuró Miguel, imaginándoselos en su mente. ¿Realmente los abandonaría tal como estaban si pudiera elegir otra salida? Don Leonardo tenía razón, por supuesto, al fin y al cabo, era un hombre de razón e imaginación. Se daba cuenta de que sus hijos merecían lo que merecía cualquier otro aprendiz. Entendía que podrían usar el conocimiento para desarrollar una relación más íntima con la vida. Siendo seres humanos conscientes, podrían aprender a ver más, y más lejos. Podrían usar esa visión reforzada para ver más allá de los parámetros del conocimiento... y para saltar. Y aun así la idea de enseñar de nuevo esa lección lo cansaba—. Sabes, no me queda deseo hacia este mundo —dijo—. Ni pasión, ni lujuria.

—¿No te queda lujuria? ¡A don Eziquio le daría un ataque! —ambos se rieron y experimentaron un alivio inexplicable. Leonardo le puso una mano a su nieto en el hombro. Seguía siendo sólido. Había perdido algo de carne, algo de músculo, pero había vitalidad en él, esperando la chispa que la encendiera—. Ser un amante es parte de la vida del guerrero, maestro. Harías bien en reflexionar sobre ello. Un amante debe estar alerta y preparado para la acción.

Don Leonardo miró a la mujer sentada junto a él y bajó la voz. Detestaba hablar de esos temas delante de mujeres.

—Un amante debe estar preparado —susurró con urgencia—. Debe abrir los ojos, los oídos y todos sus sentidos, atento al más mínimo signo de insatisfacción en su pareja. Sus ojos han de mantenerse brillantes y sus manos ocupadas. No puede volverse perezoso ni frío; su sangre debe estar siempre dispuesta a hervir. ¡No descanses nunca! No pases por alto nunca un suspiro, una advertencia, un flirteo. Responde a los suspiros de ella, a sus indirectas cuidadosamente planeadas. Enfréntate al deseo con deseo. Una mujer no debe sospechar nunca que te volviste menos capaz o menos deseoso.

—Demasiado tarde, abuelito —Miguel se encogió de hombros, sus ojos brillaban con humor.

El anciano cambió el tono.

—Te dejaste distraer por las necesidades de tu propio cuerpo, lo comprendo. Habiendo muerto en varias ocasiones, podrías....

—Al menos tres ocasiones.

—Habiendo muerto en múltiples ocasiones, podrías suponer que cualquier letargo por tu parte sería excusable, pero...

—Es excusable.

—¿Y qué hay de las mujeres a las que amas? De hecho podrías preguntar: «¿Por qué iban a desearme ahora, ahora que soy solo medio hombre?». La respuesta...

—Menos que medio.

—¡La respuesta es que te deseaban entonces! —exclamó el anciano con una expresión que insinuaba todo lo que era evidente—. ¡Ellas se acuerdan! Su deseo es afilado; sus pasiones no se enfriaron. ¡Esas mujeres aún te llaman en sus sueños!

—No estoy tan seguro.

—¡No seas idiota! Te llaman, pero tú no les prestas atención. Perdiste tu personalidad de guerrero.

—Habrá otros amantes, guerreros mejores. No queda nada por lo que luchar, nada que conquistar.

—¿Y nada que redimir? —preguntó Leonardo—. ¿Nada, Miguel? *¿Nadie?*

Miguel miró a su abuelo y advirtió el poder de mil soles tras sus ojos nublados. Pensó en las palabras del anciano, recordando la tarde que habían pasado juntos hacía tantos años. «Es un conflicto entre la verdad y las mentiras», le había dicho aquel día. Solo había una verdad... pero las mentiras que nos contamos a nosotros mismos son innumerables. ¿Qué pasaba entonces con Lala, la señora de las mentiras? ¿La dejaría realmente a sus anchas con sus múltiples indiscreciones mientras él pudiera respirar aún? ¿Se negaría a plantar unas cuantas semillas de verdad más... si tuviera elección?

Alguien había elegido por él, claro. Regresaría, no porque su familia lo deseara, sino porque la vida aún circulaba por sus venas, insistente. La vida estaba midiendo su deseo de volver a colaborar. Una pequeña acción, nacida del deseo, podría encender un sueño moribundo. ¿Habría llegado el momento de llevar a cabo esa acción? Miró a Leonardo a los ojos y le pareció que su abuelo estaba haciéndole la misma pregunta.

Contempló su propio cuerpo, medio desnudo y magullado por las agujas. Se mostraba reticente a regresar al hombre resquebrajado que era... pero no era necesario que regresara con el mismo tipo de fuerza. Podría caminar ligeramente, con serenidad, por el sueño humano. Podría ofrecer consuelo a aquellos que lo desearan, sumisos al intento de la vida. Podría atender a Lala, sin ceder ante ella —Lala, la diosa que él mismo alguna vez había adorado—. Sabía que ella estaba esperándolo. Estaba escuchando, mirando... anhelando el siguiente torrente de amor.

—Estoy pensando en ella —le dijo a su abuelo. No en la mujer de pelo rojo y ojos feroces, pensó, sino en la mujer llamada humanidad.... A la que tan bien conocía y conocería mejor, si se quedaba.

El anciano no dijo nada y esperó.

—No te preocupes, abuelo —dijo Miguel al fin estrechándole la mano—. Seré el guía de mis estudiantes. Seré el padre de mis hijos y el hijo de mi madre. Para las mujeres seré un amante en todos los aspectos posibles.

—Y... ¿la otra? —preguntó su abuelo, cuidándose de no mencionar el nombre de Lala.

—No hay otra. Ella es todos ellos —declaró él sin más—. Claro que estaré a su lado —le dedicó a su abuelo una sonrisa cálida y vio el alivio en el rostro del anciano. Si fracasaba, pensó Miguel con un suspiro, nada estaría perdido. Las mujeres seguirían soñando. Anhelarían, con o sin él. Los hombres se esforzarían. Sus ojos disfrutarían de sus días y de sus noches. La vida continuaría... y, en ocasiones, una semilla de verdad echaría raíces.

Ambos se quedaron en silencio de nuevo y devolvieron la atención a la clase. Impasible ante la tempestad que se avecinaba, Miguel se quedó quieto, observando perezosamente el baile entre un maestro inspirado y sus estudiantes ansiosos y eufóricos. El olor a miel inundaba la habitación y el sonido de las abejas felices zumbaba en sus oídos.

SABOREO EL NÉCTAR EN LOS LABIOS. SIENTO LA DULCE atracción de la existencia y oigo la vida, que me llama para jugar. Somos el más dulce de los néctares. Somos amor. Cuando dejamos de fingir que somos otra cosa, recuperamos nuestra autenticidad. Encontramos lo que temíamos haber perdido.

Llegamos a este mundo siendo seres auténticos y entonces comenzamos a practicar el «quiénes somos» hasta que se convierte en un arte. En cualquier momento de nuestra vida adulta podemos dejar de practicar; podemos desapegarnos de aquello que nos aferra a una identidad... y existir sin más. Una vida auténtica es un tipo de vida diferente. Los comportamientos no ensayados llevan a interacciones espontáneas. Un día sin expectativas conlleva maravillas inesperadas. Un momento sencillo se convierte en un momento infinito, llevando consigo las implicaciones del poder total.

La autenticidad es algo diferente. Cuando somos auténticos, nuestra presencia es más importante que nuestra actuación. No nos sentimos obligados a sacar al yo. Se realizan las acciones, pero las acciones y las reacciones están ligadas a lo que creemos sobre nosotros mismos. Percibimos y permitimos que el humano responda a la percepción pura. Imaginamos sin límites. Vemos con todos los sentidos, no solo con los ojos.

Cuando comencé a ver realmente, parecía que tenía una gran ventaja, pero también me parecía una injusticia. Existía la tentación de sentirme aislado e incomprendido. Claro, ambas percepciones se apoyaban en el conocimiento; así que, al ignorar mis propias dudas y opiniones, pude dejar de resistirme al momento —aquella reserva de potencial sin tiempo—. Me relajé y acepté la verdad de mí mismo, sin importar cómo se expresara esa verdad. Todo es un acontecimiento, uno que no es bueno ni malo. Las personas son acontecimientos. Las ideas son acontecimientos. Yo soy un acontecimiento que está sucediendo; pero, sobre todo, soy.

Durante muchos años me di cuenta de mi relación con el inconsciente, es decir, con el poder total. Durante mucho tiempo comprendí que yo era materia y que también era la fuerza que movía la materia. Tras mi experiencia en la Gran Pirámide de Giza, tuve un fuerte recuerdo de aquella interacción. Siguió dominando mi existencia tras regresar a casa, y me costó trabajo concentrarme en las cosas que sucedían a mi alrededor. En las semanas posteriores a aquel viaje, me encontraba físicamente inestable. Lo veía todo de manera diferente e iba aclimatándome a ese cambio. El mundo de las personas y de los objetos me parecía cada vez más lejano.

Sin embargo, seguía viviendo dentro del cuerpo de un ser humano, y ese cuerpo tenía necesidades evidentes. Necesitaba comer, dormir, descansar, moverse y hacer el amor. Si iba a vivir como un hombre, a continuar afectando al sueño humano como había estado haciendo, primero tendría que centrar la atención en las necesidades de mi cuerpo. Tendría que elegir mis prioridades. Como cualquiera que iniciara un nuevo viaje, tendría que dar un paso, después otro, y caminar con decisión hacia otra forma de soñar.

Era el comienzo de un nuevo siglo, y algunos de mis estudiantes habían estado suplicándome que volviese a enseñarles. Accedí, con la condición de que se resistieran a las supersticiones y al fanatismo. Comenzaría talleres regulares y me centraría en un número limitado de estudiantes, entre ellos mi hijo José. El Ensueño Tolteca, mis nuevas enseñanzas, fue un completo éxito. Pasado el primer año, acepté a más estudiantes, y el segundo año prometía ser aún más emocionante. Viajaban a San Diego estudiantes de todo el país, incluso de México y Europa. Los viejos aprendices y los principiantes venían juntos, y todos estaban encantados de formar parte de una nueva aventura del sueño.

A comienzos de nuestro segundo año del Ensueño Tolteca, Emma me llamó desde su realidad remota, pidiéndome ayuda. Se había ido sola tan lejos como había podido y había seguido utilizando su propio conocimiento en su contra. Se creía sus propias historias de injusticia y se juzgaba mal a sí misma. En otras palabras, su mente no renunciaba a su tiranía. Había llevado a cabo diversas acciones —viajar, cambiar viejas costumbres, buscar nuevas amistades— pero siempre regresaba al mismo lugar de infelicidad y frustración. Necesitaba un salvador.

Aliviado al saber de ella, sin importar cuál fuera la razón, le dije que asistiera a un taller de Ensueño Tolteca. Así lo hizo. Entendió el lenguaje del sentido común, vio lo que podía hacer para salvarse y nunca se marchó. Estaba otra vez bajo mi protección. Al principio reticente a hablar delante de la gente, pronto comenzó a expresar sus experiencias con palabras. Si podía imaginar algo, podía decirlo, y sus observaciones despertaban la imaginación de otros estudiantes. Yo la presionaba constantemente para enseñar, y ella respondía dispuesta, desafiando sus propias creencias e ignorando los juicios de los que tenía alrededor. Iba camino de convertirse en una maestra del ensueño.

José seguía sin estar dispuesto a hablar en público, pero escuchaba y también aprendía. Era un soñador nato, dispuesto a expandir su conciencia en nuevas direcciones, cada vez más cómodo dentro del mundo de su imaginación. Seguía siendo joven, con muchos años por delante —años que le ofrecerían innumerables oportunidades de aprender, de expresarse y de volverse sabio—.

En febrero de 2002, llevé a todos mis estudiantes a Teotihuacan, como viaje de poder de fin de curso. No era exactamente una ceremonia de graduación, pero todos merecían sentir que habían logrado algo. Mis estudiantes habían completado otro año de desafíos personales y estaban de buen humor; estaban abiertos a todo tipo de experiencias y de posibilidades.

Además de eso, yo había visto la oportunidad de volver a cambiar el sueño. Deseaba pasarle la autoridad a José para que, gradualmente, pudiera ocupar mi lugar. Pronto llegaría la hora de que se convirtiera en su propio maestro y salvador. Era importante que construyese un tipo de sueño diferente al que había creado yo, de modo que, antes de que terminara la semana en Teo, lo nombré mi sucesor. Las cosas no solo estaban cambiando de nuevo, sino que yo había visto la conclusión inevitable de mi existencia humana.

En los últimos meses, había empezado a sentir que estaba aquí, pero al mismo tiempo no estaba. Me encontraba más en sintonía con el inconsciente y contemplaba la existencia desde un punto de vista que parecía lejano. Sentía que pronto abandonaría mi cuerpo. Un médico habría podido decirme que mi corazón estaba en mal estado, algo que podría solucionarse con cirugía. Yo era médico y, claro, entendía esa verdad; pero, muriera de un fallo cardiaco o de otra cosa, sabía que pronto moriría. Todos somos capaces de ver con algo más que los ojos y, cuando empezamos a ver de manera diferente, nos centramos menos en las cosas que nos dice nuestro pensamiento. Sin saber por qué, yo veía mi muerte.

Veía cómo la vida, que seguía presionando sobre su forma física, se encontraba cada vez con menos obstáculos. El cuerpo es materia y, dentro de mi propio cuerpo, las cosas estaban cambiando con rapidez. Al entregarse al poder absoluto, la materia estaba preparándose para dispersarse. Así fue como me di cuenta de lo que ocurría. El alma, como con frecuencia les recordaba a mis estudiantes, es la fuerza vital que mantiene unidas las partículas del universo. La materia parece sólida gracias a esa fuerza unificadora. El alma hace que sea posible que cada componente se reconozca a sí mismo como perteneciente a un universo particular. Cuando la materia ya no puede soportar una interacción dinámica con la vida, sus partículas se separan y dispersan. A mí me parecía que estaba llegando a ese punto y que la fuerza que mantenía unido mi cuerpo se preparaba para soltarse.

El proceso mediante el cual la vida reclama la materia es un proceso lento que comienza con la ruptura del sistema nervioso. El proceso continúa hacia los órganos más importantes —el corazón, el cerebro y así sucesivamente— hasta que el cuerpo comienza a descomponerse y la vida al fin consume a la forma. Mi cuerpo comenzaría pronto ese proceso. Pronto la vida se entregaría a la vida. Simplemente no sabía cuándo sería. Pero deseaba estar preparado y deseaba preparar a los demás. José se haría responsable de mi mensaje a su manera. Emma seguiría enseñando. Estaban conmigo ahora.

Sin saber si mis otros aprendices me comprenderían o no, les advertí de lo que podría suceder. Sin saber si harían caso a mis palabras, les dije lo que era necesario y me desapegué de cualquier resultado. Les dije a mis estudiantes que se amaran los unos a los otros y que construyeran sueños basados en el respeto. Les recordé que mi presencia estaría en todas partes, porque yo era la vida. Ellos eran la vida. Solo había vida, y los incontables reflejos de la vida.

Emma y yo pasamos juntos la última noche de nuestro viaje a Teo, y la intensidad de nuestro encuentro sexual desencadenó una serie de acontecimientos dentro de mi cuerpo. La materia pareció encontrarse con el poder absoluto, y el impacto hizo que saliera disparado. Mi cuerpo físico reaccionó y tuve la abrumadora sensación de estar elevándome por encima del amor, alejándome del mundo físico, más allá del reino del sueño humano. No me cabía duda de que todo cambiaría muy pronto.

A las cuatro de la madrugada, poco después de que regresáramos a casa, me desperté con un dolor atroz. Mi ataque al corazón había comenzado.

¿No es cierto, mi ángel del amor, que el sol, la luna y las estrellas se fundieron y respiran el amor con nosotros? ¿No es cierto, mi ángel de la vida, que en orden divino tú naciste para mí... y yo nací para ti?

La luna parecía haberse quedado clavada en el horizonte, tomándose unos instantes para contemplar las antiguas ruinas de Teotihuacan y cubrir de luz el silencio fantasmal. Una enorme sombra se extendía desde la base de la Pirámide del Sol. Oscurecía la plaza abierta y los amplios escalones más allá. Un sinfín de sombras más se escabullían por la ciudad y recorrían la Avenida de los Muertos, unas líneas negras y retorcidas cruzaban los prados de luz de luna como dedos codiciosos en busca de pedazos de oro. Era de noche. El mundo dormía. Donde antes había conciencia, ya no la había. La existencia había quedado olvidada y no había sido imaginada aún. La vida lo era todo, era lo único; y la materia permanecía inerte, sin sueño, esperando a ser tocada de nuevo.

No lejos de aquellas pirámides silenciosas, en una habitación de las Villas Arqueológicas, Miguel Ruiz se encontraba durmiendo. Estaba a salvo dentro del mundo de la materia, envuelto en los brazos de una mujer, pero la infinitud lo reclamaba.

La habitación estaba completamente a oscuras. Eziquio apenas podía ver la cama y mucho menos a la pareja que yacía enredada entre sus sábanas. Gándara estaba de pie junto a su amigo, escudriñando las sombras y sintiendo el cambio en el equilibrio de las cosas. El hijo de la hija del hijo de don Eziquio había inclinado el mundo. Había cruzado una línea imperceptible. Aquello no era un juego, como los juegos perversos a los que Gándara y sus amigos jugaban en su época. Aquello era algo serio. Cuando Gándara observó con más detenimiento, vio las partículas brillantes que se escapaban del hombre que dormía en la cama, como si se hubiera perforado una membrana y el deslumbrante polvo de estrellas se esparciera por todos los universos... fluyendo, dispersándose, regresando a casa.

—Puede que esto sea solo el encanto del sueño —sugirió Gándara de pronto, rasgando la superficie del silencio abismal.

—Esta es la perturbación final —respondió Eziquio pensativamente—. Pronto estará entre nosotros.

—Tú mismo me dijiste que está en un hospital, que respira, aunque aún no despertó.

—¿Cómo va a despertarse? —exclamó Eziquio—. Tú ves lo que yo veo. Incluso ahora, él sabe lo que nosotros sabemos. Muy pronto no quedará cuerpo humano al que regresar.

—Amigo mío... —Gándara se dispuso a desafiarlo, pero después vaciló. Aquel viaje de vuelta a la existencia le había conmovido y entristecido—. Ser humano es más duro de lo que recordaba —concluyó sin más.

—Supongo —convino Eziquio asintiendo con la cabeza—. Desde luego ofrece algunos momentos desafiantes.

—Demasiados —dijo su amigo—, en un espacio de tiempo demasiado corto.

—Eso siempre lo supimos.

—Yo lo recordaba de otra forma. Me parecía que tenía *glamour*.

—El mundo de los humanos les parece glamoroso a los muertos, compadre —le dio un codazo en las costillas a Gándara—. Nosotros le dábamos *glamour, ¿verdad?* ¡Cuando estábamos vivos y llenos de pasión!

—Yo solo recuerdo la pasión.

—El resto no importa.

—Veo a estos dos ahora, agotados después de la pasión, y aún me parece difícil.

Don Eziquio se volvió para mirarlo al ver que su amigo había perdido su alegría.

—¿Te preocupa algo, amigo mío?

—Supongo que el viejo y gordo Gándara ansía volver a casa.

—Nos convocaron aquí, Gándara. Vivos o muertos, es un honor que nos necesiten.

—Esto fue una buena manera de recordárnoslo. Echaba de menos la atracción de la existencia del mismo modo que un burro echa de menos la mano abusiva de su amo... o el modo en que una ballena, que atraviesa ligera las profundidades oceánicas, anhela...

—La gravedad.

—Exacto. Ya recibimos nuestra educación. ¿Nos vamos?

—¿Y el chamán? —preguntó Eziquio mirando a su bisnieto.

—El chamán ya no es un chamán —señaló Gándara—. El hijo de Sarita ya no es el hijo de Sarita. El buen doctor ya no practica la medicina. El amante ya no anhela; el aliado ya no existe. En resumen, el hombre ya no es lo que era. ¿Qué querrías que hiciéramos? ¿Detenerlo, ahora que está punto de saltar hacia la libertad?

Eziquio vaciló y reconoció que el viejo y gordo Gándara tenía algo de razón. Estaban interfiriendo en el mundo del pensamiento y de la materia, el mundo que Miguel ya había dejado atrás. Se imaginó al pobre Pedrito, resucitado con insensatez entre los muertos, y trató de borrar inmediatamente aquella imagen. Ya no eran los *tricksters* de siempre, los alborotadores. Ahora eran mensajeros. Habían sido contratados por la vida, eran inmunes a las tentaciones del conocimiento y, por tanto, eran incorruptibles... en teoría.

—Esto es todo lo lejos que podemos llegar, amigo mío —dijo con un suspiro—. Sería imprudente servir al maestro equivocado.

—¿Qué maestro? Yo no sirvo a ningún maestro —murmuró Gándara.

Eziquio se rascó la barba incipiente de la mejilla y volvió a meditar. En la vida, habían servido a sus padres, a sus esposas y a su comunidad. Habían servido en el ejército, igual que habían hecho sus hijos. Habían servido a Dios, tal vez sin saberlo. Habían servido a la vida al servir a sus propios placeres. ¿No estaban todos los seres humanos al servicio de algo? Era evidente que él, don Eziquio, ya no era solo un hombre. Era evidente que formaba parte del sueño eterno de la humanidad, de lo contrario no lo habrían convocado. Existía en la imaginación humana y en las historias que contaban los vivos. Y ahora, en la muerte, él servía a esas historias.

No era posible ser el personaje que su hijo Leonardo imaginaba que era y lo que su nieta pensaba que era al mismo tiempo; pero Leonardo y Sarita no eran los maestros de aquel sueño. Todo en su sueño era una versión del soñador. El anciano pensó en eso durante unos instantes. ¿Su intromisión realmente había cambiado algo? Gándara y él habían estado encantados con la posibilidad de jugar con la imaginación de un hombre moribundo, pero el sueño en sí mismo era el que estaba al mando.

A través de la memoria y del intelecto, el sueño utilizaría la abundante información de la vida para revivirse a sí mismo y para curar. Fantasmales, aunque leales, Gándara y él estaban allí para servir a Miguel, el soñador, mientras Miguel ayudaba a sus seres queridos como le era posible.

—¿Qué podemos hacer salvo servir? —preguntó él dándose la vuelta. En ese preciso momento, ambos hombres habían abandonado la habitación a oscuras y estaban de pie en un pequeño jardín dentro del patio del hotel. La noche era fría y las sombras se extendían, envolviéndolo todo—. Me resulta significativo y me consuela saber que mi bisnieto hizo algo impecablemente —dijo Eziquio.

—¿Y cuál es?

—Vivió la vida de un hombre —declaró Eziquio—. Comió, bebió, se equivocó y sangró, ¡como cualquier otro! Hizo el amor como un héroe, luchó como un guerrero, mató dragones, y siguió sin rostro. Caminó entre los sonámbulos, despertando a unos pocos, a unos miles. ¡Rio! —Eziquio realizó con las piernas un baile propio de una araña—. ¡Bailó!

—¡Se divirtió, desde luego!

—Fue un artista ágil comisionado por la vida —añadió Eziquio.

Gándara miró a su amigo bajo aquella extraña luz y asintió.

—Eres sabio, viejo molesto, y un campeón entre los hombres —dijo con alegría renovada—. Te perdono por todo lo que sucedió antes.

—¿Por qué? ¡No tengo culpa!

—¿Tú? ¿Sin culpa? —Gándara soltó un grito—. ¿De verdad puedes decir eso, después de todo lo que...? —sus ojos brillaron desafiantes y después se suavizaron— ¡Ah, bribón! Estuviste a punto de volver a confundirme —lo reprendió carcajeándose.

Se quedaron callados, reflexionando. Las palabras y sus maestros traviesos pertenecían a otro sueño, a otra época. Era hora de que aquellos invitados de honor abandonaran el carnaval humano. Intercambiaron miradas de amistad y salieron del jardín uno detrás del otro mientras las sombras hambrientas retrocedían hacia la oscuridad.

—¡Espera! ¿Qué pasa con la madre? —preguntó Gándara al acordarse de Sarita. Su amigo se detuvo en seco y, juntos, escucharon con atención los sonidos de la noche.

—Ya no siento que mi nieta me llame —dijo Eziquio, intentando sentir lo que no se dejaría ver. Estiró el brazo para tocar una flor de jamaica, que dormía plegada. Era tan suave como el terciopelo, palpitaba bajo sus dedos y estaba preparada para abrirse al salir el sol. Parecía que la vida estaba tomando aliento. La vida estaba esperando.

—Tal vez Sarita llegó a la misma conclusión —meditó Gándara— y se marchó de este sueño.

—¿Sería posible? —preguntó Eziquio.

—Si nosotros podemos hacerlo, ella puede hacerlo, mi buen amigo... mi verdadero amigo —Gándara sonrió abiertamente y sintió que se elevaba un peso de sus hombros robustos. Arrancó una de las flores.

—¿Verdadero, dices? —bromeó Eziquio—. Tú y yo fuimos pura ficción, producto de un sueño ancestral, fruto de las mentiras.

—¡Pero qué mentiras tan amistosas fuimos!

—Eziquio y sus asombrosos métodos.

—Gándara y su encantadora... ¡barriga!

—Y no nos olvidemos de nuestro amigo Nacho...

—¡...y su atrevida banda de tricksters!

Ambos amigos se abrazaron y se golpearon con cariño mientras la luna llena se alzaba por encima de las casas, de las ruinas de piedra y del mundo durmiente. Rieron con placer incondicional. Rieron mientras regresaban a los pequeños y brillantes espacios de la memoria de los que habían salido

—lejos de los caprichos celosos del sueño humano— caminando al unísono hasta que ya no pudieron oír nada más.

Sarita y Lala vieron como los dos espectros se evaporaban en la noche. Las mujeres estaban de pie bajo un árbol, justo frente a la habitación en la que dormía Miguel.

—Deja que se vayan —dijo Sarita, al notar que Lala estaba a punto de llamarlos.

—Sí, lo haré. Y con mucho gusto —respondió la pelirroja.

—Parece que ya estuvimos aquí antes —susurró Sarita.

—Mmm. Observando a dos amantes en la cama —Lala resopló con desdén y miró hacia la ventana del dormitorio—. Cuanto más cambian las cosas...

—Él no está aquí —dijo la anciana ajustándose el chal.

—Desde luego que sí, igual que estamos nosotras aquí.

—No. Donde él debería estar, no hay calor. Cada vez se aleja más del mundo de las cosas vivas... y de mí.

—Entonces llámalo, anciana madre —dijo Lala, dando un golpe de melena con un gesto de impaciencia—. No se atreverá a huir de ti.

No hace falta que huya, pensó Sarita en silencio. Había ido allí a decirle adiós, no a ser como la peste en el jardín, escupiendo veneno y susurrando mentiras. Deseaba abandonar aquel lugar de ilusiones y regresar junto a la cama de su hijo, donde tenía que estar. Deseaba tocar sus verdaderas manos, besarle la mejilla, y darle las buenas noches. Deseaba amarlo y consolarlo, como hacen las madres, por última vez.

—¿Por qué insistí? —preguntó en voz alta—. ¿Por qué lo desafié, por qué luché contra él y me aferré con tanta fuerza al pasado?

Lala se quedó mirándola boquiabierta. La respuesta parecía evidente.

—Hice todo lo que sabía hacer —continuó Sarita—, y todo lo que puedo hacer. Lo intenté todo y tengo que dejar... de intentarlo. Los guerreros, al fin y al cabo, mueren... —agregó al recordar las palabras de otro sueño.

—¡Los guerreros morirán tratando! —respondió la otra—. ¡Deben hacerlo!

La anciana curandera contempló la visión de una mujer junto a ella. Se parecían más de lo que había deseado admitir, pero ahí era donde debía terminar el parecido.

—Cumplí con el deber de una madre —dijo Sarita—, y más de lo que la mayoría de las madres podría esperar hacer. Recité las oraciones, llevé a cabo los rituales. Convoqué toda mi fe y la de mi familia. Llamé a los santos y a los antepasados, hablé con Dios y discutí con Jesús. Dije las palabras adecuadas, creí en su poder —vaciló mirando a Lala—. Jugué a tus juegos, como siempre hice.

—Y como siempre harás.

—No —respondió ella rápidamente, mirando hacia la ventana—. Miguel me ayudó a ver las cosas como son.

Lala deseaba reírse, pero la expresión de la anciana se lo impidió. Parecía que Sarita acabara de descubrir un secreto divino. Su sonrisa brillaba suavemente a la luz de la luna. Había desviado la atención y estaba mirando a través de las ramas del árbol que conferían sombras a aquel jardín nocturno. Sarita estaba viendo más allá de los muros de estuco del hotel, como si realmente pudiera ver las ruinas. Podría haber estado caminando junto a las pirámides, dejando que su imaginación la llevara allá donde la inspiración había dado vida a la hermosa forma, donde la oscuridad jugaba siempre entre las motas de luz.

—Puedo dejarlo ir —dijo Sarita, como en una ensoñación—. Puedo renunciar... a todo.

—Por supuesto que no puedes —declaró Lala secamente al anticipar el motín.

—Vi muchas cosas desde que comenzó mi búsqueda —dijo Sarita sin más—. Vi las cosas que esperaba ver, cosas familiares, gente familiar, pero lo vi todo con otros ojos.

—Por supuesto —respondió Lala con suficiencia.

—También me vi a mí misma con otros ojos —agregó Sarita—. Me vi a mí misma en ti.

—Es gratificante oírte decir eso —contestó Lala con cautela—. ¿Y... bien? ¿Cómo te ves... *en mí*?

—Me veo asustada y egoísta —dijo Madre Sarita, suavizando sus palabras con una sonrisa—. Parezco arrogante, una mujer que solo ve lo que desea ver.

—Querida...

—Soy una mujer que oye, pero que no quiere escuchar —continuó Sarita—. En ti soy la enemiga de la verdad y la negación del amor.

—Hablas como si...

—En ti, soy un pobre reflejo de mí misma —concluyó—. Es hora de que reconozcamos nuestras diferencias.

—No reconoceremos nada sin mi consentimiento.

—Entonces te diré adiós.

—¿Adiós? —murmuró con desdén, aunque sintió cierto temor—. ¡No puedes poner fin a algo que no empezó! —contempló el pequeño jardín con un desprecio dramático antes de seguir hablando—. No es aquí donde comenzamos el viaje, mi dulce hermana.

—Comenzamos en una habitación a oscuras, con dos amantes —Sarita señaló la ventana de la habitación de hotel. Dejó los ojos puestos allí mientras se preguntaba si alguna vez volvería a ver a su adorado hijo.

—Comenzamos donde yo vivo, mujer, ¡y ahí es donde regresaremos! —exclamó Lala con la barbilla levantada en actitud indignada—. ¡No los perderé a los dos!

Incluso mientras hablaba, Lala reflexionó sobre sus palabras.

¿Qué estaba diciendo? ¿Qué esperaba demostrar? Había otras mentes con las que jugar. Siempre habría humanos de los que burlarse, a los que tentar y a los que dar órdenes. Ella era lo que ellos deseaban. Si les ofrecía veneno, ellos se lo bebían. Si les daba el antídoto, ellos lo aceptaban. Ella definía el bien y el mal, lo correcto y lo incorrecto. Entregaba el cielo y el infierno. Ella era todas las palabras, todos los pensamientos secretos. Solo ella decidía lo que era real, pues era la emperatriz del sueño humano. Era La Diosa. *¡La última diosa!*

En cuanto sus palabras reverberaron con ella, su rabia se disolvió en el vacío. La luna se oscureció y el jardín se desvaneció. El hotel se evaporó, junto con sus cientos de ocupantes y todas sus historias cautivadoras. Las ruinas ancestrales, que susurraban secretos de sabiduría entre las sombras retorcidas, se fundieron con la oscuridad.

Lala se asomó al espacio vaporoso y no vio nada. Intentó gritar, pero le falló la voz. La anciana se había ido, Lala ya no hablaba y las visiones habían terminado.

25

¡SARITA! ¡DESPIERTA!

Jaime observaba el rostro de su madre con preocupación en busca de signos de conciencia. Siguiendo los consejos de los médicos, la familia de Miguel había decidido desconectarlo del respirador el día antes. Hoy, Miguel respiraba por sí solo, pero nadie sabía si recuperaría la consciencia. En cualquier caso, nueve semanas eran suficientes. Regresaría a ellos o no, según decidiera la vida. Sarita no había estado de acuerdo, por supuesto. Cuando Jaime la había dejado el día anterior, estaba aterrorizada. Lo que él había descubierto aquella mañana era una anciana hecha un ovillo en el suelo del dormitorio, sin manta, inconsciente y casi sin vida. Su respiración era débil y tenía el cuerpo frío. Le tocó la mejilla y apartó la mano horrorizado.

—¡Sarita! —gritó colocándola boca arriba. Tenía la piel ceniza, los párpados cerrados y aun así... había cierta sonrisa en sus labios—. ¡Sarita! —insistió Jaime zarandeándola por los hombros con ambas manos. Ella se movió.

—Deja... de intentarlo —murmuró suavemente.

—¿Mamá? —Jaime pronunció aquella palabra con ternura y asombro. Le agarró con más fuerza los hombros—. ¿Sarita? —ella debía de haberlo oído, porque dijo algo más, algo que no comprendió. Se tranquilizó pensando que poco a poco iba recuperando el sentido. Dio gracias a Dios y volvió a decir su nombre—.

Sarita —le agarró las manos heladas—. Mamá, soy Jaime. Ya es de día. Ya hiciste bastante. Lo trataste todo...

—Sí —respondió ella débilmente. Sintió sus manos, que le devolvían la vida a sus dedos. Su amor extendió lentamente el calor por todo su cuerpo. Al tomar aire, su mente se quedó haciendo equilibrios entre dos mundos—. Hijo mío —murmuró, y entonces su mente encontró su lugar en el razonamiento humano. Abrió los ojos. Contempló el rostro preocupado de Jaime, lo reconoció y sonrió con debilidad—. Llévame a ver a Miguel —ordenó con bastante claridad.

Miguel Ruiz estaba en una habitación de hospital, a kilómetros de la casa donde su madre había estado ensoñando. Recuperó un destello de consciencia por un instante antes de volver a perderla, mientras su cuerpo luchaba por despertarse. La luz se filtraba por su cerebro, reclamando su atención. Sentía el zumbido en los oídos. Tenía la garganta seca y áspera. No tenía ningún tubo en su cuerpo, nada que lo ayudase a respirar, pero el dolor recorría su cuerpo como un fuego descontrolado. En la televisión ponían dibujos animados. Al oír voces furiosas y música frenética, su primer impulso fue sentir miedo. Antes de que sus sentidos pudieran aceptar el mundo que había ocupado en otra época, estaba reaccionando al ruido, a la violencia del mundo. Había esperado aquello, pero no habría podido predecir su intensidad. ¿No tenía defensas? ¿Volvía a ser un niño? ¿El sueño había empezado otra vez?

Había alguien en la habitación con él, uno de sus hermanos, quizá. Recordaba a sus hermanos, los tiranos de su infancia y sus protectores. Recordaba a sus padres, sabios y siempre a su lado. Había sido bendecido con mucho amor, incluso en la furia fría del sueño humano. El ruido procedente del televisor le hacía sentirse inquieto, mientras la fuerza del ciclón volvía arremeter, ensordeciéndolo ante la verdad. Aquello era lo que vivían los humanos constantemente —el estruendo de la mente y las corrientes primarias del miedo—. Ya había jugado antes en el ojo de aquel huracán; pero ahora, al regresar a aquel cuerpo debilitado, estaba asustado.

—Lala —murmuró, con los labios cuarteados y la voz rota. ¿Había regresado para gobernar aquel ciclón? Miguel desvió la atención y persiguió un sueño que se había difuminado recientemente. Con los personajes de dibujos animados gritando en la distancia, se adentró en el sueño e invocó imágenes que habían estado intentando escapar de su memoria. En un sueño había un hombre sabio, un hierofante que le hablaba desde las tumbas de la historia de la humanidad. Miguel sentía como si hubiera muerto en una tumba así y hubiera vuelto a despertar con una conciencia renovada. Había un consejo de ancianos, todos compitiendo por un título, todos reclamando atención. Había hombres que deseaban cambiarlo, y mujeres ansiosas por poseerlo. Había otras criaturas —águilas, perros y demonios—. Estaban los grandes guerreros de otra era, que observaban desde las sombras. Había ángeles altos y silenciosos en su sueño, y una joven que deseaba devolverlo a la inocencia.

Su madre estaba siempre presente, a veces aquí y a veces allí, y aparecía con diversas formas. Le aconsejaba, le imploraba, pero no recordaba sus palabras. No podía ver su cara ni advertir sus motivos. Había visitado las calles de Teotihuacan que habían recorrido sus antepasados. Los había oído hablar en voz baja, recitando parábolas de un tiempo olvidado. Sentía su intento mientras caminaba como en un sueño por la Avenida de los Muertos y ascendía la Pirámide del Sol. Se veía a sí mismo de joven, enseñando, creando y honrando a los maestros. Había sido un guerrero, pero parecía que la guerra había acabado hacía tiempo... y ya estaba ganada.

Apenas importaba quién fuera, entonces o ahora, o dónde lo llevaran. Estaba enamorado, siempre enamorado, y no cabía duda. Parpadeó frente a la luz del sol que entraba por una ventana y los sueños huyeron de su imaginación como mariposas en una tormenta de primavera. De pronto estaba de nuevo en la cama, de nuevo en la habitación del hospital. Miguel abrió los ojos. En la televisión, un ratón de dibujos animados estaba dándole una paliza casi mortal a un gato. Frunció el ceño y apartó la mirada.

—Mi ángel —dijo una mujer.

La voz, suave y reconfortante, le recordaba a alguien que había estado a su lado en otra época. Se volvió hacia ella, intrigado, y vio una cara que resultaba amable y familiar. Los recuerdos cayeron sobre él como una lluvia de confeti. Apenas era consciente de los acontecimientos, como si tuvieran lugar en una habitación contigua, por encima del zumbido de la televisión. Unos supuestos desconocidos parecían estar rindiéndole un homenaje. Intercambiaban opiniones y teorías. Él deseaba detener aquella conversación. *¡Yo conozco a este hombre mejor que ustedes!*, deseaba gritar, pero no estaba seguro de que fuese cierto. Era difícil saber de quién era la vida que estaba representada en los diversos retazos aleatorios de luz y sonido. Miguel trató de encontrarle sentido a las imágenes, a los pequeños trazos de historias que esbozaban la vida humana, pero le parecía inútil. Se rindió. Otros recordarían lo que él no pudiera recordar. Sin duda todos tendrían algo que decir. Todos estarían ansiosos por hablar y nadie se acordaría de escuchar. Ahora sabía dónde estaba.

Miguel tomó aire por primera vez y sintió que su cuerpo se relajaba. ¿Qué otras señales necesitaba? Había empezado el juego. Aquello era la vida, presionándolo y manejándolo. Sintió que el amor lo revivía y borraba el miedo. Parpadeó, volvió a parpadear. La mujer situada a su lado le apretó la mano y sus ojos se inundaron de lágrimas de alegría. Era anciana, pero la vida tocaba en ella una melodía que aún sonaba nítida y verdadera. En algún lugar de su sonrisa reconoció a una amiga, a una aliada. Se imaginó que le devolvía la sonrisa y, en cuestión de segundos, una sonrisa se dibujó en su rostro. La mujer respondió.

—Estoy contigo, hijo mío —dijo suavemente, con el brillo de la comprensión en sus ojos cansados. Sarita estiró los brazos para acariciarle la cara con manos frías y suaves, llenando de importancia sus palabras—. Ahora estoy contigo.

¿No es cierto, mi ángel de la muerte, que en este rincón del mundo todo es más bello y el amor es magnífico?

Lala estaba de pie a la sombra del Árbol del Conocimiento, donde la Madre Sarita se había encontrado con ella por primera vez. Todo estaba más o menos como lo había dejado, y estaba sola, como antes. Las sombrías nubes de tormenta amenazaban en el cielo y los relámpagos iluminaban el paisaje. La Tierra flotaba del revés en el amplio mar del espacio y el majestuoso Árbol de la Vida se alzaba a lo lejos. Ella miró hacia el otro árbol, pero no vio nada allí. Florecía. Ofrecía todas las frutas imaginables, pero no había ningún hombre sentado en sus ondulantes ramas, ni siquiera uno pequeño, extrañamente vestido.

¿Qué había salido mal? ¿Habría insistido demasiado, o no lo suficiente? Había seguido a la madre, consentido innumerables caprichos y reivindicado su opinión cuando podía. Había hecho todo lo que sabía hacer, pero él se había ido. Había tomado una decisión: había vuelto al mundo de las consecuencias. En esa ocasión no tenía dudas. Había visitado su mundo brevemente, se había burlado de ella con invitaciones y le había dado falsas esperanzas. Cierto, ella había tenido esperanza al principio, al oler el miedo de Sarita. Había tenido esperanza y había consentido esa esperanza con una certeza vigorosa. Era difícil explicar lo que había sucedido después. Un recuerdo llevaba a otro, y ahora madre e hijo estaban juntos. Él ya no sentía curiosidad. Ya no era suyo.

Bueno, ¿qué importaba? Nacían humanos todos los días. No todos sentirían curiosidad, claro, no todos querían atravesar el reflejo para buscar la verdad que se hallaba al otro lado; pero, fuera cual fuese la pregunta, ella tendría una respuesta. *¿Por qué?*, solía preguntar la gente. *¿Quién soy? ¿Cómo estoy? ¿Cuál es mi propósito, mi futuro, mi destino? ¿Dónde está lo correcto? ¿Cuándo está equivocado?* Cualquier tipo de arte era fácil cuando el lienzo imploraba desesperadamente que lo pintaran.

Cayó una hoja de su propio árbol. Flotó entre las sombras, bailó en espirales y aterrizó suavemente en el suelo. Ella la tocó con el pie y la hoja crujió. Otra le pasó por delante de la cara, y después otra, y pronto las hojas se acumulaban a su alrededor como soldados moribundos. Hojas secas, sin rumbo. Habían cambiado muchas cosas en su ausencia. ¿Qué había sido de aquel paisaje de símbolos perfectos? Arrancó una manzana de una rama cercana y la mordió con una anticipación feroz. Ahora sabía amarga. La tiró al suelo y contempló el sol brillante y llamativo en la distancia.

El Árbol de la Vida le devolvió la mirada, alzándose resplandeciente hacia el sol. Con un sinfín de ramas estiradas, parecía estar dándole la bienvenida con los brazos abiertos. Conmovida al verlo, se preguntó qué aspecto tendría ella desde su perspectiva serena. Experimentó una visión de sí misma en ese momento y se imaginó como algo borroso, como una nube turbia que esperaba a convertirse en aire respirable y volverse asequible a la luz. Era un espejismo que se asomaba entre su propia niebla para poder ver algo real. Era una cosa caprichosa, la huella débil y ligera sobre un fondo infinito.

Aquella era la revelación a la que más se resistía —un mensaje que se entregaba con frecuencia, pero al que nunca se hacía caso—. El chamán no era el único que se atrevía a educarla, ni sería el último. No era el primero en someterla al azote despiadado del amor y no era el único visionario que predecía su redención. Se lo imaginaba ahora, jugando a sus juegos idiotas hasta que ya no fueran divertidos, cambiando después los acuerdos. Con cada cambio, creaba un nuevo sueño, invitando al mundo a unirse al juego. ¿No era ella también una maestra de los juegos, o acaso sus reglas se habían vuelto demasiado rígidas, su juego demasiado desconcertante?

Lala tomó aliento y aspiró el aire pesado y atrofiante. El árbol situado junto a ella parecía estar desvaneciéndose en sus propias sombras mientras ella centraba la atención en la vida, algo en lo que nunca había confiado y en lo que rara vez había pensado. Se preguntó cómo sería dejar de resistirse a algo que no podía medirse ni entenderse. ¿Cómo sería un mundo en el que la verdad no tuviera adversarios y el misterio no encontrara oposición?

¿Qué era la verdad, musitó, si no el silencio permanente al final de una pregunta valiente? Sentada incómodamente dentro de aquel silencio, sintió un torrente de vacío que se tragaba sus palabras y la dejaba expuesta a las sensaciones. Todo eran sensaciones. Lo que en otra época pareció existir, ya no existía. Miró a su alrededor y vio que ambos árboles se habían esfumado de aquel paisaje sin tiempo. El planeta también había desparecido y se había llevado consigo las luces parpadeantes de los sueños humanos. No quedaban símbolos, salvo el asombroso parecido de una mujer, una sacerdotisa sin altar, sola y azotada por el viento en un mundo de fantasía.

En ese momento, el cielo fantástico se retorció y lloró. La lluvia recorrió su cuerpo y empapó el terreno seco y polvoriento bajo sus pies. El viento corrió hacia los montones de hojas secas y las esparció. Una hoja solitaria se escabulló y Lala se agachó para recogerla. Ahora era solo una joya de puntas dobladas y venas marchitas. La sujetó en su mano, observando como las gotas de lluvia golpeaban su superficie quebradiza. Con su caricia, la hoja pareció tomar aliento y recobrar la vida. Lala recordó al niño pequeño colocado sobre una mesa de metal, al que habían dejado solo para tomar el primer aliento de la vida... y un torrente de emociones invadió su cuerpo. A medida que la hojita devoraba cada gota de agua, su carne comenzó a suavizarse y a volverse verde. Su tallo recuperó la fuerza. Sus puntas dobladas empezaron a temblar, estirándose hacia el sol invisible. El sol apareció entonces, atravesando las nubes y golpeándolas a ambas con su luz perfecta.

Lala soltó un grito de sorpresa mientras la vida se abría paso por su interior para recuperar su reflejo más delicado. La ilusionista exquisita e imperecedera se renovó en aquel instante. Se tranquilizó. Sus ojos se aclararon. Impulsó sus sentidos hacia delante, más allá de los límites del saber, y le sorprendió sentir el pulso decidido de la vida. ¿La vida podría sentirla a ella también? ¿La vida podría verla y oírla? ¿Importaba allí el lenguaje? Hizo una pausa, en busca de palabras cargadas de intento, y encontró la voz en mitad del misterio.

—Ahora estoy contigo —dijo.

Guía del lector

Prefacio y prólogo

1: Al comienzo del libro, Sarita entra en el mundo del sueño con la misión de devolver a la vida a su hijo Miguel. ¿Tú interpretas con frecuencia tus sueños cuando duermes? ¿En qué se diferencia de cuando hablas de tu vida cuando estás despierto?

2: Miguel recibe la muerte con el agradecimiento de un guerrero que luchó bien y desea regresar a casa a salvo. ¿Cuáles son tus sentimientos con respecto a la muerte?

Capítulos 1-5

3: Cuando Sarita intenta persuadir a Miguel para que regrese a su cuerpo, descubrimos que en otra época él fue chamán. ¿Estás familiarizado con el chamanismo? ¿Cuál crees que es la habilidad única de un chamán?

4: En la narración de este libro, ¿por qué parece que en ocasiones Lala se asemeja a la persona que la contempla? ¿Por qué parece despreciar los olores y el caos de la vida?

5: En el libro, Miguel recuerda las interacciones de su infancia con las chicas y concluye que le enseñaron que la seducción es vital para la vida, que la sugestión provoca la imaginación y que la imaginación construye la realidad. ¿En qué medida crees que tus encuentros de la infancia con el sexo opuesto siguen afectando hoy en día a tus relaciones?

6: Un ángel es un mensajero. Miguel nos dice que «es poco común el mensajero que utiliza las seducciones de la mente para beneficiar a otro ser humano. Es icónico el mensajero que emplea esta habilidad para beneficiar a la humanidad como a un todo». ¿Qué tipo de mensajero crees que eres tú?

7: El abuelo de Miguel le dice: «Todas las cosas que aprendiste en la escuela, todo lo que crees entender sobre la vida, proviene del conocimiento. No es verdad». ¿Te das cuenta de que el conocimiento puede percibirse como un reflejo de la verdad y de que ese reflejo (la suma de tus opiniones y creencias) es una versión distorsionada de la verdad?

8: Sarita insiste en que su hijo regrese junto a ella, pero Miguel nos dice: «Por sus molestias, se llevará a casa a un farsante: la versión en carne y hueso de su hijo pequeño, que ya encontró la verdad y se disolvió alegremente con sus prodigios». En esta historia, ¿por qué será Miguel un farsante si regresa a su vida? ¿Alguna vez te sentiste como un actor en la obra de teatro de otra persona? ¿Alguna vez un acontecimiento importante hizo que te resultara difícil regresar a tus rutinas habituales?

9: En su misión en el mundo de los sueños, Sarita recibe la ayuda de su padre y de su abuelo, ambos muertos hace tiempo. ¿Hablas a veces con tus seres queridos que fallecieron? ¿Qué relación mantienes con las personas que perdiste?

Capítulos 6-10

10: Los antiguos guerreros espirituales toltecas permitían que los devorase una serpiente metafórica para renacer de nuevo como seres conscientes y poder dominar la muerte. ¿Qué significan para ti las palabras «dominar la muerte»?

11: Cuando Miguel conoce a Dhara, siente que transformarán el uno la vida del otro. ¿Conociste alguna vez a individuos que sentías que cambiarían tu vida? ¿Lo hicieron? ¿Qué papel desempeñaste tú en cualquier cambio o transformación?

12: ¿Puedes percibir las actividades de tu mente como algo ajeno a tu cuerpo? ¿Cómo afectan tus pensamientos al cuerpo, emocional y físicamente? Cuando cambias tu manera de pensar, ¿percibes entonces un resultado emocional diferente?

13: Miguel recuerda un accidente de coche como el comienzo de cambio vital para él. ¿Qué experiencias traumáticas en tu vida, si las tuviste, te ofrecieron la oportunidad de reevaluar las cosas? ¿Cambiaste alguna parte de tu realidad como resultado? ¿Cambió tu personalidad? ¿Adquiriste sabiduría? ¿Cómo se manifestó esa sabiduría en tus actos?

14: En esta historia, el infierno se describe como un mercado, el mitote de ideas de nuestra cabeza. ¿Sientes a veces el tipo de confusión que se produce al pensar demasiado? Si quieres alejarte del ruido, ¿cómo sueles lograrlo?

15: ¿Crees que es cierto que los humanos son adictos al sufrimiento? ¿Hasta qué punto te obligas a sufrir por ideas, personas u opiniones sobre tu vida?

Capítulos 11-15

16: Intenta escribir la historia de tu vida y observa qué recuerdos te tientan a sentir dolor emocional. ¿Cuántas veces has de reescribir tu historia hasta que esos recuerdos ya no te inquietan?

17: Nagual y tonal son palabras que describen la vida infinita y todas sus manifestaciones finitas. Permítete sentirte como el nagual, después como el tonal y finalmente como el puente que une ambos conceptos.

18: Desde el punto de vista de Miguel, el amor es sinónimo de verdad. ¿Alguna vez empleaste el amor como obstáculo a la verdad en tu vida? ¿Lo empleaste como excusa para sufrir?

19: ¿Alguna vez fuiste capaz de amar sin condiciones? ¿Amar incondicionalmente en algún momento de tu vida te ayudó a ser más auténtico y seguro de ti mismo?

20: La magia negra es el arte del autoengaño. ¿En qué momento, a lo largo de tu vida, recuerdas que usaste la magia negra sobre ti mismo? ¿Sigues haciéndolo?

21: Según tu experiencia, ¿cambiar las percepciones te llevó a transformaciones personales? ¿Alguna vez cambiaste deliberadamente una creencia o abandonaste un hábito? ¿Ese cambio te llevó a otros cambios?

Capítulos 16-20

22: ¿Te das cuenta de que todos en el sueño humano compiten por la atención de los demás? ¿Te das cuenta de que quizá no sean conscientes del asombroso poder de su propia atención? Las creencias personales normalmente controlan nuestra atención. ¿En qué ayudaría a tu vida hacerte cargo de tu propia atención?

23: La conciencia significa ver lo que hay, sin juicios. ¿Puedes usar los recuerdos de tu vida para crear una conciencia clara de ti mismo en este momento?

24: Un tolteca es un artista; los antiguos maestros toltecas eran los artistas de la vida. ¿En qué se parece tu propia vida a una obra de arte?

Capítulos 21-25

25: ¿Te das cuenta de que el fanatismo puede alterar la percepción y corromper el comportamiento? En tu experiencia, ¿cuándo te dejaste llevar por algún tipo de fanatismo? ¿Crees que la obsesión te hizo daño?

26: Hacia el final del libro, la realidad de la muerte se explica en detalle. ¿Hasta qué punto cambiaron tus opiniones sobre el tema mientras viajabas por estos capítulos?

27: ¿En qué sentido practicas la autenticidad? ¿En qué sentido sigues siendo lo que no eres?

28: En muchos aspectos, el conocimiento es consciente de sí mismo a lo largo de esta historia. ¿Recuerdas algún momento en el que fuiste consciente de ti mismo como la voz del conocimiento, como el tirano y el salvador de tu propia y maravillosa historia?

Agradecimientos

Me gustaría expresar mi profundo agradecimiento a mis padres, Sarita y José Luis, que hicieron posible que yo existiera en este cuerpo y que me conociera a mí mismo como la fuerza vital eterna. Su generosidad y sus consejos impecables me dieron la seguridad para amar, para recibir amor y para compartir mi presencia con el mundo.

Doy gracias a mi abuelo, don Leonardo, por su admirable sabiduría y por la impresión duradera que causó en mi corazón y en mi imaginación.

Le estoy siempre agradecido a Barbara Emrys, mi coautora en este maravilloso libro, por sus diversas contribuciones a mi vida. A lo largo de los últimos veinte años, a medida que su instinto creativo se convertía en un genio, fue un placer para mí presenciar la evolución de una mensajera con un don y percibir los beneficios de su lealtad permanente.

Este libro no habría sido posible sin el entusiasmo y el apoyo que recibí de HarperCollins y de todo el equipo de HarperOne y HarperElixir, especialmente Michael Maudlin, Claudia Boutote, Mark Tauber, Melinda Mullins, Kim Dayman, Terri Leonard, Adrian Morgan, Natalie Blachere, Lobby Edelson y Josey Gist.

Y para esta versión en español, aprecio la diligencia y pericia de Graciela Lelli, Larry Downs y Jake Salomón. Agradezco enormemente el respeto que me mostraron a mí, a mi familia y a mis empleados y espero que podamos seguir colaborando juntos.

Por último, gracias de corazón a mis lectores, cuyo deseo de cambiar su mundo, y de iniciar una nueva relación con la verdad, siempre será mi mejor recompensa.

Acerca de los autores

Don Miguel Ruiz es el autor internacionalmente conocido de *Los Cuatro Acuerdos* (*best seller* del *New York Times* durante más de siete años), *La Maestría del Amor* y *La Voz del Conocimiento*, además de coautor de *El Quinto Acuerdo*. Sus libros vendieron más de siete millones de copias en Estados Unidos y fueron traducidos a docenas de idiomas en todo el mundo. Ha dedicado su vida a compartir la sabiduría de la ancestral cultura tolteca mediante sus libros, sus conferencias y sus viajes a lugares sagrados de todo el mundo. Vive en Las Vegas, Nevada.

Para más información sobre programas actuales ofrecidos por don Miguel Ruiz y sus aprendices, por favor, visita www.miguelruiz.com.

Barbara Emrys es una maestra inspiradora y autora de *The Red Clay of Burundi: Finding God, the Music, and Me*.